Georg Wilhelm Friedrich Hegel
Werke 16

Georg Wilhelm Friedrich Hegel
Vorlesungen über die Philosophie der Religion I

Suhrkamp

Auf der Grundlage der *Werke* von 1832–1845 neu edierte Ausgabe
Redaktion Eva Moldenhauer und Karl Markus Michel

Die Deutsche Bibliothek – CIP-Einheitsaufnahme
Hegel, Georg Wilhelm Friedrich:
Werke : [in 20 Bänden] / Georg Wilhelm Friedrich Hegel. –
Auf der Grundlage der Werke von 1832-1845 neu ed. Ausg.,
Ausg. in Schriftenreihe »Suhrkamp-Taschenbuch Wissenschaft« /
[Red. Eva Moldenhauer und Karl Markus Michel]. –
Frankfurt am Main : Suhrkamp.
ISBN 3-518-09718-0
NE: Hegel, Georg Wilhelm Friedrich: [Sammlung]

Auf der Grundlage der Werke von 1832-1845 neu ed. Ausg.,
Ausg. in Schriftenreihe »Suhrkamp-Taschenbuch Wissenschaft« /
[Red. Eva Moldenhauer und Karl Markus Michel]
16. Vorlesungen über die Philosophie der Religion. –
1. – 4. Aufl. – 2000
(Suhrkamp-Taschenbuch Wissenschaft ; 616)
ISBN 3-518-28216-6
NE: GT

suhrkamp taschenbuch wissenschaft 616
Erste Auflage 1986
© Suhrkamp Verlag Frankfurt am Main 1969
Suhrkamp Taschenbuch Verlag
Alle Rechte vorbehalten, insbesondere das
des öffentlichen Vortrags, der Übertragung
Rundfunk und Fernsehen
sowie der Übersetzung, auch einzelner Teile.
Kein Teil des Werkes darf in irgendeiner Form
(durch Fotografie, Mikrofilm oder andere Verfahren)
ohne schriftliche Genehmigung des Verlages
reproduziert oder unter Verwendung
elektronischer Systeme verarbeitet,
vervielfältigt oder verbreitet werden.
Druck: Nomos Verlagsgesellschaft, Baden-Baden
Printed in Germany
Umschlag nach Entwürfen von
Willy Fleckhaus und Rolf Staudt

4 5 6 7 8 9 – 05 04 03 02 01 00

INHALT

Einleitung 9

A Das Verhältnis der Religionsphilosophie zu ihren
   Voraussetzungen und zu Zeitprinzipien 16
   I. Die Entzweiung der Religion mit dem freien,
      weltlichen Bewußtsein 16
   II. Die Stellung der Religionsphilosophie
       zur Philosophie und zur Religion 27
       1. Verhältnis der Philosophie zur Religion
          überhaupt 27
       2. Verhältnis der Religionsphilosophie zum System
          der Philosophie 32
       3. Verhältnis der Religionsphilosophie zur
          positiven Religion 35
   III. Das Verhältnis der Philosophie der Religion zu
        den Zeitprinzipien des religiösen Bewußtseins ... 42
        1. Die Philosophie und die gegenwärtige
           Gleichgültigkeit der bestimmten Dogmen 45
        2. Die historische Behandlung der Dogmen 47
        3. Die Philosophie und das unmittelbare Wissen .. 49
B Vorfragen 54
C Einteilung 64

Erster Teil. Der Begriff der Religion 89

A Von Gott 92
B Das religiöse Verhältnis 101
   I. Die Notwendigkeit des religiösen Standpunktes .. 105
   II. Die Formen des religiösen Bewußtseins 114
       1. Die Form des Gefühls 117
       2. Die Anschauung 135
       3. Die Vorstellung 139

III. Die Notwendigkeit und Vermittlung des religiösen Verhältnisses in der Form des Denkens ... 151
  1. Die Dialektik der Vorstellung 152
  2. Die Vermittlung des religiösen Bewußtseins in ihm selbst 156
    a. Das unmittelbare Wissen und die Vermittlung 156
    b. Das vermittelte Wissen als Beobachtung und als Reflexion 167
      α. Die Endlichkeit in der sinnlichen Existenz 174
      β. Die Endlichkeit auf dem Standpunkt der Reflexion 176
      γ. Die vernünftige Betrachtung der Endlichkeit 186
    c. Übergang zum spekulativen Begriff der Religion 192
  3. Der spekulative Begriff der Religion 196
C Der Kultus 202
  I. Der Glaube 203
  II. Die Bestimmtheit und die besonderen Formen des Kultus 220
  III. Das Verhältnis der Religion zum Staat 236
  Übergang in den folgenden Abschnitt 246

Zweiter Teil. Die bestimmte Religion 249

Einteilung 251
Erster Abschnitt. Die Naturreligion 259
  I. Die unmittelbare Religion 259
    1. Die Zauberei 278
    2. Objektive Bestimmungen der Religion der Zauberei 285
    3. Der Kultus in der Religion der Zauberei 301
  II. Die Entzweiung des Bewußtseins in sich 302
  Der metaphysische Begriff 305
    1. Die chinesische Religion oder die Religion des Maßes 319
      a. Die allgemeine Bestimmtheit derselben 319

  b. Die geschichtliche Existenz dieser Religion .. 319
  c. Der Kultus 329
 2. Die Religion der Phantasie [indische] 331
  a. Der Begriff derselben 331
  b. Vorstellung des objektiven Inhalts dieser Stufe 340
  c. Der Kultus 357
 3. Die Religion des Insichseins [Buddhismus,
  Lamaismus] 374
  a. Der Begriff derselben 374
  b. Die geschichtliche Existenz dieser Religion ... 376
  c. Der Kultus 384
III. Die Naturreligion im Übergang zur Religion der
 Freiheit 390
 1. Die Religion des Guten oder des Lichts
  [Parsismus] 395
  a. Der Begriff derselben 395
  b. Existenz dieser Religion 402
  c. Der Kultus 406
 2. Die syrische Religion oder die Religion des
  Schmerzes 406
 3. Die Religion des Rätsels [ägyptische] 409
  a. Bestimmung des Begriffs dieser Stufe 412
  b. Konkrete Vorstellung dieser Stufe 423
  c. Der Kultus 430

RELIGIONSPHILOSOPHIE

EINLEITUNG

Ich habe es für nötig erachtet, die Religion für sich zum Gegenstand der philosophischen Betrachtung zu machen und diese Betrachtung als einen besonderen Teil zu dem Ganzen der Philosophie hinzuzufügen. Zum Behuf der Einleitung werde ich aber zuvor A. die *Entzweiung des Bewußtseins* darstellen, welche das Bedürfnis erweckt, das unsere Wissenschaft zu befriedigen hat, und die *Beziehung* unserer Wissenschaft zur Philosophie und Religion sowie zu den Zeitprinzipien des religiösen Bewußtseins schildern. Nachdem ich sodann B. einige *Vorfragen* berührt habe, die sich aus jenen Beziehungen unserer Wissenschaft ergeben, werde ich C. die *Einteilung* derselben geben.

Zuerst ist im allgemeinen daran zu erinnern, welchen *Gegenstand* wir in der Religionsphilosophie vor uns haben und welches unsere *Vorstellung* von der Religion ist. Wir wissen, daß wir uns in der Religion der Zeitlichkeit entrücken und daß sie diejenige Region für unser Bewußtsein ist, in welcher alle Rätsel der Welt gelöst, alle Widersprüche des tiefer sinnenden Gedankens enthüllt sind, alle Schmerzen des Gefühls verstummen, die Region der ewigen Wahrheit, der ewigen Ruhe, des ewigen Friedens. Wodurch der Mensch Mensch ist, ist der Gedanke überhaupt, der konkrete Gedanke, näher dies, daß er Geist ist; von ihm als Geist gehen dann die vielfachen Gebilde der Wissenschaften, Künste, Interessen seines politischen Lebens, Verhältnisse, die sich auf seine Freiheit, auf seinen Willen beziehen, aus. Aber all diese mannigfachen Gebilde und weiteren Verschlingungen der menschlichen Verhältnisse, Tätigkeiten, Genüsse, alles, was Wert und Achtung für den Menschen hat, worin er sein Glück, seinen Ruhm, seinen Stolz sucht, findet seinen letzten Mittelpunkt in der Religion, in dem Gedanken, Bewußtsein, Gefühl Gottes. Gott ist daher der Anfang von allem und das

Ende von allem; wie alles aus diesem Punkte hervorgeht, so geht auch alles in ihn zurück; und ebenso ist er die Mitte, die alles belebt, begeistet und alle jene Gestaltungen in ihrer Existenz, sie erhaltend, beseelt. In der Religion setzt sich der Mensch in Verhältnis zu dieser Mitte, in welche alle seine sonstigen Verhältnisse zusammengehen, und er erhebt sich damit auf die höchste Stufe des Bewußtseins und in die Region, die frei von der Beziehung auf anderes, das schlechthin Genügende, das Unbedingte, Freie und Endzweck für sich selber ist.

Die Religion als die Beschäftigung mit diesem letzten Endzweck ist darum schlechthin frei und ist Zweck für sich, denn in diesen Endzweck laufen alle anderen Zwecke zurück, und vor ihm verschwinden sie, bis dahin für sich geltend. Gegen ihn hält kein anderer aus, und allein in ihm finden sie ihre Erledigung. In der Region, wo sich der Geist mit diesem Zweck beschäftigt, entlädt er sich aller Endlichkeit und gewinnt er die letzte Befriedigung und Befreiung; denn hier verhält sich der Geist nicht mehr zu etwas anderem und Beschränktem, sondern zum Unbeschränkten und Unendlichen, und das ist ein unendliches Verhältnis, ein Verhältnis der Freiheit und nicht mehr der Abhängigkeit; da ist sein Bewußtsein absolut freies und selbst wahrhaftes Bewußtsein, weil es Bewußtsein der absoluten Wahrheit ist. Als Empfindung bestimmt, ist dies Verhältnis der Freiheit der Genuß, den wir Seligkeit nennen; als Tätigkeit tut es nichts anderes, als die Ehre Gottes zu manifestieren und seine Herrlichkeit zu offenbaren, und dem Menschen ist es in diesem Verhältnis nicht mehr um sich selbst zu tun, um sein Interesse, seine Eitelkeit, sondern um den absoluten Zweck. Alle Völker wissen, daß das religiöse Bewußtsein das ist, worin sie Wahrheit besitzen, und sie haben die Religion immer als ihre Würde und als den Sonntag ihres Lebens angesehen. Was uns Zweifel und Angst erweckt, aller Kummer, alle Sorge, alle beschränkten Interessen der Endlichkeit lassen wir zurück auf der Sandbank der Zeitlichkeit; und wie wir auf der höchsten Spitze eines Gebirges, von allem bestimmten Anblick des Irdischen entfernt, mit Ruhe alle Beschränkungen der Landschaft und der Welt übersehen, so ist es mit dem geistigen Auge, daß der Mensch, enthoben der Härte dieser Wirklichkeit, sie nur als einen Schein betrachtet, der in dieser reinen Region nur im Strahl der geistigen Sonne seine Schattierungen, Unterschiede und Lichter, zur ewigen Ruhe gemildert, abspiegelt. In dieser Region des Geistes strömen die Fluten der Vergessenheit, aus denen Psyche trinkt, worin sie allen Schmerz versenkt, und die Dunkelheiten dieses Lebens werden hier zu einem Traumbild gemildert und zum bloßen Umriß für den Lichtglanz des Ewigen verklärt.

Dies Bild des Absoluten kann der religiösen Andacht mehr oder weniger gegenwärtige Lebendigkeit, Gewißheit, Genuß darbieten oder als ein Ersehntes, Gehofftes, Entferntes, Jenseitiges dargestellt werden, immer bleibt es doch Gewißheit und strahlt es als ein Göttliches in die zeitliche Gegenwart und gibt es das Bewußtsein von der Wirksamkeit der Wahrheit auch neben dem Angstvollen, das hier in dieser Region der Zeitlichkeit die Seele noch quält. Der Glaube erkennt es als die Wahrheit, als die Substanz der vorhandenen Existenzen, und dieser Inhalt der Andacht ist das Beseelende der gegenwärtigen Welt, macht sich wirksam in dem Leben des Individuums und regiert es in seinem Wollen und Lassen. Das ist die allgemeine Anschauung, Empfindung, Bewußtsein, oder wie wir es nennen wollen, der Religion. Ihre Natur zu betrachten, zu untersuchen und zu erkennen ist es, was die Absicht dieser Vorlesungen ist.

Zunächst müssen wir aber über unseren Zweck das bestimmte Bewußtsein haben, daß es der Philosophie nicht darum zu tun ist, die Religion in einem Subjekt hervorzubringen; sie wird vielmehr als Grundlage in jedem vorausgesetzt. Es soll *der Substanz nach nichts Neues* in den Menschen gebracht werden; dies wäre ebenso verkehrt, als wenn man in einen Hund Geist hineinbringen wollte dadurch, daß man ihn gedruckte Schriften kauen ließe. Wer seine Brust nicht aus dem Treiben des Endlichen heraus ausgeweitet, in der Sehnsucht, Ahnung oder im Gefühl des Ewigen die Erhebung seiner selbst nicht vollbracht und in den reinen Äther der Seele geschaut hat, der besäße nicht den Stoff, der hier begriffen werden soll.

Es kann der Fall sein, daß die Religion durch die philosophische Erkenntnis im Gemüte erweckt wird; aber es ist nicht notwendig und es ist nicht die Absicht der Philosophie zu erbauen, sowenig sie sich dadurch zu *bewähren* hat, daß sie in diesem oder jenem Subjekte die Religion hervorbringen müsse. Denn die Philosophie hat wohl die *Notwendigkeit der Religion an und für sich* zu entwickeln und zu begreifen, daß der Geist von den anderen Weisen seines Wollens, Vorstellens und Fühlens zu dieser absoluten Weise fortgehen muß; aber so vollbringt sie das *allgemeine Schicksal des Geistes,* – ein anderes ist es, das *individuelle Subjekt* zu dieser Höhe zu erheben. Die Willkür, Verkehrtheit, Schlaffheit der Individuen kann in die Notwendigkeit der allgemeinen geistigen Natur eingreifen, von ihr abweichen und versuchen, sich einen eigentümlichen Standpunkt zu geben und sich auf demselben festzuhalten. Diese Möglichkeit, sich in Trägheit auf dem Standpunkt der Unwahrheit gehenzulassen oder mit Wissen und Wollen auf demselben zu verweilen, liegt in der Freiheit des Subjekts, während Planeten, Pflanzen, Tiere von der Notwendigkeit ihrer Natur, von ihrer Wahrheit nicht abweichen können und werden, was sie sein sollen. Aber in der menschlichen Freiheit ist Sein und Sollen getrennt, sie trägt die Willkür in sich, und sie kann sich von ihrer *Notwendigkeit,* von ihrem Gesetze absondern und ihrer Bestimmung entgegenarbeiten. Wenn also die *Erkenntnis* wohl die Notwendigkeit des religiösen Standpunktes einsähe, wenn der *Wille* an der Wirklichkeit die Nichtigkeit seiner Absonderung erführe, so hindert das alles nicht, daß er nicht auf seinem *Eigensinn* beharren und sich von seiner Notwendigkeit und Wahrheit entfernt halten könnte.

Nach gewöhnlicher, seichter Manier hat man es als Argument gegen die Erkenntnis gebraucht, daß man sagt, dieser und jener besitze Erkenntnis von Gott und bleibe doch fern von der Religion, sei nicht fromm geworden. Die Erkenntnis will und soll aber auch nicht dazu führen, sondern soll die Religion, die *da ist*, erkennen, nicht aber diesen und jenen, dieses einzelne, empirische Subjekt erst zur Religion bewegen, wenn es nichts von Religion in sich hat oder haben wollte.

Aber in der Tat ist kein Mensch so verdorben, so verloren und so schlecht, und wir können niemanden für so elend achten, daß er überhaupt nichts von der Religion in sich hätte, wäre es auch nur, daß er Furcht vor derselben oder Sehnsucht nach ihr oder Haß gegen sie hätte; denn auch in dem letzteren Falle ist er doch innerlich mit ihr beschäftigt und verwickelt. Als Menschen ist ihm die Religion wesentlich und eine ihm nicht fremde Empfindung. Doch kommt es wesentlich auf das *Verhältnis der Religion zu seiner übrigen Weltanschauung* an, und darauf bezieht sich und wirkt wesentlich die philosophische Erkenntnis. In diesem Verhältnis liegt die Quelle der Entzweiung gegen den ursprünglichen, absoluten Drang des Geistes zur Religion und haben sich überhaupt die mannigfachsten Formen des Bewußtseins und die verschiedenartigsten Beziehungen derselben zu dem Interesse der Religion gebildet. Ehe die Religionsphilosophie sich zu ihrem eigenen Begriffe sammeln kann, muß sie sich durch alle jene Verschlingungen der Zeitinteressen, die sich in dem großen Kreise des religiösen Gebiets gegenwärtig konzentriert haben, hindurcharbeiten. Zunächst steht die Bewegung der Zeitprinzipien noch außerhalb der philosophischen Einsicht; aber sie treibt sich selbst dahin, daß sie mit der Philosophie in Berührung, Kampf und Gegensatz tritt, und diesen Gegensatz und seine Auflösung haben wir zu betrachten, wenn wir den Gegensatz, wie er noch außerhalb der Philosophie sich hält, untersucht und zu seiner Vollendung, wo er die philosophische Erkenntnis in sich hineinzieht, sich entwickeln gesehen haben.

A
Das Verhältnis der Religionsphilosophie zu ihren Voraussetzungen und zu den Zeitprinzipien

I. Die Entzweiung der Religion mit dem freien, weltlichen Bewusstsein

a) Schon in dem Verhältnisse, das die Religion selbst in ihrer Unmittelbarkeit zu dem übrigen Bewußtsein des Menschen hat, liegen Keime der Entzweiung, da beide Seiten in einer *Absonderung* gegeneinander begriffen sind. Sie machen schon in ihrem unbefangenen Verhältnisse zweierlei Beschäftigungen aus, zweierlei Regionen des Bewußtseins, von deren einer zur anderen nur *abwechslungsweise* herüber und hinüber gegangen wird. So hat der Mensch in seinem wirklichen, weltlichen Tun eine Anzahl Werktage, wo er sich mit seinen besonderen Interessen, mit Zwecken der Weltlichkeit überhaupt und mit der Befriedigung seiner Not beschäftigt, – und dann einen Sonntag, wo er dies alles beiseite legt, sich für sich sammelt und, losgebunden von dem Versenktsein in das endliche Treiben, sich selbst und dem Höheren, das in ihm ist, seinem wahren Wesen lebt. In diese Absonderung der beiden Seiten tritt aber sogleich eine doppelte Modifikation ein.

α) Betrachten wir zunächst die Religion des frommen Menschen, d. h. dessen, der wirklich diesen Namen verdient. Der Glaube wird noch als *rücksichtslos* und *gegensatzlos* vorausgesetzt. An Gott glauben ist nämlich in seiner Einfachheit etwas anderes, als wenn man mit Reflexion und mit dem Bewußtsein, daß diesem Glauben ein Anderes gegenübersteht, sagt: ich *glaube* an Gott; da tritt schon das Bedürfnis der Rechtfertigung, des Räsonnements, der Polemik ein. Jene Religion des unbefangenen, frommen Menschen wird nun von ihm nicht abgeschlossen und abgeschieden von seinem übrigen Dasein und Leben gehalten, sondern verbreitet vielmehr ihren Hauch über alle seine Empfindungen und Handlungen, und sein Bewußtsein bezieht *alle Zwecke und Gegenstände seines weltlichen Lebens auf Gott* als auf die unendliche und letzte Quelle desselben. Jedes Moment seines endlichen Daseins und Treibens, Leidens und Freuens erhebt er aus seiner beschränkten Sphäre und bringt in dieser Erhebung die Vorstellung und Empfindung seines ewigen Wesens hervor. Sein übriges Leben steht ebenso in der Weise des Zutrauens, der Sitte, des Gehorsams, der Gewohnheit; er *ist* das, zu was die Umstände und die Natur ihn gemacht haben, und sein Leben, seine Verhältnisse und Rechte nimmt er, wie er das alles empfangen, als ein unverstandenes Geschick: *Es ist so.* Oder mit der Beziehung auf Gott nimmt er das Seinige dankend oder auch frei es ihm opfernd als ein Geschenk der willkürlichen Gnade. Das übrige Bewußtsein ist so *unbefangen* jener höheren Region *unterworfen*.

β) Von der *weltlichen* Seite aus bildet sich aber der Unterschied in jenem Verhältnisse zum *Gegensatz* aus. Es scheint zwar die Entwicklung dieser Seite die Religion nicht nachteilig zu berühren, und alles Tun scheint sich hierbei auf jener Seite *beschränkt* zu halten, der ausgesprochenen Anerkennung nach wird auch noch die Religion für das Höchste geachtet; aber in der Tat verhält es sich anders, und von der weltlichen Seite aus *schleicht sich das Verderben und die Entzweiung zur Religion hinüber*. Die Entwicklung dieses Unterschiedes können wir überhaupt als die Ausbildung des Verstandes und menschlicher Zwecke bezeichnen. Indem im menschlichen Leben und in der Wissenschaft der Verstand erwacht und die Reflexion selbständig geworden ist, so setzt sich der Wille absolute Zwecke, z. B. das Recht, den Staat, Gegenstände, die an und für sich sein sollen; so erkennt auch die Forschung die Gesetze, die Beschaffenheit, Ordnung und die Besonderheiten der natürlichen Dinge und der Tätigkeiten und Hervorbringungen des Geistes. Diese Erfahrungen und Erkenntnisse sowie das Wollen und die Wirklichkeit jener Zwecke ist nun ein *Werk* des Menschen und seines Verstandes und Willens. Er hat darin sein *Eigentum* vor sich.

Wenn er auch von dem ausgeht, was *ist,* was er vorfindet, so *ist* er nicht mehr bloß der, der da weiß, der diese Rechte *hat*; sondern was er aus dem Vorgefundenen in der Erkenntnis und in dem Willen *macht*, das ist *seine* Sache, *sein* Werk, und er hat das Bewußtsein, daß er es produziert hat. Die Produktionen machen daher seine Ehre und seinen Stolz aus und schaffen einen ungeheuren, unendlichen Reichtum – jene Welt seiner Einsicht, seiner Kenntnisse, seines äußerlichen Besitzes, seiner Rechte und Taten.

So ist der Geist in den Gegensatz getreten, zwar unbefangen noch, ohne es anfangs zu wissen, – aber es wird auch ein *bewußter* Gegensatz. Denn der Geist bewegt sich jetzt zwischen zwei Seiten, deren Unterschied sich wirklich entwickelt hat. Die eine Seite ist die, worin er sich sein eigen weiß, wo er sich in seinen Zwecken und Interessen befindet und unabhängig und selbständig sich aus sich bestimmt. Die andere Seite ist die, wo er eine höhere Macht, absolute Pflichten, Pflichten ohne eigentliche Rechte anerkennt und das, was er für die Ausübung seiner Pflichten empfängt, immer nur Gnade bleibt. Dort ist die Selbständigkeit des Geistes die Grundlage, hier verhält er sich demütig, abhängig. Seine Religion unterscheidet sich nun von jener Region der Selbständigkeit darin, daß er das *Erkennen,* die *Wissenschaft* auf die *weltliche Seite* einschränkt und für die Sphäre der Religion die Empfindung, den Glauben übrigläßt.

γ) Dennoch enthält auch jene Seite der *Selbständigkeit* dies, daß ihr Tun ein *bedingtes* ist, und die Erkenntnis und das Wollen muß diese Bedingtheit *erfahren*. Der Mensch fordert sein Recht; ob es ihm wirklich wird, ist von ihm unabhängig, und er ist dabei auf ein Anderes gewiesen. Bei seiner Erkenntnis geht er von den Einrichtungen und von der Ordnung der Natur aus, und dies ist ein *Gegebenes.* Der Inhalt seiner Wissenschaften ist ein Stoff außer ihm. So treten beide Seiten, die der Selbständigkeit und die des Bedingtseins, in *Beziehung zueinander*, und diese Beziehung führt den Menschen zu dem *Eingeständnis*, daß alles von Gott gemacht sei, alle Dinge, die den Inhalt seiner Kenntnisse ausmachen, die er in Besitz nimmt und als Mittel für seine Zwecke gebraucht, so wie er selbst, der Geist und die geistigen Vermögen, deren er sich, wie er sagt, bedient, um zu jener Erkenntnis zu gelangen.

Aber diese Einräumung ist kalt und tot, weil in ihr das, was die *Lebendigkeit* dieses Bewußtseins ausmacht, wo es bei sich selbst und Selbstbewußtsein ist, diese *Einsicht* und Erkenntnis hier fehlt. Alles *Bestimmte* fällt vielmehr in die Sphäre der *Erkenntnis* und der menschlichen, *selbstgesetzten Zwecke*, und hier ist auch nur die eigene Tätigkeit des Selbstbewußtseins vorhanden. So ist nun auch jene Einräumung unfruchtbar, weil sie bei dem *abstrakt Allgemeinen*, nämlich dabei stehenbleibt, daß alles ein Werk Gottes sei; und bei den verschiedensten Gegenständen (Lauf der Gestirne und seine Gesetze, Ameise, Mensch) bleibt jene Beziehung in einem und demselben stehen, daß es Gott gemacht habe. Da diese religiöse Beziehung der einzelnen Gegenstände immer auf dieselbe Weise lautet und eintönig ist, so würde sie langweilig und lästig, wenn sie *bei jedem Einzelnen* wiederholt würde. Man macht daher die Sache mit der *einen* Einräumung, daß Gott alles gemacht habe, ab, befriedigt damit diese religiöse Seite *ein für allemal,* und im Verlauf der Erkenntnis und der Verfolgung der Zwecke wird dann nicht weiter daran gedacht. Jene Einräumung kann dann nur darum gemacht zu sein scheinen, um davon loszukommen, auch etwa, um nach dieser Seite gleichsam als nach außen gedeckt zu sein, kurz, es kann dabei Ernst sein oder auch nicht.

Die Frömmigkeit läßt es sich nicht verdrießen, bei allem und jedem den Blick zu Gott zu erheben, ob sie es gleich täglich und stündlich auf dieselbe Weise tut. Aber als fromme Empfindung steht sie überhaupt *in der Einzelheit*, ist sie in jedem Momente *ganz,* was sie ist, und ohne Reflexion und vergleichendes Bewußtsein. Hier hingegen, wo Erkennen und Aussichbestimmen gilt, hier ist wesentlich dies *Verglei-*

chen und das Bewußtsein jener *Einerleiheit* vorhanden, und da wird ein allgemeiner Satz ein für allemal ausgesprochen. Auf der einen Seite treibt der Verstand sein Wesen; gegenüber hat er das religiöse Gefühl der Abhängigkeit.

b) Auch die Frömmigkeit ist nicht dem Geschick entnommen, in die Entzweiung zu fallen. Die Entzweiung ist vielmehr in ihr bereits an sich so vorhanden, daß ihr *wirklicher Inhalt* ein nur *mannigfaltiger, zufälliger* ist. Die beiden Verhältnisse der Frömmigkeit und des vergleichenden Verstandes, sosehr sie verschieden zu sein scheinen, haben das gemein, daß die Beziehung Gottes auf die andere Seite des Bewußtseins *unbestimmt* und *allgemein* ist. Das zweite jener Verhältnisse hat dies in dem angeführten Ausdruck »Gott hat alles geschaffen« ohne weiteres angegeben und ausgesprochen.

α) Die Betrachtungsweise aber, welche die Frömmigkeit anstellt und wodurch sie ihrer Reflexion eine größere Ausführlichkeit gibt, besteht darin, daß sie die Beschaffenheiten und Einrichtungen nach dem *Zweckverhältnisse* betrachtet und ebenso alle Vorfälle des einzelnen Lebens wie die großen Begebenheiten der Geschichte als von göttlichen Zwecken ausgehend oder dahin gerichtet und zurückgelenkt betrachtet. Hier bleibt es also nicht bei der allgemeinen göttlichen Beziehung, sondern diese wird ein *bestimmtes Beziehen,* und es tritt somit ein näherer Inhalt ein; die mannigfachsten Stoffe werden in Verhältnis zueinander gesetzt, und Gott gilt dann als das Betätigende dieses Verhältnisses. Die Tiere und ihre Umgebung findet man nun so und so eingerichtet, daß sie Futter haben, Junge nähren, gegen das Schädliche gewaffnet sein, den Winter aushalten und sich gegen Feinde verteidigen können. Im menschlichen Leben findet man, wie durch diesen oder jenen scheinbaren Zufall, etwa ein Unglück, der Mensch zu seinem Glücke, sei es sein ewiges oder zeitliches, geführt werde. Kurz, das Tun, der Wille Gottes wird hier in bestimmten Handlungen, Naturverhältnissen, Ereignissen usf. betrachtet.

Aber dieser Inhalt selbst, diese Zwecke, ein endlicher Inhalt, sind *zufällig*, nur für den Augenblick aufgenommen und verlieren sich *inkonsequenterweise* sogleich selbst. Wird z. B. die Weisheit Gottes in der Natur bewundert, daß die Tiere bewaffnet sind, teils um ihr Futter zu gewinnen, teils sich gegen Feinde zu schützen, so zeigt es sich in der Erfahrung sogleich, daß diese Waffen nichts helfen und die als Zweck betrachteten Geschöpfe von anderen als Mittel verbraucht werden.

Es ist dann in der Tat die weitergehende Erkenntnis, welche diese äußerliche Zweckbetrachtung herabgesetzt und verdrängt hat: die höhere Erkenntnis, welche zunächst wenigstens *Konsequenz* fordert und dergleichen Zwecke, welche als göttliche Zwecke angenommen werden, als untergeordnete, endliche erkennt, als etwas, das sich selbst in derselben Erfahrung und Beobachtung in seiner Nichtigkeit und nicht als Gegenstand des ewigen göttlichen Willens beweist.

Jene Betrachtung, wenn sie angenommen und wenn damit von ihrer Inkonsequenz abgesehen wird, ist dann eben deswegen unbestimmt und oberflächlich, weil aller und jeder Inhalt – gleichgültig, wie er ist – darin aufgenommen werden kann; denn es gibt nichts, keine Einrichtung der Natur, keine Begebenheit, von der nicht ein Nutzen nach irgendeiner Seite hin aufgezeigt werden könnte. Und die Frömmigkeit ist nun überhaupt nicht mehr als die *unbefangene*, fühlende vorhanden, sondern sie geht von dem *allgemeinen Gedanken* eines Zweckes, eines Guten aus und räsoniert, indem sie unter diesen allgemeinen Gedanken die vorhandenen Dinge subsumiert. Mit diesem Räsonnement kommt aber die Frömmigkeit in die Verlegenheit, daß ihr in dieser unmittelbaren Erscheinung der natürlichen Dinge, soviel Zweckmäßiges und soviel Nutzen sie darin aufweist, ebensoviel Unzweckmäßiges und ebenso viele Schäden entgegengehalten werden können. Was zum Nutzen des einen dient, gereicht dem anderen zum Nachteil, ist daher unzweckmäßig: die Erhaltung des Lebens und der mit dem Dasein zusammenhängenden Interessen, die das eine Mal befördert werden, sind das andere Mal ebensosehr gefährdet und vernichtet. So liegt eine *Entzweiung in sich selbst* darin, daß, der ewigen Wirkungsweise Gottes zuwider, endliche Dinge zu wesentlichen Zwecken erhoben werden. Der Vorstellung von Gott, daß er und seine Wirkungsweise allgemein und notwendig sei, widerspricht jene Inkonsequenz, und sie zerstört sogar jene allgemeine Bestimmung.

Betrachtete nun die Frömmigkeit die äußerlichen Zwecke und die Äußerlichkeit der Sache, wonach diese nützlich für ein Anderes ist, so scheint zwar die *natürliche Bestimmtheit*, von der ausgegangen wird, nur *für ein Anderes* zu sein. Aber dies ist, näher betrachtet, ihre eigene Beziehung, ihre eigene Natur, die *immanente Natur des Bezogenen*, seine *Notwendigkeit*. So macht sich für die Frömmigkeit der *wirkliche Übergang* zu der anderen Seite, die vorher als das Moment des *Selbstischen* bezeichnet war.

β) Die Frömmigkeit wird daher aus ihrem Räsonnement herausgeworfen, und indem einmal mit dem Denken und den Denkverhältnissen der Anfang gemacht worden ist, so muß das Denken vor allem [das], was das Seinige ist, nämlich zunächst Konsequenz und Notwendigkeit fordern und suchen und jenem Standpunkt des Zufälligen entgegenstellen. Damit entwickelt sich zugleich vollends das Prinzip des Selbstischen. Ich, als einfach, allgemein, als Denken, bin Beziehung überhaupt; indem ich für mich, Selbstbewußtsein, bin, sollen die Beziehungen auch für mich sein. Den Gedanken, Vorstellungen, die ich mir zu eigen mache, denen gebe ich die Bestimmung, die ich selber bin. Ich bin dieser einfache Punkt, und das, was für mich ist, will ich in dieser Einheit erkennen.

Die Erkenntnis geht insofern auf das, was *ist*, und auf die *Notwendigkeit* desselben und faßt diese im Verhältnis von Ursache und Wirkung, Grund und Folge, Kraft und ihrer Äußerung, des Allgemeinen der Gattung gegen die einzelnen

Existenzen[1], die eben in die Sphäre des Zufälligen fallen. Die Erkenntnis und Wissenschaft setzt auf diese Weise den mannigfaltigsten Stoff in gegenseitige Beziehung, benimmt ihm die Zufälligkeit, die er durch seine Unmittelbarkeit hat, und indem sie die Verhältnisse, welche der Reichtum der endlichen Erscheinung hat, betrachtet, umschließt sie die Welt der Endlichkeit in sich selbst zu einem *System des Universums* ab, so daß die Erkenntnis nichts außer diesem System für dasselbe nötig hat. Denn was eine Sache *ist*, was sie nach ihrer wesentlichen Bestimmtheit ist, ergibt sich nach ihrer Wahrnehmung und Beobachtung. Von der Beschaffenheit der Dinge geht man fort zu ihren Verhältnissen, wo sie in Beziehung stehen zu einem Anderen, aber nicht in zufälliger, sondern *bestimmter Beziehung*, und wo sie auf die ursprüngliche Sache hinweisen, von der sie ein Abgeleitetes sind. So fragt man nach den Gründen und Ursachen der Dinge, und diese Frage hat hier die Bedeutung, daß sie die *besonderen* Ursachen wissen will. So genügt es nicht mehr, Gott als die Ursache des Blitzes oder des Unterganges der republikanischen Verfassung in Rom oder der Französischen Revolution anzugeben; da findet man bald, daß diese Ursache nur ganz *allgemein* sei und die verlangte Erklärung nicht leiste. Von einer natürlichen Erscheinung oder von diesem oder jenem Gesetze als Wirkung oder Folge will man auch den Grund als den Grund *dieser* Erscheinung wissen, d. h. nicht den Grund, der für *alles*, sondern *ausschließlich* nur für dieses *Bestimmte* paßt. Und so muß der Grund von *solchen besonderen* Erscheinungen und *solcher* Grund der *nächste* sein, im *Endlichen* gesucht und aufgenommen werden und selbst ein *endlicher* sein. Diese Erkenntnis kommt daher nicht über die Sphäre des Endlichen hinaus und verlangt nicht darüber hinauszukommen, da sie in ihrer endlichen Sphäre alles zu erkennen weiß und für alles Rat und Bescheid weiß. Die

---

[1] W: »und Äußerung, des Allgemeinen, der Gattung und der einzelnen Existenzen«. Verändert nach Hegels Manuskript (ed. Lasson).

Wissenschaft bildet so ein *Universum der Erkenntnis,* das für sich Gottes nicht bedarf, *außerhalb der Religion* liegt und mit ihr direkt nichts zu schaffen hat. In diesem Reiche ergeht sich das Erkennen in seinen Verhältnissen und Zusammenhängen und hat damit *allen bestimmten Stoff und Inhalt* auf seiner Seite, und für die andere Seite, die Seite des Unendlichen und Ewigen, bleibt nichts übrig.

γ) So haben sich beide Seiten in ihrem Gegensatze völlig ausgebildet. Das Gemüt ist auf der Seite der Religion mit dem Göttlichen erfüllt, aber ohne Freiheit, Selbstbewußtsein und ohne Konsequenz in Ansehung des Bestimmten; dieses hat vielmehr die Form des Zufälligen. Der konsequente Zusammenhang des Bestimmten fällt auf die Seite der Erkenntnis, die im Endlichen einheimisch ist und sich in den Gedankenbestimmungen der mannigfachen Zusammenhänge frei bewegt, aber nur ein System ohne absolute Gediegenheit, ohne Gott schaffen kann. Auf die religiöse Seite fällt der absolute Stoff und Zweck, aber nur als ein abstrakt Positives. Das Erkennen hat sich alles endlichen Stoffes bemächtigt und ihn in seinen Kreis gezogen, ihm ist aller bestimmte Inhalt anheimgefallen; aber wenn es ihm auch einen notwendigen Zusammenhang gibt, so vermag es ihm doch nicht den absoluten Zusammenhang zu geben. Da endlich die Wissenschaft sich des Erkennens bemächtigt hat und das Bewußtsein von der Notwendigkeit des Endlichen ist, so ist die Religion erkenntnislos geworden und in das einfache Gefühl, in das inhaltslose Erheben des Geistigen zu dem Ewigen zusammengeschrumpft, kann aber von dem Ewigen nichts aussagen; denn alles, was Erkennen wäre, wäre ein Herabziehen desselben in die Sphäre und in den Zusammenhang des Endlichen.

Wenn nun beide so entwickelten Seiten zueinander in Beziehung treten, so ist eine gegen die andere *mißtrauisch*. Das religiöse Gefühl ist mißtrauisch gegen die Endlichkeit, die im Erkennen liegt, und wirft der Wissenschaft *Eitelkeit* vor, weil in ihr das Subjekt an sich hält, in sich ist und das Ich als das Erkennende gegen alles Äußere für sich ist. Auf der andern Seite ist das Erkennen mißtrauisch gegen die *Totalität,* in welcher sich das Gefühl hält und alle Ausbreitung und Entwicklung in eins zusammenwirft. Es fürchtet, seine Freiheit zu verlieren, wenn es der Forderung des Gefühls Folge leistete und unbedingt eine Wahrheit anerkennte, die es nicht bestimmt einsieht. Und wenn das religiöse Gefühl aus seiner Allgemeinheit heraustritt, sich Zwecke gibt, zum *Bestimmten* übergeht, so kann das Erkennen darin nur *willkürliche Beliebigkeit* sehen, und es würde sich, wenn es ebenso zum Bestimmten übergehen sollte, dem *Zufall* preisgegeben sehen. Wenn daher die Reflexion als gebildete sich in die Religion hineintragen muß, so kann sie es in ihr nicht aushalten und wird gegen alle Bestimmungen derselben ungeduldig.

c) Ist nun der Gegensatz zu dieser Ausbildung gekommen, wo immer die eine Seite, wenn die andere sich ihr nähert, diese als ihren Feind von sich abstößt, so tritt das *Bedürfnis einer Ausgleichung* ein, für welche das Unendliche im Endlichen und das Endliche im Unendlichen erscheint und nicht mehr jedes von beiden ein *besonderes Reich* bildet. Dies wäre die *Versöhnung des religiösen, gediegenen Gefühls mit der Erkenntnis und Intelligenz.* In dieser Versöhnung muß der höchsten Forderung der *Erkenntnis* und des Begriffs entsprochen werden, denn diese können nichts von ihrer Würde preisgeben. Aber ebensowenig kann dem *absoluten Inhalt* etwas vergeben und er in die Endlichkeit herabgezogen werden, und ihm gegenüber muß sich die endliche Form des Wissens aufgeben.

In der christlichen Religion mußte aber das Bedürfnis dieser Versöhnung mehr als in den anderen Religionen hervortreten. Denn

α) sie beginnt selbst von der *absoluten Entzweiung* und fängt von dem Schmerze an, indem sie die natürliche Einheit des Geistes zerreißt und den natürlichen Frieden zerstört. Der Mensch erscheint in ihr als böse von Hause aus, ist also in seinem Innersten ein Negatives mit sich selbst, und der Geist, wie er in sich zurückgetrieben ist, findet sich gegen das unendliche, absolute Wesen entzweit.

β) Die *Versöhnung*, deren Bedürfnis hier auf das höchste gesteigert ist, erscheint zunächst für den *Glauben*, aber nicht so, daß dieser nur ein *unbefangener* sein kann. Denn der Geist ist *gegen seine unmittelbare Natürlichkeit in sich gekehrt*, ist als sündhaft *ein Anderes gegen die Wahrheit*, von ihr entfernt, ihr *entfremdet*. Ich, in diese Trennung versetzt, bin nicht die Wahrheit, und diese ist daher als *selbständiger Inhalt der Vorstellung* gegeben, und die Wahrheit ist zunächst auf Autorität hin vorgestellt.

γ) Wenn ich aber dadurch in eine Intellektualwelt versetzt bin, in welcher die Natur Gottes, die Bestimmungen und Handlungsweisen Gottes der Erkenntnis dargeboten werden und, ob es wirklich so ist, auf der Anschauung und Versicherung anderer beruht, so bin ich doch zugleich *in mich* gewiesen, da *in mir das Denken*, Erkennen, die Vernunft ist und meine *Freiheit* in der Sündhaftigkeit und in der Reflexion auf dieselbe mir vor Augen gestellt ist. Das *Erkennen* liegt daher in der christlichen Religion selbst.

Ich soll in der christlichen Religion meine Freiheit behalten oder vielmehr in ihr frei werden. In ihr ist das Subjekt, das Heil der Seele, die Rettung des Einzelnen als Einzelnen, nicht nur die Gattung, wesentlicher Zweck. Diese Subjektivität, *Selbstischkeit* (nicht Selbstsucht) ist eben das Prinzip des Erkennens selbst.

Weil sie nun in dem Prinzip der Erkenntnis steht, gibt die christliche Religion ihrem Inhalt *Entwicklung*, denn die Vorstellungen über den allgemeinen Gegenstand sind unmittelbar oder an sich *Gedanken* und müssen sich als solche ausbreiten. Andrerseits aber, weil der Inhalt wesentlich für die Vorstellung ist, so ist er getrennt von der unmittelbaren Meinung und Anschauung, geht er durch die Trennung hindurch. Kurz, er gilt gegen die Subjektivität als absoluter, an und für sich seiender Inhalt. Die christliche Religion berührt daher selbst den *Gegensatz* des Gefühls, der unmittelbaren Anschauung und der Reflexion und des Wissens. Sie hat die Erkenntnis wesentlich in ihr selbst und hat dasselbe veranlaßt, sich in seiner ganzen Konsequenz als *Form* und als *Welt der Form* zu entwickeln und damit zugleich der Form, in welcher jener Inhalt als *gegebene Wahrheit* ist, gegenüberzustellen. Hierauf beruht der Zwiespalt unserer Zeit.

Bisher haben wir die Ausbildung der Gegensätze noch in der Form betrachtet, wo sie sich noch nicht zur wirklichen Philosophie entwickelt haben oder noch außerhalb derselben stehen. Es fragt sich daher zunächst: 1. Wie verhält sich die Philosophie überhaupt zur Religion, 2. wie verhält sich die Religionsphilosophie zur Philosophie, und welches ist 3. das Verhältnis der philosophischen Betrachtung der Religion zur positiven Religion?

II. DIE STELLUNG DER RELIGIONSPHILOSOPHIE ZUR PHILOSOPHIE UND ZUR RELIGION

1. Verhältnis der Philosophie zur Religion überhaupt

Wenn wir oben sagten, daß die Philosophie die Religion zum Gegenstande ihrer Betrachtung mache, und wenn nun diese *Betrachtung* die Stellung zu haben scheint, daß sie von ihrem Gegenstande verschieden ist, so scheint es, daß wir noch in jenem Verhältnisse stehen, wo beide Seiten gegeneinander unabhängig sind und getrennt bleiben. Im Verhältnisse dieser Betrachtung würden wir dann aus jener Region der Andacht und des Genusses, welche die Religion ist, heraustreten, und der Gegenstand und die Betrachtung, als die Bewegung des Gedankens, würden so verschieden sein, wie z. B. die Raumfiguren in der Mathematik vom betrachtenden Geiste verschieden sind. Allein das ist nur das Verhältnis, wie es zunächst erscheint, wenn die Erkenntnis noch in jener Entzweiung mit der religiösen Seite steht und die *endliche* ist. Vielmehr, sehen wir nur näher zu, so zeigt es sich, daß

in der Tat der Inhalt, das Bedürfnis und das Interesse der Philosophie mit dem der Religion ein gemeinschaftliches ist.
Der Gegenstand der Religion wie der Philosophie ist *die ewige Wahrheit* in ihrer Objektivität selbst, Gott und nichts als Gott und die Explikation Gottes. Die Philosophie ist nicht Weisheit der Welt, sondern Erkenntnis des *Nichtweltlichen*, nicht Erkenntnis der äußerlichen Masse, des empirischen Daseins und Lebens, sondern Erkenntnis dessen, was ewig ist, was Gott ist und was aus seiner Natur fließt. Denn diese Natur muß sich offenbaren und entwickeln. Die Philosophie expliziert daher nur sich, indem sie die Religion expliziert, und indem sie sich expliziert, expliziert sie die Religion. Als Beschäftigung mit der ewigen Wahrheit, die an und für sich ist, und zwar als Beschäftigung des denkenden Geistes, nicht der Willkür und des besonderen Interesses mit diesem Gegenstande, ist sie dieselbe Tätigkeit, welche die Religion ist; und als philosophierend versenkt sich der Geist mit gleicher Lebendigkeit in diesen Gegenstand und entsagt er ebenso seiner Besonderheit, indem er sein Objekt durchdringt, wie es das religiöse Bewußtsein tut, das auch nichts Eigenes haben, sondern sich nur in diesen Inhalt versenken will.
So fällt Religion und Philosophie in eins zusammen; die Philosophie ist in der Tat selbst Gottesdienst, ist Religion, denn sie ist dieselbe Verzichtung auf subjektive Einfälle und Meinungen in der Beschäftigung mit Gott. Die Philosophie ist also identisch mit der Religion; aber der Unterschied ist, daß sie es auf *eigentümliche Weise* ist, unterschieden von der Weise, die man Religion als solche zu nennen pflegt. Ihr Gemeinsames ist, Religion zu sein; das Unterscheidende fällt nur in die Art und Weise der Religion. In dieser Eigentümlichkeit der Beschäftigung mit Gott unterscheiden sich beide. Darin aber liegen die Schwierigkeiten, die so groß scheinen, daß es selbst für Unmöglichkeit gilt, daß die Philosophie eins mit der Religion sein könne. Daher kommt die Appre-

hension der Theologie gegen die Philosophie, die feindselige Stellung der Religion und Philosophie. Dieser feindseligen Stellung nach (für was sie die Theologie aufnimmt) scheint die Philosophie auf den Inhalt der Religion verderbend, zerstörend, entheiligend zu wirken und ihre Beschäftigung mit Gott schlechthin verschieden von der Religion zu sein. Das ist dieser alte Gegensatz und Widerspruch, den wir schon bei den Griechen sehen; bei den Atheniensern, diesem freien, demokratischen Volke, sind Schriften verbrannt, ist Sokrates zum Tode verurteilt [worden]. Jetzt gilt aber dieser Gegensatz als Anerkanntes und mehr als die eben behauptete Einheit der Religion und Philosophie.

So alt aber dieser Gegensatz ist, so alt ist auch die Verknüpfung der Philosophie und Religion. Schon den Neupythagoreern und Neuplatonikern, die noch innerhalb der heidnischen Welt standen, sind die Götter des Volkes nicht Götter der Phantasie gewesen, sondern Götter des Gedankens geworden. Sodann hat jene Verknüpfung bei den vorzüglichsten der Kirchenväter stattgefunden, sie sich wesentlich begreifend in ihrer Religiosität verhielten, indem sie von der Voraussetzung ausgingen, daß Theologie die Religion mit denkendem, begreifendem Bewußtsein sei. Ihrer philosophischen Bildung verdankt die christliche Kirche die ersten Anfänge von einem Inhalt der christlichen Lehre.

Noch mehr wurde diese Vereinigung der Religion und Philosophie im Mittelalter durchgeführt. Man glaubte so wenig, daß das begreifende Erkennen dem Glauben nachteilig sei, daß man es für wesentlich hielt zur Fortbildung des Glaubens selbst. Diese großen Männer, Anselmus, Abälard, haben die Bestimmungen des Glaubens von der Philosophie aus weiter ausgebildet.

Das Erkennen, wie es sich der Religion gegenüber seine Welt erbaute, hatte sich nur den *endlichen Inhalt* zu eigen gemacht; wie es sich aber zur wahrhaften Philosophie fortgebildet hat, so hat es mit der Religion denselben Inhalt. Suchen wir nun aber den *Unterschied* der Religion und Philosophie, wie er sich in dieser *Einheit des Inhalts* hervortut, vorläufig auf, so ist es folgender.

a) Spekulative Philosophie ist das Bewußtsein der Idee, so daß alles als Idee aufgefaßt wird; die Idee aber ist das Wahre im Gedanken, nicht in der bloßen Anschauung oder Vorstellung. Das Wahre im Gedanken ist näher dieses, daß *es konkret sei, in sich entzweit gesetzt,* und zwar so, daß die zwei Seiten des Entzweiten *entgegengesetzte Denkbestimmungen* sind, als deren *Einheit* die *Idee* gefaßt werden muß. Spekulativ denken heißt, ein Wirkliches auflösen und dieses sich so entgegensetzen, daß die Unterschiede nach Denkbestimmungen entgegengesetzt sind und der Gegenstand als Einheit beider gefaßt wird. Unsere Anschauung hat das Ganze des Gegenstandes vor sich, unsere Reflexion unterscheidet, faßt verschiedene Seiten auf, erkennt eine Mannigfaltigkeit in ihnen und entzweit sie. Bei diesen Unterschieden hält die Reflexion die *Einheit* derselben nicht fest, vergißt einmal das Ganze, das andere Mal die Unterschiede, und wenn sie beides vor sich hat, so trennt sie doch von dem Gegenstande die Eigenschaften und stellt beides so, daß das, worin beide eins sind, ein *Drittes* wird, das von dem Gegenstande und den Eigenschaften *verschieden* ist. Bei mechanischen Gegenständen, die in die Äußerlichkeit fallen, kann dieses Verhältnis stattfinden: der Gegenstand ist nur das tote Substrat für die Unterschiede, und die Qualität, daß er eins ist, ist die Sammlung äußerlicher Aggregate. In dem wahrhaften Objekte aber, das nicht bloß ein Aggregat, eine äußerlich zusammengefügte Vielheit ist, ist der Gegenstand eins mit den unterschiedenen Bestimmungen, und erst die Spekulation ist es, die *in dem Gegensatze* selbst als solchem die *Einheit* auffaßt. Das ist überhaupt das Geschäft der Spekulation, daß sie alle Gegenstände des reinen Gedankens, der Natur und des Geistes in Form des Gedankens und so als *Einheit des Unterschiedes* auffaßt.

b) Die Religion ist nun selbst Standpunkt des Bewußtseins des Wahren, das an und für sich ist; sie ist somit die Stufe des Geistes, auf welcher dem Bewußtsein der *spekulative Inhalt* überhaupt *Gegenstand* ist. Die Religion ist nicht Bewußtsein von diesem oder jenem Wahren in einzelnen Gegenständen, sondern von dem absolut Wahren, von ihm als dem Allgemeinen, dem Allumfassenden, außer welchem nichts mehr liegt. Der Inhalt ihres Bewußtseins ist ferner das allgemein Wahre, das an und für sich ist, sich selbst bestimmt und nicht von außen bestimmt wird. Während das Endliche eines Anderen zu seiner Bestimmtheit bedarf, hat das Wahre seine Bestimmtheit, die Grenze, sein Ende in sich selbst, wird nicht durch ein Anderes begrenzt, sondern das Andere fällt in es selbst. Dies Spekulative ist es, das in der Religion zum Bewußtsein kommt. In jeder anderen Sphäre ist wohl Wahrheit enthalten, aber nicht die höchste, absolute Wahrheit, denn diese ist nur in der *vollkommenen Allgemeinheit der Bestimmung* und in dem an und für sich Bestimmtsein, welches nicht einfache Bestimmtheit ist, die gegen ein Anderes ist, sondern das Andere, den Unterschied in ihm selbst enthält.

c) Die Religion ist nun dieses Spekulative gleichsam als *Zustand des Bewußtseins*, dessen Seiten nicht *einfache Denkbestimmungen*, sondern *konkret erfüllte* sind. Diese Momente können keine anderen sein als das *Moment des Denkens, tätige Allgemeinheit*, Wirksamkeit des Denkens und die Wirklichkeit als *unmittelbares, besonderes Selbstbewußtsein.*

Während sich nun in der Philosophie die Härte dieser beiden Seiten durch die *Versöhnung im Gedanken* verliert, weil *beide Seiten Gedanken*, nicht die eine reines allgemeines Denken und die andere empirischer, einzelner Charakter sind, kommt die Religion zum Genuß der Einheit nur dadurch, daß sie diese beiden harten Extreme aus der Entzweiung heraushebt, bearbeitet und zusammenschließt. Dadurch aber, daß die Religion ihren Extremen die Form der Entzweiung abstreift, den Gegensatz im Element der Allgemeinheit flüssig macht und zur Versöhnung bringt, dadurch bleibt sie immer dem Gedanken auch der Form und der Bewegung nach verwandt und ist ihr die Philosophie als das schlechthin tätige und den Gegensatz vereinigende Denken unmittelbar nahegerückt.

Die denkende Betrachtung der Religion hat nun die bestimmten Momente derselben selbst zu Gedanken erhoben, und es fragt sich, wie diese *denkende Betrachtung der Religion* als *ein Glied im System der Philosophie* sich zu dieser überhaupt verhalte.

2. *Verhältnis der Religionsphilosophie zum System der Philosophie*

a) In der Philosophie wird das Höchste das Absolute genannt, die *Idee*; es ist überflüssig, hier weiter zurückzugehen und anzuführen, daß dies Höchste in der Wolffischen Philosophie *ens,* Ding, genannt wurde; denn das kündigt sich sogleich als eine solche Abstraktion an, welche unserer Vorstellung von Gott zuwenig entspreche. Das Absolute in der neueren Philosophie ist nicht so voller Abstraktion, aber darum noch nicht gleichbedeutend mit dem, was wir Gott nennen. Die Verschiedenheit selbst bemerklich zu machen, müssen wir zunächst betrachten, was *Bedeuten* selbst bedeutet. Wenn wir fragen: was bedeutet dies oder jenes?, so wird nach zweierlei gefragt, und zwar nach dem Entgegengesetzten. Erstlich nennen wir das, was wir meinen, den Sinn, den Zweck, allgemeinen Gedanken jenes Ausdrucks, Kunstwerks usf.; nach dem Inneren fragen wir. Dies ist es, was wir zur Vorstellung bringen wollen; es ist der *Gedanke*. Wenn wir so fragen: was ist Gott? was bedeutet der Ausdruck Gott?, so wollen wir den Gedanken; die Vorstellung haben wir wohl. Sonach hat es die Bedeutung, daß der Begriff angegeben werden soll, und so ist der *Begriff* die Bedeutung; es ist das Absolute, die im Gedanken gefaßte Natur Gottes, das logische Wissen desselben, was wir haben wollen. Dies ist die eine Bedeutung der Bedeutung, und insofern ist das, was wir das Absolute nennen, gleichbedeutend mit dem Ausdruck Gott.

b) Aber wir fragen noch in einem zweiten Sinne, der das Entgegengesetzte verlangt. Wenn wir von reinen Gedankenbestimmungen anfangen und nicht von der Vorstellung, so kann es sein, daß der Geist sich darin nicht befriedigt findet, nicht darin zu Hause ist und fragt, was diese reine Gedankenbestimmung zu bedeuten habe. So findet sich z. B. die Bestimmung von Einheit des Subjektiven und Objektiven, von Einheit des Realen und Ideellen; man kann jedes für sich verstehen, wissen, was Einheit, Objektives, Subjektives usf. ist, und doch kann man sehr wohl sagen, man verstehe diese Bestimmung nicht. Wenn wir in einem solchen Fall fragen, so ist die Bedeutung das Entgegengesetzte von vorher. Nämlich hier wird eine Vorstellung der Gedankenbestimmung gefordert, ein Beispiel des Inhalts, der vorher nur im Gedanken gegeben wurde. Wenn wir einen Gedankeninhalt schwer finden, so ist das Schwere darin, daß wir keine Vorstellung davon haben; durch das Beispiel wird es uns deutlich, der Geist ist sich so erst gegenwärtig in diesem Inhalte.

Wenn wir nun von der Vorstellung Gottes anfangen, so hat die Religionsphilosophie die Bedeutung derselben zu betrachten, daß Gott die Idee, das Absolute, das im Gedanken und Begriff gefaßte Wesen ist, und sie hat dies mit der *logischen Philosophie* gemein; die logische Idee ist Gott, wie er an sich ist. Aber Gott ist dies, nicht nur an sich zu sein, er ist ebenso wesentlich für sich, der absolute Geist, der nicht nur das im Gedanken sich haltende Wesen ist, sondern auch das *erscheinende*, sich *Gegenständlichkeit* gebende.

c) So in der Religionsphilosophie die *Idee Gottes* betrachtend, haben wir zugleich auch die *Weise seiner Vorstellung* vor uns: er stellt sich nur sich selbst vor. Dies ist die Seite des *Daseins* des Absoluten. In der Religionsphilosophie haben wir so das Absolute zum Gegenstand, aber nicht bloß in der Form des Gedankens, sondern auch in der Form seiner

Manifestation. Die allgemeine Idee ist also zu fassen in der schlechthin konkreten Bedeutung der *Wesentlichkeit* überhaupt, als auch ihrer Tätigkeit, sich herauszusetzen, zu *erscheinen,* sich zu *offenbaren.* Wir sagen populär: Gott ist der Herr der natürlichen Welt und des Geisterreiches; er *ist* die absolute Harmonie beider und das Hervorbringende und Betätigende dieser Harmonie. Es fehlt hierin weder der Gedanke und Begriff noch auch die Manifestation desselben, sein Dasein. Diese Seite des Daseins ist jedoch selbst wieder (da wir in der Philosophie sind) im Gedanken zu fassen.

Die Philosophie betrachtet also das Absolute erstlich als logische Idee, Idee, wie sie im Gedanken ist, wie ihr Inhalt selbst die Gedankenbestimmungen sind. Ferner zeigt sie das Absolute in seiner Tätigkeit, in seinen Hervorbringungen; und dies ist der Weg des Absoluten, für sich selbst zu werden, zum Geist, und Gott ist so das Resultat der Philosophie, von welchem erkannt wird, daß es nicht bloß das Resultat ist, sondern ewig sich hervorbringt, das Vorhergehende ist. Die Einseitigkeit des Resultats wird im Resultate selbst aufgehoben.

Die Natur, der endliche Geist, die Welt des Bewußtseins, der Intelligenz und des Willens sind Verleiblichungen der göttlichen Idee, aber es sind bestimmte Gestaltungen, besondere Weisen der Erscheinung der Idee, Gestaltungen, in denen die Idee noch nicht durchgedrungen ist zu sich selbst, um als absoluter Geist zu sein.

In der Religionsphilosophie aber betrachten wir die an sich seiende, logische Idee nicht bloß, wie sie als reiner Gedanke bestimmt [ist], auch nicht in den endlichen Bestimmungen, wo sie in einer endlichen Weise ihrer Erscheinung ist, sondern wie sie *an sich* ist im Gedanken und zugleich wie sie erscheint, sich manifestiert, aber in der unendlichen Erscheinung als Geist, der sich in sich selbst reflektiert; der Geist, der nicht erscheint, *ist* nicht. Es ist in dieser Bestimmung der Erscheinung auch die *endliche* Erscheinung – das ist die Welt der Natur und die Welt des endlichen Geistes – enthalten;

aber der Geist ist als die Macht derselben, als sie aus sich und sich aus ihnen hervorbringend.

Dies ist die Stellung der Religionsphilosophie zu den anderen Teilen der Philosophie. Gott ist das Resultat der anderen Teile; hier ist dies Ende zum Anfang gemacht, zu unserem besonderen Gegenstand, als schlechthin konkrete *Idee* mit ihrer *unendlichen Erscheinung,* – und diese Bestimmung betrifft den *Inhalt* der Religionsphilosophie. Diesen Inhalt betrachten wir aber mit denkender Vernunft; und dies betrifft die Form und führt uns auf die Stellung der Religionsphilosophie zur Religion, wie diese als *positive Religion* erscheint.

3. Verhältnis der Religionsphilosophie zur positiven Religion

Es ist bekannt, daß der Glaube der Kirche, näher der protestantischen, als *Lehrbegriff* festgestellt ist. Dieser Inhalt hat allgemein als Wahrheit gegolten; und als Bestimmung dessen, was Gott und was der Mensch im Verhältnis zu Gott sei, hat er das *Credo* geheißen, im subjektiven Sinne das, was geglaubt ist, und objektiv [das], was als Inhalt in der christlichen Gemeinde zu wissen sei und als was sich Gott geoffenbart habe. Als gemeinsame festgestellte Lehre ist nun dieser Inhalt teils in dem apostolischen Symbolum, teils in den späteren symbolischen Büchern niedergelegt. Dabei galt in der protestantischen Kirche die Bestimmung, daß die Bibel die wesentliche Grundlage der Lehre sei.

a) In der Erkenntnis und Bestimmung des Lehrinhalts hat sich nun die *Vernunft* als *Räsonnement* geltend gemacht. Zwar geschah dies anfangs noch so, daß der Lehrinhalt und die Bibel als positive Grundlage desselben bestehenbleiben und das Denken als *Exegese* nur die Gedanken der Bibel aufnehmen sollte. Aber in der Tat hatte der Verstand für sich seine Ansichten, seine Gedanken vorher festgesetzt, und dann ist nachgesehen worden, wie sich die Worte der Schrift danach erklären lassen. Die Worte der Bibel sind ein Vortrag, der nicht systematisch ist, sind das Christentum, wie es im Anfang erschienen ist; der Geist ist es, der den Inhalt auffaßt, expliziert. Dadurch, daß diese Exegese die Vernunft zu Rate zieht, ist es nun geschehen, daß eine sogenannte Vernunfttheologie zustande gekommen ist, die jenem Lehrbegriff der Kirche entgegengestellt wird, teils von ihr selber, teils von dem, dem sie sich entgegenstellt. Hierbei übernimmt die Exegese das geschriebene Wort, interpretiert es und gibt vor, nur den *Verstand des Wortes* geltend zu machen, ihm getreu bleiben zu wollen.

Es sei aber, daß die Bibel mehr nur ehrenhalber oder in der Tat mit völligem Ernst zugrunde gelegt worden, so bringt es die Natur des interpretierenden Erklärens mit sich, daß der Gedanke dabei mitspricht; der Gedanke enthält für sich Bestimmungen, Grundsätze, Voraussetzungen, die sich dann in dem Geschäft des Interpretierens geltend machen. Wenn Interpretation nicht bloß Worterklärung ist, sondern Erklärung des Sinnes, so muß sie eigene Gedanken in das zugrunde liegende Wort bringen. Bloße Wortinterpretation kann nur so sein, daß für ein Wort ein anderes von gleichem Umfange gesetzt wird; aber erklärend werden weitere Gedankenbestimmungen damit verbunden, denn eine Entwicklung ist Fortgang zu weiteren Gedanken; scheinbar bleibt man bei dem Sinn, entwickelt in der Tat aber weitere Gedanken. Die Kommentare über die Bibel machen uns nicht sowohl mit dem Inhalt der Schrift bekannt, sondern enthalten vielmehr die Vorstellungsweise ihrer Zeit. Es soll zwar angegeben werden, was für einen Sinn das Wort enthält; das Angeben des Sinnes heißt aber den Sinn herausziehen ins *Bewußtsein, in die Vorstellung,* und die *anders bestimmte Vorstellung* macht sich dann in der Darstellung dessen, was der Sinn sein soll, geltend. Ist es doch selbst bei der Darstellung eines in sich schon entwickelten philosophischen Systems, z. B. des Platon oder Aristoteles der Fall, daß die Darstellungen nach der schon in sich bestimmten Vorstellungsweise derjenigen, die sie unternehmen, verschieden ausfallen. Aus der Schrift sind daher die entgegengesetztesten Meinungen exegetisch durch die Theologie bewiesen, und so ist diese sogenannte Heilige Schrift zu einer wächsernen Nase gemacht worden. Alle Ketzereien haben sich gemeinsam mit der Kirche auf die Schrift berufen.

b) Die Vernunfttheologie, die so entstanden ist, blieb aber nicht dabei stehen, daß sie sich nur als Exegese noch auf dem Boden der Bibel hielt, sondern als *freies Erkennen* gab sie sich ein Verhältnis zur Religion und zu deren Inhalt überhaupt. In diesem allgemeineren Verhältnisse kann die Beschäftigung und das Resultat kein anderes sein, als daß das Erkennen sich alles dessen bemächtigt, was auf seiten der Religion ein *Bestimmtes* ist. Die Lehre von Gott geht nämlich zu Bestimmungen, zu Eigenschaften, Handlungen Gottes fort. Dieses bestimmten Inhalts bemächtigt sich die Erkenntnis und zeigt, daß er *ihr angehöre*. Sie faßt das *Unendliche* einerseits *nach ihrer endlichen Weise* als ein *Bestimmtes*, als ein *abstrakt* Unendliches, und findet dann anderseits, daß alle besonderen Eigenschaften diesem Unendlichen *unangemessen* sind. Sie macht dadurch den religiösen Inhalt auf ihre Weise zunichte und den absoluten Gegenstand vollkommen arm. Das Endliche und Bestimmte, das sie in ihren Kreis gezogen hat, weist für diese Erkenntnis zwar auf ein *Jenseits* hin, aber dieses faßt sie selbst auf *endliche* Weise, als ein *abstraktes, höchstes Wesen,* dem gar kein Charakter zukommt. Die Aufklärung – diese ist nämlich die soeben geschilderte Vollendung des endlichen Erkennens – meint Gott recht hoch zu stellen, wenn sie ihn das Unendliche nennt, für welches alle Prädikate unangemessen und unberechtigte Anthropomorphismen seien. In Wirklichkeit aber hat sie Gott, wenn sie ihn als das höchste Wesen faßt, hohl, leer und arm gemacht.

c) Scheint es nun, daß die Religionsphilosophie sich mit dieser Vernunfttheologie der Aufklärung auf gleichem Boden und somit in demselben Gegensatze gegen den Inhalt der Religion befinde, so ist das ein Schein, der sich sogleich auflöst.

α) Denn von jener vernünftigen Betrachtung der Religion, die nur abstrakte Verstandesmetaphysik war, wurde Gott als ein Abstraktum gefaßt, welches leere Idealität ist und dem das Endliche äußerlich gegenübersteht, und so machte auch auf diesem Standpunkte die *Moral* als besondere Wissenschaft das Wissen von dem aus, was auf die Seite des wirklichen *Subjekts* fiel in Rücksicht des Handelns und Verhaltens. Die Seite der Beziehung des Menschen zu Gott stand abgesondert für sich da. Hingegen die denkende Vernunft, die sich nicht mehr abstrakt hält, sondern vom Glauben des Menschen an die Würde seines Geistes ausgeht und vom Mut der Wahrheit und Freiheit getrieben wird, faßt die Wahrheit als ein *Konkretes,* als Fülle von Inhalt, als Idealität, in welcher die *Bestimmtheit,* das Endliche als Moment enthalten ist. Gott ist ihr daher nicht das Leere, sondern Geist; und diese Bestimmung des Geistes bleibt ihr nicht nur ein Wort oder eine oberflächliche Bestimmung, sondern die Natur des Geistes entwickelt sich für sie, indem sie Gott wesentlich als den Dreieinigen erkennt. So wird Gott gefaßt, wie er sich zum Gegenstande seiner selbst macht und dann der Gegenstand in dieser Unterscheidung seiner mit Gott identisch bleibt, Gott sich darin selbst liebt. Ohne diese Bestimmung der *Dreieinigkeit* wäre Gott nicht Geist und Geist ein leeres Wort. Wird aber Gott als Geist gefaßt, so schließt dieser Begriff die *subjektive* Seite in sich ein oder entwickelt sich selbst zu derselben, und die Religionsphilosophie als denkende Betrachtung der Religion umspannt den gesamten *bestimmten* Inhalt der Religion.

β) Was aber jene Form der denkenden Betrachtung betrifft, welche sich an das *Wort der Heiligen Schrift* hält und dasselbe mit Vernunft zu erklären behauptet, so steht auch mit dieser die Religionsphilosophie nur scheinbar auf gemeinsamem Boden. Denn jene Betrachtung legt aus eigener Machtvollkommenheit *ihre* Räsonnements der christlichen Lehre zugrunde, und wenn sie auch die biblischen Worte noch bestehen läßt, so bleibt doch die partikuläre Meinung die

Hauptbestimmung, der sich die vorausgesetzte biblische Wahrheit unterwerfen muß. Es *behält* daher jenes Räsonnement *seine Voraussetzungen* und bewegt sich in den Verstandesverhältnissen der Reflexion, ohne daß diese einer Kritik unterworfen werden. Die Religionsphilosophie ist aber als das vernünftige Erkennen der Willkür dieses Räsonnements entgegengesetzt und ist die *Vernunft des Allgemeinen,* welche auf Einheit dringt.

Die Philosophie ist daher so weit entfernt, sich auf der allgemeinen Heerstraße jener Vernunfttheologie und dieses exegetischen Räsonnements zu befinden, daß diese Richtungen sie vielmehr am meisten bestreiten und zu verdächtigen suchen. Sie protestieren gegen die Philosophie, aber nur, um sich die Willkür ihres Räsonnements vorzubehalten. Sie nennen die Philosophie etwas *Partikulares,* während dieselbe doch nichts als das vernünftige, wahrhaft allgemeine Denken ist. Sie betrachten die Philosophie als etwas Gespensterartiges, von dem man nicht wisse, was es sei, bei dem es überhaupt nicht geheuer sei; aber mit dieser Vorstellung zeigen sie nur, daß sie es bequemer finden, bei ihren regellosen, willkürlichen Reflexionen, welche die Philosophie nicht gelten läßt, stehenzubleiben. Haben es doch jene Theologen, die sich mit ihren Räsonnements in der Exegese bewegen, sich bei allen ihren Einfällen auf die Bibel berufen, wenn sie gegen die Philosophie die Möglichkeit des Erkennens leugnen, so weit gebracht und so sehr das Ansehen der Bibel herabgesetzt, daß, wenn es so wäre und nach richtiger Erklärung der Bibel keine Erkenntnis der Natur Gottes möglich wäre, der Geist sich nach einer anderen Quelle umsehen müßte, um eine inhaltsvolle Wahrheit zu gewinnen.

γ) In der Weise wie jene Verstandesmetaphysik und die räsonierende Exegese kann daher die Religionsphilosophie der positiven Religion und der Lehre der Kirche, die ihren Inhalt noch bewahrt hat, nicht entgegenstehen. Es wird sich vielmehr zeigen, daß sie der positiven Lehre unendlich näher steht, als auf den ersten Anblick scheint, ja daß die

Wiederherstellung der vom Verstande auf das Minimum reduzierten Kirchenlehre so sehr ihr Werk ist, daß sie gerade um dieses ihres wahrhaften Inhalts wegen von der nur verständigen Vernunfttheologie als Verdüsterung des Geistes verschrien wird. Die Angst des Verstandes und sein Haß gegen die Philosophie kommt aus der Besorgnis her, daß er sieht, sie führe sein Reflektieren auf den Grund zurück, d. h. zum Affirmativen, worin es zugrunde geht, und komme doch zu einem Inhalte, zu einer Erkenntnis der Natur Gottes, nachdem aller Inhalt bereits aufgehoben zu sein schien. Jeder Inhalt erscheint dieser negativen Richtung als Verfinsterung des Geistes, während sie doch nur in der Nacht, die sie Aufklärung nennt, bleiben will und da allerdings den Strahl des Lichts der Erkenntnis für feindselig halten muß.

Hier genüge es, über den vermeintlichen Gegensatz der Religionsphilosophie und der positiven Religion nur zu bemerken, daß es nicht *zweierlei Vernunft* und *zweierlei Geist* geben kann, nicht eine göttliche Vernunft und eine menschliche, nicht einen göttlichen Geist und einen menschlichen, die *schlechthin verschieden* wären. Die menschliche Vernunft, das Bewußtsein seines Wesens, ist Vernunft überhaupt, das Göttliche im Menschen; und der Geist, insofern er Geist Gottes ist, ist nicht ein Geist jenseits der Sterne, jenseits der Welt, sondern Gott ist gegenwärtig, allgegenwärtig und als Geist in allen Geistern. Gott ist ein lebendiger Gott, der wirksam ist und tätig. Die Religion ist ein Erzeugnis des göttlichen Geistes, nicht Erfindung des Menschen, sondern Werk des göttlichen Wirkens und Hervorbringens in ihm. Der Ausdruck, daß Gott die Welt als *Vernunft* regiert, wäre *vernunftlos,* wenn wir nicht annehmen, daß er sich auch auf die Religion beziehe und der göttliche Geist in der Bestimmung und Gestaltung derselben wirke. Zu diesem Geist steht aber die im Denken vollbrachte Ausbildung der Vernunft nicht in Gegensatz, und sie kann somit auch nicht von seinem Werk, das er in der Religion hervorgebracht hat, schlechthin

verschieden sein. Je mehr der Mensch im vernünftigen Denken die Sache selbst in sich walten läßt, auf seine Partikularität Verzicht leistet, sich als *allgemeines* Bewußtsein verhält, seine Vernunft nicht das Ihrige im Sinne eines Besonderen sucht, um so weniger wird sie in jenen Gegensatz fallen; denn sie, die *Vernunft*, ist selbst die *Sache,* der Geist, der göttliche Geist. Die Kirche oder die Theologen mögen diesen Sukkurs verschmähen oder es übelnehmen, wenn ihre Lehre vernünftig gemacht wird; sie können sogar mit stolzer Ironie die Bemühungen der Philosophie, wenn sie nicht feindlich gegen die Religion gerichtet sind, sondern vielmehr deren Wahrheit ergründen wollen, zurückweisen und die »gemachte« Wahrheit bespötteln. Aber dies Verschmähen hilft nichts mehr und ist Eitelkeit, wenn einmal das Bedürfnis der Erkenntnis und der Zwiespalt derselben mit der Religion erwacht ist. Da hat die Einsicht ihre Rechte, die auf keine Weise mehr verweigert werden können, und ist der Triumph der Erkenntnis die Versöhnung des Gegensatzes.
Obwohl sich nun die Philosophie als Religionsphilosophie so sehr von den verständigen Richtungen, die der Religion im Grunde feindlich entgegen sind, unterscheidet und keineswegs ein so Gespensterartiges ist, als das man sie gewöhnlich sich vorstellt, so sehen wir doch noch heutigentags den stärksten Gegensatz der Philosophie und Religion als Schibboleth der Zeit gesetzt. Alle Prinzipien des religiösen Bewußtseins, die sich gegenwärtig ausgebildet haben – mögen ihre Formen sich gegeneinander noch sosehr unterscheiden –, kommen doch darin überein, daß sie die Philosophie befeinden, von der Beschäftigung mit der Religion auf jeden Fall abzuhalten suchen; und so ist es noch unser Geschäft, die Philosophie in ihrem Verhältnis zu diesen *Zeitprinzipien* zu betrachten. Wir haben uns von dieser Betrachtung um so mehr Glück zu versprechen, weil sich zeigen wird, daß bei aller jener Befeindung der Philosophie, mag sie auch von noch so vielen Seiten, ja von fast allen Seiten des gegenwärtigen Bewußtseins herkommen, dennoch jetzt die Zeit

gekommen ist, wo die Philosophie teils auf eine unbefangene, teils auf eine glückliche und gedeihliche Weise sich mit der Religion beschäftigen kann. Denn jene Gegner sind entweder jene Formen des entzweiten Bewußtseins, das wir oben betrachtet haben; sie stehen teils auf dem Standpunkt der Verstandesmetaphysik, für welche Gott ein Leeres und der Inhalt verschwunden ist, teils auf dem Standpunkt des Gefühls, welches nach dem Verlust des absoluten Inhalts sich in seine leere Innerlichkeit zurückgezogen hat, aber mit jener Metaphysik in dem Resultate übereinstimmt, daß jede Bestimmung dem ewigen Inhalt – denn er ist ja nur ein Abstraktum – unangemessen sei. Oder wir werden sogar sehen, wie die Behauptungen der Gegner der Philosophie nichts anderes enthalten, als was die Philosophie für ihr Prinzip und als Grundlage für ihr Prinzip enthält. Dieser Widerspruch, daß die Gegner der Philosophie die von ihr überwundenen Gegner der Religion sind und daß sie doch an sich das Prinzip der philosophischen Erkenntnis in ihren Reflexionen besitzen, ist darin begründet, daß sie das geschichtliche *Element* sind, aus welchem heraus das vollendete philosophische Denken sich gestaltet hat.

III. DAS VERHÄLTNIS DER PHILOSOPHIE DER RELIGION ZU DEN ZEITPRINZIPIEN DES RELIGIÖSEN BEWUSSTSEINS

Wenn die Philosophie in unserer Zeit wegen ihrer Beschäftigung mit der Religion befeindet wird, so kann uns das nach dem allgemeinen Charakter der Zeit freilich nicht auffallen. Jeder, der es versucht, mit der Erkenntnis Gottes sich zu befassen und die Natur desselben denkend zu begreifen, muß dessen gewärtig sein, daß man entweder darauf nicht achthat oder sich gegen ihn wendet und verbindet.

Je mehr sich die Erkenntnis der *endlichen Dinge* ausgebreitet hat, indem die Ausdehnung der Wissenschaften fast grenzenlos geworden ist und alle Gebiete des Wissens zum Unübersehbaren erweitert sind, um so mehr hat sich der Kreis des

Wissens *von Gott* verengt. Es hat eine Zeit gegeben, wo alles Wissen Wissenschaft von Gott gewesen ist. Unsere Zeit hat dagegen das Ausgezeichnete, von allem und jedem, von einer unendlichen Menge von Gegenständen zu wissen, nur nichts von Gott. Früher hatte der Geist darin sein höchstes Interesse, von Gott zu wissen und seine Natur zu ergründen, er hatte und fand keine Ruhe als in dieser Beschäftigung, er fühlte sich unglücklich, wenn er dies Bedürfnis nicht befriedigen konnte; die geistigen Kämpfe, welche das Erkennen Gottes im Innern hervorruft, waren die höchsten, die der Geist kannte und in sich erfuhr, und alles andere Interesse und Erkennen wurde für gering geachtet. Unsere Zeit hat dies Bedürfnis, die Mühen und Kämpfe desselben beschwichtigt, wir sind damit *fertig geworden,* und es ist *abgetan.* Was Tacitus von den alten Deutschen sagte, daß sie *securi adversus deos* gewesen, das sind wir in Rücksicht des Erkennens wieder geworden: *securi adversus deum.*

Es macht unserem Zeitalter keinen Kummer mehr, von Gott nichts zu erkennen, vielmehr gilt es für die höchste Einsicht, daß diese Erkenntnis sogar nicht möglich sei. Was die christliche Religion für das höchste, absolute Gebot erklärt: »Ihr sollt Gott erkennen«, das gilt als eine Torheit. Christus sagt: »Ihr sollt vollkommen sein, wie euer Vater im Himmel vollkommen ist«[2], – diese hohe Forderung ist der Weisheit unserer Zeit ein leerer Klang. Sie hat aus Gott ein unendliches Gespenst gemacht, das fern von uns ist, und ebenso die menschliche Erkenntnis zu einem eiteln Gespenste der Endlichkeit oder zu einem Spiegel, in den nur Schemen, nur die Erscheinungen fallen. Wie sollen wir daher noch das Gebot achten und seinen Sinn fassen, wenn es heißt: »Ihr sollt vollkommen sein, wie euer Vater im Himmel vollkommen ist«, da wir vom Vollkommenen nichts erkennen, unser Wissen und Wollen nur durchaus an die *Erscheinung* angewiesen ist und die Wahrheit schlechterdings nur ein Jenseits

---

2 Matth. 5, 48

sein und bleiben soll. Und was, müssen wir weiter fragen, was wäre denn sonst der Mühe wert zu begreifen, wenn Gott unbegreiflich ist?

→ Diesen Standpunkt muß man dem *Inhalte* nach für die letzte Stufe der *Erniedrigung* des Menschen achten, bei welcher er freilich um so hochmütiger zugleich ist, als er sich diese Erniedrigung als das Höchste und als seine wahre Bestimmung erwiesen zu haben glaubt. Obwohl aber solcher Standpunkt schnurstracks der großen Natur der christlichen Religion entgegen ist, denn nach dieser sollen wir Gott, seine Natur und sein Wesen erkennen und diese Erkenntnis als das Allerhöchste achten – der Unterschied, ob dies Wissen durch Glauben, Autorität, Offenbarung oder durch Vernunft herbeigeführt werde, ist hier gleichgültig –, obwohl dieser Standpunkt also ebenso mit dem Inhalt, den die Offenbarung von der göttlichen Natur gibt, als mit dem Vernünftigen fertig geworden ist, so hat er sich doch nach allen seinen niedrigen Verzweigungen in der blinden Anmaßung, die ihm eigen ist, nicht gescheut, sich gegen die Philosophie zu kehren, die doch die *Befreiung des Geistes* aus jener schmachvollen Erniedrigung ist und die Religion aus der Stufe des tiefsten Leidens, das sie auf jenem Standpunkt hat erfahren müssen, wieder hervorgezogen hat. Selbst die Theologen, die noch in jenem Stadium der Eitelkeit nur zu Hause sind, haben es gewagt, die Philosophie ihrer *zerstörenden* Tendenz wegen anzuklagen, Theologen, die *nichts von dem Gehalte mehr besitzen, der zerstört werden könnte.* Um diese nicht nur unbegründeten, sondern noch mehr leichtfertigen und gewissenlosen Einwürfe zurückzuweisen, brauchen wir nur kurz zuzusehen, wie die Theologen vielmehr alles getan haben, um das *Bestimmte* der Religion aufzulösen, indem sie 1. die Dogmen in den Hintergrund geschoben oder für *gleichgültig* erklärt haben, oder dieselben 2. nur als *fremde Bestimmungen anderer* und als *bloße Erscheinungen einer vergangenen Geschichte* betrachten. Wenn wir so auf die Seite des *Inhalts* reflektiert und gesehen haben, wie diesen die Philosophie wiederherstellt und vor den Verwüstungen der Theologie sicherstellt, werden wir 3. auf die *Form* jenes Standpunktes reflektieren und hier sehen, wie die Richtung, die von der Form aus die Philosophie befeindet, über sich selbst so *unwissend* ist, daß sie nicht einmal weiß, wie sie an sich gerade das *Prinzip* der Philosophie in sich enthält.

1. Die Philosophie und die gegenwärtige Gleichgültigkeit der bestimmten Dogmen

Wird also der Philosophie im Verhältnis zur Religion der Vorwurf gemacht, daß der Inhalt der Lehre der geoffenbarten positiven Religion, ausdrücklich der christlichen, durch sie herabgesetzt werde, daß sie die Dogmen der christlichen Religion zerstöre und verderbe, so ist dies Hindernis aus dem Wege geräumt, und zwar von der neueren Theologie selbst. Es sind sehr wenige Dogmen von dem früheren System der kirchlichen Konfessionen mehr in der Wichtigkeit übriggelassen worden, die ihnen früher beigelegt wurde, und keine anderen Dogmen an die Stelle gesetzt. Leicht kann man sich überzeugen, wenn man betrachtet, was jetzt die kirchlichen Dogmen wirklich gelten, daß in der allgemeinen Religiosität eine weitgreifende, beinahe *universelle Gleichgültigkeit* gegen sonst für wesentlich gehaltene Glaubenslehren eingetreten ist. Einige Beispiele werden dies zeigen.

Christus wird zwar noch immerfort als Mittler, Versöhner und Erlöser zum Mittelpunkt des Glaubens gemacht; aber das, was sonst Werk der Erlösung hieß, hat eine sehr prosaische und nur psychologische Bedeutung erhalten, so daß von der alten Kirchenlehre gerade das Wesentliche ausgelöscht wurde, wenn auch die erbaulichen Worte beibehalten wurden.

»Große Energie des Charakters, Standhaftigkeit in der Überzeugung, für die er sein Leben nicht geachtet« – dies sind die allgemeinen Kategorien, durch die Christus auf den Boden, zwar nicht des gewöhnlichen, alltäglichen, aber doch menschlichen Handelns überhaupt und moralischer Absichten, in den Kreis einer Handlungsweise, deren auch Heiden wie Sokrates fähig gewesen sind, herabgezogen ist. Wenn Christus auch bei vielen der Mittelpunkt des Glaubens und der Andacht im tieferen Sinne ist, so schränkt sich das Ganze des Christlichen auf diese Richtung der Andacht ein, und die wichtigen Lehren von der Dreieinigkeit, von der Auferstehung des Leibes, die Wunder im Alten und Neuen Testament sind als gleichgültig vernachlässigt und haben ihre Wichtigkeit verloren. Die Gottheit Christi, das Dogmatische, das der christlichen Religion Eigene wird beiseite gesetzt oder auf etwas nur Allgemeines zurückgeführt. Ja, nicht nur auf der Seite der Aufklärung ist das geschehen, sondern es geschieht selbst von seiten der *frömmeren Theologen*. Die Dreieinigkeit sei von der alexandrinischen Schule, von den Neuplatonikern in die christliche Lehre hereingekommen, sagen diese mit jener. Wenn aber auch zugegeben werden muß, daß die Kirchenväter die griechische Philosophie studiert haben, so ist es zunächst doch gleichgültig, woher jene Lehre gekommen sei; die Frage ist allein die, ob sie *an und für sich wahr* ist; aber das wird nicht untersucht, und doch ist jene Lehre die Grundbestimmung der christlichen Religion.

Wenn ein großer Teil dieser Theologen veranlaßt würde, die Hand aufs Herz gelegt zu sagen, ob sie den Glauben an die Dreieinigkeit für unumgänglich notwendig zur Seligkeit halten, ob sie glauben, daß Abwesenheit des Glaubens daran zur Verdammnis führe, so kann es nicht zweifelhaft sein, was die Antwort ist.

Selbst ewige Seligkeit und ewige Verdammnis sind Worte, die man in guter Gesellschaft nicht gebrauchen darf, sie gelten für ἄρρητα, für solche, die man Scheu trägt auszusprechen. Wenn man die Sache auch nicht leugnen will, so wird man sich doch geniert finden, wenn man ausdrücklich veranlaßt werden sollte, sich affirmativ auszusprechen.

In den Glaubenslehren dieser Theologen wird man finden,

daß die Dogmen bei ihnen sehr dünne geworden und zusammengeschrumpft sind, wenn auch sonst viel Worte gemacht werden.

Wenn man eine Menge von Erbauungsbüchern, Predigtsammlungen, worin die Grundlagen der christlichen Religion vorgetragen werden sollen, vornimmt und man die Schriften der Mehrzahl nach Gewissen beurteilen soll und sagen, ob man in einem großen Teile dieser Literatur die Grundlehren des Christentums im rechtgläubigen Sinne ohne Zweideutigkeit und Hintertür enthalten und ausgesprochen finde, so ist die Antwort ebenfalls nicht zweifelhaft.

Es scheint, daß die Theologen selbst, nach der allgemeinen Bildung der meisten, solche Wichtigkeit, die sonst auf die Hauptlehren des positiven Christentums gelegt wurde, als sie auch dafür galten, nur dann darein legen, wenn diese Lehren durch unbestimmten Schein in Nebel gestellt sind. Galt nun die Philosophie immer für die Gegnerin der Kirchenlehren, so kann sie nicht mehr Gegnerin sein, da in der allgemeinen Überzeugung die Lehren nicht mehr gelten, denen sie verderbendrohend schien. Nach dieser Seite sollte also für die Philosophie ein großer Teil der Gefahr beseitigt sein, wenn sie jene Dogmen begreifend betrachtet, und sie kann sich unbefangener in Ansehung der Dogmen verhalten, die bei den Theologen selbst so sehr in ihrem Interesse gesunken sind.

2. Die historische Behandlung der Dogmen

Das größte Zeichen aber, daß die Wichtigkeit dieser Dogmen gesunken ist, gibt sich uns darin zu erkennen, daß sie vornehmlich historisch behandelt und in das Verhältnis gestellt werden, daß es die Überzeugungen seien, die *anderen* angehören, daß es Geschichten sind, die nicht *in unserem Geiste* selbst vorgehen, nicht das Bedürfnis unseres Geistes in Anspruch nehmen. Was das Interesse ist, ist dies, wie es sich bei anderen verhält, bei anderen gemacht hat, – diese zufällige

Entstehung und Erscheinung; über die Frage, was man selbst für eine Überzeugung habe, wundert man sich.

Die *absolute Entstehungsweise* aus der Tiefe des Geistes und so die Notwendigkeit, Wahrheit dieser Lehren, die sie auch für *unseren* Geist haben, ist bei der historischen Behandlung auf die Seite geschoben: sie ist mit vielem Eifer und Gelehrsamkeit mit diesen Lehren beschäftigt, aber nicht mit dem Inhalt, sondern mit der Äußerlichkeit der Streitigkeiten darüber und mit den Leidenschaften, die sich an diese äußerliche Entstehungsweise angeknüpft haben. Da ist die Theologie durch sich selbst niedrig genug gestellt. Wird das *Erkennen der Religion* nur *historisch* gefaßt, so müssen wir die Theologen, die es bis zu dieser Fassung gebracht haben, wie Kontorbediente eines Handelshauses ansehen, die nur über fremden Reichtum Buch und Rechnung führen, die nur für andere handeln, ohne eigenes Vermögen zu bekommen; sie erhalten zwar Salär; ihr Verdienst ist aber nur, zu dienen und zu registrieren, was das Vermögen anderer ist. Solche Theologie befindet sich gar nicht mehr auf dem Felde des Gedankens, hat es nicht mehr mit dem unendlichen Gedanken an und für sich, sondern mit ihm nur als einer *endlichen Tatsache*, Meinung, Vorstellung usf. zu tun. Die Geschichte beschäftigt sich mit Wahrheiten, die Wahrheiten *waren*, nämlich für *andere*, nicht mit solchen, welche Eigentum wären derer, die sich damit beschäftigen. Mit dem wahrhaften Inhalt, mit der Erkenntnis Gottes haben es jene Theologen gar nicht zu tun. Sowenig der Blinde das Gemälde sieht, wenn er auch den Rahmen betastet, sowenig wissen sie von Gott. Sie wissen nur, wie ein bestimmtes Dogma von diesem oder jenem Konzil festgesetzt ist, welche Gründe die Beisitzer eines solchen Konzils dazu hatten, wie diese oder jene Ansicht zur Herrschaft kam. Man hat es dabei immer wohl mit der Religion zu tun, und doch ist es nicht die Religion selbst, was dabei in Betracht kommt. Sie erzählen uns viel von der Geschichte des Malers eines Gemäldes, von dem Schicksal des Gemäldes selber, welchen Preis es zu verschiedenen Zeiten hatte, in welche Hände es gekommen ist, aber vom Gemälde selbst lassen sie uns nichts sehen.

In der Philosophie und Religion ist es aber wesentlich darum zu tun, daß der Geist mit dem allerhöchsten Interesse *selbst* in innere Beziehung trete, sich nicht nur mit etwas ihm Fremden beschäftige, sondern aus dem Wesentlichen seinen Inhalt ziehe und sich der Erkenntnis für würdig halte. Da ist es dem Menschen dann um den Wert seines *eigenen* Geistes zu tun, und er darf sich nicht demütig draußenhalten und in der Entfernung herumdrücken.

3. Die Philosophie und das unmittelbare Wissen

Könnte es wegen der *Inhaltslosigkeit* des betrachteten Standpunktes scheinen, daß wir seine Vorwürfe, die er gegen die Philosophie erhebt, nur *erwähnten,* um ausdrücklich gegen ihn auszusprechen, daß wir den Zweck haben und nicht aufgeben, das Gegenteil von dem zu tun, was er für das Höchste hält, nämlich Gott zu erkennen, so hat er doch an seiner *Form* eine Seite an sich, wo er für uns wirklich ein *vernünftiges Interesse* haben muß, und nach dieser Seite ist die neuere Stellung der Theologie noch günstiger für die Philosophie. Damit nämlich, daß alle objektive Bestimmtheit in die *Innerlichkeit der Subjektivität* zusammengefallen ist, ist die Überzeugung verbunden, daß Gott in dem Menschen *unmittelbar offenbart,* daß die Religion eben dies sei, daß der Mensch unmittelbar von Gott wisse; dies *unmittelbare Wissen* nennt man Vernunft, auch Glauben, aber in anderem Sinne, als die Kirche den Glauben nimmt. Alles Wissen, alle Überzeugung, Frömmigkeit, heißt es nun auf diesem Standpunkt, beruhe darauf, daß *im Geiste als solchem unmittelbar mit dem Bewußtsein seiner selbst das Bewußtsein von Gott sei.*

a) Diese Behauptung in direktem Sinne, ohne daß sie eine polemische Richtung gegen die Philosophie sich gegeben, gilt als solche, die keines Beweises, keiner Erhärtung bedürfe.

Diese allgemeine Vorstellung, die jetzt Vorurteil geworden, enthält die Bestimmung, daß der höchste, der religiöse Inhalt sich *im Geiste selbst* kundgibt, daß der Geist im Geiste, und zwar *in diesem meinem Geiste* sich manifestiert, daß dieser Glaube in meiner tiefsten Eigenheit seine Quelle, Wurzel hat und daß er mein Eigenstes und als solches vom Bewußtsein des reinen Geistes untrennbar ist.

Daß das Wissen unmittelbar in mir selbst sei, damit ist alle *äußere Autorität,* alle fremdartige Beglaubigung hinweggeworfen; was mir gelten soll, muß seine Bewährung in meinem Geiste haben, und dazu, daß ich glaube, gehört das Zeugnis meines Geistes. Es kann wohl von außen kommen, aber der äußerliche Anfang ist gleichgültig; soll es gelten, so kann diese Geltung nur auf der Grundlage von allem Wahrhaften, *im Zeugnis des Geistes,* sich bilden.

Dies Prinzip ist das *einfache Prinzip des philosophischen Erkennens selbst,* und die Philosophie verwirft es nicht nur nicht, sondern es macht eine Grundbestimmung in ihr selbst aus. Auf diese Weise ist es überhaupt als ein Gewinn, eine Art von Glück anzusehen, daß Grundprinzipien der Philosophie selbst in der allgemeinen Vorstellung leben und zu allgemeinen Vorurteilen geworden sind, so daß das philosophische Prinzip um so leichter die Zustimmung der allgemeinen Bildung erwarten kann. In dieser allgemeinen Disposition des Geistes der Zeit hat die Philosophie daher nicht nur eine äußerlich günstige Stellung gewonnen – um das Äußerliche ist es ihr nie zu tun, am wenigsten da, wo sie und die Beschäftigung mit ihr selbst als Staatsanstalt existiert –, sondern innerlich ist sie begünstigt, wenn ihr Prinzip schon von selbst im Geiste und in den Gemütern als Voraussetzung lebt. Denn das ist ihr mit jener Bildung *gemeinschaftlich,* daß die Vernunft der Ort des Geistes sei, wo Gott sich dem Menschen offenbart.

b) Aber das Prinzip des unmittelbaren Wissens bleibt nicht bei dieser einfachen Bestimmtheit, diesem unbefangenen Inhalt stehen und spricht sich nicht bloß affirmativ aus, sondern tritt *polemisch gegen das Erkennen* auf und ist insbesondere gegen das Erkennen und Begreifen Gottes gerichtet: es soll nicht nur so geglaubt und unmittelbar gewußt werden, es wird nicht nur behauptet, daß mit dem Selbstbewußtsein das Bewußtsein Gottes verknüpft sei, sondern daß das Verhältnis zu Gott *nur* ein unmittelbares sei. Die Unmittelbarkeit des Zusammenhangs wird *ausschließend gegen die andere Bestimmung der Vermittlung* genommen und der Philosophie, weil sie ein vermitteltes Wissen sei, dann nachgesagt, sie sei nur ein endliches Wissen von Endlichem.

Sodann soll die Unmittelbarkeit dieses Wissens dabei stehenbleiben, daß man wisse, *daß* Gott ist, nicht *was* er ist; der Inhalt, die Erfüllung in der Vorstellung von Gott ist negiert. Erkennen nennen wir dies, daß von einem Gegenstande nicht nur gewußt wird, daß er ist, sondern auch, *was* er ist, und daß, was er ist, nicht nur überhaupt so gewußt wird, daß man eine gewisse Kenntnis, Gewißheit hat, was er ist, sondern das Wissen von seinen Bestimmungen, seinem Inhalt muß ein *erfülltes,* bewährtes sein, worin die *Notwendigkeit des Zusammenhangs dieser Bestimmungen* gewußt wird.

Betrachten wir nun genauer, was in der Behauptung des unmittelbaren Wissens liegt, so soll das Bewußtsein sich in *der* Art auf seinen Inhalt beziehen, daß es selbst und dieser Inhalt, Gott, unzertrennlich sind. Diese Beziehung überhaupt, Wissen von Gott und diese Untrennbarkeit des Bewußtseins von diesem Inhalt, ist das, was wir Religion überhaupt nennen. Es liegt aber auch in jener Behauptung, daß wir bei der Betrachtung *der Religion als solcher* stehenbleiben sollen, näher bei der Betrachtung *der Beziehung auf Gott,* und es soll nicht fortgegangen werden zum Erkennen Gottes, nicht zum göttlichen Inhalt, wie dieser *in ihm selbst* wesentlich wäre.

In diesem Sinne wird weiter gesagt: wir können nur unsere Beziehung zu Gott wissen, nicht, was Gott selbst ist; und nur unsere Beziehung zu Gott falle in das, was Religion überhaupt heißt. Damit geschieht es, daß wir heutigentags nur von Religion sprechen hören, nicht Untersuchungen finden, was die Natur Gottes, Gott in ihm selbst sei, wie die Natur Gottes bestimmt werden müsse. Gott als solcher wird nicht selbst zum Gegenstand gemacht; das Wissen breitet sich nicht innerhalb dieses Gegenstandes aus und zeigt in ihm nicht unterschiedene Bestimmungen auf, so daß er selbst als das Verhältnis dieser Bestimmungen und als *Verhältnis in sich selbst* gefaßt würde. Gott ist nicht vor uns als Gegenstand der Erkenntnis, sondern nur unsere Beziehung auf Gott, *unser Verhältnis zu ihm*; und während der Ausführungen über die Natur Gottes immer weniger geworden sind, wird jetzt nur gefordert, der Mensch solle Religion haben, bei der Religion bleiben, und es solle nicht zu einem göttlichen Inhalt fortgegangen werden.

c) Nehmen wir aber heraus, was im Satze des unmittelbaren Wissens liegt, was unmittelbar damit gesagt ist, so ist eben *Gott* ausgesprochen *in Beziehung auf das Bewußtsein,* so daß diese Beziehung ein *Untrennbares* sei, oder daß wir *beides* betrachten müssen. Es ist damit erstlich der *wesentliche Unterschied,* den der Begriff der Religion enthält – einerseits *subjektives Bewußtsein* und andererseits *Gott als Gegenstand an sich* – , anerkannt. Zugleich aber wird gesagt, es sei eine *wesentliche Beziehung* zwischen beiden, und diese unzertrennliche Beziehung der Religion sei es, worauf es ankomme, nicht das, was man von Gott meine, sich einfallen lasse.

Was nun diese Behauptung als ihren eigentlichen wahren Kern enthält, ist *die philosophische Idee selbst,* nur daß diese vom unmittelbaren Wissen in einer Beschränkung zurückgehalten wird, welche durch die Philosophie aufgelöst und in ihrer Einseitigkeit und Unwahrheit aufgezeigt wird. Dem philosophischen Begriff nach ist Gott Geist, konkret; und wenn wir näher fragen, was Geist ist, so ist der Grundbegriff vom Geiste der, dessen Entwicklung die ganze Religionslehre ist. Vorläufig können wir sagen, der Geist ist dies: sich zu manifestieren, *für den Geist zu sein.* Der Geist ist für den Geist, und zwar nicht nur auf äußerliche, zufällige Weise, sondern er ist nur insofern Geist, als er für den Geist ist; dies macht den Begriff des Geistes selbst aus. Oder, um es mehr theologisch auszudrücken, Gott ist Geist wesentlich, insofern er in seiner Gemeinde ist. Man hat gesagt, die Welt, das sinnliche Universum, müsse Zuschauer haben und für den Geist sein, – so muß Gott noch viel mehr für den Geist sein.

Es kann somit die Betrachtung nicht einseitig sein, bloß Betrachtung des Subjekts nach seiner Endlichkeit, nach seinem zufälligen Leben, sondern insofern es den unendlichen, absoluten Gegenstand zum Inhalt hat. Denn wird das *Subjekt für sich* betrachtet, so wird es *im endlichen Wissen*, im Wissen von Endlichem betrachtet. Ebenso wird auch behauptet, man solle Gott andererseits nicht für sich selbst betrachten, man wisse von Gott nur *in Beziehung auf das Bewußtsein*, – so setzt die *Einheit und Unzertrennheit beider Bestimmungen*, des Wissens von Gott und des Selbstbewußtseins, selbst voraus, was in der Identität ausgesprochen ist, und eben darin ist die gefürchtete *Identität* enthalten.

In der Tat sehen wir so in der Bildung der Zeit als allgemeines *Element* den philosophischen Grundbegriff vorhanden, und es zeigt sich auch hier, wie die Philosophie nicht in der Form über ihrer Zeit stehe, daß sie etwas von deren allgemeiner Bestimmtheit schlechthin Verschiedenes wäre, sondern *ein* Geist geht durch die Wirklichkeit und durch das philosophische Denken, nur daß dieses das *wahrhafte Selbstverständnis des Wirklichen* ist. Oder es ist *eine* Bewegung, von der die Zeit und die Philosophie derselben getragen wird. Der Unterschied ist nur der, daß die Bestimmtheit der Zeit noch als *zufällig* vorhanden erscheint, nicht *gerechtfertigt* ist und so auch gegen *wahrhaft wesentlichen* Gehalt noch *in einem unversöhnten, feindlichen Verhältnisse* stehen kann, während die Philosophie als Rechtfertigung des Prinzips auch die *allgemeine Beruhigung und Versöhnung* ist. Wie die Lutherische Reformation den *Glauben* auf die ersten

Jahrhunderte zurückführte, so hat das Prinzip des unmittelbaren Wissens die christliche *Erkenntnis* auf die *ersten Elemente* zurückgeführt; wenn aber diese Reduktion zunächst noch den *wesentlichen Inhalt verflüchtigt*, so ist es die Philosophie, welche dies *Prinzip* des unmittelbaren Wissens selbst als *Inhalt* erkennt und als solchen zu seiner *wahrhaften Ausbreitung in sich selbst* fortführt.

Die Bewußtlosigkeit dessen aber, was sich der Philosophie entgegensetzt, geht ins Grenzenlose. Gerade Behauptungen, die sich dafür ansehen, die Philosophie zu bestreiten, und ihr am schärfsten entgegengesetzt zu sein meinen, zeigen sich, wenn man ihren *Inhalt* ansieht, in ihnen selbst in Übereinstimmung mit dem, was sie bekämpfen. Das Resultat des Studiums der Philosophie hingegen ist, daß diese Scheidewände, die absolut trennen sollen, durchsichtig werden, daß man, wenn man auf den Grund sieht, absolute Übereinstimmung findet, wo man meint, es sei der größte Gegensatz.

B
Vorfragen

Ehe an die Abhandlung unseres Gegenstandes selbst gegangen werden könne, scheint es unerläßlich zu sein, mehrere *Vorfragen* zu erledigen oder vielmehr Untersuchungen über dieselben in dem Sinne anzustellen, daß es erst von dem Ergebnis dieser Untersuchungen abhängig gemacht werde, ob überhaupt eine solche Abhandlung, eine Vernunfterkenntnis der Religion *möglich* sei. Es scheint die Untersuchung dieser Fragen und ihre Beantwortung deshalb unumgänglich notwendig zu sein, weil sie das philosophische und populäre Interesse des Nachdenkens unserer Zeit vornehmlich beschäftigt haben und weil sie die Prinzipien betreffen, auf welchen die Ansichten der Zeit über den religiösen Inhalt wie über die Erkenntnis desselben beruhen. Wenigstens wird es notwendig sein, wenn wir solche Untersuchung *unterlas-*

sen, zu zeigen, daß diese Unterlassung nicht *zufällig* geschieht und daß wir das *Recht* dazu haben, weil das Wesentliche jener Untersuchung *in unsere Wissenschaft selbst fällt* und alle jene Fragen nur in ihr erledigt werden können.

Wir haben daher hier nur den Hindernissen in das Auge zu sehen, welche die bisher betrachtete Bildung und Ansicht der Zeit der Berechtigung, die Religion begreifend zu erkennen, entgegenstellt.

1. Zunächst haben wir nicht Religion überhaupt als Gegenstand vor uns, sondern *positive* Religion, von der anerkannt ist, daß sie von Gott gegeben ist, die auf höherer als menschlicher Autorität beruht und deshalb außer dem Bereich menschlicher Vernunft und darüber erhaben erscheint. Das erste Hindernis in dieser Beziehung ist dies, daß wir zuvor die Befugnis und das Vermögen der Vernunft, sich mit solcher Wahrheit und Lehre einer Religion zu beschäftigen, welche dem Bereich menschlicher Vernunft entzogen sein soll, zu erhärten hätten. Begreifendes Erkennen kommt aber und muß mit positiver Religion in Beziehung kommen. Man hat zwar gesagt und sagt noch: positive Religion ist für sich, ihre Lehren lassen wir dahingestellt sein, respektieren und achten sie; auf der anderen Seite stehen die Vernunft und begreifendes Denken, und *beide sollen nicht in Beziehung kommen* und die Vernunft sich nicht auf jene Lehre beziehen. Vormals hat man sich so die Freiheit der philosophischen Untersuchung vorbehalten wollen. Man hat gesagt, sie sei eine Sache für sich, welche der positiven Religion keinen Eintrag tun sollte, und ihr Resultat hat man dann auch wohl der Lehre der positiven Religion unterworfen. Diese Stellung wollen wir aber unserer Untersuchung nicht geben. Es ist etwas Falsches, daß beides, der Glaube und die freie philosophische Untersuchung, ruhig nebeneinander bestehen könne. Es ist ungegründet, daß der Glaube an den Inhalt der positiven Religion bestehen kann, wenn die Vernunft sich von dem Gegenteil überzeugt hat; konsequent und richtig hat daher die Kirche dies nicht aufkommen lassen, daß die Vernunft

dem Glauben entgegengesetzt sein und sich ihm doch unterwerfen könne. Der menschliche Geist ist im Innersten nicht ein so Geteiltes in dem zweierlei bestehen könnte, was sich widerspricht. Ist der *Zwist* zwischen der Einsicht und Religion entstanden, so führt er, wenn er nicht *in der Erkenntnis* geschlichtet wird, zur *Verzweiflung,* welche an die Stelle der Versöhnung tritt. Diese Verzweiflung ist die *einseitig durchgeführte Versöhnung.* Man wirft die eine Seite weg, hält die andere allein fest, gewinnt aber dabei nicht wahrhaften Frieden. Entweder wirft dann der in sich entzweite Geist *die Forderung der Einsicht* weg und will zum unbefangenen, religiösen Gefühl zurückkehren. Das kann aber der Geist nur, wenn er sich *Gewalt* antut; denn die Selbständigkeit des Bewußtseins verlangt Befriedigung, läßt sich nicht gewaltsam hinwegstoßen, und dem selbständigen Denken entsagen zu wollen, vermag der gesunde Geist nicht. Das religiöse Gefühl wird *Sehnsucht, Heuchelei* und behält *das Moment der Nichtbefriedigung.* Die andere Einseitigkeit ist *Gleichgültigkeit gegen die Religion,* die man entweder dahingestellt sein und auf sich beruhen läßt oder endlich bekämpft. Das ist die Konsequenz seichter Seelen.
Dies ist also die erste Vorfrage, wonach das Recht der Vernunft zu erweisen ist, solche Lehre der Religion zu ihrer Beschäftigung zu machen.
2. In der vorigen Sphäre wird nur behauptet, daß die Vernunft nicht die Wahrheit der Natur Gottes erkennen könne; die Möglichkeit, andere Wahrheiten zu erkennen, wird ihr nicht abgesprochen, nur die höchste Wahrheit soll für sie unerkennbar sein. Nach einer anderen Behauptung wird es der Vernunft aber ganz abgesprochen, *Wahrheit überhaupt* zu erkennen. Es wird behauptet, daß die Erkenntnis, wenn sie sich auf den Geist an und für sich, auf das Leben, auf das Unendliche beziehe, nur Irrtümer hervorbringe und sich die Vernunft jeden Anspruchs begeben müsse, auf affirmative Weise etwas vom Unendlichen zu fassen; die Unendlichkeit werde durchs Denken aufgehoben, herabgesetzt zu End-

lichem. Dies Resultat in Ansehung der Vernunft, die Verneinung der Vernunft, soll sogar ein Resultat der vernünftigen Erkenntnis selbst sein. Hiernach müßte man die Vernunft selbst erst untersuchen, ob in ihr die Fähigkeit, Gott zu erkennen, und mithin die Möglichkeit einer Philosophie der Religion liege.

3. Hiermit hängt zusammen, daß man das Wissen von Gott nicht in die begreifende Vernunft stellen soll, sondern daß das Bewußtsein Gottes nur *aus dem Gefühl* quillt und das Verhältnis des Menschen zu Gott nur in der Sphäre des Gefühls liegt, nicht herüberzuziehen ist ins Denken. Wenn Gott aus dem Gebiet der vernünftigen Einsicht, der notwendigen, substantiellen Subjektivität ausgeschlossen ist, so bleibt allerdings nichts übrig, als ihm das Gebiet der zufälligen Subjektivität, das des Gefühls anzuweisen, und man muß sich dabei nur darüber wundern, daß Gott überhaupt noch *Objektivität* zugeschrieben wird. Darin sind die materialistischen Ansichten, oder wie sie sonst bezeichnet werden mögen, die empirischen, historischen, naturalistischen, wenigstens konsequenter gewesen, daß, indem sie den Geist und das Denken für etwas Materielles genommen und auf Sensationen zurückgeführt zu haben meinen, sie auch Gott für ein Produkt des Gefühls genommen und ihm die Objektivität abgesprochen haben; das Resultat ist dann der Atheismus gewesen. Gott ist so ein historisches Produkt der Schwäche, der Furcht, der Freude oder eigennütziger Hoffnung oder Hab- und Herrschsucht. Was nur in meinem Gefühl wurzelt, ist nur für mich, das Meinige, aber nicht sein Selbst, nicht selbständig an und für sich. Hiernach scheint es notwendig, zuvor zu zeigen, daß Gott nicht bloß das Gefühl zur Wurzel hat, nicht bloß *mein* Gott ist. Die frühere Metaphysik hat daher immer zuerst bewiesen, daß ein Gott ist und nicht bloß ein Gefühl von Gott. Es findet sich so auch die Aufforderung für die Religionsphilosophie, *Gott zu beweisen*.

Es kann scheinen, als hätten gegen die Philosophie die anderen Wissenschaften darin einen Vorteil, daß ihr Inhalt schon vorher anerkannt ist und daß sie des Beweises vom Sein des Inhalts überhoben sind. Bei der Arithmetik werden Zahlen, bei der Geometrie Raum, in der Medizin menschliche Körper, Krankheiten von vornherein zugestanden, und es wird ihnen nicht zugemutet, zu erweisen, daß es z. B. einen Raum, Körper, Krankheiten gibt. Die Philosophie überhaupt hat daher scheinbar den Nachteil, vorher, ehe sie beginnt, ihren Gegenständen ein Sein sichern zu müssen; wenn man es ihr allenfalls passieren läßt, daß es eine Welt *gibt,* so wird sie dagegen sogleich in Anspruch genommen, wenn sie ebenso die Wirklichkeit des Unkörperlichen überhaupt, eines von der Materie freien Denkens und Geistes, noch mehr Gottes voraussetzen wollte. Der Gegenstand der Philosophie ist aber auch nicht von jener Art und soll es nicht sein, daß er nur *vorausgesetzt* werden sollte. Die Philosophie und näher die Religionsphilosophie hätte sich also erst ihren Gegenstand zu beweisen und darauf hinzuarbeiten, daß, ehe sie existiere, sie beweise, daß sie ist; sie müßte vor ihrer Existenz ihre Existenz beweisen.

Dies wären nun die Vorfragen, die, wie es scheint, vorher erledigt werden müßten und in deren Erledigung dann erst die Möglichkeit einer Religionsphilosophie läge. Gelten aber solche Gesichtspunkte, so ist Religionsphilosophie unmittelbar unmöglich, da, um ihre Möglichkeit zu zeigen, erst jene Hindernisse beseitigt werden müßten. So scheint es beim ersten Anblick. Wir lassen sie jedoch zur Seite liegen; warum wir dies tun, ist kurz in seinen Hauptmomenten, um diese Schwierigkeit zu heben, zu erwähnen.

Die erste Forderung ist, daß man die Vernunft, das *Erkenntnisvermögen* vorher untersuche, ehe man an das *Erkennen* geht. Das Erkennen stellt man sich dann so vor, als ob es mittels eines *Instrumentes* geschehe, mit dem man die Wahrheit anfassen will. Näher betrachtet ist aber die Forderung, dies Instrument erst zu erkennen, ungeschickt. Die Kritik des Erkenntnisvermögens ist eine Stellung der Kantischen Philosophie, überhaupt eine Stellung der Zeit und ihrer Theologie. Man hat geglaubt, hierbei einen großen Fund gemacht zu haben; aber man hat sich getäuscht, wie dies so oft in der Welt geschieht. Denn gewöhnlich, wenn die Leute einen Einfall haben, den sie für recht gescheit halten, sind sie am törichtesten daran, und die Satisfaktion besteht darin, daß sie für ihre Torheit und Unwissenheit sich eine vortreffliche Wendung gefunden haben. Überhaupt sind sie unerschöpflich in Wendungen, wenn es darauf ankommt, sich ein gutes Gewissen wegen ihrer Trägheit zu machen und von der Sache wegzukommen.

Die Vernunft soll untersucht werden, – wie? Sie soll *vernünftig* untersucht werden, soll erkannt werden; dies ist jedoch selbst wieder *nur durch vernünftiges Denken* möglich, auf jedem anderen Wege nicht, und es wird somit eine Forderung gestellt, die sich selbst aufhebt. Wenn wir nicht ans Philosophieren gehen sollten, ohne die Vernunft vernünftig erkannt zu haben, so ist gar nicht anzufangen, denn indem wir erkennen, begreifen wir vernünftig; dies sollen wir aber lassen, da wir eben die Vernunft erst erkennen sollen. Es ist dieselbe Forderung, die jener Gascogner machte, der nicht eher ins Wasser gehen will, als bis er schwimmen könne. Man kann nicht vernünftige Tätigkeit vorher untersuchen, ohne vernünftig zu sein.

Hier in der Religionsphilosophie ist näher Gott, Vernunft überhaupt der Gegenstand, denn Gott ist wesentlich vernünftig, Vernünftigkeit, die als Geist an und für sich ist. Indem wir nun über die Vernunft philosophieren, so untersuchen wir das Erkennen; nur tun wir es so, daß wir nicht meinen, wir wollten dies *vorher* abmachen, außerhalb des Gegenstandes, sondern das Erkennen der Vernunft ist gerade der *Gegenstand*, auf den es ankommt. Der Geist ist nur dies, für den Geist zu sein; damit ist dann der endliche Geist gesetzt, und *das Verhältnis des endlichen Geistes, der endlichen Vernunft zur göttlichen* erzeugt sich innerhalb der Religionsphilosophie selbst und muß darin abgehandelt werden, und zwar an der notwendigen Stelle, wo es sich erst erzeugt. Das macht den Unterschied einer Wissenschaft von Einfällen über eine Wissenschaft. Diese sind zufällig; insofern sie aber Gedanken sind, die sich auf die Sache beziehen, so müssen sie in die Abhandlung selbst fallen; es sind dann nicht zufällige Gedankenblasen.

Der Geist, der sich zum Gegenstande macht, gibt sich wesentlich die Gestalt des *Erscheinens*, als eines auf höhere Weise an den endlichen Geist Kommenden; darin liegt dann, daß der Geist zu einer positiven Religion kommt. Der Geist wird für sich in der Gestalt der Vorstellung, in der Gestalt des Anderen; und für das Andere, für das er ist, wird das *Positive der Religion* hervorgebracht. Ebenso liegt innerhalb der Religion die Bestimmung der Vernunft, wonach sie *erkennend*, Tätigkeit des Begreifens und Denkens ist; dieser Standpunkt des Erkennens fällt innerhalb der Religion, ebenso der Standpunkt des Gefühls. Das Gefühl ist das Subjektive, was mir als diesem Einzelnen angehört und wofür ich mich auf mich berufe; auch dieser Standpunkt, insofern sich Gott diese letzte Vereinzelung des *Diesen* gibt, des Fühlenden, fällt in die Entwicklung des Religionsbegriffes, weil ein geistiges Verhältnis, Geistigkeit in diesem Gefühl ist. Auch die Bestimmung, daß Gott *ist,* ist eine Bestimmung, die wesentlich innerhalb der Betrachtung der Religion fällt.

Überhaupt aber ist die Religion die letzte und höchste Sphäre des menschlichen Bewußtseins, es sei Ansicht, Wille, Vorstellen, Wissen, Erkennen, – das absolute Resultat, diese Region, wohin der Mensch übergeht als in die Region der absoluten Wahrheit.

Um dieser *allgemeinen* Bestimmung willen muß es bereits geschehen sein, daß das Bewußtsein in dieser Sphäre sich erhoben habe über *das Endliche* überhaupt, über die endliche Existenz, Bedingungen, Zwecke, Interessen, ebenso über endliche Gedanken, endliche Verhältnisse aller Art; um in der Religion gegenwärtig zu sein, muß man diese abgetan haben.

Obwohl nun aber auch für das gewöhnliche Bewußtsein schon die Religion die Erhebung über das Endliche ist, so geschieht es doch gegen diese Grundbestimmung, wenn gegen die Philosophie überhaupt, insbesondere gegen die Philosophie über Gott, über die Religion gesprochen wird, daß zum Behuf dieses polemischen Sprechens *endliche Gedanken,* Verhältnisse der Beschränktheit, Kategorien und Formen des Endlichen herbeigebracht werden. Aus solchen Formen des Endlichen wird opponiert gegen die Philosophie, besonders gegen die höchste Philosophie, die Philosophie der Religion.

Wir wollen dies nur mit wenigem berühren. So eine endliche Form ist z. B. Unmittelbarkeit des Wissens, Tatsache des Bewußtseins; solche Kategorien sind die Gegensätze des Endlichen und Unendlichen, Subjekt und Objekt. Allein diese Gegensätze: Endliches *oder* Unendliches, Subjekt *oder* Objekt, sind abstrakte Formen, die in diesem absolut reichen, konkreten Inhalt, wie die Religion ist, nicht an ihrem Platze sind. Im Geist, Gemüt, das mit Religion zu tun hat, sind vielmehr ganz andere Bestimmungen vorhanden als Endlichkeit usf., und auf solche Bestimmungen wird doch das gestellt, worauf es in der Religion ankommen soll. Sie müssen allerdings vorkommen, da sie *Momente des wesentlichen Verhältnisses* sind, welches der Religion zugrunde liegt; aber die Hauptsache ist, daß ihre Natur vorher längst untersucht und erkannt sein muß: diese zunächst logische Erkenntnis muß im Rücken liegen, wenn wir es mit Religion wissenschaftlich zu tun haben, mit solchen Kategorien muß man längst fertig geworden sein. Aber das Gewöhnliche ist, daß man aus denselben sich erhebt gegen den Begriff, die Idee, das vernünftige Erkennen. Jene Kategorien werden gebraucht ohne alle Kritik, auf ganz unbefangene Weise, gerade als ob nicht einmal die Kantische Kritik der reinen Vernunft vorhanden wäre, die diese Formen doch wenigstens angefochten und nach ihrer Weise das Resultat gehabt hat, daß man nur Erscheinungen erkennen könne durch diese Kategorien. Und in der Religion hat man es doch nicht mit Erscheinungen, sondern mit absolutem Inhalt zu tun. Die Kantische Philosophie scheint aber für jenes Räsonnement nur darum dagewesen zu sein, damit man desto ungescheuter mit jenen Kategorien verfahren dürfe.

Vollends unpassend, ja abgeschmackt ist es, diese Kategorien, wie Unmittelbarkeit, Tatsachen des Bewußtseins, *gegen* die Philosophie herbeizubringen und ihr zu sagen, daß das Unendliche vom Endlichen, das Objekt vom Subjekt verschieden sei, als ob das irgendein Mensch, ein Philosoph nicht gewußt hätte oder solche Trivialität erst lernen müsse. Dennoch entblödet man sich nicht, dergleichen Gescheitheit triumphierend herbeizubringen, als hätte man damit eine neue Entdeckung gemacht.

Nur das bemerken wir hier, daß solche Bestimmungen wie Endliches und Unendliches, Subjekt und Objekt allerdings – was immer die Grundlage jenes so gescheiten und überklugen Geredes ausmacht – *verschieden*, aber auch zugleich *untrennbar* sind. Da haben wir im Physikalischen am Nord- und Südpol des Magnets das Beispiel. So sagt man auch: jene Bestimmungen sind verschieden wie Himmel und Erde. Das ist richtig; sie sind schlechthin verschieden, aber, wie schon das beigebrachte Bild angibt, untrennbar: Erde kann man nicht zeigen ohne Himmel und umgekehrt.

Es ist schwer, mit solchen, die gegen die Religionsphilosophie streiten und über sie zu triumphieren meinen, sich einzulassen; denn sie sprechen so geradezu, die Unmittelbarkeit sei doch eben etwas anderes als Vermittlung, zeigen aber dabei eine zu große Unwissenheit, völlige Unbekanntschaft mit den Formen und Kategorien, in denen sie ihre Angriffe machen und über die Philosophie aburteilen. Sie versichern ganz unbefangen, ohne über diese Gegenstände nachgedacht oder in der äußeren Natur und in der inneren Erfahrung ihres Bewußtseins, ihres Geistes gründlich nachgesehen zu haben, wie diese Bestimmungen darin vorkommen. Die *Wirklichkeit* ist ihnen nicht präsent, sondern fremd und unbekannt. Ihr gegen die Philosophie feindlich gerichtetes Gerede ist daher *Schulgeschwätz*, das sich in leere, inhaltslose Kategorien einhängt, während wir mit der Philosophie nicht in der sogenannten Schule, sondern *in der Welt der Wirklichkeit* sind und an dem Reichtum der Bestimmungen derselben nicht ein Joch, in das wir gebannt wären, sondern in ihnen freie Bewegung haben. Und dann sind diejenigen, welche die Philosophie bekämpfen und verunglimpfen, durch ihr endliches Denken sogar unfähig, einen philosophischen Satz zu fassen, und selbst indem sie seine Worte etwa wiederholen, haben sie ihn verkehrt; denn sie haben seine Unendlichkeit nicht gefaßt, sondern ihre *endlichen Verhältnisse* hineingetragen. Die Philosophie ist so *unverdrossen* und gibt sich die große Mühe, daß sie sorgfältig untersucht, was an ihrem Gegner ist. Das ist freilich nach ihrem Begriffe notwendig, und sie befriedigt nur den inneren Drang ihres Begriffes, wenn sie beides, sich und das ihr Entgegengesetzte, erkennt *(verum index sui et falsi)*; aber sie sollte doch als Vergeltung den Gegendienst erwarten können, daß nun auch der Gegensatz von seiner Feindschaft lasse und ruhig ihr Wesen erkenne. Das erfolgt nun freilich nicht, und die Großmut, den Gegner anerkennen zu wollen und feurige Kohlen auf sein Haupt zu sammeln, hilft ihr nichts, denn der Gegner hält nicht still und beharrt auf sich. Allein wenn wir sehen, daß der Gegensatz wie ein Gespenst zerstäubt und sich in Nebel auflöst, so wollen wir dabei nur uns und *dem begreifenden Denken Rechenschaft geben,* nicht bloß *gegen den anderen* Recht behalten. Und ihn gar zu überzeugen, diese persönliche Einwirkung auf ihn ist unmöglich, da er in seinen beschränkten Kategorien stehenbleibt.

Über alle jene Formen der Reflexion muß der denkende Geist hinaussein, er muß ihre Natur, das wahrhafte Verhältnis kennen, das in ihnen stattfindet, das *unendliche Verhältnis*, d. i. worin ihre Endlichkeit aufgehoben ist. Dann zeigt es sich auch, daß das unmittelbare Wissen wie das vermittelte vollkommen einseitig ist. Das Wahre ist ihre Einheit, ein unmittelbares Wissen, das ebenso vermittelt ist, vermitteltes, das ebenso einfach in sich, unmittelbare Beziehung auf sich ist. Indem die Einseitigkeit durch solche Verbindung aufgehoben ist, ist es ein Verhältnis der Unendlichkeit. Da ist Vereinung, worin die Verschiedenheit jener Bestimmungen ebenso aufgehoben ist, wie sie zugleich, ideell aufbewahrt, die höhere Bestimmung haben, zum Pulse der Lebendigkeit, zum Triebe, Bewegung, Unruhe des geistigen wie des natürlichen Lebens zu dienen.

Da wir mit der Religion, dem Höchsten und Letzten, in der folgenden Abhandlung anfangen, so müßten wir nun voraussetzen können, daß die Eitelkeit jener Verhältnisse längst überwunden sei. Aber zugleich, weil wir die Wissenschaft überhaupt nicht von vorn anfangen, sondern die Religion eigens betrachten, so muß auch innerhalb derselben auf das Rücksicht genommen werden, was bei ihr vornehmlich für Verstandesverhältnisse in Betracht zu kommen pflegen.

Mit dieser Verweisung auf die folgende Abhandlung selbst geben wir nun sogleich die allgemeine Übersicht, die *Einteilung* unserer Wissenschaft.

C
Einteilung

Es kann nur *eine* Methode in aller Wissenschaft sein, da die Methode der sich explizierende Begriff, nichts anderes, und dieser nur einer ist.

Nach den Momenten des Begriffs wird daher die Darstellung und Entwicklung der Religion in drei Teilen geschehen. Wir werden den Begriff der Religion betrachten zuerst im *allgemeinen*, dann in seiner *Besonderheit* als sich teilenden und unterscheidenden Begriff, welches die Seite des Urteils, der Beschränktheit, der Differenz und der Endlichkeit ist, und drittens den Begriff, der sich mit sich zusammenschließt, den *Schluß* oder die Rückkehr des Begriffs aus seiner Bestimmtheit, worin er sich ungleich ist, zu sich selbst, so daß er zur Gleichheit kommt mit seiner Form und seine Beschränktheit aufhebt. Dies ist der Rhythmus, das reine, ewige Leben des Geistes selbst, und hätte er diese Bewegung nicht, wäre er das Tote. Der Geist ist, sich zum Gegenstande zu haben; das ist seine Manifestation; aber zunächst ist er da Verhältnis der Gegenständlichkeit, und in diesem Verhältnis ist er Endliches. Das dritte ist, daß er sich in *der* Weise Gegenstand ist, daß er in dem Gegenstande mit sich versöhnt, bei sich selbst und damit zu seiner Freiheit gekommen ist: denn Freiheit ist, bei sich selbst zu sein.

Dieser Rhythmus, in dem sich das *Ganze* unserer Wissenschaft und die gesamte Entwicklung des Begriffs bewegt, kehrt aber auch *in jedem der drei angegebenen Momente wieder*, da jedes derselben in seiner Bestimmtheit *an sich die Totalität* ist, bis diese im letzten Momente *als solche gesetzt ist*. Wenn daher der Begriff zuerst in der Form der Allgemeinheit, sodann in der Form der Besonderheit und zuletzt in der Form der Einzelheit erscheint, oder wenn die Gesamtbewegung unserer Wissenschaft die ist, daß der Begriff zum Urteil wird und sich im Schluß vollendet, so wird in jeder Sphäre dieser Bewegung dieselbe Entwicklung der Momente auftreten, nur daß sie in der *ersten* Sphäre *in der Bestimmtheit der Allgemeinheit zusammengehalten wird*, in der *zweiten* Sphäre, in der der Besonderheit, die *Momente selbständig erscheinen läßt* und erst in der Sphäre der Einzelheit zum wirklichen, sich in der *Totalität der Bestimmungen* vermittelnden Schluß zurückkehrt.

Diese Einteilung ist so die Bewegung, Natur und das Tun des Geistes selbst, dem wir sozusagen nur zusehen. Sie ist durch den Begriff notwendig; die Notwendigkeit des Fortganges hat sich aber erst in der Entwicklung selbst darzustellen, zu explizieren, zu beweisen. Die Einteilung, deren unterschiedene Teile und Inhalt wir nun bestimmter angeben wollen, ist daher nur historisch.

I. Der allgemeine Begriff der Religion

Das *erste* ist der Begriff in seiner *Allgemeinheit,* welchem erst als das zweite die *Bestimmtheit* des Begriffs, der Begriff in seinen bestimmten Formen folgt; diese hängen notwendig mit dem Begriff selbst zusammen. In philosophischer Betrachtungsweise ist es nicht der Fall, daß das Allgemeine, der Begriff, gleichsam ehrenhalber vornehingestellt wird. Sonst sind Begriffe von Recht, Natur allgemeine Bestimmungen, die vornehingesetzt werden und mit denen man eigentlich in Verlegenheit ist; man nimmt es aber auch nicht ernst mit ihnen und hat dann die Vorstellung, daß es auf sie nicht ankommt, sondern auf den eigentlichen Inhalt, die einzelnen Kapitel. Der sogenannte Begriff hat weiter keinen Einfluß auf diesen ferneren Inhalt, als daß er nur ungefähr den Boden anzeigt, auf dem man sich befindet mit diesen Materien, und verhindert, daß man nicht aus einem anderen Boden Inhalt herziehe; der Inhalt, z. B. Magnetismus, Elektrizität, gilt für die Sache, der Begriff fürs Formelle. Bei einer solchen Betrachtungsweise kann aber auch der vorangestellte Begriff, z. B. Recht, zu einem bloßen Namen für den abstraktesten, zufälligsten Inhalt werden.

Bei philosophischer Betrachtung ist auch der Anfang der Begriff; aber er ist der Inhalt selbst, die absolute Sache, die Substanz, wie es z. B. der Keim ist, aus dem sich der ganze Baum entwickelt. In diesem sind alle Bestimmungen enthalten, die ganze Natur des Baumes, die Art seiner Säfte, Verzweigung, aber nicht in der Weise präformiert, daß, wenn man ein Mikroskop nimmt, man die Zweige, Blätter im Kleinen sähe, sondern auf geistige Weise. So enthält der Begriff die ganze Natur des Gegenstandes, und die Erkenntnis selbst ist nichts als die Entwicklung des Begriffs, dessen, was an sich im Begriffe enthalten, noch nicht in Existenz getreten, expliziert, ausgelegt ist. So fangen wir an mit dem Begriffe der Religion.

1. Das Moment der Allgemeinheit

Das erste im Begriff der Religion ist selbst wieder das rein *Allgemeine*, das Moment des Denkens in seiner vollkommenen Allgemeinheit. Nicht dies oder jenes wird gedacht, sondern *das Denken denkt sich selbst*; der Gegenstand ist das Allgemeine, welches als tätig das Denken ist. Als Erhebung zu dem Wahren ist die Religion ein Ausgehen von sinnlichen, endlichen Gegenständen; wird dies bloß ein Fortgehen zu einem Anderen, so ist es der schlechte Progreß ins Unendliche und das Gerede, das nicht von der Stelle kommt. Das Denken aber ist Erhebung von dem Beschränkten zu dem schlechthin Allgemeinen, und die Religion ist nur durch das Denken und im Denken. Gott ist nicht die höchste Empfindung, sondern *der höchste Gedanke*; wenn er auch in die Vorstellung herabgezogen wird, so gehört doch der Gehalt dieser Vorstellung dem Reiche des Gedankens an. Der törichteste Irrwahn unserer Zeit ist die Meinung, daß das Denken der Religion nachteilig sei und diese um so sicherer bestehe, je mehr jenes aufgegeben werde. Dieser Mißverstand kommt daher, weil man die höheren geistigen Verhältnisse von Grund aus mißkennt. So nimmt man in Ansehung des Rechts den guten Willen für sich als etwas, das der Intelligenz gegenüberstehe, und traut dem Menschen einen um so mehr wahrhaften guten Willen zu, je weniger er denke. Vielmehr sind Recht und Sittlichkeit allein darin, daß ich ein Denkendes bin, d. h. meine Freiheit nicht als die meiner empirischen Person ansehe, die mir als diesem *Besonderen* zukäme, wo ich dann den anderen durch List oder Gewalt unterwerfen könnte, sondern daß ich die Freiheit als ein *an und für sich Seiendes, Allgemeines* betrachte.

Sagen wir nun, die Religion hat *das Moment des Denkens in seiner vollkommenen Allgemeinheit* in sich, und das unbeschränkt Allgemeine sei der *höchste, absolute Gedanke*, so machen wir hier noch nicht den *Unterschied zwischen subjektivem und objektivem Denken*. Das Allgemeine ist

Gegenstand und ist Denken schlechthin, aber noch nicht in sich entwickelt und fortbestimmt. Alle Unterschiede sind in ihm noch abwesend und aufgehoben; in diesem Äther des Denkens ist alles Endliche vergangen, alles verschwunden wie zugleich umfaßt. Aber dieses Element des Allgemeinen ist noch nicht näher bestimmt; aus diesem Wasser und in dieser Durchsichtigkeit hat sich noch nichts gestaltet.

Der Fortgang besteht nun darin, daß dies Allgemeine sich für sich bestimmt, und dieses Sichbestimmen macht dann die Entwicklung der Idee Gottes aus. In der *Sphäre der Allgemeinheit* ist zunächst *die Idee selbst der Stoff des Bestimmens*, und der Fortgang erscheint in göttlichen Gestalten; aber das Andere, die Gestaltung, wird in der göttlichen Idee, die noch in ihrer Substantialität ist, gehalten, und in der Bestimmung der Ewigkeit bleibt es im Schoße der Allgemeinheit.

2. *Das Moment der Besonderheit oder die Sphäre der Differenz*

Die Besonderung, die in der Sphäre des Allgemeinen noch zurückgehalten wird, macht daher, wenn sie wirklich als solche zur Erscheinung kommt, *das Andere gegen das Extrem der Allgemeinheit* aus, und dieses andere Extrem ist das *Bewußtsein* in seiner Einzelheit als solcher, das Subjekt nach seiner Unmittelbarkeit, als dieses mit seinen Bedürfnissen, Zuständen, Sünden usf., überhaupt nach seinem ganz empirischen, zeitlichen Charakter.

Die *Beziehung* beider Seiten in dieser ihrer Bestimmung bin Ich selbst in der Religion. Ich, das Denkende, dieses mich Erhebende, das *tätige Allgemeine*, und Ich, das *unmittelbare Subjekt*, sind *ein und dasselbe Ich*; und ferner die *Beziehung* dieser so hart einanander gegenüberstehenden Seiten – des schlechthin endlichen Bewußtseins und Seins und des Unendlichen – ist in der Religion *für mich*. Ich erhebe mich denkend zum Absoluten über alles Endliche und bin *unendliches Bewußtsein,* und zugleich bin ich *endliches Selbstbewußtsein,* und zwar nach meiner ganzen empirischen Bestimmung; beides, sowie ihre Beziehung, ist für mich. Beide Seiten suchen sich und fliehen sich. Einmal z. B. lege ich den Akzent auf mein empirisches, endliches Bewußtsein und stelle mich der Unendlichkeit gegenüber; das andere Mal schließe ich mich von mir aus, verdamme mich und gebe dem unendlichen Bewußtsein das Übergewicht. Die Mitte des Schlusses enthält nichts anderes als die Bestimmung beider Extreme selbst. Es sind nicht die Säulen des Herakles, die sich hart einander gegenüberstehen. Ich bin, und es ist *in mir* für mich dieser Widerstreit und diese Einigung; Ich bin in mir selbst als unendlich gegen mich als endlich und als endliches Bewußtsein gegen mein Denken als unendliches bestimmt. Ich bin das Gefühl, die Anschauung, die Vorstellung dieser Einigkeit und dieses Widerstreites und das *Zusammenhalten* der Widerstreitenden, die Bemühung dieses Zusammenhaltens und die Arbeit des Gemüts, dieses Gegensatzes Meister zu werden.

Ich bin also die Beziehung dieser beiden Seiten, welche nicht abstrakte Bestimmungen, wie »endlich und unendlich«, sondern jede selbst die *Totalität* sind. Die beiden Extreme sind *jedes selbst Ich,* das Beziehende; und das Zusammenhalten, Beziehen ist selbst dies in Einem sich Bekämpfende und dies im Kampfe sich Einende. Oder *Ich bin der Kampf;* denn der Kampf ist eben dieser Widerstreit, der nicht *Gleichgültigkeit der beiden als Verschiedener,* sondern das *Zusammengebundensein* beider ist. Ich bin nicht *einer* der im Kampf Begriffenen, sondern Ich bin *beide* Kämpfende und der Kampf selbst. Ich bin das Feuer und Wasser, die sich berühren, und die Berührung und Einheit dessen, was sich schlechthin flieht; und eben diese Berührung ist selbst diese doppelt, widerstreitend seiende Beziehung als Beziehung der bald Getrennten, Entzweiten, bald Versöhnten und mit sich Einigen.

Als Formen dieser Beziehung beider Extreme werden wir aber kennenlernen
  a) das Gefühl,
  b) die Anschauung,
  c) die Vorstellung.
Den gesamten Kreis dieser Beziehungen, insofern er überhaupt als Erhebung des endlichen Bewußtseins zum Absoluten die Formen des religiösen Bewußtseins enthält, werden wir, ehe wir ihn betreten, in seiner *Notwendigkeit* erkennen müssen. Indem wir diese Notwendigkeit der Religion aufsuchen, so werden wir dieselbe als *gesetzt durch Anderes* fassen müssen.

Zwar wird in dieser Vermittlung schon, wenn sie uns den Eingang in den Kreis jener Formen des Bewußtseins öffnet, die Religion sich als *ein Resultat* darstellen, welches sich eben *aufhebt, Resultat zu sein*; sie wird sich mithin als das Erste darstellen, durch das alles vermittelt ist und an dem alles andere hängt. Wir werden so in dem Vermittelten den Gegenstoß der Bewegung und der Notwendigkeit sehen, die vorwärtsgeht und ebenso zurückstößt. Aber diese Vermittlung der Notwendigkeit ist nun auch *innerhalb der Religion* selbst zu setzen, so daß nämlich *die Beziehung und der wesentliche Zusammenhang* der beiden Seiten, welche der religiöse Geist umschließt, als *notwendig* gewußt wird. Die Formen des Gefühls, der Anschauung und Vorstellung, wie sie notwendig eine aus der anderen hervorgehen, treiben sich nun auch zu jener Sphäre fort, in welcher die *innere Vermittlung ihrer Momente* sich als notwendig beweist, d. h. zur *Sphäre des Denkens,* in welcher das *religiöse Bewußtsein* sich in seinem *Begriff* erfassen wird. Diese *beiden Vermittlungen der Notwendigkeit,* deren eine zur Religion *hinführt,* die andere *innerhalb des religiösen Selbstbewußtseins* selbst geschieht, umschließen daher die Formen des religiösen Bewußtseins, wie es als Gefühl, Anschauung und Vorstellung *erscheint.*

3. Die Aufhebung der Differenz oder der Kultus

Die Bewegung in der vorhergehenden Sphäre ist überhaupt die Bewegung des Begriffs von Gott, der Idee, sich selbst objektiv zu werden. Diese Bewegung haben wir sogleich in dem Ausdruck der Vorstellung: Gott ist ein Geist. Dieser ist nicht ein Einzelner, sondern ist nur Geist, insofern er sich selbst gegenständlich ist und im Anderen sich als sich selbst anschaut. Die höchste Bestimmung des Geistes ist *Selbstbewußtsein,* welches diese *Gegenständlichkeit* in sich schließt. Gott ist als Idee ein Subjektives für ein Objektives und Objektives für ein Subjektives. Wenn sich das Moment der Subjektivität weiter bestimmt, so daß der *Unterschied* gemacht ist zwischen Gott als Gegenstand und dem wissenden Geiste, so bestimmt sich in diesem Unterschiede die subjektive Seite als diejenige, welche auf die Seite der Endlichkeit fällt, und beides steht sich zunächst so gegenüber, daß die Trennung den Gegensatz von Endlichkeit und Unendlichkeit ausmacht. Diese Unendlichkeit ist aber, weil sie noch mit dem Gegensatz behaftet ist, nicht die wahrhafte; der subjektiven Seite, welche für sich ist, ist der absolute Gegenstand noch ein *Anderes,* und die Beziehung auf denselben ist nicht Selbstbewußtsein. Es ist in diesem Verhältnisse aber auch die *Beziehung* vorhanden, daß das Endliche in seiner Absonderung sich als das *Nichtige* weiß und seinen Gegenstand als das Absolute, als seine *Substanz*. Hier findet zunächst das Verhältnis der Furcht gegen das absolute Objekt statt, da sich gegen dieses die Einzelheit nur als Akzidenz oder als ein Vorübergehendes, Verschwindendes weiß. Dieser Standpunkt der Trennung ist aber nicht das Wahrhafte, sondern das sich selbst als nichtig Wissende und deshalb Aufzuhebende, und sein Verhältnis ist nicht nur ein *negatives,* sondern in sich selbst *positiv*. Das Subjekt weiß die absolute Substanz, in die es sich aufzuheben hat, zugleich als *sein* Wesen, als *seine* Substanz, worin das Selbstbewußtsein also an sich erhalten ist. Diese *Einheit, Versöhnung,* Wiederherstellung des Subjekts und seines Selbstbewußtseins, das positive Gefühl des Teilhabens, der Teilnahme an jenem Absoluten und die Einheit mit demselben sich auch wirklich zu geben, diese Aufhebung der Entzweiung macht die Sphäre des Kultus aus. Der Kultus umfaßt dieses gesamte innerliche und äußerliche Tun, welches diese Wiederherstellung zur Einheit zum Zwecke hat. Gewöhnlich faßt man den Ausdruck »Kultus« nur in der beschränkteren Bedeutung, daß man darunter nur das *äußerliche, öffentliche Handeln* versteht und das innere Handeln des Gemüts nicht so sehr hervorhebt. Wir werden aber den Kultus als dieses die *Innerlichkeit* wie die äußerliche Erscheinung umspannende Tun fassen, welches überhaupt die Wiederherstellung der Einheit mit dem Absoluten hervorbringt und damit auch wesentlich eine *innere Umkehrung des Geistes und Gemüts* ist. So enthält der christliche Kultus z. B. nicht nur die Sakramente, kirchlichen Handlungen und Pflichten, sondern er enthält auch die sogenannte Heilsordnung als eine schlechthin innere Geschichte und als eine Stufenfolge von Handlungen des Gemüts, überhaupt eine Bewegung, die in der Seele vorgeht und vorgehen soll.

Diese Seite des Selbstbewußtseins, also des Kultus, und die Seite des Bewußtseins oder der Vorstellung werden wir aber immer auf jeder Stufe der Religion sich *entsprechend* finden. Wie der Inhalt des Begriffes von Gott oder das *Bewußtsein* bestimmt ist, so ist auch das Verhältnis des Subjekts zu ihm, oder so ist auch das *Selbstbewußtsein* im Kultus bestimmt; das eine Moment ist immer der Abdruck des anderen, eines weist auf das andere hin. Beide Weisen, von denen die eine nur das objektive Bewußtsein festhält, die andere das reine Selbstbewußtsein, sind einseitig und heben sich jede an sich selbst auf.

So war es einseitig, wenn die vormalige natürliche Theologie Gott nur *als Gegenstand des Bewußtseins* faßte. Diese Betrachtung der Idee Gottes, für welche Gott eigentlich nur das Wesen sein konnte, wenn sie auch zu den Worten Geist oder Person kam, war inkonsequent, denn wirklich durchgeführt hätte sie zu der anderen, zur subjektiven Seite, zu der des Selbstbewußtseins führen müssen.

Ebenso einseitig ist es, die Religion nur als etwas *Subjektives* zu fassen und so die subjektive Seite eigentlich zur einzigen zu machen. Hier ist dann der Kultus vollkommen kahl, leer, sein Tun eine Bewegung, die nicht von der Stelle kommt, seine Richtung auf Gott eine Beziehung auf eine Null und ein Schießen in das Blaue. Aber auch dieses nur subjektive Tun ist in sich inkonsequent und muß sich auflösen. Denn soll die subjektive Seite auch nur irgendwie bestimmt sein, so liegt es im Begriff des Geistes, daß er Bewußtsein ist und *seine Bestimmtheit ihm Gegenstand* wird. Je reicher das Gemüt wäre, je mehr bestimmt, desto reicher müßte ihm dann auch der Gegenstand sein. Die *Absolutheit* jenes Gefühls, das *substantiell* sein soll, müßte ferner gerade das enthalten, daß es *sich von seiner Subjektivität losmacht*; denn das Substantielle, das ihm eigen sein soll, ist gerade gegen das Akzidentelle des Meinens und der Neigung gerichtet und ist vielmehr das an und für sich Feste, von unserem Gefühl, unserer Empfindung *Unabhängige* und das Objektive, das an und für sich besteht. Bleibt das Substantielle nur im Herzen eingeschlossen, so ist es nicht als das Höhere anerkannt, und Gott ist selbst nur etwas Subjektives, und die Richtung der Subjektivität bleibt höchstens ein Linienziehen ins Leere. Denn das Anerkennen eines Höheren, das dabei noch ausgesprochen werden mag, dies Anerkennen eines Unbestimmten, diese Linien, die danach hingezogen werden, haben keinen Halt, keine Verbindung durch das Objektive selbst und sind und bleiben einseitig *unser* Tun, unsere Linien, ein Subjektives, und das Endliche kommt nicht zur wahrhaften, wirklichen Entäußerung seiner selbst, während im Kultus der Geist im Gegenteil sich von seiner Endlichkeit losmachen und in Gott sich fühlen und wissen soll. Wenn das Fürsichbestehende und in seiner Beziehung auf uns Verpflichtende nicht vorhanden ist, so ist aller Kultus in die Subjektivität zusammengeschrumpft. Der Kultus enthält wesentlich Handlungen, Genüsse, Versicherungen, Bestätigungen und Bewahrheitung eines Höheren; aber solches *bestimmte Handeln, solche wirklichen Genüsse* und Versicherungen können keinen Platz haben, wenn das objektive, verbindende Moment ihnen fehlt, und der Kultus wäre eigentlich vernichtet, wenn die subjektive Seite als das Ganze gefaßt würde. Wie das Herausgehen des Bewußtseins zu objektivem *Wissen*, ebenso wäre damit das Herausgehen aus dem subjektiven Herzen zur *Handlung* abgeschnitten. Eines ist auf das innigste mit dem anderen verbunden. Was der Mensch in Beziehung auf Gott zu tun zu haben meint, hängt mit seiner Vorstellung von Gott zusammen, seinem Bewußtsein entspricht sein Selbstbewußtsein, und er kann umgekehrt nicht irgend etwas Bestimmtes in Rücksicht auf Gott zu tun zu haben meinen, wenn er keine Kenntnis, überhaupt keine bestimmte Vorstellung von ihm als Gegenstand hat oder zu haben meint. Erst wenn die Religion wirklich Verhältnis ist, den Unterschied des Bewußtseins enthält, dann ist der Kultus als Aufhebung des Entzweiten wirklich gestaltet und lebendiger Prozeß. Diese Bewegung des Kultus beschränkt sich aber nicht nur auf die Innerlichkeit, in welcher das Bewußtsein sich von seiner Endlichkeit befreit, Bewußtsein seines Wesens ist und das Subjekt als sich in Gott wissend in den Grund seines Lebens eingegangen ist, sondern dieses sein unendliches Leben entwickelt sich nun auch *nach außen*; denn auch das weltliche Leben, welches das Subjekt führt, hat jenes substantielle Bewußtsein zu seiner Grundlage, und die Art und Weise, wie das Subjekt im weltlichen Leben seine Zwecke bestimmt, hängt von dem Bewußtsein seiner wesentlichen Wahrheit ab. Dies ist die Seite, nach welcher die Religion sich in die *Weltlichkeit* reflektiert und das *Wissen von der Welt* zur Erscheinung kommt. Dies Hinausgehen in die wirkliche Welt ist der Religion wesentlich, und in diesem Übergange in die Welt erscheint die Religion als die *Moralität in bezug auf den Staat* und dessen gesamtes Leben. Wie die Religion der Völker beschaffen ist, so ist auch ihre Moralität und Staatsverfassung beschaffen; diese richten sich ganz danach, ob ein Volk nur eine beschränkte Vorstellung von der Freiheit des Geistes gefaßt oder das wahrhafte Bewußtsein der Freiheit hat.

Als die näheren Bestimmungen des Kultus werden sich uns ergeben das Moment der *vorausgesetzten Einheit,* die Sphäre der *Trennung* und die *in der Trennung sich wiederherstellende Freiheit.*

a) Der Kultus ist also überhaupt der ewige Prozeß des Subjekts, sich mit seinem Wesen identisch zu setzen.

Dieser Prozeß der Aufhebung der Entzweiung scheint nur auf die *subjektive Seite* zu fallen, diese Bestimmung ist aber auch *in dem Gegenstande des Bewußtseins* gesetzt. Durch den Kultus wird Einigkeit gewonnen; was aber nicht ursprünglich einig ist, kann nicht als einig gesetzt werden. Diese Einigkeit, die als Tun, als dessen Resultat erscheint, muß auch als *an und für sich seiend* erkannt werden. Denn was dem Bewußtsein Gegenstand ist, ist das Absolute, und dessen Bestimmung ist die, daß es *Einheit seiner Absolutheit mit der Besonderheit* ist. Diese Einheit ist im Gegenstande also selbst, z. B. in der christlichen Vorstellung von der Menschwerdung Gottes.

Überhaupt ist diese an sich seiende Einheit, bestimmter die menschliche Gestalt, die Menschwerdung Gottes, *wesentliches Moment der Religion* und muß *in der Bestimmung ihres Gegenstandes* vorkommen. In der christlichen Religion ist diese Bestimmung vollkommen ausgebildet, aber auch in niederen Religionen kommt es vor, wäre es auch nur so, daß das Unendliche in der Weise mit dem Endlichen in Einheit erscheint, daß es als *dieses* Sein, als dieses unmittelbare Dasein in Gestirnen oder Tieren erscheint. Ferner gehört auch dies hierher, daß nur momentan Gott menschliche oder sonstige Gestalt des Daseins zeigt, daß er äußerlich erscheint oder innerlich im Traum oder als innerliche Stimme sich offenbart.

Dies ist das Moment der *vorausgesetzten Einheit,* die im Begriff Gottes liegen muß, so daß der Gegenstand des Bewußtseins (Gott) den ganzen Begriff der Religion an seinem Inhalt zeigt und selbst die Totalität ist. Die Momente des Religionsbegriffs kommen hier also in der Bestimmung der Vereinigung vor. Die Seiten der wahrhaften Idee sind jede selbst dieselbe Totalität, welche das Ganze ist. Die Inhaltsbestimmungen in beiden Seiten sind mithin nicht an sich verschieden, sondern nur ihre Form. Das absolute Objekt bestimmt sich mithin für das Bewußtsein als mit sich einige Totalität.

b) Diese Totalität kommt nun auch vor in der Form der *Trennung* und *Endlichkeit,* welche jener in sich einigen Totalität als die andere Seite gegenübersteht. Die Inhaltsmomente des ganzen Begriffs sind hier gesetzt in der Weise des Auseinandertretens, der Verschiedenheit, mithin als Abstrakta. Das erste Moment auf dieser Seite der Verschiedenheit ist das des *Ansichseins,* des mit sich Identischseins, des Formlosen, der Objektivität überhaupt. Dies ist die *Materie* als das Indifferente, gleichgültige Bestehen. An dieses kann auch die Form gebracht werden, aber noch im abstrakten Fürsichsein. Dann heißen wir es *Welt,* die in Beziehung auf Gott teils als dessen Gewand, Kleid, Gestalt erscheint, oder ihm gegenübertritt.

Diesem Moment des indifferenten Ansichseins steht nun gegenüber das *Fürsichsein,* überhaupt das *Negative,* die Form. Dieses Negative nun, in seiner zunächst unbestimmten Form, erscheint als das Negative in der Welt, während diese das Positive, das Bestehen ist. Die Negativität gegen dieses Bestehen, gegen dies Sichselbstempfinden, Dasein, Erhalten ist das *Übel.* Gott gegenüber, dieser versöhnten Einheit des Ansichseins und Fürsichseins, tritt der Unterschied auf: die Welt als das positive Bestehen und in ihr Zerstörung und Widerspruch, und da fallen die Fragen herein, die allen Religionen mit mehr oder weniger entwickeltem Bewußtsein angehören, wie das Übel mit der absoluten Einheit Gottes zu vereinigen sei und worin der Ursprung des Bösen liege. Dieses Negative erscheint zunächst als das Übel an der Welt; aber es nimmt sich auch zurück zur Identität mit sich, in welcher es das *Fürsichsein des Selbstbewußtseins*, der *endliche Geist* ist.

Das sich in sich sammelnde Negative ist nun selbst wieder ein Positives, weil es einfach sich auf sich bezieht. Als Übel erscheint es *in Verwicklung* mit dem positiven Bestehen. Aber die Negativität, die für sich, nicht an einem anderen, das bestehen soll, vorhanden ist, die *sich in sich reflektierende innerliche, unendliche Negativität*, die sich selbst Gegenstand ist, ist *Ich* überhaupt. In diesem Selbstbewußtsein und in seiner inneren Bewegung selbst tut sich die *Endlichkeit* hervor, und in es fällt der *Widerspruch* mit sich selbst. So ist in ihm die Störung; das Böse kommt in ihm zum Vorschein, und dies ist *das Böse des Willens*.

c) Ich aber, das Freie, kann von allem abstrahieren; diese Negativität und Abscheidung ist es, die mein Wesen konstituiert. Das Böse ist nicht das Ganze des Subjekts; dies hat vielmehr auch *die Einheit mit sich selbst*, welche die *positive* Seite (das Gutsein) und die Absolutheit, *Unendlichkeit des Selbstbewußtseins* ausmacht. Es ist dies das wesentliche Moment der Abgeschiedenheit des Geistes, daß ich von allem Unmittelbaren, allem Äußerlichen abstrahieren kann. Diese Abgeschiedenheit ist der Zeitlichkeit, der Veränderung und dem Wechsel des Weltwesens, dem Übel und der Entzweiung entnommen, und als die Absolutheit des Selbstbewußtseins ist sie in dem Gedanken von der *Unsterblichkeit der Seele* vorgestellt. Zunächst ist darin die hervorstechende Bestimmung die *Fortdauer in der Zeit*; dieses Enthobensein über die Macht und über den Wechsel der Veränderung ist aber, als schon *an sich ursprünglich* dem Geiste angehörig, nicht erst *durch die Versöhnung vermittelt* vorgestellt. So kommt die andere Bestimmung hinzu, daß das Selbstbewußtsein des Geistes *ewiges, absolutes Moment in dem ewigen Leben* ist, in welches es über die Zeit, dieses Abstraktum der Veränderung, und über das Reale der Veränderung, über die Entzweiung hinaus entrückt wird, wenn es *in die Einheit und Versöhnung aufgenommen* ist, die in dem Gegenstand des Bewußtseins als ursprünglich vorhanden *vorausgesetzt* ist.

II. Das Urteil oder die bestimmte Religion

Wenn wir im ersten Teil die Religion in ihrem Begriff, den einfachen Begriff derselben betrachten und die Inhaltsbestimmtheit, das Allgemeine, so muß nun aus dieser Sphäre der Allgemeinheit zur *Bestimmtheit* fortgegangen werden; der Begriff als solcher ist der noch eingehüllte, worin die Bestimmungen, Momente enthalten, aber noch nicht ausgelegt sind und das Recht ihres *Unterschieds* noch nicht erhalten haben. Das erhalten sie erst durch das Urteil. Indem Gott, der Begriff urteilt und die Kategorie der Bestimmung eintritt, da haben wir erst *existierende* Religion, zugleich *bestimmt existierende* Religion.

Der Gang vom Abstrakten zum Konkreten gründet sich auf unsere Methode, auf den Begriff, nicht weil viel besonderer Inhalt vorhanden ist. Hiervon unterscheidet sich unsere Ansicht gänzlich. Der Geist, dem das absolute, höchste Sein zukommt, ist nur als Tätigkeit, d. h. insofern er sich selbst setzt, für sich ist und sich selbst hervorbringt. In dieser seiner Tätigkeit ist er aber *wissend* und ist er das, was er ist, nur als wissender. So ist es der Religion wesentlich, nicht in ihrem *Begriffe* nur zu sein, sondern das *Bewußtsein* dessen zu sein, was der Begriff ist; und das Material, worin sich der Begriff gleichsam als der Plan ausführt, das er sich zu eigen macht, sich gemäß bildet, ist das menschliche Bewußtsein; wie z. B. das Recht auch nur ist, indem es im Geiste existiert, den Willen der Menschen einnimmt und sie von ihm als der Bestimmung ihres Willens wissen. So erst realisiert sich die Idee, während sie vorher zunächst selbst nur als Form des Begriffs gesetzt ist.

Der Geist ist überhaupt nicht unmittelbar; unmittelbar sind

die natürlichen Dinge und bleiben bei diesem Sein. Das Sein des Geistes ist nicht so unmittelbar, sondern nur als sich selbst produzierend, sich für sich machend durch Negation als Subjekt, sonst ist er nur Substanz; und dies Zusichkommen des Geistes ist Bewegung, Tätigkeit und Vermittlung seiner selbst mit sich.

Der Stein ist unmittelbar, ist fertig. Schon das Lebendige aber ist diese Tätigkeit; so ist die erste Existenz der Pflanze diese schwache des Keims, und aus diesem muß sie sich entwickeln und erst hervorbringen. Zuletzt resümiert sich die Pflanze in ihrer Entfaltung in dem Samen; dieser Anfang der Pflanze ist auch ihr letztes Produkt. Ebenso ist der Mensch zuerst Kind und durchläuft als Natürliches diesen Kreis, ein Anderes zu erzeugen.

Bei der Pflanze sind es zweierlei Individuen: dieses Samenkorn, das anfängt, ist ein anderes als das, das die Vollendung ihres Lebens ist, in welches diese Entfaltung reift. Der Geist aber ist eben dies, weil er lebendig überhaupt ist, nur an sich oder in seinem Begriff zuerst zu sein, dann in die Existenz zu treten, sich zu entfalten, hervorzubringen, reif zu werden, den Begriff seiner selbst hervorzubringen, was er an sich ist, so daß das, was an sich ist, sein Begriff für sich selbst sei. Das Kind ist noch kein vernünftiger Mensch, hat Anlage nur, ist erst nur Vernunft, Geist an sich; durch seine Bildung, Entwicklung ist es erst Geist.

Dies heißt also *sich bestimmen*, in Existenz treten, für Anderes sein, seine Momente in Unterschied bringen und sich auslegen. Diese Unterschiede sind keine anderen Bestimmungen, als die der Begriff selbst in sich enthält.

Die Entfaltung dieser Unterschiede und der Verlauf der Richtungen, die sich daraus ergeben, sind der Weg des Geistes, zu sich selbst zu kommen; er selbst ist aber das Ziel. Das absolute Ziel, daß er sich erkennt, sich faßt, sich Gegenstand ist, wie er an sich selbst ist, zur vollkommenen Erkenntnis seiner selbst kommt, dies Ziel ist erst sein wahrhaftes Sein. Dieser Prozeß nun des sich produzierenden Geistes, dieser

Weg desselben enthält *unterschiedene Momente*. Aber der Weg ist noch nicht das Ziel, und der Geist ist nicht am Ziel, ohne den Weg durchlaufen zu haben, er ist nicht von Hause aus am Ziel; das Vollkommenste muß den Weg zum Ziel durchlaufen, um es zu erringen. In diesen Stationen seines Prozesses ist der Geist noch nicht vollkommen, sein Wissen, Bewußtsein über sich selbst ist nicht das wahrhafte, und *er ist sich noch nicht offenbar*. Indem der Geist wesentlich diese Tätigkeit des Sichhervorbringens ist, so ergeben sich daraus Stufen seines Bewußtseins; aber er ist sich immer nur bewußt gemäß dieser Stationen. Diese Stufen geben nun die bestimmte Religion; da ist Religion *Bewußtsein des allgemeinen Geistes,* der noch nicht *als absolut für sich* ist. Dies Bewußtsein des Geistes auf jeder Stufe ist *bestimmtes Bewußtsein* seiner, Weg der Erziehung des Geistes. Wir haben also die bestimmte Religion, die eben als Stufe auf dem Wege des Geistes unvollkommen ist, zu betrachten.

Die verschiedenen Formen, Bestimmungen der Religion sind einerseits *Momente der Religion überhaupt* oder der *vollendeten* Religion. Aber sie haben auch diese selbständige Gestalt, daß die Religion in ihnen sich in der Zeit und geschichtlich entwickelt hat.

Die Religion, insofern sie bestimmt ist und den Kreis ihrer Bestimmtheit noch nicht durchlaufen hat, [so] daß sie endliche Religion ist, als endliche existiert, ist *historische* Religion, eine *besondere* Gestalt der Religion. Indem im Stufengange, in der Entwicklung der Religion die Hauptmomente gezeigt werden, wie diese Stufen auch historisch existierten, bildet das eine Reihe von Gestaltungen, eine Geschichte der Religion.

Was durch den Begriff bestimmt ist, hat existieren müssen, und die Religionen, wie sie aufeinander gefolgt sind, sind nicht in *zufälliger* Weise entstanden. Der Geist ist es, der das Innere regiert, und es ist abgeschmackt, nach Art der Historiker hier nur Zufälligkeit zu sehen.

Die *wesentlichen Momente* des Religionsbegriffs erscheinen

und treten hervor auf jeder Stufe, wo er nur existiert hat; nur dadurch kommt der Unterschied von der wahrhaften Form des Begriffs herein, daß sie noch nicht *in der Totalität* desselben gesetzt sind. Die bestimmten Religionen sind zwar nicht *unsere* Religion; aber als wesentliche, wenn auch als untergeordnete Momente, die der absoluten Wahrheit nicht fehlen dürfen, sind sie in der unsrigen enthalten. Wir haben es also in ihnen nicht mit einem Fremden, sondern *mit dem Unsrigen* zu tun, und die Erkenntnis, daß es so sei, ist die Versöhnung der wahrhaften Religion mit der falschen. So erscheinen auf niederen Stufen der Entwicklung die Momente des Religionsbegriffs noch als Ahnungen und wie natürliche Blumen und Gebilde zufällig hervorgesprossen. Aber die durchgehende Bestimmtheit dieser Stufen ist *die Bestimmtheit des Begriffs selbst,* die auf keiner Stufe fehlen kann. Der Gedanke der Menschwerdung z. B. geht durch alle Religionen hindurch. Auch in anderen Sphären des Geistes machen sich solche allgemeine Begriffe geltend. Das Substantielle der sittlichen Verhältnisse z. B., Eigentum, Ehe, Verteidigung des Fürsten und des Staates, und die in der Subjektivität liegende letzte Entscheidung über das, was für das Ganze zu tun ist, das ist auch in einer unausgebildeten Gesellschaft so vorhanden wie im vollendeten Staate, nur die bestimmte Form dieses Substantiellen ist auf den Stufen seiner Ausbildung verschieden. Worauf es aber hier besonders ankommt, ist, daß der Begriff *in seiner Totalität* auch wirklich *gewußt* werde, und je nachdem dies Wissen vorhanden ist, danach ist auch eine Stufe des religiösen Geistes höher oder niedriger, reicher oder ärmer. Der Geist kann ein Gut in seinem Besitz haben, ohne daß er davon ein entwickeltes Bewußtsein hat. Die unmittelbare, eigene Natur des Geistes, so seine physische, organische Natur, *hat* er, weiß sie aber nicht in ihrer Bestimmtheit und Wahrheit und hat von ihr nur eine ungefähre, allgemeine Vorstellung. Die Menschen leben im Staate, sie sind selbst die Lebendigkeit, Tätigkeit, Wirklichkeit des Staates; aber das *Setzen, Bewußtwerden* dessen, was der Staat ist, ist darum nicht vorhanden, und erst[3] der vollendete Staat ist, daß alles, was *an sich* in ihm, d. h. in seinem Begriff ist, entwickelt, gesetzt, zu Rechten und Pflichten, zum *Gesetz* gemacht sei. So *sind* in den bestimmten Religionen die Momente des Begriffs *da,* in Anschauungen, Gefühlen, unmittelbaren Gestalten vorhanden, aber das *Bewußtsein* dieser Momente ist noch nicht entwickelt, oder sie sind noch nicht zur *Bestimmung des absoluten Gegenstandes* erhoben, und Gott ist noch nicht unter diesen Bestimmungen *der Totalität des Religionsbegriffs* vorgestellt.

Die bestimmten Religionen der Völker zeigen uns allerdings oft genug die verzerrtesten und bizarresten Ausgeburten von Vorstellungen des göttlichen Wesens und dann von Pflichten und Verhaltungsweisen im Kultus. Aber wir dürfen uns die Sache nicht so leicht machen und sie so oberflächlich fassen, daß wir diese religiösen Vorstellungen und Gebräuche als *Aberglauben, Irrtum und Betrug* verwerfen oder nur dies darin sehen, daß sie von der Frömmigkeit herkommen, und sie *so als etwas Frommes* gelten lassen, sie mögen sonst beschaffen sein, wie sie wollen. Auch nicht bloß die Sammlung und Bearbeitung des *Äußerlichen* und *Erscheinenden* kann uns befriedigen. Das höhere Bedürfnis ist vielmehr, den Sinn, *das Wahre und den Zusammenhang mit dem Wahren,* kurz das *Vernünftige* darin zu erkennen. Es sind *Menschen,* die auf solche Religionen verfallen sind; es muß also *Vernunft* darin und in aller Zufälligkeit eine *höhere Notwendigkeit* sein. Diese Gerechtigkeit müssen wir ihnen widerfahren lassen, denn das Menschliche, Vernünftige in ihnen ist auch das *Unsere,* wenn auch in unserem höheren Bewußtsein *nur als Moment*. Die Geschichte der Religionen in diesem Sinne auffassen heißt, sich auch mit dem *versöhnen,* was Schauderhaftes, Furchtbares oder Abgeschmacktes in ihnen vorkommt, und es *rechtfertigen.* Wir sollen es kei-

---

3 W: »eben«

neswegs *richtig oder wahr finden*, wie es in seiner ganzen *unmittelbaren Gestalt* vorkommt – davon ist gar nicht die Rede – , aber wenigstens den Anfang, die *Quelle* als ein *Menschliches* erkennen, aus dem es hervorgegangen ist. Das ist die Versöhnung mit diesem ganzen Gebiet, die Versöhnung, die sich im Begriff vollendet. Die Religionen, wie sie aufeinander folgen, sind determiniert durch den Begriff, nicht äußerlich bestimmt, bestimmt vielmehr durch die Natur des Geistes, der sich gedrängt hat in der Welt, sich zum Bewußtsein seiner selbst zu bringen. Indem wir diese bestimmten Religionen nach dem Begriff betrachten, so ist dies eine rein philosophische Betrachtung dessen, was ist. Die Philosophie betrachtet überhaupt nichts, was nicht ist, und sie hat es nicht mit so Ohnmächtigem zu tun, das nicht einmal die Kraft hat, sich zur Existenz fortzutreiben.

In der Entwicklung nun als solcher, insofern sie noch nicht zum Ziele gekommen ist, sind die Momente des Begriffs noch auseinanderfallend, so daß *die Realität dem Begriff noch nicht gleich* geworden ist, und die geschichtliche Erscheinung dieser *Momente* sind die *endlichen Religionen*. Um diese in ihrer Wahrheit aufzufassen, muß man sie nach den zwei Seiten betrachten: einerseits wie Gott gewußt wird, wie er bestimmt wird, und andererseits wie das Subjekt sich damit selbst weiß. Denn für die Fortbestimmung beider Seiten, der objektiven und subjektiven, ist *eine* Grundlage, und durch beide Seiten geht *eine* Bestimmtheit hindurch. Die Vorstellung, welche der Mensch von Gott hat, entspricht der, welche er von sich selbst, von seiner Freiheit hat. Indem er sich in Gott weiß, weiß er damit sein unvergängliches Leben in Gott, er weiß von der Wahrheit seines Seins; hier tritt also die Vorstellung von der *Unsterblichkeit der Seele* als ein wesentliches Moment in die Geschichte der Religion ein. Die Vorstellungen von Gott und von der Unsterblichkeit haben eine notwendige Beziehung aufeinander: wenn der Mensch wahrhaft von Gott weiß, so weiß er auch wahrhaft von sich, beide Seiten entsprechen einander. Gott ist zunächst etwas ganz Unbestimmtes; in dem Gange der Entwicklung bildet sich aber das *Bewußtsein* dessen, was Gott ist, allmählich weiter aus, verliert immer mehr die anfängliche Unbestimmtheit, und damit schreitet auch die Entwicklung des wirklichen *Selbstbewußtseins* weiter fort. In die Sphäre dieser Fortentwicklung fallen auch die *Beweise vom Dasein Gottes*, welche die notwendige Erhebung zu Gott zu zeigen den Zweck haben. Denn die Verschiedenheit der Bestimmungen, die in dieser Erhebung Gott zugeschrieben werden, sind durch die Verschiedenheit des Ausgangspunktes gesetzt, und diese wiederum ist in der Natur der jedesmaligen geschichtlichen Stufe des wirklichen Selbstbewußtseins begründet. Die verschiedenen Formen dieser Erhebung werden uns immer den *metaphysischen Geist* jeder Stufe geben, dem die *wirkliche Vorstellung* von Gott und die Sphäre des *Kultus* entsprechen.

Geben wir vorläufig auch von dieser Stufe der bestimmten Religion die nähere Einteilung, so kommt es hier besonders auf die *Art der göttlichen Erscheinung* an. Gott ist Erscheinen, aber nicht nur überhaupt, sondern als das Geistige bestimmt er sich als sich selbst erscheinend; d. h. er ist nicht Gegenstand überhaupt, sondern sich selbst Gegenstand.

1. Was die Erscheinung überhaupt oder das *abstrakte Erscheinen* betrifft, so ist dieses die *Natürlichkeit* überhaupt. Das Erscheinen ist Sein für Anderes, eine Äußerlichkeit Unterschiedener gegeneinander, und zwar eine unmittelbare, noch nicht in sich reflektierte. Diese logische Bestimmung ist hier, in ihrer konkreten Bedeutung gefaßt, das Natürliche. Was für ein Anderes ist, ist eben deshalb auf sinnliche Weise. Der Gedanke, der für einen anderen Gedanken, der als seiend unterschieden, d. h. als selbständiges Subjekt gegen jenen ist, gesetzt werden soll, ist für diesen nur mitteilbar durch das sinnliche Medium des Zeichens, Sprechens, überhaupt durch eine leibliche Vermittlung.

Aber indem Gott wesentlich nur ist als *sich erscheinend*, so gehört jenes abstrakte Verhältnis des Menschen zur *Natur* nicht zur Religion, sondern das Natürliche ist in der Religion nur *Moment des Göttlichen*, und es muß also, wie es für das religiöse Bewußtsein ist, zugleich *die Bestimmung der geistigen Weise* an ihm haben; es erhält sich also nicht in seinem reinen, natürlichen Element, sondern erhält die Bestimmung des Göttlichen, das in ihm wohne. Von keiner Religion kann man sagen, daß die Menschen die Sonne, das Meer, die Natur angebetet hätten; indem sie dies anbeten, ist es ihnen eben damit nicht mehr dies Prosaische, was es für uns ist; indem diese Gegenstände ihnen göttlich sind, sind sie zwar noch natürlich, aber damit, daß sie Gegenstände der Religion sind, sind sie zugleich vorgestellt mit einer geistigen Weise. Die Betrachtung der Sonne, der Sterne usf. als dieser *natürlichen Erscheinungen* ist außerhalb der Religion. Die sogenannte prosaische Ansicht der Natur, wie sie für das verständige Bewußtsein ist, ist erst eine spätere Trennung; daß sie vorhanden sei, dazu gehört eine viel tiefer zurückgehende Reflexion. Erst wenn der Geist selbständig sich für sich, frei von der Natur gesetzt hat, tritt diese ihm als ein Anderes, Äußeres auf.

Die *erste* Weise der Erscheinung, die Natürlichkeit, hat also die Subjektivität, die Geistigkeit Gottes nur *überhaupt* zum Zentrum. Diese beiden Bestimmungen sind daher noch nicht in reflektierter Weise in Verhältnis getreten. Daß dies geschieht, ist nun das *zweite*.

2. An sich ist Gott der Geist; dies ist unser Begriff von ihm. Aber eben deswegen muß er auch als Geist gesetzt, d. h. die Weise seiner Erscheinung muß selbst eine *geistige* sein und somit die Negation des Natürlichen; dazu gehört, daß seine Bestimmtheit, die Seite der Realität an der Idee, dem Begriff gleich sei, und das Verhältnis der Realität zum göttlichen Begriff ist vollendet, wenn der Geist als Geist, d. h. der Begriff und auch die Realität als dieser Geist ist. Zunächst aber sehen wir, daß die Natürlichkeit jene *Bestimmtheit des Begriffs von Gott* oder die Seite der Realität an der Idee ausmacht. Das Hervortreten der Geistigkeit, der Subjektivi-

tät aus der Natürlichkeit erscheint daher nur erst als ein *Kampf beider Seiten*, die im Kampf noch miteinander verwickelt sind. Auch diese Stufe der bestimmten Religion bleibt daher noch in der Sphäre der Natürlichkeit stehen und bildet mit der vorhergehenden überhaupt die Stufe der *Naturreligion*.

3. Noch innerhalb der Folge der bestimmten Religionen macht die Bewegung des Geistes den Versuch, *die Bestimmtheit dem Begriff gleichzusetzen*; aber diese Bestimmtheit erscheint hier noch als *abstrakte* oder der Begriff noch als der *endliche*. Diese Versuche, in denen das Prinzip der vorhergehenden Stufen, das *Wesen*, in die *unendliche Innerlichkeit* sich zusammenzufassen strebt, sind: a) die *jüdische* Religion, b) die *griechische*, c) die *römische*. Der jüdische Gott ist die Einzigkeit, die selbst noch *abstrakte Einheit* bleibt, noch nicht in sich konkret ist. Dieser Gott ist zwar Gott im Geist, aber noch nicht *als* Geist, – ein Unsinnliches, Abstraktum des Gedankens, welches noch nicht die Erfüllung in sich hat, die es zum Geist macht. Die *Freiheit*, zu welcher sich der Begriff in der griechischen Religion zu entwickeln sucht, lebt noch unter dem Zepter der *Notwendigkeit des Wesens*, und der Begriff, wie er in der römischen Religion erscheint und seine Selbständigkeit gewinnen will, ist noch *beschränkt*, da er auf eine gegenüberstehende Äußerlichkeit bezogen ist, in der er nur objektiv sein soll, und ist so *äußerliche Zweckmäßigkeit*.

Dieses sind die Hauptbestimmtheiten, die hier als die Weise der Realität des Geistes erscheinen. Als *Bestimmtheiten* sind sie dem Begriff des Geistes nicht angemessen und sind *Endlichkeiten*, auch diese Unendlichkeit, daß *ein* Gott ist, diese abstrakte Affirmation. Und wollte man diese Bestimmung der Erscheinung Gottes im Bewußtsein als reine Idealität des Einen, als Tilgung der Mannigfaltigkeit des äußerlichen Erscheinens, der Naturreligion als das Wahrhafte gegenüberstellen, so ist sie vielmehr selbst nur *eine* Bestimmtheit gegen die Totalität des Begriffs des Geistes. Dieser Totalität entspricht sie sowenig wie ihr Gegensatz; diese bestimmten Religionen sind also überhaupt noch nicht die wahrhafte Religion, und Gott ist in ihnen noch nicht in seiner Wahrhaftigkeit erkannt, da ihnen der absolute Inhalt des Geistes fehlt.

III. Die offenbare Religion

Die Manifestation, Entwicklung und das Bestimmen geht nicht *ins Unendliche* fort und hört nicht *zufällig* auf; der wahrhafte Fortgang besteht vielmehr darin, daß diese Reflexion des Begriffs in sich sich abbricht, indem sie *wirklich in sich zurückgeht*. So ist die *Erscheinung* selbst *die unendliche*, der Inhalt dem Begriff des Geistes gemäß und die Erscheinung so, wie der Geist an und für sich selbst ist. Der Begriff der Religion ist in der Religion *sich selbst gegenständlich* geworden. Der Geist, der an und für sich ist, hat nun in seiner Entfaltung nicht mehr einzelne Formen, Bestimmungen seiner vor sich, weiß von sich nicht mehr als Geist in irgendeiner Bestimmtheit, Beschränktheit; sondern nun hat er jene Beschränkungen, diese Endlichkeit überwunden und ist für sich, wie er an sich ist. Dieses Wissen des Geistes für sich, wie er an sich ist, ist das Anundfürsichsein des wissenden Geistes, die vollendete, *absolute* Religion, in der es offenbar ist, was der Geist, Gott ist; dies ist die *christliche* Religion.

Daß der Geist, wie in allem, so in der Religion seine Bahn durchlaufen muß, das ist im Begriff des Geistes notwendig: er ist nur dadurch Geist, daß er für sich ist als die Negation aller endlichen Formen, als diese absolute Idealität.

Ich habe Vorstellungen, Anschauungen; das ist ein gewisser Inhalt: dies Haus usf. Sie sind meine Anschauungen, stellen sich mir vor; ich könnte sie mir aber nicht vorstellen, wenn ich diesen Inhalt nicht in mich faßte und ihn nicht auf einfache, ideelle Weise in mich gesetzt hätte. *Idealität* heißt, daß dies äußerliche Sein, Räumlichkeit, Zeitlichkeit, Materiatur, Außereinander aufgehoben ist; indem ich es weiß, sind es nicht außereinander seiende Vorstellungen, sondern auf einfache Weise sind sie in mir zusammengefaßt.

Der Geist ist Wissen; daß aber das Wissen sei, dazu gehört, daß der Inhalt dessen, was er weiß, diese *ideelle Form* erlangt habe und auf diese Weise negiert worden sei; was der Geist ist, muß auf solche Weise das Seinige geworden sein, er muß diesen Kreislauf durchgemacht haben; und jene Formen, Unterschiede, Bestimmungen, Endlichkeiten müssen gewesen sein, daß er sie zu dem Seinigen mache.

Das ist der Weg und das Ziel, daß der Geist seinen eigenen Begriff, das, was er an sich ist, erreicht habe; und er erreicht es nur auf diese Weise, die in ihren abstrakten Momenten angedeutet worden. Die geoffenbarte Religion ist die *offenbare*, weil in ihr Gott ganz offenbar geworden. Hier ist alles dem Begriff angemessen; es ist nichts Geheimes mehr an Gott. Es ist hier das Bewußtsein von dem entwickelten Begriff des Geistes, von Versöhntsein, nicht in der Schönheit, Heiterkeit, sondern *im Geiste*. Die offenbare Religion, während sie sonst immer noch verhüllt, nicht in ihrer Wahrheit war, ist zu ihrer Zeit gekommen; das ist nicht eine zufällige Zeit, ein Belieben, Einfall, sondern im wesentlichen, ewigen Ratschluß Gottes, d. h. in der ewigen Vernunft, Weisheit Gottes bestimmte Zeit; es ist Begriff der Sache, der göttliche Begriff, Begriff Gottes selbst, der sich zu dieser Entwicklung bestimmt und ihr Ziel gesetzt hat.

Dieser Gang der Religion ist die wahrhafte Theodizee; er zeigt alle Erzeugnisse des Geistes, jede Gestalt seiner Selbsterkenntnis als notwendig auf, weil der Geist lebendig, wirkend und der Trieb ist, durch die Reihe seiner Erscheinungen zum Bewußtsein seiner selbst als aller Wahrheit hindurchzudringen.

Erster Teil

DER BEGRIFF DER RELIGION

Das, womit wir anzufangen haben, ist die Frage: wie haben wir einen *Anfang* zu gewinnen? Es ist eine wenigstens formelle Forderung aller Wissenschaft, besonders der Philosophie, daß darin nichts vorkomme, was nicht *bewiesen* ist. Beweisen im oberflächlichen Sinne heißt, daß ein Inhalt, Satz, Begriff aufgezeigt werde als resultierend aus etwas Vorhergehendem.

Aber wenn angefangen werden soll, hat man noch nicht bewiesen, denn man ist noch nicht bei etwas Resultierendem, bei einem Vermittelten, durch anderes Gesetzten. Im Anfang ist man beim Unmittelbaren. Die anderen Wissenschaften haben dies in ihrer Art bequem, denn für sie ist der Gegenstand als ein gegebener vorhanden; so wird z. B. in der Geometrie angefangen: es gibt einen Raum, Punkt. Vom Beweisen des Gegenstandes ist da nicht die Rede, ihn gibt man unmittelbar zu.

In der Philosophie ist es nicht erlaubt, einen Anfang zu machen mit »es gibt, es ist«, denn in ihr sollen wir nicht den Gegenstand voraussetzen. Es kann dies eine Schwierigkeit ausmachen in Ansehung der Philosophie überhaupt. Aber wir fangen hier nicht von vorne an in der Philosophie; die Religionswissenschaft ist eine Wissenschaft in der Philosophie, setzt insofern die anderen philosophischen Disziplinen voraus, ist also Resultat. Nach der philosophischen Seite sind wir hier bereits bei einem Resultat von Vordersätzen, die hinter unserem Rücken liegen. Zur Aushilfe können wir uns jedoch an unser gewöhnliches Bewußtsein wenden, ein Zugegebenes, auf subjektive Weise Vorausgesetztes aufnehmen und von ihm den Anfang machen.

Der Anfang der Religion ist seinem allgemeinen Inhalte nach der noch eingehüllte Begriff der Religion selbst, daß Gott die absolute Wahrheit, die Wahrheit von allem und daß die Religion allein das absolute wahre Wissen ist. Wir haben so von Gott zu handeln und den Anfang zu machen.

A
Von Gott

Was Gott ist, ist für uns, die Religion haben, ein Bekanntes, ein Inhalt, der im subjektiven Bewußtsein vorhanden ist; aber wissenschaftlich betrachtet ist zunächst Gott ein allgemeiner abstrakter Name, der noch keinen wahrhaften Gehalt bekommen hat. Denn die Religionsphilosophie erst ist die Entwicklung, Erkenntnis dessen, was Gott ist, und durch sie erfährt man erst auf erkennende Weise, was Gott ist. Gott ist diese sehr wohl *bekannte*, aber eine wissenschaftlich noch nicht entwickelte, *erkannte* Vorstellung.

Mit der Hinweisung auf diese in unserer Wissenschaft sich selbst rechtfertigende Entwicklung nehmen wir es *zunächst* als eine Versicherung auf, daß es Resultat der Philosophie ist, daß Gott das *absolut Wahre*, das *an und für sich Allgemeine*, alles Befassende, Enthaltende und allem Bestandgebende ist. Und in Ansehung dieser Versicherung können wir uns ebenso zunächst auf das religiöse Bewußtsein berufen, welches die Überzeugung hat, daß Gott das absolut Wahre überhaupt ist, von dem alles ausgeht und in das alles zurückgeht, von dem alles abhängig ist, und daß sonst anderes nicht absolute, wahrhafte Selbständigkeit hat. Das ist nun der Inhalt des Anfangs.

Dieser Anfang ist wissenschaftlich noch abstrakt; so voll die Brust von dieser Vorstellung sein kann, so ist es im Wissenschaftlichen nicht darum zu tun, was in der Brust, sondern um das, was herausgesetzt ist als Gegenstand für das Bewußtsein, näher für das denkende Bewußtsein, – was die Form des Gedankens erlangt hat. Dieser Fülle die Form des Gedankens, Begriffs zu geben, ist das Geschäft unserer Wissenschaft.

a) Der Anfang als abstrakt, als der erste Inhalt, die *Allgemeinheit*, hat so noch gleichsam eine *subjektive Stellung*, hat die Stellung, als ob das Allgemeine nur für den *Anfang* so allgemein wäre und nicht in dieser Allgemeinheit bliebe. Der Anfang des Inhalts ist aber selbst so aufzufassen, daß bei allen weiteren Entwicklungen dieses Inhalts – indem dies Allgemeine sich als ein absolut Konkretes, Inhaltsvolles, Reiches zeigen wird – wir zugleich aus dieser Allgemeinheit nicht heraustreten, so daß diese Allgemeinheit, die wir der Form nach einerseits verlassen, indem sie zu einer bestimmten Entwicklung fortgeht, sich doch als *absolute, dauernde Grundlage* erhält, nicht als bloß subjektiver Anfang zu nehmen ist.

Gott ist für uns, indem er das Allgemeine ist, in Beziehung auf die Entwicklung das in sich Verschlossene, in absoluter Einheit mit sich selbst. Wenn wir sagen: Gott ist das Verschlossene, so ist das ausgedrückt in Beziehung auf eine Entwicklung, die wir erwarten; aber die Verschlossenheit, was Allgemeinheit Gottes von uns genannt worden, ist in dieser Beziehung auf Gott selbst, auf den Inhalt selbst nicht zu fassen als eine abstrakte Allgemeinheit, außerhalb welcher das Besondere, gegen welche das Besondere noch selbständig wäre.

So ist nun diese Allgemeinheit als die absolut volle, erfüllte zu fassen. Gott als dieses Allgemeine, das in sich Konkrete, Volle ist dies, daß Gott nur *Einer* ist und nicht im Gegensatz gegen viele Götter; sondern es ist nur das Eine, Gott.

Die Dinge, Entwicklungen der natürlichen und geistigen Welt sind mannigfache Gestalten, unendlich vielgeformtes Dasein; sie haben ein Sein von unterschiedenem Grad, Kraft, Stärke, Inhalt. Aber das Sein aller dieser Dinge ist ein solches, das nicht selbständig, sondern schlechthin nur ein getragenes, gesetztes ist, nicht wahrhafte Selbständigkeit hat. Wenn wir den besonderen Dingen ein Sein zuschreiben, so ist das nur ein geliehenes Sein, nur der Schein eines Seins, nicht das absolut selbständige Sein, das Gott ist.

Gott in seiner Allgemeinheit, dies Allgemeine, in welchem keine Schranke, Endlichkeit, Besonderheit ist, ist das absolute Bestehen und allein das Bestehen; und was besteht, hat seine Wurzel, sein Bestehen nur in diesem Einen. Wenn wir diesen ersten Inhalt so auffassen, so können wir uns ausdrücken: Gott ist die *absolute Substanz*, die allein wahrhafte Wirklichkeit. Alles andere, was wirklich ist, ist nicht für sich wirklich, hat kein Bestehen für sich; die einzig absolute Wirklichkeit ist allein Gott; so ist er die absolute Substanz.

Hält man diesen Gedanken so abstrakt fest, so ist es allerdings Spinozismus. Die Substantialität, die Substanz als solche ist noch gar nicht unterschieden von der Subjektivität. Aber zu der gemachten Voraussetzung gehört auch dies: Gott ist der Geist, der absolute Geist, der ewig einfache, wesentlich bei sich seiende Geist. Diese Idealität, Subjektivität des Geistes, welche Durchsichtigkeit, Idealität von allem Besonderen ist, ist ebenso diese Allgemeinheit, diese reine Beziehung auf sich selbst, das absolute Beisichselbstsein und -bleiben.

Wenn wir sagen »Substanz«, so liegt darin, daß dies Allgemeine noch nicht gefaßt ist als konkret in sich; wird es so gefaßt, als konkret in sich, so ist es Geist; dieser bleibt auch in seiner konkreten Bestimmung in sich diese Einheit mit sich, diese *eine* Wirklichkeit, welche wir soeben Substanz hießen. Eine weitere Bestimmung ist es, daß die Substantialität, die Einheit der absoluten Wirklichkeit mit sich selbst, nur Grundlage, *ein* Moment in der Bestimmung Gottes als Geistes ist. Die Verunglimpfung der Philosophie geht vornehmlich von dieser Seite aus: man sagt, die Philosophie müsse Spinozismus sein, wenn sie konsequent sei; und so sei sie Atheismus, Fatalismus.

Aber beim Anfang hat man noch nicht unterschiedene Bestimmungen, Eines und ein Anderes: beim Anfang ist man nur beim Einen, nicht beim Anderen. Von solchem Anfang her haben wir zunächst den Inhalt noch in Form der Substantialität. Auch wenn wir sagen »Gott, Geist«, so sind das unbestimmte Worte, Vorstellungen. Es kommt darauf an, was ins Bewußtsein getreten ist. Zuerst tritt das Einfache, das Abstrakte ins Bewußtsein. In dieser ersten Einfachheit haben wir Gott noch in der Bestimmung der Allgemeinheit, bei der wir aber nicht bleiben.

Dieser Inhalt bleibt aber gleichwohl die Grundlage; in aller weiteren Entwicklung tritt Gott nicht aus seiner Einheit mit sich selbst heraus. Indem er, wie man gewöhnlich sagt, die Welt erschafft, entsteht nicht ein Böses, Anderes, das selbständig, unabhängig wäre.

b) Dieser Anfang ist Gegenstand für *uns* oder Inhalt in uns; *wir* haben diesen Gegenstand. So ist die unmittelbare Frage: wer sind *wir*? Wir, Ich, der Geist ist selbst ein sehr Konkretes, Mannigfaches: ich bin anschauend, sehe, höre usf. Alles das bin ich, dies Fühlen, Sehen. Der nähere Sinn dieser Frage ist also: nach welcher jener Bestimmungen ist dieser Inhalt für unsere Sinne? Vorstellung, Wille, Phantasie, Gefühl? Welches ist der *Ort*, wo dieser Inhalt, Gegenstand zu Hause ist? Welches ist der *Boden dieses Gehalts*?

Wenn man sich an die gang und gäben Antworten erinnert in dieser Rücksicht, so ist Gott in uns als glaubend, fühlend, vorstellend, wissend. Diese Formen, Vermögen, Seiten von uns, Gefühl, Glaube, Vorstellung haben wir nachher näher zu betrachten, besonders in Beziehung auf diesen Punkt selbst. Wir sehen uns nicht um nach einer Antwort irgendeiner Art, richten uns nicht nach Erfahrungen, Beobachtungen, daß wir Gott im Gefühl usf. haben; zunächst halten wir uns an das, was wir vor uns haben, dieses Eine, *Allgemeine*, diese Fülle, die dieser sich selbst gleichbleibende, durchsichtige Äther ist.

Nehmen wir dies Eine vor uns und fragen: für welches unserer Vermögen, Tätigkeiten des Geistes ist dieses Eine, schlechthin Allgemeine?, so können wir nur die entsprechende Tätigkeit unseres Geistes nennen als den Boden, worauf dieser Inhalt zu Hause sein kann. Das ist das *Denken*.

Denken ist allein der Boden dieses Inhalts, die *Tätigkeit des Allgemeinen,* das Allgemeine in seiner Tätigkeit, Wirksamkeit; oder sprechen wir es aus als *Auffassen* des Allgemeinen, so ist das, für welches das Allgemeine ist, immer das Denken.

Dieses Allgemeine, was vom Denken produziert werden kann und für das Denken ist, kann ganz abstrakt sein; so ist es das Unermeßliche, Unendliche, das Aufheben aller Schranke, Besonderheit. Dieses zunächst negative Allgemeine hat seinen Sitz nur im Denken.

Wenn wir an Gott denken, so sprechen wir dabei diesen Gang auch aus, daß wir über das Sinnliche, Äußerliche, Einzelne uns erheben; es wird eine Erhebung ausgesprochen zum Reinen, mit sich Einigen. Diese Erhebung ist Hinausgehen über das Sinnliche und das bloße Gefühl in die reine Region des Allgemeinen, und diese Region ist das Denken.

Dies ist nach subjektiver Weise der Boden für diesen Inhalt. Der Inhalt ist dies absolut Scheidungslose, Ununterbrochene, bei sich selbst Bleibende, das Allgemeine, und das Denken ist die Weise, für welche dies Allgemeine ist.

So haben wir einen *Unterschied* zwischen dem *Denken* und dem *Allgemeinen,* das wir zunächst Gott nannten; es ist ein Unterschied, der zunächst nur unserer Reflexion zukommt, der *für sich im Inhalt noch ganz und gar nicht enthalten ist.* Es ist Resultat der Philosophie, wie schon Glaube der Religion, daß Gott die eine, wahrhafte Wirklichkeit ist, sonst gar keine. In dieser einen Wirklichkeit und reinen Klarheit hat die Wirklichkeit und der Unterschied, den wir Denkendes nennen, noch keinen Platz.

Was wir vor uns haben, ist dies *eine Absolute.* Diesen Inhalt, diese Bestimmung können wir noch nicht Religion nennen; dazu gehört subjektiver Geist, Bewußtsein. Das Denken ist der Ort dieses Allgemeinen, aber dieser Ort ist zunächst absorbiert in diesem Einen, Ewigen, an und für sich Seienden. In dieser wahrhaften, absoluten Bestimmung, die nur noch nicht entwickelt, vollendet ist, bleibt Gott bei aller Entwicklung absolute Substanz.

Dieses Allgemeine ist der Anfangs- und Ausgangspunkt, aber schlechthin diese bleibende Einheit, nicht ein bloßer Boden, aus dem Unterschiede erwachsen; sondern alle Unterschiede bleiben eingeschlossen in dieses Allgemeine. Es ist aber auch nicht ein träges, abstrakt Allgemeines, sondern der absolute Schoß, der unendliche Trieb und Quellpunkt, aus dem alles hervor- und in den alles zurückgeht und ewig darin behalten ist.

Das Allgemeine tritt also aus diesem Äther der Gleichheit mit sich selbst und des Beisichselbstseins nie heraus. Gott kann als dieses Allgemeine nicht dazu kommen, bei einem Anderen in der Tat zu sein, dessen Bestehen mehr als ein Spiel des Scheines wäre. Gegen diese reine Einheit und klare Durchsichtigkeit ist die Materie nichts Undurchdringliches und hat der Geist, das Ich nicht die Sprödigkeit, daß er für sich wahrhafte Substantialität besäße.

c) Diese Vorstellung hat man mit dem Namen *Pantheismus* bezeichnen wollen; richtiger würde man sie nennen: Vorstellung der Substantialität. Gott ist da zunächst nur als Substanz bestimmt; das absolute Subjekt, der Geist bleibt auch Substanz, aber er ist nicht nur Substanz, sondern in sich auch als Subjekt bestimmt. Von diesem Unterschiede wissen die gewöhnlich nichts, die sagen, spekulative Philosophie sei Pantheismus; sie übersehen die Hauptsache, wie immer, und sie verunglimpfen die Philosophie, indem sie etwas Falsches aus ihr machen.

Pantheismus hat bei diesem Vorwurf gewöhnlich den Sinn: alles, das All, Universum, dieser *Komplex von allem Existierenden*, diese unendlich *vielen endlichen Dinge* seien Gott; und diese Beschuldigung wird der Philosophie gemacht, sie behaupte, *alles* sei Gott, d. h. diese unendliche Mannigfaltigkeit der einzelnen Dinge, nicht die an und für sich seiende Allgemeinheit, sondern die einzelnen Dinge in ihrer empirischen Existenz, wie sie *unmittelbar* sind.

Sagt man: Gott ist *dies* alles, dies Papier usf., so ist es Pantheismus, wie er in jenem Vorwurf gefaßt wird, d. h.

Gott ist alles, alle einzelnen Dinge. Wenn ich sage »Gattung«, so ist das auch eine Allgemeinheit, aber eine ganz andere als »Allheit«, in welcher das Allgemeine nur als Zusammenfassen aller einzelnen Existenzen und das Seiende das Zugrundeliegende, der eigentliche Inhalt, alle einzelnen Dinge ist.

Dieses Faktum, daß in irgendeiner Religion solcher Pantheismus dagewesen, ist vollkommen falsch; es ist nie einem Menschen eingefallen, zu sagen: alles ist Gott, d. h. die Dinge in ihrer Einzelheit, Zufälligkeit; viel weniger ist das in einer Philosophie behauptet worden.

Den orientalischen Pantheismus oder richtiger den Spinozismus werden wir später in der bestimmten Religion kennenlernen. Der Spinozismus selbst als solcher und auch der orientalische Pantheismus enthält, daß in allem das Göttliche nur sei das *Allgemeine* eines Inhalts, das *Wesen* der Dinge, so daß dieses aber auch vorgestellt wird als das bestimmte Wesen der Dinge.

Wenn Brahma sagt: »Ich bin der Glanz, das Leuchtende in den Metallen, der Ganges unter den Flüssen, das Leben im Lebendigen« usf., so ist damit *aufgehoben* das Einzelne. Brahma sagt nicht: »Ich bin das Metall, die Flüsse, die einzelnen Dinge jeder Art selbst als solche, wie sie unmittelbar existieren.« Der Glanz ist nicht das Metall selbst, sondern das Allgemeine, Substantielle, herausgehoben aus dem Einzelnen, nicht mehr das πᾶν, Alles als Einzelnes. Da ist schon nicht mehr das gesagt, was man Pantheismus heißt, sondern es ist gesagt das Wesen in solchen einzelnen Dingen.

Zum Lebendigen gehört Zeitlichkeit, Räumlichkeit; es ist aber nur herausgehoben das Unvergängliche an dieser Einzelheit. Das »Leben des Lebendigen« ist in dieser Sphäre des Lebens das Unbeschränkte, Allgemeine. Wird aber gesagt: alles ist Gott, so wird die *Einzelheit* genommen nach allen ihren *Schranken,* ihrer Endlichkeit, Vergänglichkeit. Diese Vorstellung vom Pantheismus kommt davon her, daß man die abstrakte, nicht die geistige Einheit heraushebt;

und dann, in einer religiösen Vorstellung, wo nur die Substanz, das Eine als wahrhafte Wirklichkeit gilt, vergessen jene, daß eben gegen dies Eine die einzelnen endlichen Dinge verschwunden sind, ihnen keine Wirklichkeit zugeschrieben wird, sondern man behält diese noch neben dem Einen materialiter bei. Sie glauben den Eleaten nicht, welche sagten: »Es ist nur das Eine«, und ausdrücklich hinzufügten: »und das Nichts ist gar nicht«.[1] Alles Endliche würde Beschränkung, Negation des Einen sein; aber das Nichts, die Beschränkung, Endlichkeit, Grenze und das Begrenzte ist gar nicht.

Man hat dem Spinozismus Atheismus vorgeworfen; aber die Welt, dies »Alles« *ist* gar nicht im Spinozismus. Es erscheint wohl, man spricht von seinem Dasein, und unser Leben ist, in dieser Existenz zu sein. Im philosophischen Sinne aber hat die Welt gar keine Wirklichkeit, ist gar nicht. Diesen Einzelheiten wird keine Wirklichkeit zugeschrieben; es sind Endlichkeiten, und von diesen wird gesagt, sie seien gar nicht.

Der Spinozismus, ist die allgemeine Beschuldigung, sei diese Konsequenz: wenn alles eins ist, so behaupte solche Philosophie, das Gute sei eins mit dem Bösen, es sei *kein Unterschied zwischen Gutem und Bösem* und damit alle Religion aufgehoben. Man sagt, es gelte an sich der Unterschied des Guten und Bösen nicht; damit sei es gleichgültig, ob man gut oder böse sei. Es kann zugegeben werden, daß der Unterschied zwischen Gutem und Bösem *an sich* aufgehoben sei, d. h. *in Gott,* der einzig wahren Wirklichkeit. In Gott ist kein Böses; der Unterschied zwischen Gutem und Bösem ist nur, wenn Gott das Böse ist. Man wird aber nicht zugeben, daß das Böse ein Affirmatives sei und dieses Affirmative in Gott. Gott ist gut und allein gut; der Unterschied von Bösem und Gutem ist in diesem Einen, dieser Substanz nicht vorhanden; dieser tritt erst mit dem *Unterschied überhaupt* ein.

Gott ist das Eine, absolut bei sich selbst Bleibende; in der

---

[1] vgl. Parmenides, Diels-Kranz 28 B 2

Substanz ist kein Unterschied. Beim Unterschied Gottes von der Welt, insbesondere vom Menschen, da tritt der Unterschied von Gutem und Bösem ein. Im Spinozismus ist in Rücksicht auf diesen Unterschied von Gott und Mensch Grundbestimmung, daß der Mensch Gott allein zu seinem Ziel haben muß. Da ist für den Unterschied, für den Menschen Gesetz die Liebe Gottes, auf diese Liebe zu Gott allein gerichtet zu sein, nicht seinen Unterschied geltend zu machen, auf ihm beharren zu wollen, sondern allein seine Richtung auf Gott zu haben.

Das ist die erhabenste Moral, daß das Böse das Nichtige ist und der Mensch diesen Unterschied, diese Nichtigkeit nicht soll gelten lassen. Der Mensch kann auf diesem Unterschied beharren wollen, diesen Unterschied treiben zur Entgegensetzung gegen Gott, das an und für sich Allgemeine, – so ist er böse. Aber er kann seinen Unterschied auch für nichtig achten, seine Wahrheit nur setzen in Gott und seine Richtung auf Gott, – dann ist er gut.

Im Spinozismus tritt allerdings Unterschiedenheit von Gutem und Bösem ein – Gott und der Mensch gegenüber – und tritt ein mit dieser Bestimmung, daß das Böse für das Nichtige zu achten sei. In Gott als solchem, in dieser Bestimmung als Substanz ist der Unterschied nicht; aber für den Menschen ist dieser Unterschied, auch der zwischen Gutem und Bösem.

Diese Oberflächlichkeit, mit der gegen Philosophie polemisiert wird, sagt auch, Philosophie sei *Identitätssystem*. Es ist ganz richtig: Substanz ist diese eine Identität mit sich, aber ebensosehr auch der Geist. Identität, Einheit mit sich ist am Ende alles. Spricht man aber von Identitätsphilosophie, so bleibt man bei der *abstrakten Identität*, Einheit überhaupt, und sieht ab von dem, worauf es allein ankommt, von der *Bestimmung dieser Einheit in sich,* ob sie als Substanz oder Geist bestimmt ist. Die ganze Philosophie ist nichts anderes als das Studium der Bestimmungen der Einheit; ebenso ist die Religionsphilosophie eine Reihenfolge von Einheiten, immer die Einheit, aber so, daß diese immer weiter bestimmt ist.

Im Physikalischen gibt es der Einheiten viele. Wasser und Erde zusammengebracht, das ist auch Einheit, aber eine Mengung. Wenn ich eine Base und eine Säure habe und Salz, Kristall daraus entsteht, habe ich auch Wasser, kann es aber nicht sehen, es ist nicht die geringste Feuchtigkeit vorhanden. Da ist die Einheit des Wassers mit dieser Materie eine ganz anders bestimmte Einheit, als wenn ich Wasser und Erde vermenge. Die Hauptsache ist der Unterschied dieser Bestimmung. Die Einheit Gottes ist immer Einheit; aber es kommt ganz allein auf die Arten und Weisen der *Bestimmung dieser Einheit* an; diese Bestimmung der Einheit wird übersehen und eben damit gerade das, worauf es ankommt.

Das Erste ist diese göttliche Allgemeinheit, der Geist ganz in seiner unbestimmten Allgemeinheit, für welchen durchaus kein Unterschied ist. Auf dieser absoluten Grundlage – wir sprechen das zunächst noch als Faktum aus – kommt nun aber auch der *Unterschied* überhaupt hervor, der als *geistiger* Unterschied *Bewußtsein* ist, und damit erst fängt die *Religion als solche* an. Indem die absolute Allgemeinheit zum *Urteil*, d. h. dazu fortgeht, sich als Bestimmtheit zu setzen, und Gott als Geist für den Geist ist, so haben wir den Standpunkt, daß Gott Gegenstand des Bewußtseins und das im Anfang allgemeine, unterschiedliche Denken in das *Verhältnis* eingetreten ist.

B
Das religiöse Verhältnis

In der Lehre von Gott haben wir Gott als Objekt schlechthin nur für sich vor uns; freilich kommt dann auch die Beziehung Gottes auf die Menschen hinzu, und während dies nach der früheren gewöhnlichen Vorstellung nicht wesentlich dazugehörig erschien, handelt dagegen die neuere Theologie mehr von der Religion als von Gott: es wird nur gefordert, der Mensch soll Religion haben. Dies ist die Hauptsache, und es wird sogar als gleichgültig gesetzt, ob man von Gott etwas wisse oder nicht; oder man hält dafür, es sei dies nur ganz etwas Subjektives, man wisse eigentlich nicht, was Gott sei. Dagegen hat man im Mittelalter mehr das Wesen Gottes betrachtet und bestimmt. Wir haben die Wahrheit anzuerkennen, die darin liegt, daß Gott nicht betrachtet wird getrennt vom subjektiven Geiste, aber nur nicht aus dem Grunde, daß Gott ein Unbekanntes ist, sondern deswegen, weil Gott wesentlich *Geist*, als *wissender* ist. Es ist also eine Beziehung von Geist zu Geist. Dieses *Verhältnis* von Geist zu Geist liegt der Religion zugrunde.

Wenn wir nun dessen überhoben wären, mit dem Beweise, daß Gott ist, anzufangen, so hätten wir doch zu beweisen, daß die Religion *ist,* und daß sie *notwendig* ist; denn die Philosophie hat den Gegenstand nicht als einen gegebenen.

Man könnte nun zwar sagen, jener Beweis sei nicht nötig, und sich darauf berufen, daß *alle* Völker Religion hätten. Aber dies ist nur etwas Angenommenes, und mit dem Ausdruck »alles« geht man überhaupt nicht besonders gut um. Sodann gibt es doch auch Völker, von denen man schwerlich sagen dürfte, daß sie Religion haben: ihr Höchstes, das sie etwa verehren, ist Sonne, Mond, oder was ihnen sonst in der sinnlichen Natur auffällt. Auch gibt es die Erscheinung eines Extrems von Bildung, daß das Sein Gottes überhaupt geleugnet worden ist, und ebenso, daß die Religion die Wahrhaftigkeit des Geistes sei; ja, man hat in diesem Extrem mit Ernst behauptet, die Priester seien nur Betrüger, indem sie den Menschen eine Religion eingäben, denn sie hätten dabei nur die Absicht gehabt, sich die Menschen unterwürfig zu machen.

Ein weiterer Versuch, die Notwendigkeit der Religion zu beweisen, kommt nur zur *äußerlichen, bedingten Notwendigkeit,* in welcher die Religion zu einem *Mittel* und zu etwas Absichtlichem gemacht, aber damit zu etwas *Zufälligem* herabgesetzt wird, welches nicht an und für sich gilt, sondern willkürlich von mir ebenso entfernt wie mit Absicht gebraucht werden kann. Die wahrhafte Ansicht, das substantielle Verhältnis, und das falsche Verhältnis stehen hier sehr nahe aneinander, und das Schiefe des letzteren scheint nur eine leichte Verschiebung des ersteren zu sein.

In alter und neuer Zeit hat man gesagt, diese Stadt, dieser Staat, diese Familien oder Individuen seien durch die Verachtung der Götter zugrunde gegangen; die Verehrung der Götter dagegen und die Ehrfurcht gegen sie erhalte und beglücke die Staaten, und das Glück und Fortkommen der Individuen werde durch ihre Religiosität befördert.

Allerdings wird die Rechtschaffenheit erst etwas Festes und erhält die Erfüllung der Pflichten ihre Bewährung, wenn ihnen die Religion zugrunde liegt. Das Innerste des Menschen, das Gewissen, hat darin erst absolute Verpflichtung und die Sicherheit derselben. So muß der *Staat* auf *Religion* beruhen, weil in ihr die Sicherheit der Gesinnung, der Pflichten gegen denselben erst absolut ist. Jede andere Weise der Verpflichtung weiß sich Ausreden, Ausnahmen, Gegengründe zu verschaffen, weiß die Gesetze, Einrichtungen und Individuen der Regierung und Obrigkeit zu verkleinern, sie unter Gesichtspunkte zu bringen, wodurch man sich von der Achtung gegen dieselbe losmacht. Denn alle diese Bestimmungen sind nicht das allein, was sie an sich und in sich sind, sondern sie haben zugleich eine gegenwärtige, endliche Existenz, sie sind von der Beschaffenheit, daß sie die Reflexion einladen, sie zu untersuchen, sie ebenso anzuklagen wie zu rechtfertigen, und rufen so die subjektive Betrachtung auf, die sich von ihnen dispensieren kann. Nur die Religion ist es, die alles dieses subjektive Beurteilen und Abwägen niederschlägt, zunichte macht und eine unendliche, absolute Verpflichtung herbeiführt. Kurz, die Verehrung Gottes oder der Götter befestigt und erhält die Individuen, die Familien, Staaten; die Verachtung Gottes oder der Götter löst die Rechte und

Pflichten, die Bande der Familien und der Staaten auf und führt sie zum Verderben.

Dies ist allerdings eine höchst wahre und wichtige Betrachtung, welche den *wesentlichen, substantiellen* Zusammenhang enthält. Wenn nun aus jenem Satze als Resultat einer Erfahrung gefolgert wird: *also* ist die Religion notwendig, so ist dies eine äußerliche Art des Schlusses, kann aber noch allein in Rücksicht des *subjektiven Erkennens* mangelhaft sein, so daß damit dem *Inhalt* noch nicht eine schiefe Wendung oder Stellung gegeben wird. Aber wenn der Schluß jetzt so lautet: also ist die Religion *für die Zwecke* der Individuen, Regierungen, Staaten usf. nützlich, so wird damit ein Verhältnis eingeführt, in welchem die Religion als *Mittel* gesetzt wird. Aber bei der Religion hat man es mit dem Geist, dem vielgewandten, zu tun. Wie schon der organische Körper in seinen Krankheiten gegen die Heilmittel, sosehr sie eine Notwendigkeit der Wirkungsweise gegen ihn ausüben, zugleich nach ihrer *Spezialität indifferent* ist und eine *Wahl* unter einer Menge von Mitteln offensteht, so setzt der Geist noch mehr, was er als Mittel hat und gebrauchen kann, zu einem *Besonderen* herab, und er hat dann das Bewußtsein seiner Freiheit, es gebrauchen zu können oder auch ein anderes.

So, wenn die Religion Mittel ist, so weiß der Geist, daß er sie gebrauchen, daß er aber auch andere Mittel ergreifen kann; ja, er steht ihr so gegenüber, daß er sich auf sich kann verlassen wollen. Er hat ferner die *Freiheit seiner Zwecke* – seine Gewalt, List, die Beherrschung der Meinung der Menschen usf. sind auch Mittel –, und eben in der Freiheit *seiner* Zwecke, welche eben darin liegt, daß *seine* Zwecke das *Geltende* sein sollen und die Religion nur Mittel, hat er die Freiheit, seine Macht und Herrschaft sich zum Zweck zu machen, also sich Zwecke zu setzen, bei denen er die Religion *entbehren* kann oder die gerade *gegen* dieselbe gehen. Es kommt vielmehr darauf an, daß er sich zu solchen Zwecken entschlösse oder verpflichtet wüßte, die mit Zurücksetzung anderer *beliebiger,* überhaupt mit Aufopferung der *besonderen* Zwecke objektiv, *an und für sich* gelten. Objektive Zwecke fordern das Aufgeben subjektiver Interessen, Neigungen und Zwecke, und dies *Negative* ist darin enthalten, wenn gesagt wird, die Verehrung Gottes gründe das wahre Wohl der Individuen, Völker und Staaten. Ist dies eine Folge von jener, so ist jene die Hauptsache, hat ihre Bestimmung und Bestimmtheit für sich und reguliert die Zwecke und Ansichten der Menschen, die als besondere Zwecke nicht das *Erste,* sich für sich Bestimmensollende sind. So eine leichte Wendung der Reflexionsstellung verändert und verdirbt gänzlich jenen ersten Sinn und macht aus der Notwendigkeit eine bloße Nützlichkeit, die als zufällig sich verkehren läßt.

Hier ist vielmehr von der *inneren,* an und für sich seienden Notwendigkeit die Rede, einer Notwendigkeit, der sich die Willkür, das Böse allerdings wohl entgegenstellen kann; aber diese Willkür fällt dann *außerhalb* auf die Seite des Ichs, das sich als frei auf die Spitze seines Fürsichseins stellen kann, und gehört nicht mehr der Notwendigkeit selbst an und ist nicht mehr die *eigene sich verkehrende Natur* derselben, wie es der Fall ist, solange sie nur als *Nützlichkeit* gefaßt wird.

I. Die Notwendigkeit des religiösen Standpunktes

Die *allgemeine Notwendigkeit* des Begriffs entwickelt sich nun so, daß die Religion 1. als *Resultat* gefaßt wird, aber 2. als Resultat, das sich ebenso *aufhebt,* Resultat zu sein, und daß es 3. der *Inhalt selbst* ist, welcher an ihm und durch ihn selbst dazu übergeht, sich als Resultat zu setzen. Das ist die *objektive Notwendigkeit,* nicht aber ein bloß subjektives Geschäft; nicht *wir* setzen diese Notwendigkeit in Bewegung, sondern es ist das *Tun des Inhalts* selbst, oder der Gegenstand bringt sich selbst hervor. Die subjektive Ableitung und Bewegung des Erkennens kommt z. B. in der Geometrie vor:

das Dreieck geht nicht selbst den Weg, den wir im Erkennen und Beweisen zurücklegen.

Bei der Religion als *Geistigem* überhaupt ist es aber unmittelbar der Fall, daß sie in ihrem *Dasein* selbst dieser *Prozeß* und dies *Übergehen* ist. Bei natürlichen Dingen, z. B. der Sonne, haben wir eine unmittelbare *ruhende* Existenz vor uns, und in der Anschauung oder Vorstellung derselben ist nicht das Bewußtsein eines Übergangs enthalten. Das religiöse Bewußtsein dagegen ist in sich selbst das *Abscheiden* und *Verlassen* des Unmittelbaren, *Endlichen* und Übergang zum Intellektuellen oder, objektiv bestimmt, die Sammlung des Vergänglichen in sein absolutes, substantielles Wesen. Die Religion ist das Bewußtsein des an und für sich Wahren *im Gegensatze* der sinnlichen, endlichen Wahrheit und der Wahrnehmung. Sie ist demnach *Erhebung*, Reflexion, Übergehen vom Unmittelbaren, Sinnlichen, Einzelnen, denn das Unmittelbare ist das Erste und darum nicht Erhebung, – also ein Aus- und Fortgehen zu einem *Anderen*, aber nicht zu einem Dritten und so fort, denn so wäre das Andere selbst wieder ein *Endliches*, nicht ein Anderes, – somit Fortgang zu einem Zweiten, aber so, daß dies Fortgehen und Hervorbringen eines Zweiten sich selbst aufhebt und vielmehr dies Zweite das *Erste*, das wahrhaft Unvermittelte und *Nichtgesetzte* sei. Der Standpunkt der Religion zeigt sich in diesem Übergange als den Standpunkt der Wahrheit, in welcher der ganze Reichtum der natürlichen und geistigen Welt enthalten ist. Alle andere Weise der Existenz dieses Reichtums muß sich da beweisen als äußerliche, dürftige, kümmerliche und sich selbst widersprechende und zerstörende Weise der Wirklichkeit, die das Ende der Wahrheit, die Seite der Unwahrheit an ihr hat und erst auf dem Standpunkt der Religion in ihren Grund und ihre Quelle zurückkehrt. In diesem Beweis ist dann die Einsicht begründet, daß der Geist auf keiner jener Stufen stehenbleiben, sich halten kann und daß die Religion erst dann wahrhafte *Wirklichkeit des Selbstbewußtseins* sei.

Was den Beweis dieser Notwendigkeit betrifft, so möge folgendes hinreichen.

Darin, daß etwas als notwendig gezeigt werden soll, liegt also, daß von einem *Anderen* ausgegangen werde. Dieses Andere hier des wahrhaften, göttlichen Seins ist das *ungöttliche Sein,* die *endliche Welt,* das *endliche Bewußtsein.* Wenn nun von diesem als dem Unmittelbaren, Endlichen, Unwahren, und zwar von ihm als einem Gegenstande unseres Wissens und wie wir es unmittelbar als das, was es in seiner bestimmten Qualität ist, auffassen – wenn also in dieser Weise vom Ersten angefangen wird, so zeigt es sich im Fortgange, *nicht* das zu *sein,* als was es sich unmittelbar gibt, sondern als sich selbst zerstörend, *werdend,* sich fortschickend zu einem Anderen. Von dem Endlichen, mit dem wir anfangen, sagt uns daher nicht *unsere* Reflexion und Betrachtung, unser Urteil, daß es ein Wahres zu seinem Grunde habe, nicht *wir* bringen seinen Grund herbei, sondern es zeigt an ihm selbst, daß es sich in ein Anderes, in ein Höheres, als es selber ist, auflöse. Wir folgen dem Gegenstande, wie er zur Quelle seiner Wahrheit für sich selbst zurückgeht.

Indem nun der Gegenstand, von dem angefangen wird, in seiner Wahrheit zugrunde geht und sich selbst aufopfert, so ist er damit nicht *verschwunden,* sein Inhalt ist vielmehr in der *Bestimmung seiner Idealität* gesetzt. Ein Beispiel dieser Aufhebung und Idealität haben wir am Bewußtsein: ich beziehe mich auf einen Gegenstand und betrachte denselben dann, wie er ist. Der Gegenstand, den ich zugleich von mir unterscheide, ist selbständig; ich habe ihn nicht gemacht, er hat nicht auf mich gewartet, damit er sei, und er bleibt, wenn ich auch von ihm hinweggehe. Beide, Ich und der Gegenstand, sind also zwei Selbständige; aber das Bewußtsein ist zugleich die Beziehung dieser beiden Selbständigen, in welcher beide als Eins gesetzt sind; indem ich vom Gegenstande weiß, so sind in meiner einfachen Bestimmtheit diese zwei, Ich und das Andere, in Einem. Wenn wir dies wahrhaft auffassen, so haben wir nicht nur das *negative Resultat,* daß das Einssein und das Selbständigsein Zweier sich aufhebe. Die Aufhebung ist nicht nur die leere Negation, sondern das Negative derer, von denen ich ausgegangen bin. Das Nichts ist also nur *das Nichts der Selbständigkeit beider*, das Nichts, worin beide Bestimmungen aufgehoben und ideell enthalten sind.

Wollten wir nun in dieser Weise sehen, wie das natürliche und geistige Universum in ihre Wahrheit, in den religiösen Standpunkt zurückgehen, so würde die ausführliche Betrachtung dieses Rückganges den ganzen Kreis der philosophischen Wissenschaften bilden. Wir hätten hier anzufangen mit der Natur; diese ist das Unmittelbare; der Natur stände dann der Geist gegenüber, und beide sind endlich, insofern sie einander gegenüberstehen.

Es könnten hier nun *zwei Betrachtungsweisen* unterschieden werden.

Zunächst könnten wir betrachten, was die Natur und der Geist *an sich* sind. Diese Betrachtung würde zeigen, daß sie an sich *in der einen Idee identisch* und beide nur die Abspiegelung von einem und demselben sind oder daß sie in der Idee ihre *eine* Wurzel haben. Dies würde aber selbst noch eine *abstrakte* Betrachtung sein, die sich auf das beschränkt, was jene Gegensätze *an sich* sind, und sie nicht nach der *Idee* und *Realität* auffaßt. Die *Unterschiede*, die wesentlich zur Idee gehören, wären unbeachtet gelassen. Diese absolute Idee ist das Notwendige, ist das *Wesen* beider, der Natur und des Geistes, worin, was ihren Unterschied, ihre Grenze und Endlichkeit ausmacht, wegfällt. Das *Wesen* des Geistes und der Natur ist eines und dasselbe, und in dieser Identität sind sie nicht mehr, was sie in ihrer Trennung und Qualität sind. Bei dieser Betrachtung ist es aber *unsere erkennende Tätigkeit*, welche diesen beiden ihren Unterschied abstreift und ihre Endlichkeit aufhebt. Es fällt *außer* diese begrenzten Welten, daß sie begrenzte sind und daß ihre Grenze in der Idee, die ihre Einheit ist, verschwindet. Dieses Hinwegfallen der Grenze ist ein Wegsehen, das in unsere erkennende

Tätigkeit fällt. *Wir* heben die Form ihrer Endlichkeit auf und kommen zu ihrer Wahrheit. Diese Weise zu fassen ist insofern mehr *subjektiver* Art, und was sich als die Wahrheit dieser Endlichkeit darstellt, ist die an sich seiende Idee – die Spinozistische *Substanz* oder das *Absolute*, wie es Schelling gefaßt hat. Man zeigt von den natürlichen Dingen wie von der geistigen Welt, daß sie endlich sind, daß das Wahre das *Verschwinden ihrer Grenze* in der absoluten Substanz und daß diese die absolute Identität beider, des Subjektiven und Objektiven, des Denkens und des Seins ist. Aber sie *ist* nur diese Identität. Die Formbestimmtheit und Qualität ist von uns hinweggetan und fällt nicht in die Substanz, die deshalb starre, kalte, *bewegungslose Notwendigkeit* ist, in der das Erkennen, die Subjektivität sich nicht befriedigen kann, weil es seine Lebendigkeit und seine Unterschiede in ihr nicht wiederfindet. Auch in der gewöhnlichen Andacht findet sich diese Erscheinung: man erhebt sich über die Endlichkeit, vergißt dieselbe; aber darum, daß man sie vergessen hat, ist sie noch nicht wahrhaft aufgehoben.

Das *zweite* ist die Auffassung der Notwendigkeit, daß das Sichaufheben des Endlichen und das Setzen des Absoluten *objektiver* Natur ist. Es muß von der Natur und dem Geist gezeigt werden, daß sie sich *selbst* nach ihrem Begriff aufheben, und ihre Endlichkeit darf nicht nur durch subjektive Wegnahme ihrer Grenze entfernt werden. Dies ist dann die Bewegung des Denkens, die ebenso Bewegung der Sache ist, und es ist der Prozeß der Natur und des Geistes selbst, aus dem das Wahre hervorgeht. So wird

a) die *Natur* betrachtet als das, was sie an ihr selbst ist, als der *Prozeß*, dessen letzte Wahrheit der Übergang zum Geist ist, so daß der Geist sich als die Wahrheit der Natur beweist. Das ist die eigene Bestimmung der Natur, daß sie sich aufopfert, verbrennt, so daß aus diesem Brandopfer die Psyche hervorbricht und die Idee sich in ihr eigenes Element, in ihren eigenen Äther erhebt. Diese Aufopferung der Natur ist ihr Prozeß und hat näher die Bestimmung, daß sie als

Fortgang durch eine Stufenleiter erscheint, wo die Unterschiede in der Form des *Außereinanderseins* da sind. Der Zusammenhang ist nur ein Inneres. Die Momente, die die Idee im Kleide der Natur durchläuft, sind eine Reihe von selbständigen Gestalten. Die Natur ist die Idee an sich und *nur* an sich, und die Weise ihres Daseins ist, *außer sich zu sein* in vollkommener Äußerlichkeit. Die nähere Weise ihres Fortgangs ist aber die, daß der in ihr verschlossene Begriff durchbricht, die Rinde des Außersichseins in sich zieht, idealisiert und, indem er die Schale des Kristalls durchsichtig macht, selbst in die Erscheinung tritt. Der innerliche Begriff wird äußerlich, oder umgekehrt: die Natur vertieft sich in sich, und das Äußerliche macht sich zur Weise des Begriffs. So tritt eine Äußerlichkeit hervor, welche selbst ideell und in der Einheit des Begriffs gehalten ist. Dies ist die Wahrheit der Natur, das *Bewußtsein*. Im Bewußtsein bin ich der Begriff, und das, was für mich ist, wovon ich ein Bewußtsein habe, ist mein Dasein überhaupt. Dies ist in der Natur nicht Gewußtes, nur ein Äußerliches, und der Geist erst weiß die Äußerlichkeit und setzt sie mit sich identisch. In der *Empfindung*, der höchsten Spitze und dem Ende der Natur, ist schon ein Fürsichsein enthalten, so daß die Bestimmtheit, die etwas hat, zugleich ideell und in das Subjekt zurückgenommen ist. Die Qualitäten eines Steines sind einander äußerlich, und der Begriff, den wir davon auffassen, ist nicht in ihm. In der Empfindung hingegen sind nicht äußerliche Qualitäten als solche, sondern sie sind in sich reflektiert, und hier fängt Seele, Subjektivität an. Da ist die Identität, die als Schwere nur Trieb und Sollen ist, in die Existenz getreten. In der Schwere bleibt immer noch ein Außereinander, die verschiedenen Punkte repellieren einander, und dieser eine Punkt, der die Empfindung ist, das Insichsein, kommt nicht hervor. Das ganze Drängen und Leben der Natur geht aber nach der Empfindung und nach dem Geiste hin. Indem nun der Geist in diesem Fortgange als notwendig durch die Natur, als durch sie vermittelt erscheint, so ist diese Vermittlung eine solche, die sich selbst zugleich aufhebt. Das aus der Vermittlung Hervorgehende zeigt sich als den Grund und die Wahrheit desjenigen, woraus es hervorgegangen ist. Dem philosophischen Erkennen ist der Fortgang ein Strom mit *entgegengesetzter Richtung* fortleitend zum Anderen, aber so zugleich rückwirkend, daß dasjenige, was als das Letzte, als im Vorhergehenden begründet erscheint, vielmehr als das Erste, als der Grund erscheint.

b) Der *Geist* selbst ist zunächst *unmittelbar*; für sich ist er dadurch, daß er zu sich selbst kommt, und seine Lebendigkeit ist es, durch sich selbst für sich zu werden. In diesem Prozeß sind wesentlich zwei Seiten zu unterscheiden: einmal was der Geist *an und für sich* ist und zweitens *seine Endlichkeit*. Erst ist er *verhältnislos*, ideell, verschlossen in der Idee; in dem Zweiten, in seiner Endlichkeit, ist er *Bewußtsein* und steht er, da Anderes für ihn ist, im Verhältnisse. Die Natur ist nur Erscheinung; Idee ist sie für uns in der denkenden Betrachtung; also diese ihre eigene Verklärung, der Geist, fällt außer ihr. Die Bestimmung des Geistes ist dagegen, daß die Idee in ihn selbst falle und das Absolute, das an und für sich Wahre für ihn sei. In seiner Unmittelbarkeit ist der Geist noch endlich, und diese Endlichkeit hat die Form, daß zunächst, was er *an und für sich* ist, von dem, was in sein *Bewußtsein* fällt, *unterschieden* ist. Seine *Bestimmung* und seine Unendlichkeit ist nun aber, daß sein Bewußtsein und seine Idee sich *ausgleichen*. Diese Vollendung des Geistes und die Ausgleichung der Unterschiede jenes Verhältnisses kann nach dieser doppelten Seite des Anundfürsichseins und des Bewußtseins desselben gefaßt werden. Beides ist zunächst unterschieden: es ist nicht für das Bewußtsein, was an und für sich ist, und dieses hat noch die Gestalt des Anderen für den Geist. Beides steht aber auch so in Wechselwirkung, daß der Fortgang des einen zugleich die Fortbildung des anderen ist. In der *Phänomenologie des Geistes* ist dieser in seiner Erscheinung als Bewußtsein und die Notwendigkeit seines Fortgangs bis zum absoluten Standpunkt betrachtet. Da sind die Gestalten des Geistes, die Stufen, die er produziert, so betrachtet, wie sie in sein Bewußtsein fallen. Das aber, was der Geist weiß, was er als *Bewußtsein* ist, das ist nur das eine; das andere ist die *Notwendigkeit* dessen, was der Geist weiß und was für ihn ist. Denn das Eine, daß für den Geist seine Welt ist, *ist* eben nur und erscheint als zufällig; das Andere, die Notwendigkeit, daß diese Welt für ihn *geworden* ist, ist nicht für den Geist auf dieser Stufe des Bewußtseins, geht im Geheimen gegen ihn vor, ist nur für die philosophische Betrachtung und fällt in die Entwicklung dessen, was der Geist seinem *Begriff* nach ist. In dieser Entwicklung kommt es nun zu einer Stufe, wo der Geist zu seinem *absoluten Bewußtsein* gelangt, auf welcher die *Vernünftigkeit* als eine *Welt* für ihn ist; und indem er auf der andern Seite nach der Weise des Bewußtseins sich zum Bewußtsein des Anundfürsichseins der Welt ausbildet, so ist hier der Punkt, wo die beiden Weisen, die erst verschieden waren, zusammenfallen. Die Vollendung des Bewußtseins ist, daß der *wahrhafte Gegenstand* für es sei, und die Vollendung des Gegenstandes, des Substantiellen, der Substanz ist die, daß sie für sich sei, d. h. sich von sich unterscheide und sich selbst zum Gegenstand habe. Das Bewußtsein treibt sich fort zum Bewußtsein des Substantiellen, und dieses, der Begriff des Geistes, treibt sich fort zur Erscheinung und zum Verhältnis, für sich zu sein. Dieser letzte Punkt, wo die Bewegung beider Seiten zusammentrifft, ist die *sittliche Welt*, der Staat. Da ist die Freiheit des Geistes, die in ihrem Wege selbständig wie die Sonne fortgeht, ein vorhandener, vorgefundener Gegenstand als eine Notwendigkeit und daseiende Welt. Ebenso ist hier das Bewußtsein vollendet, und jeder findet sich in dieser Welt des Staates fertig und hat in ihr seine Freiheit. Das Bewußtsein, das Fürsichsein und das substantielle Wesen haben sich ausgeglichen.

c) Diese Erscheinung des göttlichen Lebens ist aber selbst noch in der Endlichkeit, und die Aufhebung dieser Endlichkeit ist der *religiöse Standpunkt*, auf welchem Gott als die absolute Macht und Substanz, in welche der ganze Reichtum der natürlichen wie der geistigen Welt zurückgegangen ist, Gegenstand des Bewußtseins ist. Der religiöse Standpunkt als Entwicklung des natürlichen und geistigen Universums ergibt sich in diesem Fortgange als *absolut Wahres und Erstes*, das nichts hinter sich zu liegen hat als eine *bleibende* Voraussetzung, sondern den ganzen Reichtum in sich aufgezehrt hat. Die Notwendigkeit ist vielmehr, daß dieser gesamte Reichtum sich in seine Wahrheit versenkt hat, nämlich in das an und für sich seiende Allgemeine. Aber indem dies Allgemeine *an und für sich* bestimmt und als konkret, als Idee selbst dies ist, sich von sich abzustoßen, so entwickelt es aus sich die *Bestimmtheit* und setzt es sich für das *Bewußtsein*.

Die Formen dieser Entwicklung und Selbstbestimmung des Allgemeinen sind die logischen Hauptmomente, die ebenso die Form von allem dem früher genannten Reichtum ausmachen. Die Entwicklung Gottes in ihm selbst ist somit dieselbe logische Notwendigkeit, welche die des Universums ist, und dieses ist an sich nur insofern göttlich, als es auf jeder Stufe die Entwicklung dieser Form ist.

Zunächst ist diese Entwicklung in Ansehung des *Stoffes* zwar verschieden, als sie in der *reinen Allgemeinheit* vorgehend nur *göttliche Gestaltungen* und Momente gibt, im Felde der *Endlichkeit* hingegen endliche Gestalten und Sphären. Dieser Stoff also und seine Gestaltungen sind insofern ganz verschieden, ungeachtet die Form der Notwendigkeit dieselbe ist. Aber ferner sind auch diese beiden Stoffe – die Entwicklung Gottes in sich und die Entwicklung des Universums – nicht absolut verschieden. Die göttliche Idee hat die Bedeutung, daß sie das absolute Subjekt, die *Wahrheit* des Universums der natürlichen und geistigen Welt, nicht bloß ein *abstrakt Anderes* ist. Es ist daher derselbe Stoff. Es ist die intellektuelle, göttliche Welt, das göttliche Leben in ihm selbst, das sich entwickelt; aber diese

Kreise seines Lebens sind dieselben wie die des Weltlebens. Dieses, das göttliche Leben in der Weise der Erscheinung, in der Form der Endlichkeit, ist in jenem ewigen Leben in seiner ewigen Gestalt und Wahrheit, *sub specie aeterni* angeschaut. So haben wir endliches Bewußtsein, endliche Welt, Natur, was in der Welt der Erscheinung vorkommt. Dies macht überhaupt den Gegensatz des Anderen zur Idee aus. In Gott kommt auch das Andere der einfachen Idee, die noch in ihrer Substantialität ist, vor; da aber behält es die Bestimmung seiner Ewigkeit und bleibt in der Liebe und in der Göttlichkeit. Dieses im Stande des *Anundfürsichseins* bleibende Andere ist aber die *Wahrheit des Anderen*, wie es als endliche Welt und als *endliches Bewußtsein* erscheint. Der Stoff, dessen Notwendigkeit wir betrachtet haben, ist daher an und für sich selbst derselbe, wie er in der göttlichen Idee als an und für sich vorkommt und wie er als der Reichtum der endlichen Welt erscheint, denn diese hat ihre Wahrheit und Verklärung nur in jener Welt der Idee.

Die Notwendigkeit, die dem religiösen Standpunkt, wenn er aus den vorhergehenden Stufen der natürlichen und geistigen Welt abgeleitet wird, im Rücken zu liegen schien, liegt also, wie wir nun sehen, in ihm selbst und ist so als seine innere Form und Entwicklung zu setzen. Indem wir nun zu dieser Entwicklung übergehen, fangen wir selbst wieder mit der Form der *Erscheinung* an und betrachten zunächst das *Bewußtsein*, wie es auf diesem Standpunkt in *Verhältnis erscheint* und die *Formen* dieses Verhältnisses *bearbeitet* und entwickelt, bis sich die *innere* Notwendigkeit im *Begriff* selbst entwickelt und vollendet.

II. Die Formen des religiösen Bewusstseins

Das erste, was in der Sphäre der Erscheinung des religiösen Geistes in Betracht kommt, sind die Formen des religiösen Verhältnisses, die, als psychologischer Art, auf die Seite des endlichen Geistes fallen. Das Allgemeine zunächst ist das

Bewußtsein von Gott; dieses ist nicht nur Bewußtsein, sondern näher auch Gewißheit. Die nähere Form derselben ist Glauben, diese Gewißheit, sofern sie im Glauben oder sofern dies Wissen von Gott *Gefühl* und im Gefühl ist; das betrifft die subjektive Seite.

Das zweite ist die objektive Seite, die Weise des Inhalts. Die Form, in der Gott zunächst für uns ist, ist die Weise der *Anschauung*, der *Vorstellung* und zuletzt die Form des *Denkens* als solchen.

Das erste ist also *das Bewußtsein von Gott überhaupt*, daß er uns Gegenstand ist, daß wir Vorstellungen überhaupt von ihm haben. Aber das Bewußtsein ist nicht nur, daß wir einen Gegenstand haben und eine Vorstellung, sondern daß dieser Inhalt auch *ist*, nicht bloß eine Vorstellung ist. Das ist die *Gewißheit* von Gott.

Vorstellung, oder daß etwas Gegenstand im Bewußtsein ist, heißt, daß dieser Inhalt in mir, der *meinige* ist. Ich kann Vorstellungen haben von ganz erdichteten, phantastischen Gegenständen; dieser Inhalt ist hier der meinige, aber *nur* der meinige, nur in der Vorstellung; ich weiß von diesem Inhalt zugleich, daß er nicht ist. Im Traum bin ich auch Bewußtsein, habe Gegenstände, aber sie sind nicht.

Aber das Bewußtsein von Gott fassen wir so auf, daß der Inhalt *unsere Vorstellung* ist und zugleich *ist*, d. h. der Inhalt ist nicht bloß der meinige, im Subjekt, in mir, meinem Vorstellen und Wissen, er ist *an und für sich*. Das liegt in diesem Inhalt selbst: Gott ist diese an und für sich seiende Allgemeinheit, nicht bloß für mich seiende, – außer mir, unabhängig von mir.

Es sind da also zweierlei Bestimmungen verbunden. Dieser Inhalt ist ebenso, als er *selbständig* ist, *ungetrennt* von mir, d. h. er ist der meinige und ebensosehr nicht der meinige.

Gewißheit ist diese *unmittelbare Beziehung des Inhalts und meiner*; will ich diese Gewißheit intensiv ausdrücken, so sage ich: ich weiß dies so gewiß, als ich selbst bin. Beide, die Gewißheit dieses äußerlichen Seins und meine Gewißheit, ist *eine* Gewißheit, und ich würde mein Sein aufheben, nicht von mir wissen, wenn ich jenes Sein aufhöbe. Diese Einheit der Gewißheit ist die Ungetrenntheit dieses Inhalts, der von mir verschieden ist, und meiner selbst, die Ungetrenntheit beider voneinander Unterschiedener.

Man kann nun dabei stehenbleiben, und es wird auch behauptet, man müsse bei dieser Gewißheit stehenbleiben. Man macht aber sogleich, und das geschieht bei allem, diesen Unterschied: es kann etwas *gewiß* sein; eine andere Frage ist, ob es *wahr* sei. Der Gewißheit setzt man die Wahrheit entgegen; darin, daß etwas gewiß ist, ist es noch nicht wahr.

Die unmittelbare Form dieser Gewißheit ist die des *Glaubens*. Der Glaube hat einen *Gegensatz* eigentlich in sich, und dieser Gegensatz ist mehr oder weniger unbestimmt. Man setzt Glauben dem Wissen entgegen; ist es dem Wissen überhaupt entgegengesetzt, so ist es leerer Gegensatz: was ich glaube, weiß ich auch; das ist Inhalt in meinem Bewußtsein. Glauben ist ein Wissen; aber man meint gewöhnlich mit Wissen ein vermitteltes, erkennendes Wissen.

Das Nähere ist, daß man eine Gewißheit Glauben nennt, insofern diese teils nicht eine *unmittelbare, sinnliche* ist, teils insofern dies Wissen auch nicht ein *Wissen der Notwendigkeit* eines Inhalts ist. Was ich unmittelbar vor mir sehe, das weiß ich: ich glaube nicht, daß ein Himmel über mir ist; den sehe ich. Auf der andern Seite, wenn ich die Vernunfteinsicht habe in die Notwendigkeit einer Sache, dann sagen wir auch nicht: ich glaube, z. B. an den pythagoreischen Lehrsatz. Da setzt man voraus, daß einer nicht bloß aus Autorität den Beweis davon annimmt, sondern ihn eingesehen hat.

In neueren Zeiten hat man nun Glauben im Sinne der Gewißheit genommen, die zur Einsicht in die Notwendigkeit eines Inhalts im Gegensatz steht. Das ist besonders die Bedeutung des Glaubens, die *Jacobi* aufgebracht hat. So sagt Jacobi: Wir glauben nur, daß wir einen Körper haben; das wissen wir nicht. Da hat das Wissen diese nähere Bedeutung:

Kenntnis der Notwendigkeit. Nämlich ich sehe dies – dies, sagt Jacobi, ist nur ein Glauben, denn ich schaue an, fühle; so ein sinnliches Wissen ist ganz unmittelbar, unvermittelt, – es ist kein Grund. Hier hat Glauben überhaupt die Bedeutung der *unmittelbaren* Gewißheit.

So wird nun vornehmlich von der Gewißheit, daß ein Gott ist, der Ausdruck »Glaube« gebraucht, insofern man nicht die Einsicht in die Notwendigkeit dieses Inhalts hat. Der Glaube ist insofern etwas *Subjektives*, insofern man die Notwendigkeit des Inhalts, das Bewiesensein das Objektive nennt, objektives Wissen, Erkennen. Man glaubt an Gott, insofern man nicht die Einsicht hat in die Notwendigkeit dieses Inhalts, daß er ist, was er ist.

»Glaube an Gott« sagt man auch deswegen nach dem gewöhnlichen Sprachgebrauch, weil wir keine unmittelbare, sinnliche Anschauung von Gott haben. Man spricht nun wohl auch von Glaubensgrund, aber das ist schon uneigentlich gesprochen: habe ich Gründe, und zwar objektive, eigentliche Gründe, so wird es mir bewiesen. Es können aber die Gründe selbst subjektiver Natur sein; so lasse ich mein Wissen für ein bewiesenes Wissen *gelten*, und insofern diese Gründe subjektiv sind, sage ich Glaube.

Die erste, einfachste und noch abstrakteste Form dieser subjektiven Begründung ist die, daß im *Sein des Ich* auch das *Sein des Gegenstandes* enthalten ist. Diese Begründung und diese Erscheinung des Gegenstandes ist als die erste und unmittelbare im *Gefühl* gegeben.

1. Die Form des Gefühls

In dieser gelten zunächst folgende Bestimmungen: a) Wir *wissen* von Gott, und zwar *unmittelbar*; Gott soll nicht begriffen werden; es soll nicht über Gott räsoniert werden, weil es mit vernünftigem Erkennen nicht hat gehen wollen. b) Wir müssen nach einem Halt dieses Wissens fragen. Wir wissen nur in uns, es ist so nur subjektiv; daher wird nach einem Grund, nach dem Ort des göttlichen Seins gefragt und gesagt: Gott ist im Gefühl. Das Gefühl erhält so die Stellung eines *Grundes*, in welchem das *Sein Gottes* gegeben ist.

Diese Sätze sind ganz richtig, und es soll keiner negiert werden; aber sie sind so trivial, daß es nicht der Mühe wert ist, hier davon zu sprechen. Wenn die Religionswissenschaft auf diese Sätze beschränkt wird, so ist es nicht wert, sie zu haben, und es ist nicht einzusehen, weshalb es denn Theologie gibt.

a) Wir wissen unmittelbar, daß Gott ist. Dieser Satz hat zunächst einen ganz unbefangenen Sinn, dann aber auch einen nicht unbefangenen, nämlich den, daß dies sogenannte unmittelbare Wissen das einzige Wissen von Gott ist; und die moderne Theologie ist insofern [sowohl] der geoffenbarten Religion entgegen als auch der vernünftigen Erkenntnis, die den Satz ebenso leugnet.

Das Wahre davon ist näher zu betrachten. Wir wissen, daß Gott ist, und wissen dies unmittelbar. Was heißt *Wissen*? Es ist von *Erkennen* unterschieden. Wir haben den Ausdruck »gewiß« und setzen die Gewißheit der Wahrheit entgegen. Wissen drückt die subjektive Weise aus, in der etwas für mich, in meinem Bewußtsein ist, so daß es die Bestimmung hat eines Seienden.

Wissen ist also überhaupt dies, daß der Gegenstand *das Andere ist* und *sein Sein mit meinem Sein verknüpft* ist. Ich kann auch wissen, was es ist, aus unmittelbarer Anschauung oder als Resultat der Reflexion; aber wenn ich sage: »ich weiß es«, so weiß ich nur sein *Sein*. Dies Sein ist freilich nicht das leere Sein; ich weiß auch von näheren Bestimmungen, Beschaffenheiten desselben, aber auch von ihnen nur, daß sie *sind*. Man gebraucht Wissen auch als »Vorstellung haben«, aber es liegt immer nur darin, daß der Inhalt *ist*. Wissen ist also abstraktes Verhalten und unmittelbare Beziehung, während der Ausdruck »Wahrheit« an ein Auseinandertreten der Gewißheit und der Objektivität und an die Vermittlung beider erinnert. *Erkennen* sagen wir dagegen, wenn wir von *einem Allgemeinen* wissen, aber es auch nach seiner *besonderen Bestimmung* und als *einen Zusammenhang in sich* fassen.

Wir erkennen die Natur, den Geist, aber nicht *dies* Haus, nicht *dieses* Individuum; jenes ist Allgemeines, dies Besonderes, und den reichen Inhalt jenes Allgemeinen erkennen wir nach seiner notwendigen Beziehung aufeinander[2].

Näher betrachtet ist dies Wissen *Bewußtsein*, aber ganz *abstraktes*, d. h. *abstrakte Tätigkeit des Ich,* während das Bewußtsein eigentlich schon weitere Inhaltsbestimmungen enthält und diese als Gegenstand von sich unterscheidet. Dies Wissen ist also bloß dies, daß irgendein Inhalt *ist*, und es ist somit die abstrakte Beziehung des Ich auf den Gegenstand, der Inhalt mag sein, welcher er will. Oder unmittelbares Wissen ist nichts anderes als Denken ganz abstrakt genommen. Denken ist aber auch die mit sich identische Tätigkeit des Ich, also überhaupt genommen unmittelbares Wissen.

Näher ist Denken das, in dem sein *Gegenstand* auch die Bestimmung eines *Abstrakten* hat, die Tätigkeit des Allgemeinen. Dies Denken ist in allem enthalten, man mag sich noch so konkret verhalten; aber man nennt es nur Denken, insofern der Inhalt die Bestimmung eines Abstrakten, Allgemeinen hat.

Hier ist nun das Wissen kein unmittelbares Wissen von einem körperlichen Gegenstand, sondern von Gott; Gott ist der ganz allgemeine Gegenstand, nicht irgendeine Partikularität, die allgemeinste Persönlichkeit. Unmittelbares Wissen von Gott ist unmittelbares Wissen von einem Gegenstand, der ganz *allgemein ist*, so daß nur das Produkt unmittelbar ist; es ist also *Denken* von Gott, denn Denken ist die Tätigkeit, für welche das Allgemeine ist.

Gott hat hier noch keinen Inhalt, keine weitere Bedeutung, er ist nur nichts Sinnliches, ein Allgemeines, von dem wir

---

2 Lasson: »Beziehung seiner Bestimmungen aufeinander«

nur wissen, daß es nicht in die unmittelbare Anschauung falle. Das Denken ist in Wahrheit erst vollendet als *vermittelnde Bewegung,* indem es von Anderem anfängt, durch dasselbe hindurchgeht und es in dieser Bewegung in Allgemeines verwandelt. Hier aber hat das Denken das bloß Allgemeine, *unbestimmt Allgemeine* zum Gegenstand, d. h. eine Bestimmung, einen Inhalt, der es *selbst ist,* wo es eben unmittelbar, d. h. abstrakt bei sich selbst ist. Es ist das Licht, welches leuchtet, aber keinen anderen Inhalt hat als eben das Licht. Es ist gerade ebensolche Unmittelbarkeit, als wenn ich frage: was fühlt das Gefühl, was schaut die Anschauung an?, und nur geantwortet wird: das Gefühl hat Gefühl, das Anschauen schaut an. Um dieser Tautologie willen ist das Verhältnis ein unmittelbares.

Das Wissen von Gott will also nichts sagen als: ich *denke* Gott. Das Weitere ist nun hinzuzusetzen: dieser Inhalt des Denkens, dies Produkt *ist,* ist ein Seiendes; Gott ist nicht nur gedacht, sondern er ist, er ist nicht bloß Bestimmung des Allgemeinen. Es ist nun weiter aus dem Begriff Rechenschaft zu geben und zu sehen, inwiefern das Allgemeine die Bestimmung erhält, daß es ist.

Aus der Logik müssen wir hierher nehmen, was Sein ist. Sein ist die Allgemeinheit in ihrem leeren abstraktesten Sinn genommen, die *reine Beziehung auf sich*, ohne weitere Reaktion nach außen oder innen. Sein ist die Allgemeinheit als abstrakte Allgemeinheit. Das Allgemeine ist wesentlich Identität mit sich; dies ist auch das Sein, es ist einfach. Die Bestimmung des Allgemeinen enthält zwar sogleich die Beziehung auf Einzelnes; diese Besonderheit kann ich mir vorstellen als außerhalb des Allgemeinen oder – wahrhafter – innerhalb desselben, denn das Allgemeine ist auch diese Beziehung auf sich, diese Durchgängigkeit im Besonderen. Das Sein aber entfernt alle Relation; jede Bestimmung, die konkret ist, ist ohne weitere Reflexion, *ohne Beziehung auf Anderes.* Das Sein ist so in dem Allgemeinen enthalten, und wenn ich sage: das Allgemeine ist, so spreche ich auch nur seine trockene, reine, abstrakte Beziehung auf sich aus, diese dürre Unmittelbarkeit, die das Sein ist. Das Allgemeine ist kein Unmittelbares in diesem Sinne, es soll auch sein ein Besonderes, das Allgemeine soll in ihm selber sein; dies sich zum Besonderen Betätigen ist nicht das Abstrakte, Unmittelbare. Das abstrakt Unmittelbare hingegen, diese dürre Beziehung auf sich, ist mit dem Sein ausgesprochen. Wenn ich also sage: dieser Gegenstand ist, so wird damit ausgesprochen die letzte Spitze der trockenen Abstraktion; es ist die leerste, dürftigste Bestimmung.

Wissen ist Denken, und dies ist das Allgemeine und enthält die Bestimmung des *abstrakt Allgemeinen*, die *Unmittelbarkeit des Seins*[3]. Dies ist der Sinn des unmittelbaren Wissens.

Wir sind so in der abstrakten Logik; dies geht immer so, wenn man meint, man sei auf dem konkreten Boden, auf dem Boden des unmittelbaren Bewußtseins; aber dieser ist eben der ärmste an Gedanken, und die darin enthaltenen sind die kahlsten, leersten. Es ist die größte Unwissenheit, wenn man glaubt, das unmittelbare Wissen sei außer der Region des Denkens; man schlägt sich mit solchen Unterschieden herum, und näher betrachtet, schwinden sie zusammen. Auch nach jener ärmsten Bestimmung des unmittelbaren Wissens gehört die Religion dem Gedanken an.

Näher fragen wir dann, wodurch das, was ich im unmittelbaren Bewußtsein weiß, *verschieden ist von anderem*, was ich weiß. Ich weiß noch nichts, als daß das Allgemeine ist. Was Gott für einen weiteren Inhalt hat, davon ist im folgenden zu sprechen. Der Standpunkt des unmittelbaren Bewußtseins gibt nicht mehr als das angegebene Sein. Daß man Gott nicht erkennen könne, ist der Standpunkt der Aufklärung, und dies fällt mit dem unmittelbaren Wissen von Gott zusammen. Ferner ist aber Gott ein *Gegenstand meines Bewußtseins*, ich *unterscheide* ihn von mir; er ist ein Anderes von mir und ich von ihm. Wenn wir andere Gegen-

---

3 Lasson: »die Unmittelbarkeit, das Sein«

stände so vergleichen nach dem, was wir von ihnen wissen, so wissen wir von ihnen auch dies: sie *sind* und sind ein Anderes als wir, sind für sich; sie sind dann ein Allgemeines oder auch nicht, sie sind ein Allgemeines und zugleich Besonderes, haben irgendeinen bestimmten Inhalt. Die Wand ist, ist ein Ding; Ding ist ein Allgemeines, und so viel weiß ich auch von Gott. Wir wissen von anderen Dingen weit mehr; abstrahieren wir aber von allen Bestimmtheiten derselben, sagen wir, wie eben, von der Wand nur: »sie ist«, so wissen wir von ihr ebensoviel als von Gott. So hat man denn Gott abstrakt *ens* genannt. Aber dies *ens* ist das Leerste, wogegen sich die übrigen *entia* weit erfüllter zeigen.

Wir haben gesagt: Gott ist im unmittelbaren Wissen. Wir sind auch; dem *Ich* kommt auch diese *Unmittelbarkeit des Seins* zu. Alle anderen, konkreten, empirischen Dinge sind auch, sind identisch mit sich; dies ist abstrakt ihr Sein als Sein. Dies Sein ist *gemeinschaftlich mit mir;* aber der Gegenstand meines Wissens ist so beschaffen, daß ich auch sein Sein von ihm *abziehen* kann. Ich stelle mir ihn vor, glaube an ihn; aber dies Geglaubte ist ein Sein nur *in meinem Bewußtsein*. Es treten somit die *Allgemeinheit* und diese Bestimmung der *Unmittelbarkeit* auseinander und müssen es. Diese Reflexion muß eintreten, denn wir sind zwei und müssen unterschieden sein, sonst wären wir eins; d. h. es muß dem einen eine Bestimmung beigelegt werden, die dem anderen nicht zukommt. Eine solche Bestimmung ist das Sein. Ich bin; das Andere, der Gegenstand, ist deshalb nicht. Das Sein nehme ich auf mich, auf meine Seite; an meiner Existenz zweifle ich nicht, sie fällt bei dem Anderen deshalb weg. Indem das Sein nur das Sein des Gegenstandes ist, so daß der Gegenstand nur dies *gewußte Sein* ist, fehlt ihm ein Sein an und für sich, und er erhält es erst im Bewußtsein; es ist nur als *gewußtes* Sein gewußt, nicht als an und für sich selbst seiendes. Nur das Ich ist, der Gegenstand nicht. Ich kann wohl an allem zweifeln, aber am Sein meiner selbst nicht, denn Ich ist das Zweifelnde, der Zweifel selbst. Wird der Zweifel Gegenstand des Zweifels, zweifelt der Zweifelnde am Zweifel selbst, so verschwindet der Zweifel. Ich ist die unmittelbare Beziehung auf sich selbst; im Ich ist das Sein. Die *Unmittelbarkeit* ist so fixiert gegen die Allgemeinheit und fällt auf *meine Seite*. Im Ich ist das Sein schlechthin in mir selbst; ich kann von allem abstrahieren, vom Denken kann ich nicht abstrahieren, denn das Abstrahieren ist selbst das Denken, es ist die Tätigkeit des Allgemeinen, die einfache Beziehung auf sich. Im Abstrahieren selbst ist das Sein. Ich kann mich zwar umbringen; aber das ist die Freiheit, von meinem Dasein zu abstrahieren. Ich bin: im Ich ist schon das Bin enthalten.

→ Indem man nun den Gegenstand, Gott aufzeigt, wie er das Sein ist, so hat man das Sein auf sich genommen; das Ich hat sich das Sein vindiziert, vom Gegenstand ist es weggefallen. Soll er gleichwohl als seiend ausgesprochen werden, so muß ein *Grund* anzugeben sein. Gott muß aufgezeigt werden, daß er in meinem Sein ist; und nun lautet die Forderung so: es soll, da wir hier in der Empirie und Beobachtung stehen, der *Zustand* gezeigt werden, in dem Gott in mir ist, wir nicht zwei sind, ein Beobachtbares, wo die Verschiedenheit wegfällt, wo Gott in diesem Sein ist, das mir bleibt, indem ich bin, – ein Ort, in welchem das Allgemeine in mir als Seiendem und von mir ungetrennt ist. Dieser Ort ist das *Gefühl*.

b) Man spricht von *religiösem Gefühl* und sagt, in ihm ist uns der Glaube an Gott gegeben; es ist dieser innerste Boden, auf dem uns schlechthin gewiß ist, daß Gott ist. Von der Gewißheit ist schon gesprochen. Diese Gewißheit ist, daß zweierlei Sein gesetzt sind in der Reflexion als *ein* Sein. Sein ist die abstrakte Beziehung auf sich. Es sind nun zwei Seiende; sie sind aber nur *ein* Sein, und dies ungetrennte Sein ist *mein* Sein: dies ist die *Gewißheit*. Diese Gewißheit ist mit einem Inhalt in konkreterer Weise das Gefühl, und dies Gefühl wird als der Grund des Glaubens und Wissens von Gott angegeben. Was in unserem Gefühl ist, das nennen

wir Wissen, und so *ist* denn Gott; das Gefühl erhält so die Stellung des Grundes. Die Form des Wissens ist das Erste, dann die Unterschiede; und damit treten die Differenzen zwischen beiden ein und die Reflexion, daß das Sein mein Sein ist, mir zukommt. Und da ist denn das Bedürfnis, daß in diesem Sein, das ich mir nehme, auch der Gegenstand ist: dies ist denn das Gefühl. Auf das Gefühl wird so gewiesen.
Ich fühle Hartes; wenn ich so spreche, so ist Ich das eine, das zweite ist das Etwas: es sind ihrer zwei. Der Ausdruck des Bewußtseins, das Gemeinschaftliche ist die Härte. Es ist Härte in meinem Gefühl, und auch der Gegenstand ist hart. Diese Gemeinschaft existiert im Gefühl; der Gegenstand berührt mich, und ich bin erfüllt von seiner Bestimmtheit. Wenn ich sage: Ich und der Gegenstand, so sind noch beide für sich; erst im Gefühl verschwindet das doppelte Sein. Die *Bestimmtheit des Gegenstandes* wird die *meinige*, und zwar so sehr die meinige, daß die *Reflexion* gegen das Objekt zunächst ganz wegfällt; insofern das Andere selbständig bleibt, wird es nicht gefühlt, geschmeckt. Ich aber, der ich im Gefühl bestimmt bin, verhalte mich darin *unmittelbar*, ich bin im Gefühl als dieses *einzelne empirische Ich*, und die *Bestimmtheit* gehört *diesem* empirischen Selbstbewußtsein an.
An sich ist also im Gefühl ein *Unterschied* enthalten. Auf der einen Seite bin Ich, das Allgemeine, das Subjekt, und diese klare, reine Flüssigkeit, diese unmittelbare Reflexion in mich wird durch ein *Anderes* getrübt; aber in diesem Anderen erhalte ich mich vollkommen bei mir selbst, die fremde Bestimmung wird in meiner Allgemeinheit flüssig, und das, was mir ein Anderes ist, *vermeinige* ich. Wenn in das Leblose eine andere Qualität gesetzt wird, so hat dieses Ding auch eine andere Qualität bekommen; Ich aber als fühlend erhalte mich in dem Anderen, das in mich eindringt, und bleibe in der Bestimmtheit Ich. Der *Unterschied* des Gefühles ist zunächst ein *innerer* im Ich selbst, es ist der Unterschied zwischen mir in meiner *reinen Flüssigkeit* und mir in meiner *Bestimmtheit*. Dieser innere Unterschied wird aber auch

ebensosehr, indem die *Reflexion* hinzutritt, als solcher gesetzt; ich nehme mich aus meiner Bestimmtheit zurück, stelle sie als *Anderes* mir gegenüber, und die Subjektivität ist für sich *in Beziehung* auf die Objektivität.

Man sagt gewöhnlich, das Gefühl sei etwas nur *Subjektives*; aber subjektiv bin ich doch erst gegen ein Objekt der Anschauung oder Vorstellung, indem ich ein Anderes mir gegenüberstelle. Es scheint somit das Gefühl, weil in ihm der Unterschied der Subjektivität und Objektivität noch nicht eingetreten, nicht ein subjektives genannt werden zu können. In der Tat aber ist diese Entzweiung, daß Ich *Subjekt* gegen die Objektivität bin, eine *Beziehung* und *Identität*, die zugleich *unterschieden* ist von diesem *Unterschiede*, und es beginnt darin die *Allgemeinheit*. Indem ich mich zu einem Anderen verhalte und im Anschauen, Vorstellen den Gegenstand von mir unterscheide, bin ich nämlich die Beziehung dieser beiden, meiner und des Anderen, und ein Unterscheiden, worin eine Identität gesetzt ist, und ich verhalte mich zu dem Gegenstande *übergreifend*. Im Gefühl als solchem dagegen ist Ich in dieser unmittelbaren einfachen *Einheit*, in dieser Erfüllung mit der Bestimmtheit und geht über diese Bestimmtheit noch nicht hinaus. So aber bin ich als fühlend ganz Besonderes, durch und durch in die Bestimmtheit versenkt und im eigentlichen Sinne nur subjektiv ohne Objektivität und ohne Allgemeinheit.

Wenn nun das wesentliche religiöse Verhältnis im Gefühl ist, so ist dies *Verhältnis* identisch mit meinem *empirischen Selbst*. Die Bestimmtheit als das unendliche Denken des Allgemeinen und ich als ganz empirische Subjektivität sind zusammengefaßt im Gefühl in mir; ich bin die unmittelbare Einigung und Auflösung des Kampfes beider. Aber indem ich mich *so bestimmt* finde als dieses *empirische Subjekt* und im Gegenteil mich bestimmt finde als in eine ganz *andere* Region erhoben und das Herüber- und Hinübergehen von einem zum anderen und das *Verhältnis* derselben empfinde, *so finde ich mich eben darin gegen mich selbst oder mich als unterschieden von mir bestimmt*; d. h. in diesem meinem Gefühl selbst bin ich durch dessen Inhalt *in den Gegensatz*, zur Reflexion und zum Unterscheiden des Subjekts und Objekts getrieben.

Dieser *Übergang zur Reflexion* ist nicht allein dem religiösen Gefühl eigentümlich, sondern dem menschlichen Gefühl überhaupt. Denn der Mensch ist Geist, Bewußtsein, Vorstellen; es gibt kein Gefühl, das nicht in sich diesen Übergang zur Reflexion enthielte. In jedem anderen Gefühl ist es aber nur die *innere Notwendigkeit* und Natur der Sache, was zur Reflexion treibt, es ist nur diese Notwendigkeit, daß das Ich von seiner Bestimmtheit sich unterscheidet. Hingegen das religiöse Gefühl enthält in seinem *Inhalt*, in seiner *Bestimmtheit selbst* nicht nur die *Notwendigkeit*, sondern die *Wirklichkeit* des Gegensatzes selber und damit die *Reflexion*. Denn der Gehalt des religiösen Verhältnisses ist einmal das Denken des Allgemeinen, welches selbst schon Reflexion ist, sodann das andere Moment meines empirischen Bewußtseins und die Beziehung beider. Im religiösen Gefühl bin ich daher *mir selbst entäußert*, denn das Allgemeine, das an und für sich seiende Denken, ist die Negation meiner besonderen empirischen Existenz, die dagegen als ein Nichtiges, das nur im Allgemeinen seine Wahrheit hat, erscheint. Das religiöse Verhältnis ist Einigkeit, aber enthält die Kraft des Urteils. Indem ich das Moment der empirischen Existenz fühle, so fühle ich jene Seite des Allgemeinen, der Negation als eine *außer mir* fallende Bestimmtheit, oder indem ich in dieser bin, fühle ich mich in meiner empirischen Existenz mir entfremdet, mich verleugnend und mein empirisches Bewußtsein *negierend*.

Weil nun die Subjektivität, die im religiösen Gefühl enthalten ist, empirische, besondere ist, so ist sie im Gefühl in besonderem Interesse, in *besonderer Bestimmtheit* überhaupt. Das religiöse Gefühl enthält selbst diese Bestimmtheit: die des empirischen Selbstbewußtseins und des allgemeinen Denkens und ihre Beziehung und Einheit; es schwebt daher zwischen der Bestimmtheit des Gegensatzes derselben und ihrer Einigkeit und Befriedigung und ist danach unterschieden, wie sich nach der *besonderen* Weise meines Interesses, in dem ich gerade existiere, das Verhältnis meiner Subjektivität zum Allgemeinen bestimmt. Die Beziehung des Allgemeinen und des empirischen Selbstbewußtseins kann danach sehr verschiedener Art sein: höchste Spannung und Feindseligkeit der Extreme und höchste Einigkeit. In der Bestimmtheit der *Trennung*, in welcher das Allgemeine das *Substantielle* ist, gegen welches das empirische Bewußtsein sich und zugleich seine *wesentliche Nichtigkeit* fühlt, aber nach seiner positiven Existenz noch *bleiben* will, was es ist, da ist das Gefühl der *Furcht*. Die eigene, *innere Existenz* und Gesinnung, sich als *nichtig* fühlend, und das Selbstbewußtsein, zugleich auf der Seite des Allgemeinen und jene verdammend, gibt das Gefühl der *Reue*, des *Schmerzes über sich*. Die empirische Existenz des Selbstbewußtseins, im ganzen oder nach irgendeiner Seite sich *gefördert fühlend*, und zwar nicht etwa durch eigene Selbsttätigkeit, sondern durch eine außer seiner Kraft und Klugheit liegende Verknüpfung und Macht, die als das an und für sich seiende *Allgemeine* gedacht ist und der jene Forderung zugeschrieben wird, gibt das Gefühl der *Dankbarkeit* usf. Die höhere Einigkeit meines Selbstbewußtseins überhaupt mit dem Allgemeinen, die Gewißheit, Sicherheit und das Gefühl dieser Identität ist *Liebe, Seligkeit*.

c) Wird nun aber bei diesem Fortschritt des Gefühls zur *Reflexion* und bei der *Unterscheidung des Ich und seiner Bestimmtheit*, so daß diese als *Inhalt* und *Gegenstand* erscheint, dem Gefühl die Stellung gegeben, daß es *an sich selbst* schon die *Berechtigung des Inhalts* und der Beweis von dessen *Sein* oder *Wahrheit* sei, so ist folgendes zu bemerken. Das Gefühl kann den allermannigfaltigsten Inhalt haben; wir haben Gefühl von Recht, von Unrecht, Gott, Farbe, Haß, Feindschaft, Freude usf.; es findet sich darin der widersprechendste Inhalt: das Niederträchtigste und das Höchste,

Edelste hat seinen Platz darin. Es ist Erfahrung, daß das Gefühl den *zufälligsten* Inhalt hat; dieser kann der wahrhafteste und der schlechteste sein. Gott hat, wenn er im Gefühl ist, nichts vor dem schlechtesten voraus, sondern es sproßt die königlichste Blume auf demselben Boden neben dem wuchernsten Unkraut auf. Daß ein Inhalt im Gefühl ist, dies macht für *ihn selbst* nichts Vortreffliches aus. Denn nicht nur das, was ist, kommt in unser Gefühl, nicht bloß Reales, Seiendes, sondern auch Erdichtetes, Erlogenes, alles Gute und alles Schlechte, alles Wirkliche und alles Nichtwirkliche ist in unseren Gefühl, das Entgegengesetzteste ist darin. Alle Einbildungen von Gegenständen fühle ich, ich kann mich begeistern für das Unwürdigste. Ich habe Hoffnung. Hoffnung ist ein Gefühl; in ihr ist wie in der Furcht das Zukünftige, unmittelbar solches, was noch nicht ist, vielleicht erst sein wird, vielleicht nie sein wird. Ebenso kann ich mich begeistern für Vergangenes, aber auch für solches, was weder gewesen ist noch sein wird. Ich kann mir einbilden, ein tüchtiger, großer, ein edler und vortrefflicher Mensch zu sein, fähig zu sein, alles aufzuopfern für Recht, für meine Meinung, kann mir einbilden, viel genutzt, geschafft zu haben; aber es ist die Frage, ob es wahr ist, ob ich in der Tat so edel *handle* und wirklich so tüchtig *bin*, als ich zu sein mir einbilde. Ob mein Gefühl wahrhafter Art, gut ist, kommt auf seinen *Inhalt* an. Daß Inhalt *überhaupt* im Gefühl ist, macht es nicht aus; denn auch das Schlechteste ist darin. Ob der Inhalt existiert, hängt ebenso nicht davon ab, ob er im Gefühl ist; denn Eingebildetes, das nie existiert hat und nie existieren wird, ist darin. Gefühl ist demnach eine Form für allen möglichen Inhalt, und dieser Inhalt erhält darin keine Bestimmung, die sein *Anundfürsichsein* beträfe. Das Gefühl ist die Form, in der der Inhalt gesetzt ist als vollkommen zufällig, da er ebensosehr durch mein Belieben, meine Willkür gesetzt sein kann wie durch die Natur. Der Inhalt hat also im Gefühl die Form, daß er nicht an und für sich bestimmt ist, nicht durch das Allgemeine, nicht durch den Begriff gesetzt ist. Er ist daher in seinem Wesen das *Besondere*, das *Beschränkte*, und es ist gleichgültig, daß er dieser sei, da auch ein anderer Inhalt in meinem Gefühl sein kann. Wenn also das Sein Gottes in unserem Gefühl nachgewiesen wird, so ist es darin ebenso zufällig wie jedes andere, dem dies Sein zukommen kann. Das nennen wir dann Subjektivität, aber im schlechtesten Sinne; die Persönlichkeit, das Sichselbstbestimmen, die höchste Intensität des Geistes in sich ist auch Subjektivität, aber in einem höheren Sinne, in einer freieren Form; hier aber heißt Subjektivität nur Zufälligkeit.

Man beruft sich häufig auf sein Gefühl, wenn die Gründe ausgehen. So einen Menschen muß man stehenlassen; denn mit dem Appellieren an das eigene Gefühl ist die *Gemeinschaft* unter uns abgerissen. Auf dem Boden des Gedankens, des Begriffs dagegen sind wir auf dem des Allgemeinen, der Vernünftigkeit; da haben wir die Natur der Sache vor uns, und darüber können wir uns verständigen, da wir uns der Sache unterwerfen und sie das uns Gemeinsame ist. Gehen wir aber zum Gefühl über, so verlassen wir dies Gemeinsame, und wir ziehen uns zurück in die Sphäre unserer Zufälligkeit und sehen nur zu, wie die Sache sich da vorfindet. In dieser Sphäre macht dann jeder die Sache zu *seiner* Sache, zu seiner Partikularität, und wenn der eine fordert: du sollst solche Gefühle haben, so kann der andere antworten: ich *habe* sie einmal nicht, ich *bin* eben nicht so; denn es ist ja bei jener Forderung nur von meinem zufälligen Sein die Rede, das so und so sein kann.

Das Gefühl ist ferner das, was der Mensch mit dem Tiere gemein hat; es ist die tierische, sinnliche Form. Wenn also das, was Recht, Sittlichkeit, Gott ist, im Gefühl aufgezeigt wird, so ist dies die schlechteste Weise, in der ein solcher Inhalt nachgewiesen werden kann. Gott ist wesentlich im Denken. Der Verdacht, daß er *durch* das Denken, nur *im* Denken ist, muß uns schon dadurch aufsteigen, daß nur der Mensch Religion hat, nicht das Tier.

Alles im Menschen, dessen Boden der Gedanke ist, kann in die Form des Gefühls versetzt werden. Recht, Freiheit, Sittlichkeit usf. haben aber ihre Wurzel in der höheren Bestimmung, wodurch der Mensch nicht Tier, sondern Geist ist. Alles dies höheren Bestimmungen Angehörige kann in die Form des Gefühls versetzt werden; doch das Gefühl ist nur *Form* für diesen Inhalt, der einem ganz anderen Boden angehört. Wir haben so Gefühle von Recht, Freiheit, Sittlichkeit, aber es ist nicht das Verdienst des Gefühls, daß sein Inhalt dieser wahrhafte ist. Der gebildete Mensch kann ein wahres Gefühl von Recht, von Gott haben, aber dies kommt nicht vom Gefühl her, sondern der Bildung des Gedankens hat er es zu verdanken, durch diesen ist erst der Inhalt der Vorstellung und so das Gefühl vorhanden. Es ist eine Täuschung, das Wahre, Gute auf Rechnung des Gefühls zu schreiben.

Aber nicht nur *kann* ein wahrhafter Inhalt in unserem Gefühl sein, er *soll* und *muß* es auch; wie man sonst sagte: Gott muß man im Herzen haben. *Herz* ist schon mehr als Gefühl; dieses ist nur momentan, zufällig, flüchtig. Wenn ich aber sage, ich habe Gott im Herzen, so ist das Gefühl hier als *fortdauernde, feste Weise meiner Existenz* ausgesprochen. Das Herz ist, was ich bin, – nicht bloß, was ich augenblicklich bin, sondern was ich im Allgemeinen bin, mein Charakter. Die Form des Gefühls als Allgemeines heißt dann Grundsätze oder Gewohnheiten meines Seins, feste Art meiner Handlungsweise.

In der Bibel aber wird ausdrücklich dem Herzen das Böse als solches zugeschrieben; das Herz ist so auch der Sitz desselben, diese *natürliche Besonderheit*. Das Gute, Sittliche ist aber nicht, daß der Mensch seine Besonderheit, Eigensucht, Selbstischkeit geltend macht; tut er das, so ist er böse. Das Selbstische ist das Böse, das wir überhaupt Herz nennen. Wenn man nun auf diese Weise sagt, Gott, Recht usf. soll auch in meinem Gefühl, in meinem Herzen sein, so drückt man damit nur aus, daß es nicht bloß von mir Vor-

gestelltes, sondern ungetrennt *identisch mit mir sein* soll. Ich als Wirklicher, als *Dieser* soll durch und durch so bestimmt sein; diese Bestimmtheit soll meinem Charakter eigen sein, die allgemeine Weise meiner Wirklichkeit ausmachen, und so ist es wesentlich, daß aller wahrhafte Inhalt im Gefühl, im Herzen sei. Die Religion ist so ins Herz zu bringen, und hierher fällt die Notwendigkeit, daß das Individuum religiös gebildet werde. Das Herz, Gefühl muß gereinigt, gebildet werden; dies Bilden heißt, daß ein Anderes, Höheres das Wahrhafte sei und werde. Aber *darum*, daß der Inhalt im Gefühl ist, ist er noch nicht wahrhaft, noch nicht an und für sich, nicht gut, vortrefflich in sich. Wenn wahr ist, was im Gefühl ist, so müßte alles wahr sein, Apisdienst usw. Das Gefühl ist der Punkt des subjektiven, zufälligen Seins. Es ist daher Sache des Individuums, seinem Gefühl einen wahren Inhalt zu geben. Eine Theologie aber, die nur Gefühle beschreibt, bleibt in der Empirie, Historie und dergleichen Zufälligkeiten stehen, hat es mit Gedanken, die einen Inhalt haben, noch nicht zu tun.
Die gebildete Vorstellung und Erkenntnis schließen das Gefühl und die Empfindung nicht aus. Im Gegenteil, das Gefühl ernährt sich und macht sich fortdauernd *durch* die Vorstellung und erneuert und entzündet sich an dieser wieder. Zorn, Unwillen, Haß sind ebenso geschäftig, sich durch die Vorstellung der mannigfaltigen Seiten des erlittenen Unrechts und des Feindes zu unterhalten, als die Liebe, Wohlwollen, Freude sich beleben, indem sie die ebenso vielfachen Beziehungen ihrer Gegenstände sich vergegenwärtigen. Ohne an den Gegenstand des Hasses, des Zorns oder der Liebe, wie man sagt, zu *denken*, erlischt das Gefühl und die Neigung. Schwindet der Gegenstand aus der Vorstellung, so verschwindet das Gefühl, und jede von *außen kommende Veranlassung* regt den Schmerz und die Liebe wieder an. Es ist ein Mittel, die Empfindung und das Gefühl zu schwächen, wenn man den Geist *zerstreut*, ihm *andere Gegenstände* vor die Anschauung und Vorstellung bringt und ihn in andere Situa-

tionen und Umstände versetzt, in welchen jene mannigfaltigen Beziehungen für die Vorstellung nicht vorhanden sind. Die Vorstellung soll den Gegenstand *vergessen,* – und Vergessen ist für den Haß mehr als Vergeben sowie in der Liebe mehr, als nur untreu werden, und vergessen werden mehr, als nur unerhört zu sein. Der Mensch ist als Geist, weil er nicht bloß Tier ist, im Gefühl zugleich wesentlich wissend, Bewußtsein, und er weiß nur von sich, indem er sich aus der unmittelbaren Identität mit der Bestimmtheit zurücknimmt. Soll daher die Religion nur als Gefühl sein, so verglimmt sie zum *Vorstellungslosen* wie zum Handlungslosen und verliert allen bestimmten Inhalt.

Ja, das Gefühl ist so weit davon entfernt, daß wir darin allein und wahrhaft Gott finden könnten, daß wir diesen Inhalt, wenn wir ihn darin *finden* sollten, sonst woher schon *kennen* müßten. Und heißt es, daß wir Gott nicht erkennen, nichts von ihm wissen können, wie sollen wir dann sagen, daß er im Gefühl sei? Erst müssen wir uns sonst im Bewußtsein nach Bestimmungen des Inhalts, der vom Ich unterschieden ist, umgesehen haben, dann erst können wir das Gefühl als religiös nachweisen, insofern wir nämlich diese Bestimmungen des Inhalts darin *wiederfinden.*

In neuerer Zeit spricht man nicht mehr vom Herzen, sondern von *Überzeugung.* Mit dem Herzen spricht man noch seinen unmittelbaren Charakter aus; wenn man aber von Handeln nach der Überzeugung spricht, so liegt darin, daß der Inhalt eine Macht ist, die mich regiert; er ist meine Macht, und ich bin die[4] seinige; aber diese Macht beherrscht mich in der Weise der Innerlichkeit, daß sie schon mehr durch den *Gedanken* und die Einsicht vermittelt ist.

Was noch insonderheit dies betrifft, daß das Herz der *Keim* seines Inhalts sei, so kann dies ganz zugegeben werden; aber damit ist nicht viel gesagt. Es ist die Quelle, das heißt etwa: es ist die *erste Weise,* in welcher solcher Inhalt im Subjekt

---

4 W: »der«

erscheint, sein erster Ort und Sitz. Zuerst hat der Mensch vielleicht religiöses Gefühl, vielleicht auch nicht. In jenem Falle ist allerdings das Herz der Keim; aber wie bei einem vegetabilischen Samenkorn dieser die unentwickelte Weise der Existenz der Pflanze ist, so ist auch das Gefühl diese eingehüllte Weise.

Dieses Samenkorn, womit das Leben der Pflanze anfängt, ist aber sogar nur in der Erscheinung, *empirischerweise* das Erste; denn es ist ebenso Produkt, *Resultat*, das Letzte, es ist Resultat des ganz entwickelten Lebens des Baumes und schließt diese vollständige Entwicklung der Natur des Baumes in sich ein. Jene Ursprünglichkeit ist also eine nur *relative*.

So ist auch im Gefühl dieser ganze Inhalt auf diese eingehüllte Weise in unserer subjektiven Wirklichkeit; aber ein ganz anderes ist es, daß dieser *Inhalt als solcher* dem Gefühl als solchem angehöre. Solcher Inhalt wie Gott ist ein an und für sich allgemeiner Inhalt, ebenso ist der Inhalt von Recht und Pflicht Bestimmung des vernünftigen Willens.

Ich bin Wille, nicht nur Begierde, habe nicht nur Neigung. Ich ist das Allgemeine; als Wille aber bin ich in meiner Freiheit, in meiner Allgemeinheit selbst, in der Allgemeinheit meiner Selbstbestimmung, und ist mein Wille vernünftig, so ist sein Bestimmen überhaupt ein allgemeines, ein Bestimmen nach dem reinen Begriff. Der vernünftige Wille ist sehr unterschieden vom zufälligen Willen, vom Wollen nach zufälligen Trieben, Neigungen; der vernünftige Wille bestimmt sich *nach seinem Begriff*, und der Begriff, die Substanz des Willens, ist die reine Freiheit, und alle Bestimmungen des Willens, die vernünftig sind, sind Entwicklungen der Freiheit, und die Entwicklungen, die aus den Bestimmungen hervorgehen, sind Pflichten.

Solcher Inhalt gehört der Vernünftigkeit an; er ist Bestimmung durch den, nach dem reinen Begriff und gehört also ebenso dem Denken an: der Wille ist nur vernünftig, insofern er denkend ist. Man muß daher die gewöhnliche Vorstellung aufgeben, nach welcher Wille und Intelligenz zweierlei Fächer sind und der Wille ohne Denken vernünftig und damit sittlich sein kann. So ist auch von Gott schon erinnert, daß dieser Inhalt ebenso dem Denken angehört, daß der Boden, auf dem dieser Inhalt ebenso aufgefaßt wie erzeugt wird, das Denken ist.

Wenn wir nun das Gefühl als den Ort genannt haben, in welchem das Sein Gottes unmittelbar aufzuzeigen ist, so haben wir darin das *Sein*, den *Gegenstand*, Gott nicht angetroffen, wie wir es verlangt haben, nämlich nicht als freies *Anundfürsichsein*. Gott ist, ist an und für sich selbständig, ist frei; diese Selbständigkeit, dies freie Sein finden wir nicht im Gefühl, ebensowenig den Inhalt als an und für sich seienden Inhalt, sondern es kann jeder besondere Inhalt darin sein. Wenn das Gefühl wahrhaft, echter Natur sein soll, so muß es dieses durch seinen Inhalt sein; das Gefühl als solches macht ihn aber nicht dazu, daß er wahrhafter Natur sei.

Dies ist die Natur dieses Bodens des Gefühls und die Bestimmungen, die ihm angehören. Es ist Gefühl irgendeines Inhalts und zugleich Selbstgefühl. Im Gefühl genießen wir uns so zugleich, *unsere* Erfüllung von der Sache. Das Gefühl ist darum etwas so Beliebtes, weil der Mensch seine *Partikularität* darin vor sich hat. Wer in der Sache lebt, in den Wissenschaften, im Praktischen, der vergißt sich selbst darin, hat kein Gefühl dabei, sofern das Gefühl Reminiszenz seiner selbst ist, und er ist dann in jenem Vergessen seiner selbst mit seiner Besonderheit ein Minimum. Die Eitelkeit und Selbstgefälligkeit dagegen, die nichts lieber hat und behält als sich selbst und nur im Genuß ihrer selbst bleiben will, appelliert an ihr eigenes Gefühl und kommt deshalb nicht zum objektiven Denken und Handeln. Der Mensch, der nur mit dem Gefühl zu tun hat, ist noch nicht fertig, ist ein Anfänger im Wissen, Handeln usf.

Wir müssen uns nun also nach einem anderen Boden umsehen. Im Gefühl haben wir Gott weder nach seinem selbständigen Sein noch nach seinem Inhalt gefunden. Im unmittelbaren Wissen war der Gegenstand nicht seiend, sondern sein Sein fiel in das wissende Subjekt, welches den Grund dieses Seins im Gefühl fand.

Von der Bestimmtheit des Ich, die den Inhalt des Gefühls ausmacht, sahen wir aber bereits, daß sie nicht nur von dem reinen Ich unterschieden sei, sondern auch von dem Gefühl in seiner eigenen Bewegung so unterschieden werde, daß das Ich *sich als gegen sich selbst bestimmt* findet. Dieser Unterschied ist nun auch als solcher zu *setzen*, so daß die *Tätigkeit* des Ich eintritt, seine Bestimmtheit als nicht die seinige zu entfernen, hinauszusetzen und *objektiv* zu machen. Das Ich, sahen wir ferner, ist an sich im Gefühl *sich selbst entäußert* und hat in der Allgemeinheit, die es enthält, an sich die *Negation seiner besonderen empirischen Existenz*. Indem nun das Ich seine Bestimmtheit aus sich heraussetzt, so entäußert es sich selbst, hebt es überhaupt seine Unmittelbarkeit auf und ist es in die Sphäre des Allgemeinen eingetreten.

Zunächst ist aber die Bestimmtheit des Geistes, der Gegenstand als *äußerer* überhaupt und in der vollständigen objektiven Bestimmung der Äußerlichkeit in der *Räumlichkeit* und *Zeitlichkeit* gesetzt, und das Bewußtsein, das ihn in dieser Äußerlichkeit *setzt* und sich auf ihn bezieht, ist *Anschauung*, die wir hier in ihrer Vollendung als *Kunstanschauung* zu betrachten haben.

2. Die Anschauung

Die Kunst ist erzeugt worden durch das absolute geistige Bedürfnis, daß das Göttliche, die geistige Idee als *Gegenstand* für das Bewußtsein und zunächst für die unmittelbare Anschauung sei. Gesetz und Inhalt der Kunst ist die Wahrheit, wie sie im Geist erscheint, also *geistige Wahrheit* ist, aber so zugleich, daß sie eine *sinnliche* für die *unmittelbare Anschauung* ist. So ist die Darstellung der Wahrheit von dem Menschen hervorgebracht, aber äußerlich gesetzt, so daß sie von ihm in sinnlicher Weise gesetzt ist. Wie die Idee in der Natur unmittelbar erscheint und auch in geistigen Verhältnissen und in der zerstreuten Mannigfaltigkeit das Wahre da ist, so ist die Idee noch nicht in *ein Zentrum* der Erscheinungen gesammelt und erscheint noch in der Form des Außereinanderseins. In der unmittelbaren Existenz ist die *Erscheinung* des Begriffs noch nicht mit der *Wahrheit harmonisch* gesetzt. Hingegen die sinnliche Anschauung, welche die Kunst hervorbringt, ist notwendig ein *vom Geist Produziertes*, ist nicht unmittelbare sinnliche Gestaltung und hat die Idee zu ihrem belebenden Zentrum.

In demjenigen, was wir zum Umfang der Kunst rechnen, kann auch anderes enthalten sein als dasjenige, was wir soeben angaben. Die Wahrheit hat da einen doppelten Sinn; erstlich den der *Richtigkeit*, daß die Darstellung mit dem sonst bekannten Gegenstand übereinstimmt. In diesem Sinne ist die Kunst *formell* und die *Nachahmung* gegebener Gegenstände, der Inhalt mag sein, welcher er will. Da ist ihr Gesetz nicht die *Schönheit*. Aber auch insofern diese das Gesetz ist, kann die Kunst noch als *Form* genommen werden und sonst einen *beschränkten* Inhalt haben, so wie die wahrhafte Wahrheit selbst. Diese aber in ihrem wahrhaften Sinne ist *Zusammenstimmung des Gegenstandes mit seinem Begriff*, die *Idee*; und diese als die freie durch keine Zufälligkeit oder Willkür verkümmerte Äußerung des Begriffs ist der an und für sich seiende Inhalt der Kunst, und zwar ein Inhalt, der die *substantiellen, allgemeinen Elemente,* Wesenheiten und Mächte *der Natur und des Geistes* betrifft.

Der Künstler hat die Wahrheit nun so darzustellen, daß die Realität, worin der Begriff seine Macht und Herrschaft hat, zugleich ein Sinnliches ist. Die Idee ist so in sinnlicher Gestalt und in einer Individualisierung, für welche die Zufälligkeiten des Sinnlichen nicht entbehrt werden können. Das Kunstwerk ist *im Geist des Künstlers* empfangen, und in diesem ist *an sich* die Vereinigung des Begriffs und der Realität geschehen; hat aber der Künstler seine Gedanken in die Äußerlichkeit entlassen und ist das Werk vollendet, so tritt er von demselben *zurück*.

> So ist das Kunstwerk als für die Anschauung gesetzt zunächst ein ganz gemein *äußerlicher Gegenstand,* der sich nicht selbst empfindet und sich nicht selbst weiß. Die Form, die Subjektivität, die der Künstler seinem Werke gegeben hat, ist nur *äußerliche,* nicht die absolute Form des sich Wissenden, des *Selbstbewußtseins.* Die vollendete Subjektivität fehlt dem Kunstwerke. Dieses Selbstbewußtsein fällt in das *subjektive Bewußtsein,* in das anschauende Subjekt. Gegen das Kunstwerk, das nicht in sich selbst das Wissende ist, ist daher das Moment des Selbstbewußtseins das *Andere,* aber ein Moment, das schlechthin zu ihm gehört und welches das Dargestellte *weiß* und als die *substantielle Wahrheit* vorstellt. Das Kunstwerk als sich selbst nicht wissend ist in sich unvollendet und bedarf, weil zur Idee Selbstbewußtsein gehört, der Ergänzung, die es durch die Beziehung des Selbstbewußten zu ihm erhält. In dieses Bewußtsein fällt ferner der *Prozeß,* wodurch das Kunstwerk aufhört, nur Gegenstand zu sein, und das Selbstbewußtsein dasjenige, das ihm als ein Anderes erscheint, mit sich *identisch* setzt. Es ist dies der Prozeß, der die Äußerlichkeit, in welcher im Kunstwerk die Wahrheit erscheint, aufhebt, diese toten Verhältnisse der Unmittelbarkeit tilgt und bewirkt, daß das anschauende Subjekt sich das bewußte Gefühl, im Gegenstand *sein* Wesen zu haben, gibt. Da diese Bestimmung des Insichgehens aus der Äußerlichkeit in das Subjekt fällt, so ist zwischen diesem und dem Kunstwerke eine *Trennung* vorhanden; das Subjekt kann das Werk ganz äußerlich betrachten, kann es zerschlagen oder vorwitzige, ästhetische und gelehrte Bemerkungen darüber machen, – aber jener für die Anschauung *wesentliche* Prozeß, jene notwendige Ergänzung des Kunstwerks hebt diese prosaische Trennung wieder auf.

In der morgenländischen Substantialität des Bewußtseins ist noch nicht zu dieser Trennung fortgegangen und ist daher auch nicht die Kunstanschauung vollendet, denn diese setzt die höhere Freiheit des Selbstbewußtseins voraus, das sich seine Wahrheit und Substantialität frei gegenüberstellen kann. Bruce[5] zeigte in Abessinien einem Türken einen gemalten Fisch, dieser sagte aber: »Der Fisch wird dich am jüngsten Tage verklagen, daß du ihm keine Seele gabst.« Nicht nur die Gestalt will der Orientale, sondern auch die Seele; er verbleibt in der Einheit und geht nicht zur Trennung und zu dem Prozeß fort, in welchem die Wahrheit als körperlich ohne Seele auf der einen Seite steht und auf der andern das anschauende Selbstbewußtsein, das diese Trennung wieder aufhebt.

Sehen wir nun zurück auf den Fortschritt, den in der bisherigen Entwicklung das religiöse Verhältnis gemacht hat, und vergleichen wir die Anschauung mit dem Gefühl, so ist zwar die Wahrheit in ihrer *Objektivität* hervorgetreten, aber der Mangel ihrer Erscheinung ist der, daß sie in der sinnlichen, *unmittelbaren Selbständigkeit* sich hält, d. h. in derjenigen, die sich selbst wieder aufhebt, nicht an und für sich seiend ist und sich ebenso als vom *Subjekt produziert* erweist, als sie die Subjektivität und das Selbstbewußtsein erst in dem anschauenden Subjekt gewinnt. In der Anschauung ist die *Totalität des religiösen Verhältnisses*, der Gegenstand und das Selbstbewußtsein *auseinandergefallen*. Der religiöse Prozeß fällt eigentlich nur in das anschauende *Subjekt* und ist in diesem doch nicht *vollständig*, sondern bedarf des sinnlichen, angeschauten Gegenstandes. Andererseits ist der *Gegenstand* die *Wahrheit* und bedarf doch, um wahrhaft zu sein, des *außer ihm* fallenden Selbstbewußtseins.

Der Fortschritt, der nun notwendig ist, ist der, daß die Totalität des religiösen Verhältnisses wirklich als solche und als *Einheit* gesetzt wird. Die Wahrheit gewinnt die *Objektivität*, in der ihr Inhalt als an und für sich seiend nicht ein *nur Gesetztes*, aber wesentlich in der Form der *Subjektivität* selbst ist und der gesamte Prozeß im Element des Selbstbewußtseins geschieht.

So ist das religiöse Verhältnis zunächst die *Vorstellung*.

---

[5] James Bruce, *Travels to Discover the Sources of the Nile in the Years 1768–73*, 5 Bde., 1790

3. Die Vorstellung

Wir unterscheiden sehr wohl, was Bild und was Vorstellung ist; es ist etwas anderes, ob wir sagen, wir haben eine Vorstellung oder ein Bild von Gott; derselbe Fall ist es bei sinnlichen Gegenständen. Das *Bild* nimmt seinen Inhalt aus der Sphäre des Sinnlichen und stellt ihn in der unmittelbaren Weise seiner Existenz, in seiner Einzelheit und in der Willkürlichkeit seiner *sinnlichen Erscheinung* dar. Da aber die unendliche Menge des Einzelnen, wie es im unmittelbaren Dasein vorhanden ist, auch durch die ausführlichste Darstellung in einem Ganzen nicht wiedergegeben werden kann, so ist das Bild immer notwendig ein *beschränktes*, und in der religiösen Anschauung, die ihren Inhalt nur im Bilde darzustellen weiß, zerfällt die Idee in eine *Menge von Gestalten*, in denen sie sich beschränkt und verendlicht. Die allgemeine Idee, die im Kreise dieser endlichen Gestalten, aber nur in ihnen erscheint, ihnen nur zugrunde liegt, bleibt deshalb *als solche* verborgen.

Die Vorstellung ist dagegen das Bild, wie es in die *Form der Allgemeinheit*, des Gedankens erhoben ist, so daß die *eine Grundbestimmung*, welche das Wesen des Gegenstandes ausmacht, festgehalten wird und dem vorstellenden Geiste vorschwebt. Sagen wir z. B. Welt, so haben wir in diesen einen Laut das Ganze dieses unendlichen Reichtums versammelt und vereinigt. Wenn das Bewußtsein des Gegenstandes auf diese einfache Gedankenbestimmtheit reduziert ist, so ist es Vorstellung, die zu ihrer Erscheinung nur noch des *Wortes* bedarf, dieser einfachen Äußerung, die in sich selbst bleibt. Der mannigfache Inhalt, den die Vorstellung vereinfacht, kann aus dem Inneren, aus der Freiheit stammen, so haben wir Vorstellungen von Recht, Sittlichkeit, vom Bösen; oder er kann auch aus der äußeren Erscheinung genommen sein, wie wir z. B. von Schlachten, Kriegen überhaupt eine Vorstellung haben.

Wenn die Religion in die Form der Vorstellung erhoben ist,

so hat sie sogleich etwas *Polemisches* an sich. Der Inhalt wird nicht im sinnlichen Anschauen, nicht auf bildliche Weise unmittelbar aufgefaßt, sondern *mittelbar* auf dem Wege der *Abstraktion,* und das Sinnliche, Bildliche wird in das Allgemeine erhoben; und mit dieser Erhebung ist dann notwendig das negative Verhalten zum Bildlichen verknüpft. Diese negative Richtung betrifft aber nicht nur die Form, so daß nur in dieser der Unterschied der Anschauung und Vorstellung läge, sondern sie berührt auch den *Inhalt.* Für die Anschauung hängt die *Idee* und die *Weise der Darstellung* so eng zusammen, daß beides als *eins* erscheint, und das Bildliche hat die Bedeutung, daß die Idee an dasselbe wesentlich geknüpft und von ihm nicht getrennt werden könne. Die Vorstellung hingegen geht davon aus, daß die absolut wahrhafte Idee durch ein Bild nicht gefaßt werden könne und die bildliche Weise eine Beschränkung des Inhalts sei; sie hebt daher jene Einheit der Anschauung auf, verwirft die Einigkeit des Bildes und seiner Bedeutung und hebt diese für sich heraus.

Endlich hat die religiöse Vorstellung die Bedeutung der Wahrheit, des *objektiven Inhalts* und ist so gegen *andere Weisen der Subjektivität,* nicht bloß gegen die bildliche Weise gerichtet. Ihr Inhalt ist das, was an und für sich gilt, substantiell festbleibt gegen mein Dafürhalten und Meinen und gegen das Hinundhergehen meiner Wünsche, meines Beliebens starr ist.

Dies betrifft das Wesen der Vorstellung überhaupt. Was ihre nähere Bestimmtheit betrifft, so ist folgendes zu merken.

a) Wir sahen, in der Vorstellung sei der wesentliche Inhalt in die Form des Gedankens gesetzt, aber damit ist er noch nicht *als* Gedanke gesetzt. Wenn wir daher sagten, die Vorstellung sei polemisch gegen das Sinnliche und Bildliche gerichtet und verhalte sich dagegen *negativ,* so ist darin noch nicht enthalten, daß sie sich *absolut vom Sinnlichen befreit* und dasselbe in vollendeter Weise *ideell* gesetzt hätte. Dies wird erst im wirklichen Denken erreicht, welches die sinnlichen Bestimmungen des Inhalts zu allgemeinen Gedankenbestimmungen, zu den inneren Momenten oder zur eigenen Bestimmtheit der Idee erhebt. Da die Vorstellung diese konkrete Erhebung des Sinnlichen zum Allgemeinen nicht ist, so heißt ihr negatives Verhalten gegen das Sinnliche nichts anderes als: sie ist von demselben nicht wahrhaft befreit, sie ist mit ihm noch *wesentlich verwickelt*, und sie bedarf desselben und dieses Kampfes gegen das Sinnliche, um selbst zu sein. Es gehört also wesentlich zu ihr, wenn sie es auch *nie als selbständig* gelten lassen darf. Ferner ist das Allgemeine, dessen sich die Vorstellung bewußt ist, nur die *abstrakte Allgemeinheit* ihres Gegenstandes, ist nur das unbestimmte *Wesen* oder das *Ungefähr* desselben. Um es zu bestimmen, bedarf sie wieder des Sinnlich-Bestimmten, des Bildlichen, aber gibt diesem als dem Sinnlichen die Stellung, daß es *verschieden* ist von der *Bedeutung* und daß bei ihm nicht stehengeblieben werden darf, daß es nur dazu diene, den eigentlichen von ihm verschiedenen Inhalt vorstellig zu machen.

Daher steht nun die Vorstellung in beständiger Unruhe zwischen der unmittelbaren sinnlichen Anschauung und dem eigentlichen Gedanken. Die Bestimmtheit ist sinnlicher Art, aus dem Sinnlichen genommen, aber das Denken hat sich hineingelegt, oder das Sinnliche wird auf dem Wege der Abstraktion in das Denken erhoben. Aber beides, das Sinnliche und Allgemeine, durchdringen sich nicht innerlich, das Denken hat die sinnliche Bestimmtheit noch nicht vollständig überwältigt, und wenn der Inhalt der Vorstellung auch Allgemeines ist, so ist er doch noch mit der Bestimmtheit des Sinnlichen behaftet und bedarf er der Form der Natürlichkeit. Aber das bleibt dann immer, daß dies Moment des Sinnlichen nicht für sich gilt.

So sind in der Religion viele Formen, von denen wir wissen, daß sie nicht in eigentlichem Verstande zu nehmen sind. Z. B. »Sohn«, »Erzeuger« ist nur ein Bild, von einem natürlichen Verhältnis hergenommen, von dem wir wohl wissen, daß es nicht in seiner Unmittelbarkeit gemeint sein soll, daß die Bedeutung vielmehr ein Verhältnis ist, das nur *ungefähr* dies ist, und daß dieses sinnliche Verhältnis am meisten Entsprechendes in sich habe dem Verhältnis, das bei Gott *eigentlich* gemeint ist. Ferner, wenn vom Zorn Gottes, seiner Reue, Rache gesprochen wird, wissen wir bald, daß es nicht im eigentlichen Sinn genommen, nur Ähnlichkeit, Gleichnis ist. Dann finden wir auch ausführliche Bilder. So hören wir von einem Baum der Erkenntnis des Guten und Bösen. Beim Essen der Frucht fängt es schon an zweideutig zu werden, ob dieser Baum zu nehmen sei als eigentlicher, geschichtlicher, als ein Historisches, ebenso das Essen, oder aber ob dieser Baum zu nehmen sei als ein Bild. Spricht man von einem Baum der Erkenntnis des Guten und Bösen, so ist das so kontrastierend, daß es sehr bald auf die Erkenntnis führt, es sei keine sinnliche Frucht und der Baum nicht im eigentlichen Sinn zu nehmen.

b) Es gehört auch in Rücksicht auf das Sinnliche das der Weise der Vorstellung an, was nicht bloß als Bild, sondern als *Geschichtliches als solches* zu nehmen ist. Es kann etwas in geschichtlicher Weise vorgetragen sein, aber wir machen nicht recht Ernst daraus, fragen nicht, ob das Ernst sei. So verhalten wir uns zu dem, was uns Homer von Jupiter und den übrigen Göttern erzählt.

Aber dann gibt es auch Geschichtliches, das eine *göttliche Geschichte* ist und so, daß es im eigentlichen Sinn eine Geschichte sein soll: die *Geschichte Jesu Christi*. Diese gilt nicht bloß für einen Mythus nach Weise der Bilder, sondern als etwas vollkommen Geschichtliches. Das ist denn für die Vorstellung, hat aber auch noch eine andere Seite: es hat *Göttliches* zu seinem Inhalte, göttliches Tun, göttliches, *zeitloses* Geschehen, absolut göttliche Handlung, und diese ist das Innere, Wahrhafte, Substantielle dieser Geschichte und ist eben das, was Gegenstand der Vernunft ist. Dies Gedoppelte ist überhaupt in jeder Geschichte, sogut ein Mythus eine Bedeutung in sich hat. Es gibt allerdings Mythen, wo die äußerliche Erscheinung das Überwiegende ist; aber gewöhn-

lich enthält ein solcher Mythus eine Allegorie, wie die Mythen des Platon.
Jede Geschichte überhaupt enthält diese äußerliche Reihe von Begebenheiten und Handlungen; diese sind aber Begebenheiten eines Menschen, eines Geistes. Die Geschichte eines Staates ist Handlung, Tun, Schicksal eines *allgemeinen Geistes*, des Geistes eines Volkes. Dergleichen hat an und für sich in sich schon ein Allgemeines; nimmt man es im oberflächlichen Sinn, so kann gesagt werden: man kann aus jeder Geschichte eine Moral ziehen.
Die Moral, die daraus gezogen wird, enthält wenigstens die *wesentlichen sittlichen Mächte*, die dabei gewirkt, die dies hervorgebracht haben. Diese sind das Innere, Substantielle. Die Geschichte hat so diese vereinzelte Seite, Einzelnes, bis aufs Äußerste hinaus Individualisiertes; aber darin sind auch die allgemeinen Gesetze, Mächte des Sittlichen erkennbar. Diese sind nicht für die Vorstellung als solche: für diese ist die Geschichte in der Weise, wie sie als Geschichte sich darstellt und in der Erscheinung ist.
In solcher Geschichte aber ist etwas selbst für den Menschen, dessen Gedanken, Begriffe noch nicht bestimmte Ausbildung erhalten haben; er fühlt diese Mächte darin und hat ein dunkles[6] Bewußtsein von ihnen. Auf solche Weise ist die Religion wesentlich für das gewöhnliche Bewußtsein, für das Bewußtsein in seiner gewöhnlichen Ausbildung. Es ist ein Inhalt, der sich zunächst sinnlich präsentiert, eine Folge von Handlungen, sinnlichen Bestimmungen, die in der Zeit nacheinander folgen, dann im Raum nebeneinanderstehen. Der Inhalt ist empirisch, konkret, mannigfach, hat aber auch ein Inneres; es ist Geist darin, der wirkt auf den Geist: der subjektive Geist gibt Zeugnis dem Geist, der im Inhalt ist, zunächst durch dunkles Anerkennen, ohne daß dieser Geist herausgebildet ist für das Bewußtsein.
c) Aller geistige Inhalt, Verhältnis überhaupt, ist endlich

---

6 Lasson: »denkendes«

Vorstellung durch die Form, daß seine *inneren Bestimmungen* so gefaßt werden, wie sie *sich einfach auf sich beziehen und in Form der Selbständigkeit sind*.

Wenn wir sagen: Gott ist allweise, gütig, gerecht, so haben wir bestimmten Inhalt; jede dieser Inhaltsbestimmungen ist aber einzeln und selbständig; »und«, »auch« ist die Verbindungsweise der Vorstellung. Allweise, allgütig sind auch Begriffe, sie sind nicht mehr ein Bildliches, Sinnliches oder Geschichtliches, sondern geistige Bestimmungen; aber sie sind noch nicht in sich analysiert und die Unterschiede noch nicht gesetzt, *wie sie sich aufeinander beziehen,* sondern nur in abstrakter, einfacher Beziehung auf sich genommen. Insofern der Inhalt allerdings schon mannigfache Beziehungen in sich enthält, die Beziehung aber nur äußerlich ist, so ist *äußerliche Identität* damit gesetzt. »Etwas ist das, dann das, dann ist es so«; es haben diese Bestimmungen so zunächst die Form der Zufälligkeit.

Oder enthält die Vorstellung *Verhältnisse,* die dem Gedanken schon näher sind, z. B. daß Gott die Welt geschaffen habe, so wird von ihr das Verhältnis noch in der Form der *Zufälligkeit* und *Äußerlichkeit* gefaßt. So bleibt in der Vorstellung von der Schöpfung Gott einerseits für sich, die Welt auf der andern Seite, aber der Zusammenhang beider Seiten ist nicht in die Form der Notwendigkeit gesetzt; er wird entweder nach der Analogie des natürlichen Lebens und Geschehens ausgedrückt oder, wenn er als Schöpfung bezeichnet wird, als ein solcher bezeichnet, der für sich ganz eigentümlich und unbegreiflich sein soll. Gebraucht man aber den Ausdruck »Tätigkeit«, aus der die Welt hervorgegangen sei, so ist der wohl etwas Abstrakteres, aber noch nicht der Begriff. Der wesentliche Inhalt steht fest für sich in der Form der einfachen Allgemeinheit, in die er eingehüllt ist, und *sein Übergehen durch sich selbst in Anderes,* seine Identität mit Anderem fehlt ihm, er ist nur *mit sich identisch*. Den einzelnen Punkten fehlt das Band der Notwendigkeit und die Einheit ihres Unterschiedes.

Sobald daher die Vorstellung den Ansatz dazu macht, einen wesentlichen *Zusammenhang* zu fassen, so läßt sie ihn in der Form der *Zufälligkeit* stehen und geht hier nicht zum wahrhaften Ansich desselben und zu seiner ewigen, sich durchdringenden Einheit fort. So ist in der Vorstellung der Gedanke der Vorsehung, und die Bewegungen der Geschichte werden im ewigen Ratschluß Gottes zusammengefaßt und begründet. Aber da wird der Zusammenhang sogleich in eine Sphäre versetzt, wo er für uns unbegreiflich und unerforschlich sein soll. Der Gedanke des Allgemeinen wird also nicht in sich bestimmt und, sowie er ausgesprochen ist, sogleich wieder aufgegeben.

Nachdem wir die allgemeine Bestimmtheit der Vorstellung gesehen haben, so ist hier der Ort, die pädagogische Frage der neueren Zeit zu berühren, ob die Religion *gelehrt* werden könne. Lehrer, die nicht wissen, was sie mit den Lehren der Religion anfangen sollen, halten den Unterricht in derselben für ungehörig. Allein die Religion hat einen *Inhalt*, der auf gegenständliche Weise vorstellig sein muß. Darin liegt es, daß dieser vorgestellte Inhalt mitgeteilt werden kann, denn Vorstellungen sind mitteilbar durch das Wort. Ein anderes ist es, das Herz erwärmen, Empfindungen aufregen; das ist nicht Lehren, das ist ein Interessieren meiner Subjektivität für etwas und kann wohl eine rednerische Predigt geben, aber nicht Lehre sein. Wenn man zwar vom *Gefühl* ausgeht, dieses als das Erste und Ursprüngliche setzt und dann sagt, die religiösen Vorstellungen kommen aus dem Gefühl, so ist das einerseits richtig, insofern die *ursprüngliche Bestimmtheit* in der Natur des Geistes selbst liegt. Aber andrerseits ist das Gefühl so unbestimmt, daß alles darin sein kann, und das *Wissen* dessen, was im Gefühl liegt, gehört nicht diesem selbst an, sondern wird nur durch die Bildung und Lehre gegeben, welche die Vorstellung mitteilt. Jene Erzieher wollen, daß die Kinder und überhaupt die Menschen in ihrer subjektiven Empfindung der Liebe bleiben, und die Liebe Gottes stellen sie sich so vor wie die der Eltern zu den Kindern, die sie lieben und lieben sollen, wie sie sind, rühmen sich, in der Liebe Gottes zu bleiben, und treten alle göttlichen und menschlichen Gesetze mit Füßen und meinen und sagen, sie hätten die Liebe nicht verletzt. Soll aber die Liebe rein sein, so muß sie sich vorher der Selbstsucht begeben, sich befreit haben, und befreit wird der Geist nur, indem er *außer sich* gekommen ist und das Substantielle einmal als *ein gegen ihn Anderes*, Höheres angeschaut hat. Erst dadurch kehrt der Geist wahrhaft zu sich zurück, daß er gegen die absolute Macht, gegen das *ungeheure Objekt* sich verhalten hat, in diesem außer sich gekommen und sich von sich befreit und sich aufgegeben hat. D. h. die *Furcht Gottes* ist die Voraussetzung der wahren Liebe. Was das an und für sich Wahre ist, muß dem Gemüt als ein Selbständiges erscheinen, in welchem es auf sich Verzicht leistet und erst durch diese Vermittlung, durch die Wiederherstellung seiner selbst die wahre Freiheit gewinnt.

Wenn die objektive Wahrheit für mich ist, so habe ich mich entäußert, nichts für mich behalten und zugleich diese Wahrheit als die *meinige* begriffen. Ich habe mich damit identifiziert und mich, aber als reines, begierdeloses Selbstbewußtsein, darin erhalten. Diese Beziehung, der *Glaube* als absolute Identität des Inhalts mit mir, ist dasselbe, was das religiöse Gefühl ist, aber so, daß sie zugleich die *absolute Objektivität* ausdrückt, welche der Inhalt für mich hat. Die Kirche und die Reformatoren haben recht wohl gewußt, was sie mit dem Glauben wollten. Sie haben nicht gesagt, daß man durch das Gefühl, durch die Empfindung, αἴσθησις, selig werde, sondern durch den Glauben, so daß ich in dem absoluten Gegenstand die Freiheit habe, die wesentlich das Verzichtleisten auf mein Gutdünken und auf die partikuläre Überzeugung enthält.

Da nun im Vergleich mit dem Gefühl, in welchem der Inhalt als Bestimmtheit des Subjekts und darum zufällig ist, für die Vorstellung der Gehalt zur Gegenständlichkeit erhoben ist, so fällt es schon mehr auf ihre Seite, daß einerseits der *Inhalt sich für sich berechtige* und andrerseits die Notwendigkeit der *wesentlichen Verknüpfung* desselben mit dem *Selbstbewußtsein* entwickelt werde.

Allein was zunächst den Inhalt für sich betrifft, so gilt dieser in der Vorstellung als ein *Gegebenes,* von dem nur gewußt wird, daß es *so ist.* Dieser abstrakten, unmittelbaren Objektivität gegenüber erscheint dann auch die *Verknüpfung* des Inhalts mit dem Selbstbewußtsein zunächst als eine solche, die noch rein *subjektiver* Natur ist. Der Inhalt, heißt es dann, sagt mir an sich zu, und das *Zeugnis des Geistes* lehrt mich, ihn als Wahrheit, als meine wesentliche Bestimmung anzuerkennen. Allerdings hat z. B. die unendliche Idee der Menschwerdung Gottes – dieser spekulative Mittelpunkt – eine so große Gewalt in ihr, daß sie unwiderstehlich in das durch Reflexion noch nicht verdunkelte Gemüt eindringt. Aber so ist der Zusammenhang meiner mit dem Inhalt noch nicht wahrhaft entwickelt, und er erscheint nur als etwas *Instinktmäßiges.* Das Ich, das sich so dem Inhalt zuwendet, braucht nicht bloß dieses einfache und unbefangene zu sein, es kann in sich selbst schon mehrfach bearbeitet sein. So kann die beginnende *Reflexion,* die über das Festhalten am Gegebenen hinausgeht, mich bereits verwirrt haben, und die Verwirrung in dieser Region ist um so gefährlicher und bedenklicher, als durch sie das Sittliche und aller andere Halt in mir und im Leben, im Handeln und im Staate schwankend wird. Die Erfahrung nun, daß ich mir durch Reflexion nicht selbst helfen, überhaupt nicht auf mich selbst mich stellen kann, und der Umstand, daß ich doch nach etwas Festem verlange, dies wirft mich von der Reflexion zurück und führt mich auf das Festhalten an dem Inhalt in der Gestalt, wie er gegeben ist. Doch ist diese Rückkehr zum Inhalt nicht durch die Form der inneren Notwendigkeit vermittelt und nur eine Folge der *Verzweiflung,* daß ich nicht aus noch ein und mir nicht anders als durch jenen Schritt zu helfen weiß. Oder es wird darauf reflektiert, wie die Religion wundervoll sich ausgebreitet hat und wie Millionen in ihr Trost, Befriedigung und Würde gefunden haben. Von dieser Autorität sich abzusondern erklärt man für gefährlich und stellt dagegen die Autorität der eigenen Meinung zurück. Allein auch dies ist noch eine schiefe Wendung, daß so die eigene Überzeugung der Autorität des Allgemeinen unterworfen und gegen sie beschwichtigt wird. Die Beruhigung liegt nur in der *Vermutung*, so wie es Millionen ansehen, so müsse es wohl recht sein, und es bleibt die Möglichkeit, daß die Sache, wenn man sie *noch einmal* ansieht, sich anders zeigt.

Alle diese Wendungen können in die Form von *Beweisen für die Wahrheit der Religion* gebracht werden, und sie haben von den Apologeten diese Form erhalten. Allein damit wird nur die Form des *Räsonnements* und der Reflexion hereingebracht, eine Form, welche nicht den Inhalt der Wahrheit an und für sich betrifft, nur Glaubwürdigkeiten, Wahrscheinlichkeiten usf. aufzeigt und die Wahrheit, statt sie in ihrem Anundfürsichsein zu betrachten, nur im *Zusammenhange* mit *anderen* Umständen, Begebenheiten und Zuständen aufzufassen vermag. Ohnehin aber, obwohl die Apologetik mit ihren Räsonnements zum *Denken* und *Schließen* übergeht und *Gründe* aufstellen will, die von der Autorität verschieden sein sollen, ist ihr Hauptgrund doch nur wieder eine *Autorität*, nämlich die *göttliche*, daß Gott das Vorzustellende den Menschen geoffenbart habe. Ohne diese Autorität kann sich die Apologetik nicht einmal *einen* Augenblick bewegen, und ihrem Standpunkt ist dieses beständige *Durcheinanderspielen* des Denkens, Schließens und der Autorität wesentlich. Aber wie es denn auf diesem Standpunkt unvermeidlich ist, daß das Räsonnement *ins Unendliche* gehen muß, so ist auch jene höchste, göttliche Autorität wieder eine solche, die selbst erst der Begründung bedarf und auf einer Autorität beruht. Denn wir sind nicht dabeigewesen und haben Gott nicht gesehen, als er offenbarte. Es sind immer nur *andere*, die es uns erzählen und versichern, und eben die *Zeugnisse* dieser anderen, die das Geschichtliche erlebt oder es zunächst von Augenzeugen erfahren haben, sollen nach jener Apologetik die Überzeugung mit dem zeitlich und räumlich von uns getrennten Inhalt zusammenschließen. Doch auch diese Vermittlung ist nicht absolut sicher; denn es kommt hier darauf an, wie das *Medium*, das zwischen uns und dem Inhalt steht, die Wahrnehmung anderer beschaffen ist. Die Fähigkeit wahrzunehmen verlangt *prosaischen Verstand* und die Bildung desselben, also Bedingungen, die bei den Alten nicht vorhanden waren, denn diesen fehlte die Fähigkeit, die Geschichte nach ihrer *Endlichkeit* aufzufassen und, was darin die *innere Bedeutung* ist, herauszunehmen, da für sie der Gegensatz des Poetischen und Prosaischen noch nicht in seiner ganzen Schärfe gesetzt war. Und setzen wir das Göttliche in das Geschichtliche, so fallen wir immer in das Schwankende und Unstete, das allem Geschichtlichen eigen ist. Den Wundern, von denen die Apostel berichten, setzt sich der prosaische Verstand und der Unglaube entgegen und nach der objektiven Seite die Unverhältnismäßigkeit des Wunders und des Göttlichen.

Wenn nun aber auch alle jene Weisen, den Zusammenhang des Inhalts der Vorstellung mit dem Selbstbewußtsein zu vermitteln, *einmal* ihren Zweck erreichen, wenn das apologetische Räsonnement mit seinen Gründen *manchen* zur Überzeugung gebracht hat oder ich mit den Bedürfnissen, Trieben und Schmerzen meines Herzens in dem Inhalt der Religion Trost und Beruhigung gefunden habe, so ist das nur *zufällig*, daß es so geschehen ist, und hängt davon ab, daß gerade dieser Standpunkt der Reflexion und des Gemüts noch nicht beunruhigt war und noch nicht die Ahnung eines Höheren in sich erweckt hatte. Es ist also von einem zufälligen *Mangel* abhängig.

Ich bin aber nicht bloß dieses Herz und Gemüt oder diese gutmütige, der verständigen Apologetik willfährige und unbefangen entgegenkommende Reflexion, die sich nur freuen kann, wenn sie die ihr entsprechenden und zusagenden Gründe vernimmt, sondern ich habe noch andere, höhere

Bedürfnisse. Ich bin auch noch konkret bestimmt auf eine ganz *einfache, allgemeine* Weise, so daß die Bestimmtheit in mir die *reine einfache Bestimmtheit* ist. D. h. ich bin absolut konkretes Ich, sich in sich bestimmendes Denken – ich bin als *der Begriff*. Dies ist eine andere Weise, daß ich konkret bin; da suche ich nicht nur Beruhigung für mein Herz, sondern der Begriff sucht Befriedigung, und gegen diesen ist es, daß der religiöse Inhalt in der Weise der Vorstellung die Form der Äußerlichkeit behält. Wenn auch manches große und reiche Gemüt und mancher tiefe Sinn in der religiösen Wahrheit Befriedigung gefunden hat, so ist es doch der Begriff, dieses in sich konkrete Denken, was noch nicht befriedigt ist und sich zunächst als der Trieb der vernünftigen Einsicht geltend macht. Wenn sich das an sich noch unbestimmte Wort »Vernunft, vernünftige Einsicht« nicht bloß darauf reduziert, daß in mir irgend etwas als äußerliche Bestimmung gewiß sei, sondern das Denken sich dahin bestimmt hat, daß der Gegenstand mir für sich selbst feststehe und *in sich gegründet* sei, so ist es der Begriff als das *allgemeine Denken*, das sich in sich besondert und in der Besonderung mit sich identisch bleibt. Welchen weiteren Inhalt in bezug auf den Willen, Intelligenz ich im Vernünftigen habe: das ist immer das Substantielle, daß solcher Inhalt so als in sich gegründet von mir gewußt werde, daß ich darin das *Bewußtsein des Begriffs* habe, d. h. nicht nur die Überzeugung, die Gewißheit und Gemäßheit mit sonst für wahr gehaltenen Grundsätzen, unter die ich ihn subsumiere, sondern daß ich darin die Wahrheit *als* Wahrheit, in der *Form* der Wahrheit – in der Form des absolut Konkreten und des schlechthin und rein in sich Zusammenstimmenden habe.

So ist es, daß sich die Vorstellung in die Form des Denkens auflöst, und jene Bestimmung der *Form* ist es, welche die philosophische Erkenntnis der Wahrheit hinzufügt. Es erhellt aber hieraus, daß es der Philosophie um nichts weniger zu tun ist, als die Religion umzustoßen und nun etwa zu behaupten, daß der Inhalt der Religion nicht für sich selbst

Wahrheit sein könne; vielmehr ist die Religion eben der wahrhafte Inhalt, nur in Form der Vorstellung, und die Philosophie soll nicht erst die substantielle Wahrheit geben, noch hat die Menschheit erst auf die Philosophie zu warten gehabt, um das Bewußtsein der Wahrheit zu empfangen.

III. Die Notwendigkeit und Vermittlung des religiösen Verhältnisses in der Form des Denkens

Der innere Zusammenhang und die absolute Notwendigkeit, in welche der Inhalt der Vorstellung im Denken versetzt wird, ist nichts anderes als der Begriff in seiner *Freiheit*, so daß aller Inhalt Bestimmung des Begriffs und mit dem Ich selbst ausgeglichen wird. Die Bestimmtheit ist hier schlechthin die meinige; der Geist hat darin *seine Wesentlichkeit* selbst zum Gegenstand, und das Gegebensein, die Autorität und die Äußerlichkeit des Inhalts gegen mich verschwindet.

Das Denken gibt somit dem Selbstbewußtsein das absolute Verhältnis der Freiheit. Die Vorstellung hält sich noch in der Sphäre der *äußeren Notwendigkeit*, da alle ihre Momente, indem sie sich aufeinander beziehen, dies so tun, daß sie ihre Selbständigkeit nicht aufgeben. Das Verhältnis dieser Gestaltungen im Denken hingegen ist das Verhältnis der *Idealität*, so daß keine Gestaltung selbständig für sich abgesondert steht, jede vielmehr die Weise eines *Scheines* gegen die andere hat. Jeder Unterschied, jede Gestaltung ist so ein Durchsichtiges, nicht finster und undurchdringlich für sich bestehend. Damit sind die Unterschiedenen nicht solche, die für sich selbständig eines dem anderen Widerstand leisten, sondern sie sind in ihrer Idealität gesetzt. Das Verhältnis der Unfreiheit, sowohl des *Inhalts* wie des *Subjekts*, ist nun verschwunden, weil die absolute Angemessenheit des *Inhalts* und der Form eingetreten ist. Der *Inhalt ist in sich frei*, und sein Scheinen in sich selbst ist seine absolute Form, und im Gegenstand hat das *Subjekt* das Tun der Idee, des an und für sich seienden Begriffs, das es *selber* ist, vor sich.

Indem wir nun das Denken und seine Entwicklung darstellen, so haben wir zunächst zu sehen, wie es 1. im Verhältnis zu der Vorstellung oder vielmehr als die *innere Dialektik der Vorstellung* erscheint, sodann 2. wie es als *Reflexion* die wesentlichen Momente des religiösen Verhältnisses zu *vermitteln* sucht, und endlich 3. wie es sich als spekulatives Denken im *Begriff der Religion* vollendet und die Reflexion in der freien Notwendigkeit der Idee aufhebt.

1. Die Dialektik der Vorstellung

a) Zu bedenken ist hier zunächst, daß das Denken diese Form des Einfachen, in der der Inhalt in der Vorstellung ist, *auflöst*, und das ist eben der Vorwurf, den man gewöhnlich der Philosophie macht, wenn man sagt, sie lasse die Form der Vorstellung nicht bestehen, sondern ändere sie oder streife sie von dem Inhalt ab. Und weil dann für das gewöhnliche Bewußtsein an jene Form die Wahrheit geknüpft ist, so meint es, wenn die Form verändert werde, verliere es den Inhalt und die Sache, und erklärt es jene Umformung für Zerstörung. Wenn die Philosophie das, was in Form der Vorstellung ist, in die Form des Begriffs umwandelt, so kommt freilich die Schwierigkeit hervor, an einem Inhalt zu trennen, was Inhalt als solcher, der Gedanke ist, von dem, was der Vorstellung als solcher angehört. Allein das Einfache der Vorstellung auflösen heißt zunächst nur, in diesem Einfachen *unterschiedene Bestimmungen* fassen und aufzeigen, so daß es als ein in sich Mannigfaches gewußt wird. Dies haben wir sogleich damit, wenn wir fragen: was ist das? Blau ist eine sinnliche Vorstellung. Fragt man: was ist Blau?, so zeigt man es wohl, damit man die Anschauung erhält; in der Vorstellung ist aber diese Anschauung schon enthalten. Mit jener Frage will man vielmehr, wenn sie ernstlich gemeint ist, den *Begriff* wissen, will Blau wissen als *Verhältnis seiner in sich selbst,* unterschiedene Bestimmungen und die Einheit davon. Blau ist nach der Goetheschen Theorie eine

Einheit von Hellem und Dunklem, und zwar so, daß das Dunkle der Grund sei und das Trübende dieses Dunklen ein Anderes, ein Erhellendes, ein Medium, wodurch wir dieses Dunkle sehen. Der Himmel ist Nacht, finster, die Atmosphäre hell; durch dieses helle Medium sehen wir das Blau.
So ist Gott als Inhalt der Vorstellung noch in Form der Einfachheit. Jetzt denken wir diesen einfachen Inhalt; da sollen unterschiedene Bestimmungen angegeben werden, deren Einheit, sozusagen die Summe, näher ihre Identität, den Gegenstand ausmacht. Die Morgenländer sagen: Gott hat eine unendliche Menge von Namen, d. h. von Bestimmungen, man kann nicht erschöpfend aussprechen, was er ist. Sollen wir aber den Begriff von Gott fassen, so sind unterschiedene Bestimmungen zu geben, diese auf einen engen Kreis zu reduzieren, daß durch dieselben und die Einheit der Bestimmungen der Gegenstand vollständig sei.

b) Eine nähere Kategorie ist: Insofern etwas gedacht wird, so wird es gesetzt *in Beziehung auf ein Anderes,* [wird] entweder der Gegenstand in sich selbst gewußt als Beziehung Unterschiedener aufeinander oder als Beziehung seiner auf ein Anderes, das wir außerhalb demselben wissen. In der Vorstellung haben wir immer unterschiedene Bestimmungen, sie gehören nun einem Ganzen zu oder seien auseinandergestellt.

Im Denken kommt aber zum Bewußtsein der *Widerspruch* derselben, die zugleich *Eines* ausmachen sollen. Wenn sie sich widersprechen, scheint es nicht, daß sie Einem zukommen könnten. Ist z. B. Gott gütig und auch gerecht, so widerspricht die Güte der Gerechtigkeit. Ebenso: Gott ist allmächtig und weise. Er ist also einerseits die Macht, vor der alles verschwindet, nicht ist; aber diese Negation alles Bestimmten ist Widerspruch gegen die Weisheit: diese will etwas Bestimmtes, hat einen Zweck, ist Beschränkung des Unbestimmten, was die Macht ist. In der Vorstellung hat alles nebeneinander ruhig Platz: der Mensch ist frei, auch abhängig; es ist Gutes, auch Böses in der Welt. Im Denken wird das aufeinander bezogen, der Widerspruch kommt so zum Vorschein.

Eigentümlich ist das Tun des reflektierenden Denkens, wenn es als *abstrakter Verstand* erscheint und sich auf die Vorstellung richtet, wie sie die inneren Bestimmungen und Verhältnisse auf sinnliche, natürliche oder überhaupt *äußerliche Weise* bezeichnet. Wie der reflektierende Verstand sonst immer Voraussetzungen der *Endlichkeit* hat, diese absolut gelten läßt, zur Regel oder zum Maßstab macht und die Idee und absolute Wahrheit, dagegengehalten, umstößt, so macht er auch die sinnlichen und natürlichen Bestimmtheiten, in denen aber die Vorstellung doch zugleich den *Gedanken des Allgemeinen* anerkannt wissen will, zu ganz bestimmten, *endlichen Verhältnissen*, hält diese Endlichkeit fest und erklärt nun die Vorstellung für einen Irrtum. Zum Teil ist in dieser Tätigkeit des Verstandes noch die *eigene Dialektik der Vorstellung* enthalten, und darin liegt die ungeheure Wichtigkeit der Aufklärung, welche jenes verständige Tun war, für die Aufklärung des Gedankens. Zum Teil ist aber auch die Dialektik der Vorstellung damit über ihren wahren Umfang hinausgetrieben und in das Gebiet der *formellen Willkür* versetzt.

So ist z. B. in der Vorstellung der Erbsünde das innere Verhältnis des Gedankens zugleich in der Bestimmtheit des Natürlichen gefaßt; wenn aber die Vorstellung so spricht, so will sie doch mit dem Ausdruck »Sünde« das *Natürliche*, das in der Bestimmung des Erbes liegt, in die Sphäre des Allgemeinen erhoben wissen. Hingegen der Verstand faßt das Verhältnis in der Weise der Endlichkeit und denkt *nur* an das natürliche Besitztum oder an Erbkrankheit. In dieser Sphäre gibt man allerdings zu, es sei für die Kinder zufällig, daß die Eltern Vermögen hatten oder mit Krankheit behaftet waren; da erben die Kinder den Adel, das Vermögen oder das Übel ohne Verdienst und Schuld. Wird dann weiter darauf reflektiert, daß die Freiheit des Selbstbewußtseins über dies Verhältnis der Zufälligkeit erhaben ist und daß im absolut geistigen Gebiet des Guten jeder in dem, was er tut, *sein* Tun, *seine* Schuld hat, so ist es leicht, den Widerspruch zu zeigen, daß das, was absolut meiner Freiheit angehört, anderswoher auf natürliche Weise unbewußt und äußerlich auf mich gekommen sein soll.

Ähnlich ist es, wenn der Verstand sich gegen die Vorstellung der Dreieinigkeit richtet. Auch in dieser Vorstellung ist das innere Gedankenverhältnis in der Weise der Äußerlichkeit gefaßt, denn die Zahl ist der Gedanke in der abstrakten Bestimmung der Äußerlichkeit. Aber der Verstand hält nun die Äußerlichkeit *allein* fest, bleibt beim Zählen stehen und findet jeden der drei vollkommen äußerlich gegen den anderen. Wenn man nun diese Bestimmtheit der Zahl zur Grundlage des Verhältnisses macht, so ist es allerdings wieder vollkommen widersprechend, daß diese einander vollkommen Äußerlichen doch zugleich Eins sein sollen.

c) Es kommt endlich auch die Kategorie der *Notwendigkeit* herein. In der Vorstellung *ist*, *gibt es* einen Raum; das Denken verlangt, die Notwendigkeit zu wissen. Diese Notwendigkeit liegt darin, daß im Denken nicht ein Inhalt als *seiend*, als in einfacher Bestimmtheit, in dieser einfachen Beziehung auf sich nur genommen wird, sondern wesentlich in Beziehung auf anderes und als *Beziehung Unterschiedener*.

Das heißen wir notwendig: wenn das Eine ist, so ist auch damit gesetzt das Andere; die Bestimmtheit des Ersten ist nur, insofern das Zweite ist, und umgekehrt. Für die Vorstellung ist das Endliche das *Ist*. Für das Denken ist das Endliche sogleich nur ein solches, das nicht für sich ist, sondern zu seinem Sein ein Anderes erfordert, durch ein Anderes ist. Für das Denken überhaupt, für das bestimmte Denken, näher für das Begreifen gibt es nichts Unmittelbares. Die *Unmittelbarkeit* ist die Hauptkategorie der Vorstellung, wo der Inhalt gewußt wird in seiner einfachen Beziehung auf sich. Für das Denken gibt es nur solches, in dem wesentlich die Vermittlung ist. Das sind die abstrakten, allgemeinen Bestimmungen, dieser abstrakte Unterschied religiösen Vorstellens und des Denkens.

Betrachten wir das näher in Beziehung auf die Frage in unserem Felde, so gehören in dieser Rücksicht auf die Seite der Vorstellung alle Formen des unmittelbaren Wissens, der Glaube, das Gefühl usf. Diese Frage fällt hierher: ist Religion, das Wissen von Gott ein unmittelbares oder aber ein vermitteltes?

2. Die Vermittlung des religiösen Bewußtseins in ihm selbst

Indem wir nun zu der Bestimmung des Denkens und der Notwendigkeit und damit zur Vermittlung übergehen, so tritt die Forderung eines solchen vermittelten Wissens in Gegensatz zu dem unmittelbaren Wissen, und in diesem Gegensatze ist es zunächst zu betrachten.

a. Das unmittelbare Wissen und die Vermittlung

Es ist eine sehr allgemeine Ansicht und Versicherung, das Wissen von Gott sei nur auf unmittelbare Weise; es ist *Tatsache unseres Bewußtseins*, es *ist* so; wir haben eine Vorstellung von Gott und [die Gewißheit,] daß diese nicht nur subjektiv, in uns ist, sondern daß Gott auch *ist*. Man sagt: die Religion, das Wissen von Gott ist *nur* Glaube, das vermittelte Wissen ist auszuschließen, es verdirbt die Gewißheit, Sicherheit des Glaubens und den Inhalt dessen, was Glaube ist. Da haben wir diesen Gegensatz des unmittelbaren und vermittelten Wissens. Das Denken, konkrete Denken, Begreifen ist vermitteltes Wissen. Aber Unmittelbarkeit und Vermittlung des Wissens sind eine einseitige Abstraktion, das eine wie das andere. Es ist nicht die Meinung, Voraussetzung, als ob dem einen mit Ausschluß des anderen, dem einen für sich oder dem anderen, einem von beiden isoliert die Richtigkeit, Wahrheit zugesprochen werden soll. Weiterhin werden wir sehen, daß das wahrhafte Denken, das Begreifen, beide in sich vereint, nicht eines von beiden ausschließt.

α) Zum *vermittelten* Wissen gehört das *Schließen* vom einen auf das andere, die Abhängigkeit, Bedingtheit einer Bestimmung von einer anderen, die Form der *Reflexion*. Das unmittelbare Wissen entfernt alle Unterschiede, diese Weisen des Zusammenhangs, und hat nur ein *Einfaches, einen* Zusammenhang, Wissen, die subjektive Form; und dann: es ist. Insofern ich gewiß weiß, daß Gott ist, ist das Wissen Zusammenhang meiner und dieses Inhalts, das Sein meiner – so gewiß ich bin, so gewiß ist Gott –, mein Sein und das Sein Gottes ist *ein* Zusammenhang, und die Beziehung ist das Sein; dies Sein ist ein einfaches und zugleich ein zweifaches.

Im unmittelbaren Wissen ist dieser Zusammenhang ganz einfach; alle Weisen des Verhältnisses sind vertilgt. Zunächst wollen wir selbst es auf empirische Weise auffassen, d. h. uns auf denselben Standpunkt stellen, auf dem das unmittelbare Wissen steht. Dieses ist im allgemeinen, was wir das empirische Wissen nennen: ich weiß es eben, das ist Tatsache des Bewußtseins, ich finde in mir die Vorstellung Gottes und daß er ist.

Der Standpunkt ist: es soll nur gelten das *Empirische*, man soll nicht hinausgehen über das, was man im Bewußtsein findet; warum ich es finde, wie es notwendig ist, wird nicht gefragt. Dies führte zum Erkennen, und das ist eben das Übel, das abzuhalten ist. Da ist die empirische Frage: *gibt es ein unmittelbares Wissen?*

Zum vermittelten Wissen gehört Wissen der Notwendigkeit; was notwendig ist, hat eine Ursache, es muß sein; es ist wesentlich ein Anderes, wodurch es ist, und indem dies ist, ist es selbst, – da ist Zusammenhang von Unterschiedenem. Die Vermittlung kann nur sein die bloß *endliche*; die Wirkung z. B. wird angenommen als etwas auf der einen Seite, die Ursache als etwas auf der anderen.

Das Endliche ist ein *Abhängiges* von einem Anderen, ist nicht an und für sich, durch sich selbst; es gehört zu seiner

Existenz ein Anderes. Der Mensch ist physisch abhängig; dazu hat er nötig eine äußerliche Natur, äußerliche Dinge. Diese sind nicht durch ihn gesetzt, erscheinen als selbst seiend gegen ihn, und er kann sein Leben nur fristen, insofern sie sind und brauchbar sind.

Die höhere Vermittlung des Begriffs, der Vernunft ist eine Vermittlung mit sich selbst. Zur Vermittlung gehört diese Unterschiedenheit und Zusammenhang von zweien und solcher Zusammenhang, daß das eine nur ist, insofern das andere. Diese Vermittlung wird nun ausgeschlossen in der Weise der Unmittelbarkeit.

β) Wenn wir uns aber auch nur äußerlicherweise, empirisch verhalten, *so gibt es gar nichts Unmittelbares*, es ist nichts, dem nur die Bestimmung der Unmittelbarkeit zukäme mit Ausschließung der Bestimmung der Vermittlung; sondern was unmittelbar ist, ist ebenso vermittelt, und die Unmittelbarkeit ist wesentlich selbst vermittelt.

Endliche Dinge sind dies, daß sie vermittelt sind; endliche Dinge, der Stern, das Tier, sind geschaffen, erzeugt. Der Mensch, der Vater ist, ist ebenso erzeugt, vermittelt wie der Sohn. Fangen wir vom Vater an, so ist dieser zunächst das Unmittelbare und der Sohn als das Erzeugte [das] Vermittelte. Alles Lebendige aber, indem es ein Erzeugendes ist, als Anfangendes, Unmittelbares bestimmt, ist Erzeugtes.

Unmittelbarkeit heißt Sein überhaupt, diese einfache Beziehung auf sich; es ist unmittelbar, insofern wir das Verhältnis entfernen. Wenn wir diese Existenz als solche, die im Verhältnis eine der Seiten des Verhältnisses ist, als Wirkung bestimmen, so wird das Verhältnislose erkannt als solches, das vermittelt ist. Ebenso ist die Ursache nur darin, daß sie Wirkung hat, denn sonst wäre sie gar nicht Ursache; nur in diesem Verhältnisse, also nur in dieser *Vermittlung* ist sie Ursache. Alles, was existiert – wir sprechen noch nicht von Vermittlung mit sich selbst –, da es zu seinem Sein, d. h. zu seiner Unmittelbarkeit ein Anderes nötig hat, ist insofern vermittelt.

Das Logische ist das Dialektische, wo das Sein als solches betrachtet ist, das als Unmittelbares unwahr ist. Die Wahrheit des Seins ist das Werden; Werden ist *eine* Bestimmung, sich auf sich beziehend, etwas Unmittelbares, eine ganz einfache Vorstellung, enthält aber die beiden Bestimmungen: Sein und Nichtsein. Es gibt kein Unmittelbares, das vielmehr nur eine Schulweisheit ist; Unmittelbares gibt es nur in diesem schlechten Verstande.

Ebenso ist es mit dem unmittelbaren Wissen, einer besonderen Weise, einer Art der Unmittelbarkeit: es gibt kein unmittelbares Wissen. Unmittelbares Wissen ist, wo wir das *Bewußtsein* der Vermittlung nicht haben; vermittelt aber *ist* es. Gefühle haben wir, das ist unmittelbar; haben Anschauung, das erscheint unter der Form der Unmittelbarkeit. Wenn wir aber mit *Gedankenbestimmungen* zu tun haben, so muß man nicht dabei stehenbleiben, wie das einem *zunächst* vorkommt, sondern [fragen,] ob es *in der Tat* so ist.

Betrachten wir eine Anschauung, so bin Ich, das Wissen, Anschauen, und dann ist ein Anderes, ein Objekt oder eine Bestimmtheit, wenn es nicht als Objektives gefaßt wird, sondern als Subjektives; ich bin in der Empfindung vermittelt nur durch das Objekt, durch die *Bestimmtheit* meines Empfindens. Es ist immer ein *Inhalt*, es gehören zwei dazu. Wissen ist ganz einfach, aber ich muß *etwas* wissen; bin ich nur Wissen, so weiß ich gar nichts. Ebenso reines Sehen: da sehe ich gar nicht. Das reine Wissen kann man unmittelbar nennen, dies ist einfach; ist aber das Wissen ein wirkliches, so ist Wissendes und Gewußtes; da ist *Verhältnis* und *Vermittlung*.

Näher ist das in Ansehung des religiösen Wissens der Fall, daß es wesentlich ein vermitteltes ist; aber ebensowenig dürfen wir einseitig das bloß vermittelte Wissen als ein reelles, wahrhaftes betrachten. Mag man in jeder Religion sein, so weiß jeder, daß er darin erzogen worden, Unterricht darin erhalten hat. Dieser Unterricht, diese Erziehung verschafft mir mein Wissen, mein Wissen ist vermittelt durch Lehre, Bildung usf.

Spricht man ohnehin von positiver Religion, so ist sie geoffenbart, und zwar auf eine dem Individuum äußerliche Weise; da ist der Glaube der Religion wesentlich vermittelt durch Offenbarung. Diese Umstände – Lehre, Offenbarung – sind nicht zufällig, akzidentell, sondern wesentlich. Allerdings betreffen sie ein äußerliches Verhältnis; aber daß es äußerliches Verhältnis ist, darum ist es nicht unwesentlich.

Sehen wir uns nun nach der anderen, inneren Seite um und vergessen, daß Glaube, Überzeugung so ein Vermitteltes ist, so sind wir auf dem Standpunkt, sie für sich zu betrachten. Hierher ist es vornehmlich, daß die Behauptung des unmittelbaren Wissens fällt: wir wissen unmittelbar von Gott, das ist eine Offenbarung in uns. Dies ist ein großer Grundsatz, den wir wesentlich festhalten müssen; es liegt das darin, daß positive Offenbarung nicht so Religion bewirken kann, daß sie ein mechanisch Hervorgebrachtes, von außen Gewirktes und in den Menschen Gesetztes wäre.

Hierher gehört das Alte, was Platon sagt: der Mensch lerne nichts, er erinnere sich nur, es sei etwas, das der Mensch ursprünglich in sich trage; äußerlicher, nicht-philosophischer Weise heißt es, er erinnere sich an einen Inhalt, den er früher in einem vorhergehenden Zustande gewußt habe. Dort ist es mythisch dargestellt; aber das ist darin: Religion, Recht, Sittlichkeit, alles Geistige werde im Menschen nur aufgeregt; er sei Geist an sich, die Wahrheit liege in ihm, und es handle sich nur darum, daß sie zum Bewußtsein gebracht werde.

Der Geist gibt Zeugnis dem Geist; dies Zeugnis ist die eigene, innere Natur des Geistes. Es ist diese wichtige Bestimmung darin, daß die Religion nicht äußerlich in den Menschen hineingebracht ist, sondern in ihm selbst, in seiner Vernunft, Freiheit überhaupt liegt. Wenn wir von diesem Verhältnis abstrahieren und betrachten, was dieses Wissen ist, wie dieses religiöse Gefühl, dieses Sichoffenbaren im Geiste beschaffen ist, so ist dies wohl Unmittelbarkeit, wie alles Wissen, aber Unmittelbarkeit, die ebenso Vermittlung in sich enthält. Denn wenn *ich* mir *Gott* vorstelle, so ist dies sogleich vermittelt, obschon die Beziehung ganz direkt, unmittelbar auf Gott geht. Ich bin als Wissen, und dann ist ein Gegenstand, Gott, also ein Verhältnis, und Wissen als dies Verhältnis ist Vermittlung. Ich als religiös Wissender bin nur ein solcher *vermittels dieses Inhalts*.

γ) Betrachten wir das religiöse Wissen näher, so zeigt es sich nicht nur als einfache Beziehung von mir auf den Gegenstand, sondern dies Wissen ist ein viel konkreteres; diese ganze Einfachheit, das Wissen von Gott, ist *Bewegung in sich*, näher *Erhebung* zu Gott. Die Religion sprechen wir wesentlich aus als dies *Übergehen* von einem Inhalt zu einem anderen, vom endlichen Inhalt zum absoluten, unendlichen.

Dies Übergehen, worin das Eigentümliche des Vermittelns bestimmt ausgesprochen ist, ist von gedoppelter Art: [erstens] von endlichen Dingen, von Dingen der Welt oder von der Endlichkeit unseres Bewußtseins und dieser Endlichkeit überhaupt, [als] die wir uns nennen – Ich, dieses besondere Subjekt –, zum Unendlichen, dieses Unendliche näher bestimmt als Gott. Die zweite Art des Übergehens hat abstraktere Seiten, die sich nach einem tieferen, abstrakteren Gegensatz verhalten. Da ist nämlich die eine Seite bestimmt als Gott, das Unendliche überhaupt als Gewußtes von uns, und die andere Seite, zu der wir übergehen, ist die Bestimmtheit als Objektives überhaupt oder als Seiendes. Im ersteren Übergang ist das Gemeinschaftliche das Sein, und dieser Inhalt beider Seiten wird als endlich und unendlich gesetzt; im zweiten ist das Gemeinschaftliche das Unendliche, und dieses wird in der Form des Subjektiven und Objektiven gesetzt.

Es ist jetzt zu betrachten das Verhältnis des Wissens von Gott in sich selbst. Das Wissen ist Verhältnis in sich selbst, vermittelt, entweder Vermittlung durch Anderes oder in sich; Vermittlung überhaupt, weil da Beziehung von mir stattfindet auf einen Gegenstand, Gott, der ein Anderes ist.

Ich und Gott sind voneinander *verschieden*; wären beide eins, so wäre unmittelbare, vermittlungslose Beziehung, beziehungslose, d. h. unterschiedslose Einheit. Indem beide verschieden sind, sind sie eines nicht, was das andere; wenn sie aber doch *bezogen* sind, bei ihrer Verschiedenheit zugleich *Identität* haben, so ist diese Identität selbst verschieden von ihrem Verschiedensein, etwas von diesen beiden Verschiedenes, weil sie sonst nicht verschieden wären.

Beide sind verschieden; ihre Einheit ist nicht sie selbst. Das, worin sie eins sind, ist das, worin sie verschieden sind; sie aber sind verschieden, also ist ihre Einheit verschieden von ihrer Verschiedenheit. Die Vermittlung ist damit näher in einem *Dritten* gegen das Verschiedene; so haben wir einen Schluß: zwei Verschiedene und ein Drittes, das sie zusammenbringt, in dem sie vermittelt, identisch sind.

Damit liegt es also nicht nur nahe, sondern in der Sache selbst, daß, insofern vom Wissen Gottes gesprochen wird, gleich von der Form eines Schlusses die Rede ist. Beide sind verschieden, und es ist eine Einheit, worin beide durch ein Drittes in eins gesetzt sind: das ist [ein] Schluß. Es ist also näher von der Natur des Wissens von Gott, das in sich wesentlich vermittelt ist, zu sprechen. Die nähere Form des Wissens von Gott kommt unter der Form von *Beweisen* vom Dasein Gottes vor: dies ist das Wissen von Gott als ein vermitteltes vorgestellt.

Nur das ist unvermittelt, was eins ist, abstrakt eins. Die Beweise vom Dasein Gottes stellen das Wissen von Gott vor, weil es Vermittlung in sich enthält. Das ist die Religion selbst, Wissen von Gott. Die Explikation dieses Wissens, welches vermittelt ist, ist Explikation der Religion selbst. Aber diese Form der Beweise hat allerdings etwas Schiefes an ihr, wenn dies Wissen vorgestellt wird als Beweisen vom Dasein Gottes. Gegen jenes hat sich die Kritik gerichtet; aber das einseitige Moment der Form, das an diesem vermittelten Wissen ist, macht nicht die ganze Sache zu nichts.

Es ist darum zu tun, die Beweise vom Dasein Gottes wieder

zu Ehren zu bringen, indem wir ihnen das Unangemessene abstreifen. Wir haben Gott und sein Dasein – Dasein ist bestimmtes, endliches Sein, das Sein Gottes ist nicht auf irgendeine Weise ein beschränktes; Existenz wird auch in bestimmtem Sinne genommen –, wir haben also Gott in seinem Sein, Wirklichkeit, Objektivität, und das Beweisen[7] hat den Zweck, uns den *Zusammenhang* aufzuzeigen zwischen beiden Bestimmungen, weil sie verschieden, nicht unmittelbar eins sind.

Unmittelbar ist jedes in seiner Beziehung auf sich, Gott als Gott, Sein als Sein. Beweisen ist, daß diese zunächst Verschiedenen auch einen Zusammenhang, Identität haben, – nicht reine Identität, das wäre Unmittelbarkeit, Einerleiheit. Zusammenhang zeigen heißt beweisen überhaupt; dieser Zusammenhang kann von verschiedener Art sein, und bei Beweisen ist es unbestimmt, von welcher Art Zusammenhang die Rede sei.

Es gibt ganz äußerlichen, mechanischen Zusammenhang: Wir sehen, daß ein Dach notwendig ist zu den Wänden; das Haus hat diese Bestimmung gegen Witterung usf.; man kann sagen: es ist bewiesen, daß ein Haus ein Dach haben muß; der Zweck ist das Verknüpfende der Wände mit dem Dach. Das gehört wohl zusammen, ist Zusammenhang, aber wir haben zugleich das Bewußtsein, daß dieser Zusammenhang nicht das Sein dieser Gegenstände betrifft; daß Holz, Ziegel ein Dach ausmachen, geht ihr Sein nichts an, ist für sie bloß äußerlicher Zusammenhang. Hier liegt im Beweisen: einen Zusammenhang aufzeigen zwischen solchen Bestimmungen, denen der Zusammenhang selbst äußerlich ist.

Sodann gibt es andere Zusammenhänge, die in der Sache, dem Inhalt selbst liegen. Das ist der Fall z. B. bei geometrischen Lehrsätzen. Wenn ein rechtwinkliges Dreieck ist, so ist sogleich vorhanden ein Verhältnis des Quadrats der Hypotenuse zu den Quadraten der Katheten. Das ist Notwendig-

---

[7] Lasson: »Bewußtsein«

keit der Sache; hier ist Beziehung nicht von solchen, denen der Zusammenhang äußerlich ist, sondern hier kann das eine nicht ohne das andere sein, mit dem einen ist hier auch das andere gesetzt.

Aber in dieser Notwendigkeit ist die Art unserer Einsicht in die Notwendigkeit verschieden vom Zusammenhang der Bestimmungen in der Sache selbst. Der Gang, den wir im Beweisen machen, ist nicht Gang der Sache selbst, ist ein anderer, als der in der Natur der Sache ist. *Wir* ziehen Hilfslinien; es wird niemand einfallen zu sagen, damit ein Dreieck drei Winkel gleich zwei rechten habe, nehme es diesen Gang, einen seiner Winkel zu verlängern, und erst dadurch erreiche es dies. Da ist unsere Einsicht, die Vermittlung, die wir durchgehen, und die Vermittlung in der Sache selbst voneinander verschieden. Die Konstruktion und der Beweis sind nur zum Behuf unserer subjektiven Erkenntnis; das ist nicht objektive Weise, daß die Sache durch diese Vermittlung zu diesem Verhältnis gelangt, sondern nur wir gelangen durch diese Vermittlung zur Einsicht; das ist bloß subjektive Notwendigkeit, nicht Zusammenhang, Vermittlung im Gegenstande selbst.

Diese Art von Beweisen, diese Zusammenhänge sind unbefriedigend sogleich für sich selbst in Rücksicht auf das Wissen von Gott, auf den Zusammenhang der Bestimmungen Gottes in sich und den Zusammenhang unseres Wissens von Gott und seinen Bestimmungen. Näher erscheint das Unbefriedigende so: In jenem Gang der *subjektiven Notwendigkeit* gehen wir aus von ersten gewissen Bestimmungen, von solchem, das uns schon bekannt ist. Da haben wir *Voraussetzungen*, gewisse Bedingungen, – daß das Dreieck, der rechte Winkel *ist*. Es gehen voraus gewisse Zusammenhänge, und wir zeigen in solchen Beweisen auf: wenn diese Bestimmung ist, so ist auch jene; d. h. wir machen das Resultat abhängig von gegebenen, bereits vorhandenen Bedingungen.

Es ist das Verhältnis dies: das, worauf wir kommen, wird

vorgestellt als ein Abhängiges von Voraussetzungen. Das geometrische Beweisen als bloß verständiges ist allerdings das vollkommenste, das verständige Beweisen am konsequentesten durchgeführt, daß etwas aufgezeigt wird als abhängig von einem anderen. Indem wir das anwenden auf das Sein Gottes, so erscheint da gleich die Unangemessenheit, einen solchen Zusammenhang bei Gott aufzeigen zu wollen. Es erscheint nämlich besonders im ersten Gang, den wir Erhebung zu Gott nannten, so daß, wenn wir dies in die Form des Beweises fassen, wir das Verhältnis haben, daß das Endliche die *Grundlage* sei, aus welcher bewiesen wird das Sein Gottes; in diesem Zusammenhang erscheint das Sein Gottes als Folge, als abhängig vom Sein des Endlichen.

Da erscheint die Unangemessenheit dieses Fortgangs, den wir Beweisen nennen, mit dem, was wir uns unter Gott vorstellen, daß er gerade das Nichtabgeleitete, schlechthin an und für sich Seiende ist. Das ist das Schiefe. Wenn man nun aber meint, durch solche Bemerkung habe man überhaupt diesen Gang als nichtig gezeigt, so ist dies ebenso eine Einseitigkeit, die dem allgemeinen Bewußtsein der Menschen sogleich widerspricht.

Der Mensch betrachtet die Welt und erhebt sich, weil er denkend, vernünftig ist, da er in der Zufälligkeit der Dinge keine Befriedigung findet, vom Endlichen zum absolut Notwendigen und sagt: weil das Endliche ein Zufälliges ist, muß ein an und für sich Notwendiges sein, welches Grund dieser Zufälligkeit ist. Das ist der Gang der menschlichen Vernunft, des menschlichen Geistes, und dieser Beweis vom Dasein Gottes ist nichts als die Beschreibung von dieser Erhebung zum Unendlichen.

Ebenso werden die Menschen immer diesen konkreteren Gang gehen: Weil Lebendiges in der Welt ist, das für seine Lebendigkeit, als Lebendiges in sich organisiert, eine solche Zusammenstimmung seiner verschiedenen Teile ist, und diese Lebendigen ebenso äußerer Gegenstände, Luft usf. bedürfen, die selbständig gegen sie sind, – weil diese, die nicht durch

sie selbst gesetzt sind, so zusammenstimmen, muß ein innerer Grund dieser Zusammenstimmung sein.
Es ist diese Zusammenstimmung an und für sich, und sie setzt eine Tätigkeit, die sie hervorgebracht hat, ein nach Zwecken Tätiges voraus. Das ist, was man nennt die Weisheit Gottes in der Natur bewundern, dieses Wunderbare des lebendigen Organismus und die Zusammenstimmung äußerlicher Gegenstände zu ihm: von dieser erhebt sich der Mensch zum Bewußtsein Gottes. Wenn man meint, falls die Form der Beweise vom Dasein Gottes bestritten wird, diese auch ihrem *Inhalt* nach antiquiert zu haben, so irrt man sich.
Aber der Inhalt ist allerdings nicht in seiner Reinheit dargestellt. Dieser Mangel kann auch so bemerklich gemacht werden. Man sagt, bei den Beweisen bleibe man kalt, man habe es mit gegenständlichem Inhalt zu tun, man könne wohl einsehen: das und das ist; aber das Erkennen sei äußerlich, dieses Einsehen bleibe nur etwas Äußerliches, dieser Gang sei zu objektiv, es sei kalte Überzeugung, diese Einsicht sei nicht im Herzen, die Überzeugung müsse im Gemüt sein.
In diesem Vorwurf des Mangelhaften liegt, daß eben dieser Gang unsere eigene Erhebung sein soll, nicht daß wir uns betrachtend verhalten gegen einen Zusammenhang von äußerlichen Bestimmungen; sondern es soll der fühlende, glaubende Geist, der Geist überhaupt sich erheben. Die *geistige Bewegung*, die Bewegung unserer selbst, unseres Wissens soll auch darin sein, und das vermissen wir, wenn wir sagen, es sei ein äußerlicher Zusammenhang von Bestimmungen.
Die *Erhebung* und die *Bewegung des gegenständlichen Inhalts* fällt aber in der Tat in eins, in das *Denken*. Ich selbst als denkend bin dieses Übergehen, diese geistige Bewegung, und als diese Bewegung ist jetzt das Denken zu betrachten. Zunächst aber ist es die *empirische Beobachtung und die Reflexion*.

b. Das vermittelte Wissen als Beobachtung und als Reflexion

Dieser Standpunkt, der überhaupt unserer Zeit eigentümlich ist, verfährt nach empirischer Psychologie, nimmt dasjenige auf, was und wie es sich im gewöhnlichen Bewußtsein findet, *beobachtet die Erscheinung* und setzt *außerhalb* derselben, was das *Unendliche* darin ist.

Religion ist auf diesem Standpunkt das Bewußtsein des Menschen von einem Höheren, Jenseitigen, außer ihm und über ihm Seienden. Das Bewußtsein findet sich nämlich abhängig, *endlich*, und in diesem seinem Empfinden ist es insoweit Bewußtsein, daß es ein *Anderes voraussetzt*, von dem es abhängt und welches ihm als das Wesen gilt, weil es selbst als das Negative, Endliche bestimmt ist.

Diese Beobachtung und Reflexion entwickelt sich, wenn wir sie zunächst in ihrer *allgemeinen Form* betrachten, in folgender Gestalt.

Im Bewußtsein, insofern ich von einem Gegenstande weiß und in mich gegen denselben reflektiert bin, weiß ich *den Gegenstand* als das *Andere meiner*, mich daher durch ihn *beschränkt* und *endlich*. Wir finden uns endlich; das ist diese Bestimmung; darüber scheint nichts weiter zu sagen. Wir finden überall ein Ende; das Ende des Einen ist da, wo ein Anderes anfängt. Schon dadurch, daß wir ein Objekt haben, sind wir endlich: wo das anfängt, bin ich nicht, also endlich. Wir wissen uns endlich nach vielfachen Seiten. Nach der physikalischen Seite: das Leben ist endlich; als Leben sind wir äußerlich abhängig von anderen, haben Bedürfnisse usf. und haben das Bewußtsein dieser Schranke. Dies Gefühl haben wir mit dem Tiere gemein. Die Pflanze, das Mineral ist auch endlich, aber es hat kein Gefühl seiner Schranke; es ist ein Vorzug des Lebenden, seine Schranke zu wissen, und noch mehr des Geistigen; es hat Furcht, Angst, Hunger, Durst usf., in seinem Selbstgefühl ist eine Unterbrechung, eine Negation, und es ist Gefühl derselben vorhanden. Wenn man sagt, die Religion beruhe auf diesem Gefühl der Abhängigkeit, so hätte auch das Tier Religion. Für den Menschen ist diese Schranke nur insofern, als er darüber hinausgeht; im Gefühl, im Bewußtsein der Schranke liegt das Darüberhinaussein. Dies Gefühl ist eine Vergleichung seiner *Natur* mit seinem *Dasein* in diesem Moment; sein Dasein ist seiner Natur nicht entsprechend.

Für uns ist der Stein beschränkt, für sich selbst nicht; wir sind über seine Bestimmtheit hinaus; er ist mit dem, was er ist, unmittelbar identisch; das, was sein bestimmtes Sein ausmacht, ist ihm nicht als ein Nichtsein. Das Schrankefühlen des Tieres ist Vergleichung seiner Allgemeinheit mit seinem Dasein in diesem bestimmten Moment. Das Tier als Lebendiges ist sich Allgemeines; es fühlt seine Beschränkung als negierte Allgemeinheit, als Bedürfnis. Der Mensch ist wesentlich ebenso negative Einheit, Identität mit sich und hat die Gewißheit der Einheit mit sich, das Selbstgefühl seiner selbst, seiner Beziehung auf sich; diesem widerspricht das Gefühl einer Negation in ihm. Das Subjekt fühlt sich auch als Macht gegen seine Negation und hebt dies Akzidentelle auf, d. h. es befriedigt sein Bedürfnis. Alle Triebe im Menschen wie im Tiere sind diese Affirmation seines Selbst, und das Tier stellt sich so her gegen die Negation in ihm. Das Lebendige ist nur im Aufheben der Schranke, und es versöhnt sich darin mit sich selbst. Diese Not in ihm erscheint zugleich als Objekt außer ihm, dessen es sich bemächtigt und so sein Selbst wiederherstellt.

Die Schranke der Endlichkeit also ist für uns, insofern wir darüber hinaus sind. Diese so abstrakte Reflexion wird auf diesem Standpunkt des Bewußtseins nicht gemacht, sondern es *bleibt in der Schranke* stehen. Das Objekt ist das Nichtsein desselben; daß es so als verschieden vom Ich gesetzt sei, dazu gehört, daß es *nicht* das, was Ich ist, sei. Ich bin das Endliche. So ist das *Unendliche*, was über die Schranken hinaus ist; es ist ein *Anderes* als das Beschränkte; es ist das

Unbeschränkte, Unendliche. So haben wir *Endliches und Unendliches.*

Es ist aber darin schon enthalten, daß beide Seiten *in Relation* miteinander sind, und es ist zu sehen, wie sich diese bestimmt; dies ist auf ganz einfache Weise.

Das Unendliche, dies als mein Gegenstand, ist das Nichtendliche, Nichtbesondere, Nichtbeschränkte, das Allgemeine; das Endliche in Relation auf Unendliches ist gesetzt als das Negative, Abhängige, was zerfließt im Verhältnis zum Unendlichen. Indem beide zusammengebracht werden, entsteht eine *Einheit*, durch das *Aufheben des einen*, und zwar des *Endlichen*, welches nicht aushalten kann gegen das Unendliche. Dies Verhältnis, als Gefühl ausgedrückt, ist das der *Furcht*, der *Abhängigkeit*. Dies ist die Relation beider; aber es ist noch eine andere Bestimmung darin.

Einerseits bestimme ich mich als das Endliche; das andere ist, daß ich in der Relation nicht untergehe, daß ich mich auf mich selbst beziehe. Ich bin, ich bestehe, ich bin auch das *Affirmative*; einerseits weiß ich mich als nichtig, andererseits als affirmativ, als geltend, so daß das Unendliche mich gewähren läßt. Man kann dies die *Güte* des Unendlichen nennen, wie das Aufheben des Endlichen die *Gerechtigkeit* genannt werden kann, wonach das Endliche manifestiert werden muß als Endliches.

Dies ist das so bestimmte Bewußtsein, über welches hinaus die Beobachtung nicht geht. Man sagt nun, wenn man so weit geht, darin sei das Ganze der Religion enthalten. Wir können aber auch weiter gehen, erkennen, daß man Gott erkennen kann; aber es wird gleichsam mit Willkür hier festgehalten, oder weil man sich nur beobachtend verhalten will, muß man bei dieser Bestimmung des Bewußtseins stehenbleiben. Das Beobachten kann nur auf das Subjekt gehen und nicht weiterkommen, weil es nur empirisch zu Werke gehen, sich nur an das unmittelbar Vorhandene, Gegebene halten will und Gott nicht ein solches ist, das sich beobachten läßt. Hier kann daher nur das Gegenstand sein, was in *uns* als solchen ist und was wir als die *Endlichen* sind, und Gott bestimmt sich für diesen Standpunkt nur als das Unendliche, als das Andere des Endlichen, als das *Jenseits* desselben; soweit er ist, bin ich nicht; soweit er mich berührt, schwindet das Endliche zusammen. Gott ist so bestimmt mit einem Gegensatz, der absolut erscheint. Man sagt: das Endliche kann das Unendliche nicht fassen, erreichen, begreifen, man kann über diesen Standpunkt nicht hinausgehen. Man sagt: wir haben darin alles, was wir von Gott und Religion zu wissen brauchen, und was darüber ist, ist vom Übel. Man könnte selbst noch beobachten, daß wir Gott erkennen können, daß wir von einem Reichtum seiner Lebendigkeit und Geistigkeit wissen; das wäre aber vom Übel.

Wenn man sich auf den Standpunkt des empirischen Verfahrens, des Beobachtens gestellt hat, so kann man wahrhaft nicht weiter gehen; denn *beobachten* heißt, sich den Inhalt desselben *äußerlich* halten; dies Äußerliche, Beschränkte ist aber das *Endliche*, das *gegen ein Anderes äußerlich* ist, und dies Andere ist als das Unendliche das *Jenseits* desselben. Wenn ich nun weiter gehe, aus einem geistig höheren Standpunkt des Bewußtseins zu betrachten anfange, so finde ich mich nicht mehr beobachtend, sondern ich vergesse mich, hineingehend in das Objekt; ich versenke mich darin, indem ich Gott zu erkennen, zu begreifen suche; ich gebe mich darin auf, und wenn ich dies tue, so bin ich nicht mehr in dem Verhältnis des empirischen Bewußtseins, des Beobachtens. Wenn Gott für mich nicht mehr ein Jenseits ist, so bin ich nicht mehr reiner Beobachter. Insofern man also beobachten will, muß man auf diesem Standpunkt bleiben. Und das ist die ganze Weisheit unserer Zeit.

Man bleibt bei der *Endlichkeit des Subjekts* stehen; sie gilt hier als das Höchste, das Letzte, als Unverrückbares, Unveränderliches, Ehernes, und ihm gegenüber ist dann ein Anderes, an dem dies Subjekt ein Ende hat. Dies Andere, Gott genannt, ist ein Jenseits, wonach wir im Gefühl unserer

Endlichkeit suchen, weiter nichts, denn wir sind in unserer Endlichkeit fest und absolut.

Die Reflexion des *Hinüberseins über die Schranke* ist wohl auch noch zugegeben; jedoch ist dies Hinausgehen nur ein Versuchtes, eine bloße *Sehnsucht*, die das nicht erreicht, was sie sucht; das Objekt erreichen, es erkennen hieße ja, meine Endlichkeit aufgeben; sie ist aber das Letzte, soll nicht aufgegeben werden, und wir sind in ihr fertig, befriedigt und mit derselben versöhnt.

Dieser ganze Standpunkt ist nun noch näher ins Auge zu fassen und zu sehen, was die allgemeine Bestimmtheit desselben ausmacht, und sein Wesentliches zu beurteilen. Es ist in ihm die Bestimmtheit meiner Endlichkeit, meiner Relativität; das Unendliche steht ihm gegenüber, aber als ein Jenseits. Mit der Negation, als die ich wesentlich bestimmt bin, *wechselt ab* meine Affirmation, die Bestimmung, daß ich bin. Wir werden sehen, daß beide, Negation und Affirmation, in eins zusammenfallen und die Absolutheit des Ich herauskommen wird.

1. Einerseits ist hier das Hinausgehen aus meiner Endlichkeit zu einem Höheren, andererseits bin ich als das Negative dieses Höheren bestimmt; dieses bleibt ein Anderes, von mir unbestimmbar, unerreicht, insofern die Bestimmung einen objektiven Sinn haben soll. Vorhanden ist nur mein Hinaus als Richtung in die Ferne; ich bleibe diesseits und habe die Sehnsucht nach einem Jenseits.

2. Zu bemerken ist, daß diese Richtung nach einem Jenseits durchaus nur *mein* ist, mein Tun, meine Richtung, meine Rührung, mein Wollen, mein Streben. Wenn ich die Prädikate allgütig, allmächtig als Bestimmungen von diesem Jenseits gebrauche, so haben sie nur Sinn *in mir*, einen subjektiven, nicht objektiven Sinn, und sie fallen durchaus nur in jene *meine Richtung*. Meine absolute, feste Endlichkeit hindert mich, das Jenseits zu erreichen; meine Endlichkeit aufgeben und es erreichen wäre eins. Das Interesse, jenes *nicht* zu erreichen und *mich* zu erhalten, ist identisch.

3. Es erhellt hieraus, daß die gedoppelte Negativität, meiner als Endlichen und eines Unendlichen gegen mich, in dem Ich selbst ihren Sitz hat, einerseits nur eine Entzweiung ist in mir, die Bestimmung, daß ich das Negative bin; andererseits ist aber auch das Negative als Anderes gegen mich bestimmt. Diese zweite Bestimmung gehört ebenso mir an; es sind verschiedene Richtungen, eine auf mich und eine nach außen, die aber ebenso *in mich* fällt; meine Richtung zum Jenseits und meine Endlichkeit sind Bestimmungen in mir; ich bleibe darin *bei mir* selbst. Dadurch ist also das Ich sich selbst *affirmativ* geworden, und dies ist es, was die andere Seite dieses Standpunktes ausmacht. Meine Affirmation spricht sich so aus: Ich bin. Dies ist von meiner Endlichkeit ein Unterschiedenes und die Aufhebung meiner Endlichkeit. Es heißt in Rücksicht auf das Sehnen, Streben, Sollen überhaupt: *ich bin, was ich soll,* d. h. ich bin gut von Natur, d. h. ich bin, und zwar insofern ich *unmittelbar gut* bin. In dieser Rücksicht ist es nur darum zu tun, mich so zu erhalten; es ist zwar in mir auch eine Möglichkeit von Beziehung auf Anderes, von Sünden, Fehlern usf.; dies ist aber dann sogleich als Späteres, äußerlich *Akzidentelles* bestimmt. Ich bin – das ist eine Beziehung auf mich, eine Affirmation; ich bin, wie ich sein soll. Das Fehlerhafte ist, was Ich nicht ist, und das ist nicht in meiner Wurzel, sondern eine *zufällige Verwicklung* überhaupt.

In diesem Standpunkt der Affirmation ist also wohl enthalten, daß ich mich auch zu einem Äußerlichen verhalten, das Gute getrübt werden kann. Meine Affirmation in Beziehung auf solches Unrecht wird dann auch vermittelte, aus solcher Vereinzelung sich herstellende Affirmation, vermittelt durch das Aufheben der Fehlerhaftigkeit, die an sich nur zufällig ist. Das Gute meiner Natur ist zur Gleichheit mit sich selbst zurückgekehrt; diese Versöhnung schafft dann *nichts Innerliches* weg, berührt es nicht, sondern schafft nur Äußerliches fort. Die Welt, das Endliche versöhnt sich in dieser Weise mit sich selbst. Wenn es sonst also hieß, Gott habe die Welt mit sich versöhnt, so geht diese Versöhnung jetzt *in mir als Endlichem* vor; ich *als Einzelner* bin gut; in Fehler verfallend, brauche ich nur ein Akzidentelles von mir zu werfen, und ich bin versöhnt mit mir. Das Innere ist nur an seiner Oberfläche getrübt, aber bis in den Boden reicht diese Trübung nicht; der *Geist* ist nicht damit in Verhältnisse gekommen, er bleibt außer dem Spiele; das Innere, der Geist, ist das ursprünglich Gute, und das Negative ist nicht innerhalb der Natur des Geistes selbst bestimmt.

In der alten Theologie war dagegen die Vorstellung von ewiger Verdammnis; sie setzte den Willen als schlechthin frei voraus: es kommt nicht auf meine Natur, sondern auf *meinen selbstbewußten Willen* an, was ich bin, und ich bin schuldig durch den Willen. So ist meine Natur, das Ursprüngliche, nicht das Gute; ich kann mir kein Gutsein zuschreiben *außer meinem Willen*; dies fällt nur in die Seite meines selbstbewußten Geistes. Hier hingegen ist nur die gute Ursprünglichkeit angenommen, deren Berührung durch Anderes aufgehoben wird durch Wiederherstellung des Ursprünglichen. Zu dieser guten Ursprünglichkeit kann nichts weiter hinzukommen als das *Wissen* von ihr, die *Überzeugung, Meinung des Gutseins*, und jene versöhnende Vermittlung besteht bloß in diesem *Bewußtsein*, Wissen, daß ich von Natur gut bin, – ist somit ein eitles, leeres Schaukelsystem. Ich nämlich schaukle mich in mir hinüber in die Sehnsucht und in die Richtung nach dem Jenseits oder in das Erkennen meiner begangenen Fehler, und ich schaukle mich in jener Sehnsucht und in der Rührung, die nur in mir vorgehen, zu mir herüber, bin unmittelbar darin bei mir selbst.

Dies ist die abstrakte Bestimmung; weiter entwickelt würden alle Ansichten der Zeit hineinfallen, z. B. daß das Gute nur in meiner Überzeugung liegt, und hier auf dieser Überzeugung beruhe meine Sittlichkeit, und was gut sei, beruhe wieder nur in meiner Natur. Meine Überzeugung sei hinreichend in Ansehung meiner. Daß ich die Handlung als gut *weiß*, ist genug in Ansehung meiner. Eines weiteren Bewußtseins über die *substantielle Natur* der Handlung bedarf es nicht. Kommt es aber einzig auf jenes Bewußtsein an, so kann ich eigentlich gar keinen Fehler begehen; denn ich bin mir *nur affirmativ*, während die Entzweiung formell bleibt, ein Schein, der mein wesentliches Inneres nicht trübt. Meine Sehnsucht, meine Rührung ist das Substantielle. In diesem Standpunkt liegen alle Ansichten neuerer Zeit seit der Kantischen Philosophie, welche zuerst diesen Glauben an das Gute aufstellte.

Dies ist der Standpunkt des subjektiven Bewußtseins, welches die Gegensätze entwickelt, die das Bewußtsein betreffen, die aber darin bleiben und die es in seiner Gewalt behält, weil es das Affirmative ist.

Zu betrachten ist nun, was Endlichkeit überhaupt ist und welches wahrhafte Verhältnis das Endliche zum Unendlichen hat; daß der menschliche Geist endlich sei, dies hören wir täglich versichern. Wir wollen von der Endlichkeit zuerst in dem populären Sinn sprechen, den man meint, wenn man sagt, der Mensch ist endlich, dann von dem wahrhaften Sinne und der vernünftigen Anschauung derselben.

Es sind *dreierlei* Formen, in denen die *Endlichkeit* erscheint, nämlich in der *sinnlichen Existenz*, in der *Reflexion* und in der Weise, wie sie *im Geist und für den Geist* ist.

α. Die Endlichkeit in der sinnlichen Existenz

Daß der Mensch endlich sei, dies hat zunächst den Sinn: ich, der Mensch, verhalte mich zu Anderem; es ist *ein Anderes, Negatives meiner* vorhanden, mit dem ich in Verbindung stehe, und das macht meine Endlichkeit aus; wir sind beide ausschließend und verhalten uns selbständig gegeneinander. So bin ich als *sinnlich Empfindendes*; alles Lebendige ist so ausschließend. Im Hören und Sehen habe ich nur Einzelnes vor mir, und mich praktisch verhaltend, habe ich es immer nur mit *Einzelnem* zu tun; die Gegenstände meiner Befriedigung sind ebenso einzeln. Dies ist der Standpunkt des *natürlichen Seins*, der natürlichen Existenz; ich bin danach in vielfachen Verhältnissen, vielfach äußerem Sein, in Empfindungen, Bedürfnissen, praktischen und theoretischen Verhältnissen; alle sind ihrem Inhalt nach beschränkt und abhängig, endlich. Innerhalb dieser Endlichkeit fällt schon die *Aufhebung des Endlichen*; jeder Trieb als subjektiv bezieht sich auf Anderes, ist endlich, aber er hebt diese Beziehung, dies Endliche auf, indem er sich befriedigt. Diese Rückkehr in seine Affirmation ist die Befriedigung; sie bleibt aber andererseits endlich, denn der befriedigte Trieb erwacht wieder, und die Aufhebung der Negation fällt in das Bedürfnis zurück. Die Befriedigung, diese Unendlichkeit ist nur eine Unendlichkeit der *Form* und deshalb keine wahrhaft konkrete; der Inhalt bleibt endlich, und so bleibt auch die Befriedigung ebenso endlich, als das Bedürfnis als solches den Mangel hat und endlich ist; aber nach der formellen Seite ist dies, daß das Bedürfnis sich befriedigt, ein Aufheben seiner Endlichkeit. Die Befriedigung des Hungers ist Aufheben der Trennung zwischen mir und meinem Objekt, ist Aufheben der Endlichkeit, jedoch nur formelles.

Das Natürliche ist nicht an und für sich, sondern daß es ein *nicht durch sich selbst Gesetztes* ist, macht die Endlichkeit seiner Natur aus. Auch unser sinnliches Bewußtsein, insofern wir es darin mit Einzelnen zu tun haben, gehört in diese natürliche Endlichkeit; diese hat sich zu manifestieren. Das Endliche ist als das Negative bestimmt, muß sich von sich befreien; dies erste, natürliche, unbefangene Sichbefreien des Endlichen von seiner Endlichkeit ist der *Tod*; dies ist das Verzichtleisten auf das Endliche, und es wird hier real, actualiter *gesetzt*, was das natürliche Leben *an sich* ist. Die sinnliche Lebendigkeit des Einzelnen hat ihr Ende im Tode. Die einzelnen Empfindungen sind als einzeln vorübergehend: eine verdrängt die andere; ein Trieb, eine Begierde vertreibt die andere. Dieses Sinnliche setzt sich realiter als das, was es ist, in seinem Untergange. Im Tode ist das Endliche als aufgehobenes gesetzt. Aber der Tod ist nur die *abstrakte Negation des an sich Negativen*; er ist selbst ein

Nichtiges, die *offenbare* Nichtigkeit. Aber die *gesetzte* Nichtigkeit ist zugleich die aufgehobene und die *Rückkehr zum Positiven*. Hier tritt das Aufhören, das Loskommen von der Endlichkeit ein. Dies Loskommen von der Endlichkeit ist *im Bewußtsein* nicht das, was der Tod ist, sondern dies Höhere ist im Denken, – schon in der Vorstellung, soweit darin das Denken tätig ist.

β. Die Endlichkeit auf dem Standpunkt der Reflexion

Indem wir uns jetzt aus dem unmittelbaren Bewußtsein in den Standpunkt der *Reflexion* erheben, haben wir es auch wieder mit einer *Endlichkeit* zu tun, die *im bestimmten Gegensatz mit der Unendlichkeit* auftritt. Dieser Gegensatz hat verschiedene Formen, und die Frage ist: welches sind diese?

Es ist auf diesem Standpunkt ein *Loskommen von der Endlichkeit* vorhanden, aber die wahrhafte Unendlichkeit ist auch in dieser Sphäre nur erst als die *aufgehobene Endlichkeit*. Es fragt sich also: kommt die Reflexion dazu, das Endliche als das an sich Nichtige zu setzen, oder kommt die Reflexion so weit wie die Natur; kann sie das sterben machen, was sterblich ist, oder ist ihr das Nichtige unsterblich? Weil es nichtig ist, sollen wir es schwinden lassen, denn was die Natur vermag, muß der unendliche Geist noch mehr können. So zeigt die Reflexion, wie die Natur, das Endliche als Nichtiges auf. Aber die Natur fällt immer wieder in das Endliche zurück, und ebenso ist es der Standpunkt der Reflexion, den *Gegensatz*, die *Endlichkeit* gegen die Unendlichkeit perennierend *festzuhalten*. Eben die Beziehung dieser beiden ist der Standpunkt der Reflexion; beide gehören zum Gegensatz, der diesem Standpunkt eigen ist. Es wird nämlich zum Unendlichen nur als der *abstrakten Negation* des Endlichen, als dem Nicht-Endlichen fortgegangen, das aber, als das Endliche nicht *als sich selbst in sich* habend, gegen dasselbe ein *Anderes* und somit selbst ein *Endliches* bleibt, welches wieder zu einem Unendlichen fortgeht und so weiter ins Unendliche.

αα) *Das Außereinander der Endlichkeit und die Allgemeinheit.* – Wenn wir den *ersten* Gegensatz vom Endlichen und Unendlichen in der Reflexion betrachten, so ist die Endlichkeit ein verschiedenes, *mannigfaches Außereinander*, von denen jedes ein *Besonderes, Beschränktes* ist; ihm *gegenüber* bestimmt sich das Mannigfache in seiner *Allgemeinheit, Unbeschränktheit*, das *Allgemeine in dieser Vielheit*. Diese Form kommt in konkreterer Gestalt in unserem Bewußtsein so vor.

Wir wissen von vielen Dingen, aber immer nur von *einzelnen*. Als wollend ist der Geist nach *partikulären* Zwecken und Interessen bestimmt. In beiden Beziehungen aber, als vorstellend und wollend, verhält sich der Geist als ausschließende Besonderheit und steht also im Zusammenhang mit selbständigen anderen Dingen. Auch hier tritt der Gegensatz ein, indem der Geist seine *daseiende* Einzelheit mit seiner als *allgemein* bestimmten, vorgestellten Einzelheit vergleicht. Den Reichtum der Kenntnisse, die ich *besitze*, vergleiche ich mit der *vorgestellten* Masse von Kenntnissen, finde beides, meine Wirklichkeit und die vorgestellte Allgemeinheit, unangemessen, und es wird gefordert, daß die wirkliche Vielheit weiter gefördert, vervollständigt, erschöpft und zur Allgemeinheit gebracht werde. Ebenso kann man sich im Praktischen eine *Allgemeinheit* der Befriedigung, Vollständigkeit der Triebe, Genüsse zum Plan machen, die man dann Glückseligkeit nennt. Die eine Totalität heißt Allgemeinheit des Wissens, die andere Totalität die des Besitzes, der Befriedigung, der Begierde, des Genusses. Allein die *Totalität* ist hier nur als *Vielheit* und *Allheit* gedacht, und sie bleibt daher der Endlichkeit, die nicht *alles* besitzen kann, gegenüberstehen. Ich ist so noch Ausschließendes gegen Ausschließendes; also Vieles ist als schlechthin ausschließend gegen anderes Vieles, und *Alles* ist nur eine äußerlich bleibende Abstraktion an dem Vielen. So wird nun gefunden, daß die Kenntnisse keine Grenze haben, so ist der

Flug von Sternen zu Sternen unbegrenzt, und man kann sich wohl denken, daß die Naturwissenschaft alle Tiere kennt, aber nicht bis in ihre subtilsten Bestimmtheiten; ebenso ist es mit der Befriedigung der Triebe: viele Interessen und Zwecke kann der Mensch erreichen, aber alle oder die Glückseligkeit selbst nicht; die Allheit ist ein unerreichbares Ideal. Diese Endlichkeit *bleibt*, eben weil sie etwas Wahres ist; das Unwahre ist die Einheit, die Allgemeinheit; die Vielheit müßte ihren Charakter aufgeben, um unter die Einheit gesetzt zu werden. Das Ideal ist daher unerreichbar, eben weil es unwahr in sich ist, eine Einheit von vielem, die zugleich ein mannigfaltiges Außereinander bleiben soll. Der Zweck ferner und das Ideal, diesseits dessen man stehenbleibt, ist selbst ein wesentlich Endliches, und eben deswegen muß ich diesseits desselben stehenbleiben; denn in der Erreichung desselben würde ich doch nur Endliches erreichen.
ββ) *Der Gegensatz des Endlichen und Unendlichen.* – Zu betrachten ist nun die Form des Gegensatzes des Endlichen gegen Unendliches, wie er in der *Reflexion als solcher* ist. Dies ist die Endlichkeit im Gegensatz zur Unendlichkeit, *beide für sich gesetzt,* nicht bloß als Prädikat, sondern als *wesentlicher* Gegensatz und so, daß das eine bestimmt ist als das Andere des anderen. Die Endlichkeit *bleibt* auch hier eben deswegen, weil das *Unendliche,* das ihr gegenübersteht, selbst ein Endliches ist, und zwar ein solches, das als das *Andere des Ersten* gesetzt wird. Erst das wahrhaft Unendliche, welches sich selbst als Endliches setzt, greift zugleich über sich als sein Anderes über und bleibt darin, weil es *sein Anderes* ist, in der Einheit mit sich. Ist aber das Eine, Unendliche nur als das Nicht-Viele, Nicht-Endliche bestimmt, so bleibt es jenseits des Vielen und Endlichen, und so bleibt das Viele des Endlichen selbst gleichfalls für sich stehen, ohne sein Jenseits erreichen zu können.
Wir müssen nun fragen, ob dieser Gegensatz Wahrheit hat, d. h. ob diese beiden Seiten auseinanderfallen und außereinander bestehen. In dieser Rücksicht ist schon gesagt, daß

wir, wenn wir das Endliche als endlich setzen, darüber hinaus sind. In der Schranke haben wir eine Schranke, aber nur, indem wir darüber hinaus sind; sie ist nicht mehr das Affirmative; indem wir dabei sind, sind wir nicht mehr dabei.

Das Endliche bezieht sich auf das Unendliche, *beide schließen sich gegeneinander aus*; näher betrachtet soll das Endliche das *Begrenzte* und die *Grenze desselben das Unendliche* sein.

Bei der ersten Form begrenzte ein Besonderes ein anderes; hier hat das Endliche am Unendlichen selbst eine Grenze. Wenn nun das Endliche begrenzt wird vom Unendlichen und auf einer Seite steht, so ist das Unendliche selbst auch ein Begrenztes; es hat am Endlichen eine Grenze, es ist das, was das Endliche nicht ist, hat ein Drüben und ist so ein Endliches, Begrenztes. Wir haben so statt des Höchsten ein *Endliches*. Wir haben nicht das, was wir wollen, wir haben nur ein Endliches an diesem Unendlichen. Oder sagt man auf der anderen Seite, daß das Unendliche nicht begrenzt wird, so wird das Endliche auch nicht begrenzt; wird es nicht begrenzt, so ist es nicht vom Unendlichen verschieden, sondern fließt mit ihm zusammen, ist identisch mit ihm in der Unendlichkeit wie vorher in der Endlichkeit. Dies ist die abstrakte Natur dieses Gegensatzes. Wir müssen dies im Bewußtsein behalten; dies festzuhalten ist von durchgängiger Wichtigkeit in Rücksicht aller Formen des reflektierenden Bewußtseins und der Philosophie. Eben in der *absoluten Entgegensetzung* verschwindet der Gegensatz selbst; beide Seiten des Verhältnisses verschwinden zu leeren Momenten, und das, was ist und bleibt, ist die *Einheit* beider, worin sie aufgehoben sind.

Das Endliche *konkreter* gefaßt ist Ich, und das Unendliche ist zuerst das Jenseits dieses Endlichen, das Negative desselben; als das Negative des Negativen ist das Unendliche aber das Affirmative. Auf die Seite des Unendlichen fällt somit die *Affirmation*, das Seiende, das Jenseits des Ich, meines Selbstbewußtseins, meines Bewußtseins als Können, als Wollen. Aber es ist bemerkt worden, daß es das *Ich selbst* ist, welches hier zunächst das Jenseits als das Affirmative bestimmt hat; diesem ist aber entgegengesetzt jenes Ich, welches wir vorher als das *Affirmative* bestimmt haben: ich bin unmittelbar, ich bin eins mit mir selbst.

Wenn das Bewußtsein sich als endlich bestimmt und jenseits das Unendliche ist, so macht dies Ich dieselbe Reflexion, die wir gemacht haben, daß jenes Unendliche nur ein verschwindendes ist, nur ein *von mir gesetzter Gedanke*. Ich bin der, welcher jenes Jenseits produziert und mich dadurch als endlich bestimmt, beides ist mein Produkt; verschwindend sind sie in mir; ich bin der Herr und Meister dieser Bestimmung, und so ist das zweite gesetzt, daß *ich* das jenseits gelegte *Affirmative* bin; ich bin die Negation der Negation; ich bin es, in welchem der Gegensatz verschwindet, ich die Reflexion, sie zunichte zu machen. Das Ich richtet so durch seine eigene Reflexion jene sich auflösenden Gegensätze zugrunde.

γγ) *Die absolute Behauptung des Endlichen in der Reflexion.* – Hier stehen wir nun auf diesem Punkt und wollen sehen, wie es dem Endlichen geschieht, ob wirklich, real von ihm loszukommen ist und es sein Recht erhält, nämlich *wahrhaft aufgehoben* zu werden, sich zu verunendlichen, oder ob es *in seiner Endlichkeit stehenbleibt* und nur die *Form* des Unendlichen dadurch erhält, daß das Unendliche ihm gegenüber ein Endliches ist. Es scheint hier der Fall zu sein, daß die Reflexion das Nichtige nicht stehenlassen will und als wolle das Selbstbewußtsein Ernst machen mit seiner Endlichkeit und sich ihrer wahrhaft entäußern. Aber das ist gerade, was hier nicht geschieht, sondern nur Schein ist; vielmehr geschieht hier, daß das Endliche sich *erhält,* ich mich an mir halte, meine Nichtigkeit nicht aufgebe, aber mich darin zum Unendlichen mache, zum *wirksamen betätigenden Unendlichen*. Was wir also haben, ist, daß das endliche Ich, indem es das Setzen eines Unendlichen jenseits seiner ist, das

Unendliche selbst als ein Endliches gesetzt hat und darin mit sich als dem gleichfalls Endlichen identisch ist und nun als identisch mit dem Unendlichen sich zum Unendlichen wird. Es ist dies die höchste Spitze der Subjektivität, die an sich festhält, die Endlichkeit, die bleibt und sich darin zum Unendlichen macht, die unendliche Subjektivität, die mit allem Inhalt fertig wird; aber diese Subjektivität selbst, diese Spitze der Endlichkeit erhält sich noch. Aller Inhalt ist darin verflüchtigt und vereitelt; es ist aber nur diese Eitelkeit, die nicht verschwindet. Diese Spitze hat den Schein, Verzicht zu leisten auf das Endliche; aber sie ist es, worin die Endlichkeit *als solche* sich noch behauptet. Näher ist das abstrakte Selbstbewußtsein das reine Denken als die absolute Macht der Negativität, mit allem fertig zu werden, aber die Macht, die sich als *dies* Ich noch erhält, indem sie die ganze Endlichkeit aufgibt und dies Endliche als die Unendlichkeit, als das allgemeine Affirmative ausspricht. Der Mangel ist der der Objektivität. Bei der wahrhaften Verzichtleistung kommt es darauf an, ob diese Spitze noch einen Gegenstand hat.

Der betrachtete Standpunkt ist *die Reflexion in ihrer Vollendung*, die abstrakte Subjektivität, das Ich, das absolut idealisierende, als für welches aller Unterschied, Bestimmung, Inhalt aufgehoben und als ein nur durch es gesetzter ist. Das Bestimmende bin Ich, und *nur* Ich, und bin es als *dieses* Einzelne, als das unmittelbare Selbst, als Ich, der ich unmittelbar bin.

Ich bin in allem Inhalt die *unmittelbare Beziehung auf mich*, *d. i. Sein*, und bin es als *Einzelheit*, als die Beziehung der Negativität auf sich selbst. Das von mir Gesetzte ist, als von mir unterschieden gesetzt, das *Negative* und so als negiert, als *nur* gesetzt. Ich bin somit die *unmittelbare Negativität*. So bin Ich, dieser Ausschließende, wie ich unmittelbar bin – d. h. nach meinen Gefühlen, Meinungen, nach der Willkür und Zufälligkeit meiner Empfindung und meines Wollens –, das *Affirmative überhaupt*, gut. Aller objektive Inhalt, Gesetz, Wahrheit, Pflicht, verschwindet für mich, ich anerkenne nichts, nichts Objektives, keine Wahrheit; Gott, das Unendliche ist mir ein Jenseits, abgehalten von mir. Ich allein bin das Positive, und kein Inhalt gilt an und für sich, er hat keine Affirmation mehr an sich selbst, sondern nur insofern ich ihn setze; das Wahre und das Gute ist nur *mein Überzeugtsein,* und dazu, daß etwas gut ist, gehört nur dies mein Überzeugtsein, diese meine Anerkennung. In dieser Idealität aller Bestimmungen bin ich allein das Reale.

Dieser Standpunkt gibt sich nun zunächst an als den der Demut, und diese seine Demut besteht darin, daß das Ich das Unendliche, das Wissen und Erkennen Gottes von sich ausschließt, Verzicht darauf leistet und sich als Endliches dagegen bestimmt. Aber diese Demut widerlegt sich damit selbst, ist vielmehr Hochmut; denn ich *schließe eben das Wahre von mir aus,* so daß ich *als Dieser* im Diesseits *allein* das Affirmative und das an und für sich Seiende bin, wogegen alles andere verschwindet. Die wahre Demut tut vielmehr auf sich, auf *Diesen als das Affirmative* Verzicht und anerkennt nur das Wahre und Anundfürsichseiende als das Affirmative. Hingegen jene falsche Demut macht, indem sie das Endliche als das Negative, Beschränkte anerkennt, dasselbe zugleich zum einzigen Affirmativen, Unendlichen und Absoluten: Ich, Dieser, bin allein das einzige Wesenhafte, d. h. Ich, dies Endliche, bin das Unendliche. Das *Unendliche als Jenseitiges* ausgesprochen ist nur *durch mich* gesetzt. In dieser Bestimmung ist die Einheit des Endlichen und Unendlichen enthalten, aber eine solche Einheit, worin das Endliche nicht untergegangen, sondern das Feste, Absolute, Perennierende geworden ist. Dadurch, daß diese Einheit durch das endliche Ich gesetzt ist, wird sie selbst zur endlichen Einheit. Das Ich heuchelt demütig, während es vor Stolz der Eitelkeit und der Nichtigkeit sich nicht zu lassen weiß. Andererseits, indem das Wissen von einem Höheren wegfällt und nur die subjektive Rührung, das Belieben übrigbleibt, so verbindet die Einzelnen nichts *objektiv Gemeinsames,* und bei der beliebigen Verschiedenheit ihres Gefühls sind sie feindselig mit Haß und Verachtung gegeneinander gerichtet.

Diese Version des Standpunktes in der äußersten, inhaltsleeren Spitze der sich als absolut setzenden endlichen Subjektivität macht das Schwierige für die Auffassung dieses Standpunktes aus.

Die erste Schwierigkeit desselben ist, daß er ein solches Abstraktum ist; die zweite ist die Annäherung desselben an den philosophischen Begriff. Er grenzt an den philosophischen Standpunkt, denn er ist der höchste der Reflexion. Er enthält Ausdrücke, die oberflächlich angesehen dieselben scheinen, die die Philosophie hat. Er enthält die Idealität, Negativität, die Subjektivität, und dieses alles ist, für sich betrachtet, ein wahres und wesentliches Moment der Freiheit und der Idee. Ferner enthält er die Einheit des Endlichen und Unendlichen; dies muß auch von der Idee gesagt werden. Allerdings ist es die Subjektivität, welche aus sich selbst alle Objektivität entwickelt und somit als Form sich zum Inhalt umsetzt und erst wahre Form durch ihren wahren Inhalt wird. Dessenungeachtet aber ist, was so als das Nächste erscheint, sich das Entfernteste. Diese Idealität, dies Feuer, in dem alle Bestimmungen sich aufzehren, ist auf diesem Standpunkte noch *unvollendete Negativität*; ich als *unmittelbar, Dieser,* bin die einzige Realität; alle übrigen Bestimmungen sind ideell gesetzt, verbrannt. Nur ich erhalte mich, und alle Bestimmungen gelten, wenn Ich will. Nur die Bestimmung meiner selbst und daß alles nur durch mich gesetzt ist, ist, gilt. Die Idealität ist nicht durchgeführt; diese letzte Spitze enthält noch das, was negiert werden muß, daß ich als Dieser nicht Wahrheit, Realität habe. Ich allein bin selbst noch positiv, da doch alles nur durch Negation soll affirmativ werden. Der Standpunkt widerspricht sich so selbst. Er setzt die Idealität als Prinzip, und das die Idealität Vollführende ist selbst nicht ideal.

Die *Einheit des Endlichen und Unendlichen*, die in der Reflexion gesetzt ist, ist allerdings eine Definition der Idee, aber so, daß das Unendliche das Setzen seiner als des Endlichen ist, während das Endliche das Endliche seiner selbst und durch diese Aufgehobenheit die Negation seiner Negation und somit das Unendliche, dies Unendliche aber nur als Setzen seiner in sich selbst als des Endlichen und das Aufheben dieser Endlichkeit als solcher ist. Auf dem subjektiven Standpunkt hingegen ist diese Einheit noch in die Einseitigkeit gesetzt, daß sie, vom *Endlichen* selbst gesetzt, noch *unter der Bestimmung des Endlichen* ist; ich, dieser Endliche, bin das Unendliche. Somit ist diese Unendlichkeit selbst die Endlichkeit. Von dieser Affirmation, von diesem Unendlichen ist noch zu trennen diese Einzelheit meines endlichen Seins, meine unmittelbare Ichheit. Die Reflexion ist selbst das Trennende; sie versäumt aber hier ihr Geschäft des Trennens und Unterscheidens und kommt zur Einheit, die aber nur endliche Einheit ist. Sie unterläßt es hier, von dem Unendlichen und Affirmativen die unmittelbare Einzelheit des Ich, des Diesen abzutrennen, und statt das für sich haltungslose Einzelne in die Allgemeinheit zu versenken und die Affirmation in ihrer absoluten Allgemeinheit aufzufassen, in welcher sie das Einzelne in sich schließt, faßt sie die Einzelheit selbst unmittelbar als das Allgemeine. Dies ist der Mangel dieses Standpunktes. Die Gegensätze können nur beurteilt werden, wenn man sie auf den letzten Gedanken zurückführt.

Es ist der Standpunkt unserer Zeit, und die Philosophie tritt damit in ein eigentümliches Verhältnis. Wenn man diesen Standpunkt mit der früheren Religiosität vergleicht, so bemerkt man leicht, daß früher dies religiöse Bewußtsein einen an und für sich seienden Inhalt hatte, einen Inhalt, der die Natur Gottes beschrieb. Es war der Standpunkt der Wahrheit und der Würde. Die höchste Pflicht war, Gott zu erkennen, ihn im Geist und in der Wahrheit anzubeten, und an das Fürwahrhalten, Wissen von diesem Inhalt war Seligkeit oder Verdammnis, absoluter Wert oder Unwert des Menschen geknüpft. Jetzt ist das Höchste, nicht von der

Wahrheit, nicht von Gott zu wissen, und damit weiß man auch nicht, was Recht und Pflicht ist. Aller objektive Inhalt hat sich zu dieser reinen, formellen Subjektivität verflüchtigt. In diesem Standpunkt liegt ausdrücklich entwickelt, daß ich *von Natur gut* bin; nicht *durch mich* oder durch mein Wollen bin ich es; sondern darin, daß ich *bewußtlos* bin, bin ich gut. Die entgegengesetzte Einsicht enthält vielmehr: ich bin nur gut durch meine selbstbewußte, geistige Tätigkeit, Freiheit; nicht ursprünglich durch die Natur ist es, daß ich gut bin, sondern es muß in meinem Bewußtsein hervorgehen, es gehört meiner geistigen Welt an. Die Gnade Gottes hat da ihr Werk; aber mein Dabeisein als Bewußtsein und als *mein* Wollen gehört auch notwendig mit dazu. Jetzt ist das Gutsein meine Willkür, denn alles ist durch mich gesetzt.

Bei diesem merkwürdigen Gegensatz in der religiösen Ansicht müssen wir eine ungeheure Revolution in der christlichen Welt erkennen: es ist ein ganz anderes *Selbstbewußtsein* über das Wahre eingetreten. Alle Pflicht, alles Recht hängt von dem innersten Bewußtsein, dem Standpunkt des religiösen Selbstbewußtseins, der Wurzel des Geistes ab, und diese ist das Fundament aller Wirklichkeit. Doch hat sie nur Wahrheit, wenn sie die Form für den *objektiven Inhalt* ist. Auf jenem inhaltslosen Standpunkt hingegen ist gar *keine Religion möglich*, denn ich bin das Affirmative, während die an und für sich seiende Idee in der Religion schlechthin durch sich und nicht durch mich gesetzt sein muß; es kann also hier keine Religion sein, sowenig als auf dem Standpunkt des sinnlichen Bewußtseins.

Die Philosophie ist in dieser Rücksicht etwas Besonderes. Ist die allgemeine Bildung in das Bewußtsein gesetzt, so ist die Philosophie ein Geschäft, eine Weise der Ansicht, die außerhalb der Gemeine ist, ein Geschäft, das einen besonderen Ort hat, und so ist auch Religionsphilosophie nach der Zeitansicht etwas, was nicht in der Gemeine Bedeutung haben kann, und sie hat vielmehr Opposition, Feindseligkeit von allen Seiten zu erwarten.

War nun das erste Verhältnis des Endlichen zum Unendlichen das *natürliche* und unwahre, weil die Menge und Vielheit der Besonderheit der Allgemeinheit gegenüber festgehalten wurde, sehen wir ferner als das zweite Verhältnis das in der *Reflexion,* wo die Endlichkeit in der ganz vollendeten Abstraktion des reinen Denkens liegt, das sich nicht wirklich als allgemeines faßt, sondern als Ich, als Dieser bleibt, so ist jenes Verhältnis zu betrachten, wie es sich in der *Vernunft* offenbart.

γ. Die vernünftige Betrachtung der Endlichkeit

Dieser Standpunkt ist zunächst so zu betrachten, wie er *im Verhältnis* steht mit der Form der Reflexion in ihrer höchsten Spitze. Der Übergang von diesem Standpunkt muß seiner Natur nach dialektisch sein und gemacht werden; dies gehört jedoch der Logik an. Wir wollen so verfahren, daß wir ihn auf konkrete Weise darstellen und in Ansehung der Notwendigkeit des Übergangs nur an die eigene Konsequenz dieses Standpunktes appellieren. Er sagt: *ich als endlich bin ein Nichtiges,* welches aufzuheben ist; aber diese Aufhebung ist doch wohl nicht vollbracht, wenn diese *unmittelbare Einzelheit* zugleich *bleibt,* und so bleibt, daß *nur* dies Ich das Affirmative wird, wie es der Standpunkt der Reflexion angibt. Das Endliche, das sich zum Unendlichen steigert, ist nur *abstrakte Identität, leer* in sich selbst, die höchste Form der Unwahrheit, die Lüge und das Böse. Es muß daher ein Standpunkt aufgezeigt werden, wo das Ich in dieser Einzelheit in der Tat und Wirklichkeit Verzicht auf sich tut. Ich muß die in der Tat *aufgehobene* partikulare Subjektivität sein; so muß ein *Objektives* von mir anerkannt sein, welches in der Tat für mich als Wahres gilt, welches anerkannt ist als das Affirmative, für mich gesetzt, in welchem ich als dieses Ich negiert bin, worin aber meine Freiheit zugleich erhalten ist. Die Freiheit der Reflexion ist eine solche, die nichts in sich entstehen läßt und, da sie doch entstehen lassen muß, in diesem Setzen ohne Gesetz und Ordnung verfährt, d. h. nichts Objektives entstehen läßt. Soll wirklich ein Objektives anerkannt werden, so gehört dazu, daß ich als *Allgemeines* bestimmt werde, mich erhalte, mir nur gelte als Allgemeines. Dies ist nun nichts anderes als der Standpunkt der denkenden Vernunft, und die Religion selbst ist dies Tun, diese Tätigkeit der denkenden Vernunft und des vernünftig Denkenden, sich als Einzelner als das Allgemeine zu setzen und, sich als Einzelnen aufhebend, sein wahrhaftes Selbst als das Allgemeine zu finden. Philosophie ist ebenso denkende Vernunft, nur daß bei ihr dies Tun, welches Religion ist, in der Form des Denkens erscheint, während die Religion, als sozusagen unbefangen denkende Vernunft, in der Weise der Vorstellung stehenbleibt.

Von diesem Standpunkt sind nun die allgemeinen Bestimmungen, die näheren Gedankenbestimmungen aufzuweisen.

Zuerst ist gesagt, die Subjektivität gibt ihr Einzelnes auf im Objekt, ein Objektives überhaupt anerkennend. Dies Objekt kann *nichts Sinnliches* sein; vom sinnlichen Gegenstand weiß ich, da ist mir die Sache das Bestehende, aber darin ist meine Freiheit noch nicht; die Unwahrheit des sinnlichen Bewußtseins müssen wir hier voraussetzen. Die notwendige Bestimmung ist, daß dies Objektive als Wahrhaftes, Affirmatives *in der Bestimmung des Allgemeinen* ist; in diesem Anerkennen eines Objekts, eines Allgemeinen tue ich Verzicht auf meine Endlichkeit, auf mich als Diesen. Mir gilt das Allgemeine; ein solches wäre nicht, wenn ich als Dieser erhalten bin. Dies ist auch in dem unmittelbaren Wissen von Gott vorhanden; ich weiß von dem objektiv Allgemeinen, das an und für sich ist, aber weil es nur unmittelbares Verhalten ist und die Reflexion noch nicht eintritt, so ist dies Allgemeine, dies Objekt des Allgemeinen, selbst nur ein Subjektives, dem die an und für sich seiende Objektivität fehlt. Die letzte Reflexion ist denn nur, daß diese Bestimmungen nur ins Gefühl gelegt, in dem subjektiven Bewußtsein eingeschlossen sind, das auf sich nach seiner unmittelbaren Partikularität noch nicht Verzicht geleistet hat, so daß diese Bestimmung des objektiv Allgemeinen als solchen noch nicht hinreichend ist. Es gehört vielmehr dazu, daß das abstrakt Allgemeine auch einen *Inhalt, Bestimmungen* in sich hat; so ist es erst für mich als an und für sich seiend vorhanden. Wenn es leer ist, so ist die Bestimmtheit nur eine *gemeinte,* sie fällt auf *mich,* mir bleibt aller Inhalt; alle Tätigkeit, alle Lebendigkeit, das Bestimmen und Objektivieren ist nur das meinige; ich habe nur einen toten, leeren Gott, ein sogenanntes höchstes Wesen, und diese Leerheit, diese Vorstellung bleibt nur subjektiv, bringt es nicht zur wahrhaften Objektivität. Auf diesem letzteren Standpunkt findet nur *Gewißheit,* aber keine *Wahrheit* statt, und ich kann dabei noch ganz als Dieses, Endliches bestimmt bleiben. Die Objektivität ist dann nur Schein.

Nicht bloß für die Philosophie ist der Gegenstand inhaltsvoll, sondern dies ist ein Gemeinsames der Philosophie und Religion; ein Unterschied in der Ansicht beider ist hier noch nicht vorhanden.

Hieran knüpft sich die Frage: wie ist das Subjekt darin bestimmt? Dasselbe ist in Beziehung auf den anerkannten Gegenstand *denkend* bestimmt. Tätigkeit des Allgemeinen ist das Denken, ein Allgemeines zum Gegenstand habend; hier soll das Allgemeine sein das schlechthin absolut Allgemeine. Die Beziehung auf solchen Gegenstand ist deshalb das Denken des Subjekts; der Gegenstand ist das Wesen, das Seiende für das Subjekt. Der Gedanke ist nicht bloß subjektiv, sondern auch objektiv.

Bei dem Gedanken über die Sache, reflektierend, bin ich subjektiv, habe meine Gedanken darüber; die Sache denkend, den Gedanken derselben denkend, ist die Beziehung *meiner als Besonderes* gegen die Sache weggenommen, und ich verhalte mich objektiv; ich habe darin Verzicht getan auf mich als Diesen nach seiner Partikularität und bin Allgemeines; dies und denken, daß das Allgemeine mein Gegenstand ist, ist dasselbe; ich tue hier *actualiter, realiter* Verzicht auf mich. Das Wirken und Leben in der Objektivität ist das wahrhafte Bekenntnis der Endlichkeit, die reale Demut.

Es kann bemerkt werden, daß wesentliche Bestimmung des Denkens ist, daß es *vermittelnde Tätigkeit* ist, vermittelte Allgemeinheit, die als Negation der Negation Affirmation ist. Es ist Vermittlung durch Aufhebung der Vermittlung. Allgemeinheit, Substanz sind solche Gedanken, die nur sind durch Negation der Negation. So ist die Weise der Unmittelbarkeit darin enthalten, aber nicht mehr allein. So kommt der Ausdruck vor: wir wissen unmittelbar von Gott. Wissen ist die reine Tätigkeit und ist nur [als] das Unreine, Unmittelbare negierend. Auf empirische Weise können wir von Gott wissen; dieser allgemeine Gegenstand ist so unmittelbar vor mir, ohne Beweise. Diese Unmittelbarkeit im empirischen Subjekt ist teils selbst Resultat vieler Vermittlungen, teils nur eine Seite dieser Tätigkeit. Ein schweres Klavierstück kann leicht gespielt werden, nachdem es oft wiederholt, einzeln durchgegangen ist; es wird gespielt mit unmittelbarer Tätigkeit als Resultat so vieler vermittelnder Aktionen. Dasselbe ist der Fall mit der Gewohnheit, die uns zur zweiten Natur geworden. Das einfache Resultat der Entdeckung des Kolumbus ist Resultat vieler vorhergegangener einzelner Tätigkeiten, Überlegungen.

Die *Natur* einer solchen Tätigkeit ist verschieden von der *Erscheinung*; so ist die Natur des Denkens diese Gleichheit mit sich selbst, diese reine Durchsichtigkeit der Tätigkeit, die in sich Negation des Negativen ist, und das Resultat ist es, das sich zum Unmittelbaren macht, als Unmittelbares erscheint.

Ich bin also in der Beziehung auf den Gegenstand als denkend bestimmt, und zwar nicht bloß in der Philosophie, sondern auch in der affirmativen Religion; in der *Andacht*, die von *denken* und *Gedachtem* herkommt, ist Gott für mich. Dies Denken des Allgemeinen ist dann eine bestimmte Weise, wie ich bin, als rein Denkendes. Das Weitere ist, daß ich in der Andacht, in dieser Beziehung zur allgemeinen Substanz *auf mich reflektiert bin,* mich von diesem Gegenstand, ihn von mir *unterscheide,* denn ich habe *mich* aufzugeben; darin liegt das Bewußtsein *meiner,* und sofern ich nur Andacht habe als mich gegen Gott aufgebend, bin ich nur als Reflexion zugleich aus Gott in mich. Wie bin ich nun in dieser Rücksicht bestimmt, Ich, das wiedererscheint? Hier bin ich *als Endliches* bestimmt auf wahrhafte Weise, endlich als unterschieden von diesem Gegenstand, als das Partikulare gegen das Allgemeine, als das Akzidentelle an dieser Substanz, als ein Unterschied, als ein Moment bestimmt, das zugleich nicht für sich ist, sondern das auf sich Verzicht geleistet hat und sich als endlich weiß. So also bleibe ich im Bewußtsein meiner selbst, und dies kommt daher, daß der *allgemeine Gegenstand* jetzt *an sich* selbst *Gedanke* ist und den Inhalt hat in sich, in sich bewegende Substanz und, als innerer Prozeß, in dem er seinen Inhalt erzeugt, nicht leer, sondern absolute Erfüllung ist. Alle *Besonderheit* gehört ihm an; als Allgemeines ist es gegen mich *übergreifend,* und so schaue ich mich an als endlich, daß ich bin ein *Moment in diesem Leben,* als das, welches sein besonderes Sein, sein Bestehen nur hat in dieser Substanz und in ihren wesentlichen Momenten. So bin ich nicht nur an sich, sondern auch actualiter als endlich gesetzt. Eben darum behalte ich mich nicht als Unmittelbares, als Affirmatives.

Betrachteten wir nun bisher in konkreter Weise das Verhältnis des Ich zur allgemeinen Substanz, so hätten wir noch das *abstrakte Verhältnis* des Endlichen zum Unendlichen überhaupt zu betrachten.

In der *Reflexion* steht das Endliche dem Unendlichen nur so gegenüber, daß *das Endliche verdoppelt* ist. Das Wahre ist die *untrennbare Einheit beider.* Es ist dies das, was wir eben in konkreterer Form als Verhältnis des subjektiven Ich zum Allgemeinen betrachtet haben. Das Endliche ist nur wesentliches Moment des Unendlichen; das Unendliche ist die absolute Negativität, d. h. Affirmation, die aber Vermittlung in sich selbst ist. Die *einfache* Einheit, Identität und abstrakte Affirmation des Unendlichen ist an sich keine Wahrheit, sondern es ist ihm wesentlich, sich *in sich zu dirimieren*; es ist darin erstens die Affirmation, dann zweitens die Unterscheidung, und drittens tritt die Affirmation als Negation der Negation und so erst als das Wahre hervor. Der Standpunkt des Endlichen ist ebensowenig das Wahre; sondern es muß sich aufheben, und dies Negieren ist erst das Wahre. Das Endliche also ist wesentliches Moment des Unendlichen in der Natur Gottes, und so kann man sagen: Gott ist es selbst, der sich verendlicht, *Bestimmungen in sich setzt.* Dies nun könnte uns zunächst ungöttlich scheinen; aber wir haben es auch in den gewöhnlichen Vorstellungen von Gott schon, denn wir sind gewohnt, an ihn als Schöpfer der Welt zu glauben. Gott erschafft eine Welt; Gott bestimmt; außer ihm ist nichts zu bestimmen da; er bestimmt sich, indem er sich denkt, setzt sich ein Anderes gegenüber; er und die Welt sind zwei. Gott schafft die Welt aus nichts; d. h. außer der Welt ist nichts Äußerliches da, denn sie ist die Äußerlichkeit selbst. Nur Gott ist; Gott aber nur durch Vermittlung seiner mit sich; er will das Endliche; er setzt es sich als ein Anderes und wird dadurch selbst zu einem Anderen seiner, zu einem Endlichen, denn er hat ein Anderes sich gegenüber. Dies Anderssein aber ist der Widerspruch seiner mit sich selbst. Er ist so das Endliche gegen Endliches; das Wahrhafte aber ist, daß diese Endlichkeit nur eine Erscheinung ist, in der er sich selbst hat. Das Schaffen ist die Tätigkeit; darin liegt der Unterschied und darin das Moment des Endlichen. Doch dies Bestehen des Endlichen muß sich auch wieder aufheben, denn es ist Gottes; es ist *sein* Anderes und ist dennoch in der Bestimmung des *Anderen* Gottes. Es ist das Andere und *nicht* Andere; es löst sich selbst auf; es ist nicht es selbst, sondern ein Anderes; es richtet sich zugrunde. Dadurch aber ist das Anderssein ganz in Gott verschwunden, und Gott erkennt darin sich selbst, wodurch er als Resultat seiner durch sich sich selbst erhält.

Nach dieser Betrachtung sind wohl zu unterscheiden die zwei Unendlichkeiten: die wahre und die bloß schlechte des Verstandes. So ist denn das Endliche Moment des göttlichen Lebens.

c. Übergang zum spekulativen Begriff der Religion

Für die entwickelte vernünftige Betrachtung des Endlichen gelten nicht mehr die einfachen Formen eines *Satzes*. »Gott ist unendlich, Ich endlich«, dies sind falsche, schlechte Ausdrücke, Formen, die dem nicht angemessen sind, was die Idee ist, was die Natur der Sache ist. Das Endliche ist nicht das Seiende; ebenso ist das Unendliche nicht fest: diese Bestimmungen sind nur *Momente des Prozesses*. Gott ist ebenso auch als Endliches und das Ich ebenso als Unendliches. Das »ist«, welches in solchen Sätzen als ein Feststehendes betrachtet wird, hat, in seiner Wahrheit gefaßt, keinen anderen Sinn als nur den der *Tätigkeit*, Lebendigkeit und Geistigkeit.

Auch Prädikate reichen zur Bestimmung nicht aus, am wenigsten *einseitige* und nur *vorübergehende*. Sondern was wahr und die Idee ist, ist durchaus nur als die *Bewegung*. So ist Gott diese Bewegung in sich selbst und nur dadurch allein lebendiger Gott. Aber dies Bestehen der Endlichkeit muß nicht festgehalten, sondern aufgehoben werden: Gott ist die Bewegung zum Endlichen und dadurch als Aufhebung desselben zu sich selbst; im Ich, als dem sich als endlich Aufhebenden, kehrt Gott zu sich zurück und ist nur Gott als diese Rückkehr. Ohne Welt ist Gott nicht Gott.

Die Alten haben besonders diese Abstraktionen gehabt; es sind Erzeugnisse des Beginnens des reflektierenden, abstrakten Denkens. Platon hat indessen schon das Unendliche als das Schlechte anerkannt und das Bestimmte als das Höhere, die sich in sich begrenzende Grenze für höher als das Unbegrenzte. Das Wahre ist die Einheit des Unendlichen, in der das Endliche enthalten.

Das Resultat ist, daß wir uns von dem Schreckbild des Gegensatzes des Endlichen und Unendlichen losmachen müssen. Gegen das Verhalten, von Gott wissen zu wollen und eine positive Beziehung zu ihm zu haben, läßt man das Schreckbild los, daß dies eine Anmaßung sei, und spricht dagegen mit vieler Salbung und Erbauung und mit verdrießlicher Demut; diese Anmaßung kommt aber allerdings der Philosophie wie der Religion zu. Es ist auf diesem Standpunkt gleichgültig, ob ich den Inhalt, Gott, denkend erkenne oder ihn auf Autorität oder mit dem Herzen, mit innerer Erleuchtung oder wie es sonst sei für wahr halte; gegen alles dies wird das Schreckbild der Anmaßung, Gott erkennen, durch Endliches Unendliches erfassen zu wollen, aufgestellt. Dieses Gegensatzes müssen wir uns ganz entschlagen, und zwar durch die Einsicht, was für eine Bewandtnis es damit hat.

Wer dieses Phantoms sich nicht entschlägt, der versenkt sich in die Eitelkeit; denn er setzt das Göttliche als die Ohnmacht, zu sich selbst kommen zu können, während er seine eigene Subjektivität festhält und aus dieser die Ohnmächtigkeit seines Erkennens versichert. Dies ist dann erst recht die subjektive Unwahrheit, die Heuchelei, die das Endliche sich behält, die Eitelkeit des Endlichen eingesteht, aber dies zugestandene, bekannte Eitle doch beibehält und zum Absoluten macht und damit vom Erkennen und von der inhaltsvollen objektiven Religion und Religiosität abhält und sie vernichtet oder nicht aufkommen läßt. – Dieser Eitelkeit der sich erhaltenden Subjektivität, diesem Ich sind wir entgangen, uns in die Sache versenkend; es wird Ernst mit der Eitelkeit gemacht. Dies ist eine Folge in Rücksicht auf unser Tun in der Wissenschaft.

Das *negative* Verhältnis des Bewußtseins zum Absoluten stützt man auf die *Beobachtung*. Für das Bewußtsein sei nur Endliches; das Unendliche dagegen sei nur bestimmungslos (an sich damit, wie wir gesehen haben, nur subjektiv), und das Bewußtsein habe nur ein negatives Verhältnis zu demselben. Weil sich, sagt man nun, in der Beobachtung nur solches Verhältnis *finde*, so sei es *unmöglich*, vom Absoluten, von der Wahrheit zu wissen. Über diese Wendung ist noch einiges zu bemerken.

Nimmt man *Möglichkeit und Unmöglichkeit* überhaupt, insofern sie einen *bestimmten* Sinn haben, so betreffen beide das *Innere, den Begriff* eines Gegenstandes, das, was er an sich ist; sie müssen also durch die Natur des Begriffs selbst entschieden werden. Auf dem Standpunkt des Bewußtseins als beobachtenden, auf diesem Standpunkt des *Beobachtens* kann aber *nicht* von dem Inneren, dem Begriff gesprochen werden, denn er tut Verzicht darauf, das zu erkennen, was das Innere anbetrifft; er hat nur das vor sich, was in das äußere Bewußtsein als solches fällt. Möglichkeit und Unmöglichkeit fallen also nicht in diese Sphäre.

Aber dieser Standpunkt gibt vor, daß eben, was ist, d. h. was in dieses wahrnehmende Bewußtsein fällt, das sei, was den *Maßstab* der *Möglichkeit* und daraus den Begriff dafür abgebe; unmöglich sei das, was wider die Erfahrung gehe.

Hiergegen ist zu bemerken, daß dieses Beobachten sich *willkürlich auf die Sphäre des endlichen Bewußtseins beschränkt.* Es gibt aber noch andere Sphären, die *beobachtet werden können*, nicht bloß diese, deren Inhalt nur Endliches gegen Endliches ist, sondern solche, wo das Göttliche als an und für sich seiendes im Bewußtsein ist. Das affirmative Bewußtsein des Absoluten in Form der unbefangenen Religiosität, der Andacht, oder in Form der philosophischen Erkenntnis kann *auch* beobachtet werden und gibt ein ganz anderes Resultat als der Standpunkt des endlichen Bewußtseins, das beobachtende Subjekt mag nun diese höheren Formen des Bewußtseins *an anderen* oder *an ihm selbst* beobachten. Denn bei der Verkehrtheit jenes Standpunktes kann es wohl sein, daß die *religiöse Empfindung* affirmativer und gehaltvoller ist als das *Bewußtsein*: es kann im Herzen mehr sein als im Bewußtsein, insofern es bestimmtes, erkennendes, beobachtendes Bewußtsein ist; beides kann unterschieden sein. Es kommt nur darauf an, an dem Bewußtsein das Erkennen auszugleichen mit demjenigen, was ich als Geist an und für mich selbst bin.

Die Überzeugung aber, daß der Geist nur ein negatives Verhältnis zu Gott habe, ruiniert, verdirbt die Empfindung, die Andacht, das religiöse Verhalten; denn Denken ist die Quelle, der Boden, auf dem das Allgemeine überhaupt, Gott ist; das Allgemeine ist im Denken und für das Denken. Nur der Geist in seiner Freiheit, d. h. als denkend, hat den Inhalt der göttlichen Wahrheit und liefert ihn der Empfindung; *sein* Inhalt ist der Gehalt der Empfindung in Rücksicht auf alle wahre Andacht und Frömmigkeit. Wenn man im denkenden Bewußtsein das festhält, daß kein affirmatives Verhältnis zu Gott sei, so geht damit der Empfindung aller Inhalt aus; wie jene Sphäre sich selbst leer macht, so ist auch die Empfindung hohl, wie ich nicht sehen kann ohne äußeres Licht. Wenn der Inhalt auf diesem Boden negiert, vertrieben wird, so ist das nicht mehr vorhanden, was die wahre Bestimmung der Empfindung abgeben kann. Wenn daher einerseits zugegeben werden muß, daß in der Andacht mehr sein kann als im religiösen Bewußtsein, so ist es andererseits Willkür oder Ungeschicklichkeit, daß das, was in ihm selbst oder bei anderen vorhanden ist, nicht beobachtet wird. Eigentlich aber ist diese Willkür, diese Ungeschicklichkeit hier nicht erst eintretend; sondern wenn nur *beobachtet* werden soll, so ist damit die Beobachtung auf das Feld der Endlichkeit *beschränkt*; denn beobachten heißt, sich *zu einem Äußerlichen* verhalten, was darin äußerlich *bleiben* soll. Dies ist nur insofern gesetzt, als es sich selbst äußerlich ist; das ist das Endliche. Wenn man also auf solchem Standpunkt steht, so hat man auch nur solches vor sich, was dieses Standpunktes wert und demselben angemessen ist.

Will die Beobachtung das Unendliche seiner wahren Natur nach beobachten, so muß sie selbst *unendliche,* d. h. nicht mehr Beobachtung der Sache, sondern die *Sache selbst* sein. Auch das spekulative Denken kann man beobachten, aber es ist nur für den Denkenden selbst; ebenso ist die Frömmigkeit

nur für den Frommen, d. h. der zugleich das *ist,* was er beobachtet. Hier ist es der Fall, daß gar nicht bloß beobachtet wird, sondern der Beobachter ist zu dem Gegenstand in einem Verhältnis, so daß das Beobachten nicht ein rein äußeres ist; er ist nicht rein Beobachter, nicht bloß in einem negativen Verhältnis zu dem, was er beobachtet.
Es folgt hieraus, daß, um den Boden der Religion zu finden, wir das Verhältnis des Beobachtens aufgeben müssen; diesen empirischen Standpunkt müssen wir verlassen, eben deswegen, weil er nur dieser ist und weil er sich, wie wir sahen, durch sich selbst aufgehoben hat. Die Reflexion hat zwar das Verhältnis des Endlichen zum Unendlichen; dies ist jedoch selbst nur als eine Negation gesetzt. Sie geht zwar fort bis zur Forderung, das Endliche als Unendliches zu setzen, aber es ist gezeigt worden, daß diese Forderung nur in Beziehung auf das Affirmative sein muß; d. h. in der Beobachtung ist das Endliche zum Unendlichen gemacht und doch als Endliches geblieben und festgehalten. Und zugleich ist doch die Forderung des Aufhebens des Endlichen vorhanden.
Nachdem sich uns nun aber das Endliche und der Standpunkt der Reflexion aufgehoben hat, sind wir zu dem Standpunkt der unendlichen Beobachtung und des spekulativen Begriffs gelangt, d. h. zu der Sphäre, in welcher sich uns der wahrhafte Begriff der Religion aufschließen wird.

3. *Der spekulative Begriff der Religion*

Die Vernunft ist der Boden, auf dem die Religion allein zu Hause sein kann. Die Grundbestimmung ist das affirmative Verhalten des Bewußtseins, welches nur ist als Negation der Negation, als das *Sichaufheben der Bestimmungen des Gegensatzes,* die von der *Reflexion* als *beharrend* genommen werden. Der Boden der Religion ist insofern dies Vernünftige und näher das Spekulative. Die Religion ist aber nicht nur so ein Abstraktes, ein affirmatives Verhalten, wie es eben bestimmt ist, zum Allgemeinen; wäre sie nur so, würde aller weitere Inhalt außer ihr sich befinden, von außen hereinkommen; wäre er dann in der Wirklichkeit, so müßte es noch andere Wirklichkeit außer der Religion geben. Der Standpunkt der Religion ist dieser, daß das Wahre, zu dem das Bewußtsein sich verhält, *allen Inhalt* in sich hat, und dies Verhalten ist damit selbst sein Höchstes, sein absoluter Standpunkt.

Die Reflexion ist die Tätigkeit, die Gegensätze festzustellen und von dem einen zum anderen zu gehen, ohne aber ihre Verbindung und durchdringende Einheit zustande zu bringen. Der Boden dagegen der Religion ist das absolute Bewußtsein, so daß Gott aller Inhalt, alle Wahrheit und Wirklichkeit selbst ist. Solchem Gegenstand ist das bloße Reflektieren nicht angemessen.

Wenn wir bisher den Ausdruck »Bewußtsein« gebraucht haben, so drückt dies nur die Seite der *Erscheinung* des Geistes aus, das wesentliche *Verhältnis* des Wissens und seines Gegenstandes. Ich bin so als Verhältnis bestimmt; der Geist ist aber wesentlich dies, nicht bloß im Verhältnis zu sein. In das Bewußtsein fällt das Endliche; das Objekt bleibt darin selbständig stehen. Der Geist ist nicht nur ein solches Wissen, wo das Sein des Gegenstandes vom Wissen selbst getrennt ist, nicht nur in der Weise des Verhältnisses, nicht bloß Form des Bewußtseins. Von diesem Verhältnis abstrahierend, sprechen wir vom *Geist,* und *das Bewußtsein fällt dann als Moment in das Sein des Geistes*; wir haben damit ein affirmatives Verhältnis des Geistes zum absoluten Geist. Erst diese Identität, daß das Wissen in seinem Objekt sich für sich setzt, ist der Geist, die Vernunft, die als gegenständlich für sich selbst ist. Die Religion also ist Beziehung des Geistes auf den absoluten Geist. Nur so ist der Geist *als der wissende das Gewußte.* Dies ist nicht bloß ein *Verhalten* des Geistes zum absoluten Geist, sondern der absolute Geist selbst ist *das Sichbeziehende* auf das, was wir als Unterschied auf die andere Seite gesetzt haben, und höher ist so die Religion die Idee des Geistes, der sich zu sich selbst verhält, *das Selbst-*

bewußtsein des absoluten Geistes. Hierein fällt sein Bewußtsein, das vorher als Verhältnis bestimmt war. Das Bewußtsein als solches ist das endliche Bewußtsein, das Wissen von einem Anderen als dem Ich. Die Religion ist auch Bewußtsein und hat somit das endliche Bewußtsein an ihr, aber als endliches aufgehoben; denn das Andere, wovon der absolute Geist weiß, ist er selbst, und er ist so erst der absolute Geist, daß er sich weiß. Die Endlichkeit des Bewußtseins tritt ein, indem sich der Geist an sich selbst unterscheidet; aber dies endliche Bewußtsein ist Moment des Geistes selbst, er selbst ist das Sichunterscheiden, das Sichbestimmen, *d. h. sich als endliches Bewußtsein zu setzen.* Dadurch aber ist er nur als durch das Bewußtsein oder den endlichen Geist vermittelt, so daß er sich zu verendlichen hat, um durch diese Verendlichung Wissen seiner selbst zu werden. So ist die Religion Wissen des göttlichen Geistes von sich *durch Vermittlung des endlichen Geistes.* In der höchsten Idee ist demnach die Religion nicht die Angelegenheit eines Menschen, sondern sie ist wesentlich die höchste Bestimmung der absoluten Idee selbst.

Der absolute Geist in seinem Bewußtsein ist *Sichwissen*; weiß er anderes, so hört er auf, absoluter Geist zu sein. Auf diese Bestimmung wird hier behauptet, dieser Inhalt, den das Wissen des absoluten Geistes hat von sich selbst, sei die absolute Wahrheit, alle Wahrheit, so daß diese Idee allen Reichtum der natürlichen und geistigen Welt in sich faßt, die einzige Substanz und Wahrheit dieses Reichtums ist und alles nur Wahrheit hat in ihr als Moment ihres Wesens.

Der *Beweis der Notwendigkeit,* daß so dieser Inhalt der Religion die absolute Wahrheit ist, insofern er vom *Unmittelbaren* anfängt und jenen Inhalt als Resultat eines anderen Inhalts zeigt, liegt vor unserer Wissenschaft und uns bereits im Rücken. Als wir oben an seiner Stelle diesen Beweis lieferten, sahen wir bereits, wie die *Einseitigkeit seines Ganges,* daß der Inhalt nicht als absolut, sondern als Resultat erscheint, *sich selbst aufhebt.* Denn eben das Erste – entweder die logische Abstraktion des Seins oder die endliche Welt –, dies Erste, *Unmittelbare*, nicht gesetzt Erscheinende wird in dem Resultat selbst gesetzt als ein *Gesetztes*, nicht Unmittelbares, und degradiert vom Unmittelbaren zum Gesetzten, so daß der absolute Geist vielmehr das Wahre ist, das Setzen der Idee wie der Natur und des endlichen Geistes. Oder der absolute, seiner selbst sich bewußte Geist ist das Erste und einzige Wahre, in welchem die endliche Welt, die so ein Gesetztes ist, als Moment ist.

Jener Gang also, der sich zunächst als ein Gang *vor* der Religion zeigte, wo vom Unmittelbaren begonnen wird, ohne Bezug auf Gott, so daß Gott dadurch erst *wird*, ist nun vielmehr Moment *innerhalb* der Religion selbst, aber in anderer Gestalt und Form als in jener ersten Weise, wo er gleichsam nur unbefangen in Rücksicht auf Gott ist; hier ist vielmehr Gott schlechthin das *Erste* und jener Gang die *Tätigkeit und Bewegung der Idee des absoluten Geistes in ihr selbst*. Der Geist ist für sich, d. h. macht sich zum Gegenstand, ist gegen den Begriff für sich selbst bestehend, das, was wir Welt, Natur heißen; diese Diremtion ist erstes Moment. Das andere ist, daß dieser Gegenstand sich selbst zurückbewegt zu dieser seiner Quelle, der er angehörig bleibt und zu der er sich zurückbegeben muß; diese Bewegung macht das göttliche Leben aus. Der Geist als absoluter ist zunächst das *Sich-Erscheinende*, das für sich seiende Fürsichsein; die *Erscheinung als solche ist die Natur*, und er ist nicht nur das Erscheinende, nicht nur das Für-Eines-, sondern das *Fürsichselbstsein*, das *Sich-Erscheinende*; damit ist er denn Bewußtsein seiner als *Geist*. So ist das zunächst als Notwendigkeit betrachtete Moment innerhalb des Geistes selbst, und wir haben dem Wesen nach jene Notwendigkeit auch innerhalb der Religion, aber nicht als unmittelbares Dasein, sondern als Erscheinung der Idee, nicht als Sein, sondern als Erscheinung des Göttlichen.

Die konkrete Erfüllung des Begriffs der Religion ist nun seine Produzierung durch sich selbst. Er selbst ist es, der sich konkret macht und sich zur *Totalität seiner Unterschiede* vollendet, so daß der Begriff, indem er nur durch diese Unterschiede ist, sich selbst zum Gegenstand wird. Der Begriff, den wir so festgestellt haben, ist das Selbstbewußtsein des absoluten Geistes, dies Selbstbewußtsein, daß er für sich ist; für sich ist er Geist; das, worin ein Unterschied seiner von ihm ist, dies ist Moment der Natur. Populär gesprochen heißt dies: Gott ist die Einheit des Natürlichen und Geistigen; der Geist ist aber Herr der Natur, so daß beides nicht mit gleicher Würde in dieser Einheit ist, sondern so, daß die Einheit der Geist ist, kein Drittes, worin beide neutralisiert werden; sondern diese Indifferenz beider ist selbst der Geist. Er ist einmal eine Seite und das andere Mal das, was über die andere Seite übergreift und so die Einheit beider ist. In dieser weiteren konkreten Bestimmung des Geistes geschieht es, daß der Begriff Gottes sich zur Idee vollendet.

Das Geistige ist die absolute Einheit des Geistigen und Natürlichen, so daß dies nur ist ein vom Geist Gesetztes, Gehaltenes. In dieser Idee sind folgende Momente: a) Die substantielle, absolute, subjektive *Einheit* beider Momente, die Idee in ihrer sich selbst gleichen Affirmation. b) Das *Unterscheiden* des Geistes in sich selbst, so daß er nun sich setzt als seiend für dies von ihm – durch ihn selbst gesetzte – Unterschiedene. c) Indem dies Unterscheiden selbst *in jener Einheit* der Affirmation gesetzt ist, so wird es Negation der Negation, die Affirmation als unendlich, als *absolutes Fürsichsein*.

Die *beiden ersten Momente* sind die des *Begriffs*, die Art und Weise, wie die Beziehung des Geistigen und Natürlichen im Begriff enthalten ist. Das Weitere ist, daß sie nicht bloß Momente des Begriffs sind, sondern selbst die *beiden Seiten des Unterschiedes*. Das Moment des Unterscheidens ist im Geiste das, was *Bewußtsein* heißt. Das Unterscheiden ist das Setzen von zwei, die keine andere Bestimmung ihres Unterschiedes haben als eben jene Momente selbst. Das Unterscheiden, welches dadurch zu einem *Verhältnis* wird, hat daher zu seinen *zwei Seiten*: [1.] zu der einen selbst jene *gediegene substantielle Einheit* der Idee, Gott als seienden, als auf sich sich beziehende Einheit, und [2.] zu der anderen das *Unterscheiden*, welches als das *Bewußt*sein die Seite ist, für welche die gediegene Einheit ist und die sich darum als die *endliche* Seite bestimmt.

Gott ist so bestimmt als *seiend für das Bewußtsein*, als *Gegenstand*, als *erscheinend*; aber wesentlich ist er als die *geistige Einheit* in seiner Substantialität nicht nur bestimmt als erscheinend, sondern als *sich* erscheinend, also dem Anderen so erscheinend, daß er *darin sich selbst* erscheint.

Dieses Unterscheiden ist daher selbst zu fassen als in die absolute Affirmation zurückgehend oder sich *aufhebend* – als Unterscheiden, das sich ebenso ewig zur Wahrheit der Erscheinung aufhebt.

Wenn wir zunächst die substantielle Einheit von dem Unterscheiden selbst unterschieden und dann als das *dritte* die Rückkehr des zweiten Moments in das erste bestimmt haben, so sind aber nun nach der Bestimmung des Inhalts des Verhältnisses jene beiden Bestimmungen selbst nur als eine Seite des Verhältnisses zu nehmen, so daß sie beide nur die *eine* Bestimmtheit desselben ausmachen, und das *zweite* Moment ist dann das, welches als das dritte erschien. Diese beiden Bestimmungen sind es, welche nach dem Begriff das ausmachen, was überhaupt zur *Realität der Idee* zu rechnen ist. Die eine als das *Verhältnis*, in welches der Begriff sich dirimiert, das *Bewußtsein*, die *Erscheinung Gottes*, und die andere als *das Sichaufheben dieser nur relativen, im Gegensatz stehenden Beziehung*. In dem Ersten, dem *Verhältnis*, ist das endliche Bewußtsein die eine Seite, und die Art und Weise, wie seine Endlichkeit bestimmt ist, ist die an ihm zutage kommende Weise, wie ihm sein *Gegenstand* bestimmt ist. Hierher fällt die Art der göttlichen Erscheinung, die Vorstellung oder die *theoretische* Seite. Hingegen in der anderen Beziehung, der *praktischen*, als der *Tätigkeit des*

Aufhebens der Entzweiung, ist es an dem Bewußtsein, daß die Tätigkeit erscheint. Auf diese Seite fällt dann die Form der *Freiheit*, die *Subjektivität* als solche, und ist das *Selbstbewußtsein* in seiner Bewegung zu betrachten. Dies ist *die Erscheinung als Kultus*.

C
Der Kultus

Die Abscheidung des Subjekts und Objekts hat erst im Willen ihre wirkliche Erscheinung. Im Willen bin ich ein Wirklicher und frei für mich und setze mich so dem Gegenstand als einem anderen gegenüber, um ihn mir aus dieser Trennung heraus zu assimilieren. Im Theoretischen ist noch diese *unmittelbare Einheit*, unmittelbares Wissen vorhanden; im Kultus aber stehe ich auf der einen und Gott auf der andern Seite, und die Bestimmung ist nun, mich in Gott und Gott in mich zusammenzuschließen und diese *konkrete Einheit* hervorzubringen. Oder bezeichnen wir jene erste, die theoretische Einheit als die Weise der Vorstellung des *Seienden, Objektiven,* so macht nun der Kultus gegen das feste Verhältnis, das als vorstellendes Bewußtsein von Gott als an und für sich seiendem theoretisch ist, insofern das praktische Verhältnis aus, als er den *Gegensatz* des Subjekts zum Gegenstand hat und insofern die Entzweiung mit dem Gegenstand aufhebt, welche erscheinen kann als in dem ersten Verhalten seiend. Hier ist nun zu betrachten die Seite der Freiheit, der Subjektivität, gegen die erste Seite, welche die des Seins ist. Wir können so sagen: das Erste ist Gott in seinem Sein, das Zweite das Subjekt in seinem subjektiven Sein. Gott ist, ist da, d. h. hat Beziehung auf das Bewußtsein. So ist der Kultus selbst zunächst *theoretisch*, insofern er selbst, nach Aufhebung des Gegensatzes, die Vorstellung ebenso läßt. Gott ist bestimmt und so noch nicht der wahre Gott; insofern er nicht mehr bestimmt und beschränkt ist in seiner daseienden Erscheinung, ist er Geist, an und für sich seiende Erscheinung. Zum Sein Gottes gehört daher Beziehung auf das Bewußtsein; nur als abstrakter Gott ist er für dasselbe als Jenseits, als Anderes. Indem er in seiner Erscheinung ist, wie er an sich ist, ist er an und für sich; in seine Erscheinung fällt daher das Bewußtsein und wesentlich Selbstbewußtsein, denn jedes Bewußtsein ist Selbstbewußtsein. Gott ist also wesentlich Selbstbewußtsein. Die Bestimmung des Bewußtseins fällt auch in das Erste, und das, was wir Vorstellung von Gott genannt haben, heißt auch ebenso Sein Gottes.

Das Wissen fällt so dem Kultus anheim, und die allgemeine Form, in der es demselben angehört, ist der *Glaube*.

I. Der Glaube

1. Der Glaube gehört diesem praktischen Verhältnis nach seiner subjektiven Seite an, dem Wissenden, insofern das Selbstbewußtsein darin nicht nur als theoretisch von seinem Gegenstand weiß, sondern dessen *gewiß* ist, und zwar als des absolut Seienden und allein Wahren, hiermit sein Fürsichsein, als welches die Wahrheit an seinem formellen Wissen von sich habe, darin aufgegeben hat. Indem der Glaube bestimmt werden muß als das Zeugnis des Geistes vom absoluten Geist oder als *eine Gewißheit von der Wahrheit*, so enthält dies Verhältnis, in Rücksicht auf den Unterschied des Gegenstandes und des Subjekts, *eine Vermittlung* – aber *in sich selbst* –, denn in dem Glauben, wie er sich hier bestimmt, ist bereits die äußere Vermittlung und jede besondere Art derselben verschwunden. Diese Vermittlung gehört also der Natur des Geistes an und für sich an und ist die *substantielle* Einheit des Geistes mit sich, welche wesentlich ebenso die *unendliche Form* ist. Dies in konkreteren Bestimmungen ausgedrückt, so ist die Gewißheit des Glaubens von der Wahrheit oder diese Einigung des absoluten Inhalts mit dem Wissen *der absolute göttliche*

Zusammenhang selbst, nach welchem das Wissende, das Selbstbewußtsein, insofern es von dem wahrhaften Inhalt weiß, als *frei*, als aller Eigentümlichkeit seines besonderen Inhalts sich abtuend, von sich, aber nur von *seinem Wesen* weiß. In dieser freien, absoluten Gewißheit seiner hat es selbst die Gewißheit der Wahrheit; – als wissend hat es einen *Gegenstand*, und dieser als das Wesen ist der absolute *Gegenstand*, und er ist zugleich kein *fremder*, kein anderer, jenseitiger Gegenstand des Bewußtseins, sondern er ist *sein* Ansich, sein Wesen, – denn er ist als absolut gewiß eben identisch mit dieser Gewißheit. Es ist dieser Inhalt das *Ansich* des Selbstbewußtseins, und diese Bestimmung ist für uns; und insofern sie nur das Ansichsein ist, hat sie für das Selbstbewußtsein Gegenständlichkeit, oder sie macht die Seite seines *Bewußtseins* aus. – Es ist dies der innerste, abstrakte Punkt der Persönlichkeit, die nur spekulativ als diese Einheit des Selbstbewußtseins und des Bewußtseins oder des Wissens und seines Wesens, der unendlichen Form und des absoluten Inhalts gefaßt werden kann, welche Einheit schlechthin nur ist als das Wissen dieser Einheit in gegenständlicher Weise, als des Wesens, welches *mein* Wesen ist.

Es kommt bei dieser Exposition so sehr auf jedes einzelne Moment und zugleich auf die wesentliche Vereinigung derselben an, daß, wenn entweder nur eines derselben mit Abstraktion von dem anderen oder sie auch vollständiger, aber ohne ihre Identität festgehalten werden, dieser Begriff leicht nur auf früher betrachtete einseitige Reflexionsformen hinauszulaufen scheinen und mit ihnen verwechselt werden kann. Dieser Schein erzeugt sich um so leichter, als eben jene Reflexionsformen nichts anderes sind als die einzeln und einseitig festgehaltenen Momente des exponierten Begriffs; die Auseinandersetzung dieses Unterschiedes wird zur näheren Erläuterung des wahrhaften Begriffs wie jener Reflexionsformen dienen.

Wenn also gezeigt worden ist, daß in der Gewißheit des geistigen, reinen Selbstbewußtseins die Wahrheit selbst enthalten und untrennbar identisch mit ihr ist, so kann leicht diese Bestimmung dieselbe scheinen mit der Vorstellung des *unmittelbaren Wissens* von Gott, in welchem als unmittelbarem das Sein Gottes mir so gewiß sei als Ich, meine Gewißheit von mir. Allein dieser Behauptung ist wesentlich, bei der *Unmittelbarkeit* des Wissens als solcher zu beharren, ohne die Einsicht zu haben, daß das Wissen überhaupt als solches Vermittlung in ihm selbst ist, eine unmittelbare Affirmation, welche dies schlechthin nur ist als Negation der Negation. Damit hängt dann zusammen, daß die Unmittelbarkeit des wissenden Subjekts nicht verschwindet, sondern dieses in seinem *endlichen Fürsichsein* beharrt, also sowohl dasselbe geistlos bleibt als auch der Gegenstand desselben, daß nur die spekulative Natur beider Momente und der geistigen Substanz nicht gefaßt wird und nicht zur Sprache kommt. In der glaubensvollen Andacht vergißt das Individuum sich und ist erfüllt von seinem Gegenstand, es gibt sein Herz auf und behält sich nicht als unmittelbar. Wenn das Subjekt im Feuer und in der Wärme der Andacht sich in seinen Gegenstand versenkt, so ist es zwar noch *selbst* dabei; das Subjekt eben ist es, das sich in dieser andächtigen Beschäftigung selbst hat; es ist es, das da betet, spricht, Vorstellungen durchgeht, mit seiner Erhebung zu tun hat. Aber das Subjekt erhält sich in der Andacht nicht in seiner Partikularität, sondern nur in seiner Bewegung im Gegenstand und nur *als dieser sich bewegende Geist*. – Die weitere Entwicklung der nicht aufgehobenen Unmittelbarkeit gibt dann die Unendlichkeit des eitlen Subjekts als eines solchen; diese eitle Spitze bleibt. Wenn diese gleichfalls *die Einheit* der Gewißheit seiner selbst mit dem Inhalt ist, so ist diese Einheit eine solche, in welcher das Eitle als solches zum Wahren, Absoluten bestimmt ist. Jene Subjektivität ist dagegen bestimmt, nur die wahrhafte zu sein, insofern sie von der Unmittelbarkeit ebenso als von dem sich gegen die Substanz in sich reflektierenden und festhaltenden Fürsichsein befreites, freies Wissen, nur diese gegen ihre partikulare

Eigenheit negative Einheit der unendlichen Form mit der Substanz ist.

Bei dem angegebenen Begriffe kann man auch an eine andere Vorstellung oder die kahle Beschuldigung des *Pantheismus* erinnert werden, welche selbst von Theologen jenem Begriffe gemacht wird. Denn es gibt auch Theologen, welche selbst oft, wenn sie sonst meinen, sich sehr weit davon entfernt zu haben, so sehr nur in die Heerstraße der gemeinen Reflexionsbildung unserer Zeit eingebannt sind, daß, wenn sie von Gott nicht in der Stellung gesprochen sehen, daß er als ein absolutes Jenseits bestimmt wird, ihr Gedanke nicht weiter zu kommen weiß, als solche affirmative Beziehung nur als gemeine, abstrakte Identität aufzufassen. Man weiß nicht Gott als Geist zu erkennen; Geist ist eine leere, mit der starren, abstrakten Substanz nur gleichbedeutende Vorstellung. Der Pantheismus sieht und kennt Gott in der Sonne, dem Steine, dem Baume, dem Tiere nur, insofern die Sonne als Sonne, der Baum als Baum, das Tier als solches in dieser unmittelbaren, natürlichen Existenz ist und beharrt. Die Sonne, die Luft usf. sind in der Tat auch allgemeine Materie; noch mehr die Pflanze, das Tier sind Leben, und wenn man keine höhere Bestimmung von Gott kennt als die des allgemeinen Seins, des allgemeinen Lebens, der allgemeinen Substanz und dergleichen, so enthalten solche Existenzen dies sogenannte göttliche Wesen, und zwar als ein geistloses Allgemeines. Ebenso wenn das einzelne Selbstbewußtsein als ein natürliches, einfaches *Ding*, in welcher Bestimmung die Seele gewöhnlich verstanden wird, bestimmt wird, so tritt es gleichfalls in die pantheistische Ansicht ein, sie als göttliche Existenz zu nehmen; aber ebenso wenn das Selbstbewußtsein, zwar nicht als natürliches Ding, doch als ein nach der *Unmittelbarkeit* Wirkliches, so daß es als *unmittelbar* Wissendes, wie es seiner nur ursprünglichen Bestimmtheit nach Denkendes ist, wahrhaft sei, – wenn es also in diesem Sinne für eine göttliche Wirklichkeit genommen wird, ist es auch noch in jene pantheistische Ansicht aufgenommen. Und von solcher Bestimmung des einzelnen Selbstbewußten kann sich diese Vorstellung nicht losmachen. Ich *bin*, Ich *bin* denkend: diese Form des unmittelbaren Seins faßt jenes Vorstellen als das, was die letzte Definition und die beharrende Gestalt des Denkenden ausmache. Wenn dasselbe auch Geist genannt wird, so bleibt es ein sinnloses Wort, indem jenes nur *seiende Ich*, jenes nur *unmittelbare* Wissen – unmittelbar wissend, es sei von was es wolle, auch von Gott – nur erst der geistlose Geist ist.

Aus diesem Auffassen des Geistes als eines geistlosen ist es, daß die zwei Behauptungen fließen, daß der Mensch nur *unmittelbar* von Gott *wissen* könne, und daß er, als *ursprünglich*, *von Natur gut* sei. Oder umgekehrt, wenn diese zwei Behauptungen gemacht werden, so folgt daraus, daß der Geist nur als *seiendes* Ich und dies *seiende* Ich als die letzte wahrhafte Bestimmung des Selbstbewußtseins und selbst als das absolute ewige Sein genommen werde. Der Geist ist nur erst Geist als konkrete Freiheit, als der seine Natürlichkeit oder Unmittelbarkeit in seiner *Allgemeinheit* überhaupt oder bestimmter in seinem Wesen als seinem Gegenstande zerfließen läßt, seine natürliche, sich als endlich bestimmende Einzelheit in die *Sache,* d. i. hier den absoluten, sich als Gegenstand bestimmenden Inhalt versenkt. Wird bei der aufzugebenden Unmittelbarkeit nur an die leibliche gedacht, so stellt sich das Aufgeben derselben teils als der *natürliche Tod* vor, durch welchen der Mensch mit Gott vereinigt werden könne, – teils aber als das Denken, welches von dem sinnlichen Leben und den sinnlichen Vorstellungen abstrahiert und ein Zurückziehen in die freie Region des Übersinnlichen ist; aber wenn es hier bei sich als *abstraktem* Denken stehenbleibt, so behält es sich die reflektierte Eitelkeit des einfachen, unmittelbaren Fürsichseins, des spröden Eins des seienden Ich, welches sich als *ausschließend* gegen sein Wesen verhält und dasselbe *in sich* selbst negiert. Mit Recht wird von diesem Ich gesagt, daß in ihm Gott nicht wäre und es nicht in Gott, und daß es mit Gott nur auf eine äußerliche Weise zu tun hätte, sowie daß es die pantheistische und Gottes unwürdige Ansicht wäre, wenn dasselbe als eine aktuale Existenz Gottes genommen würde, indem Gott wenigstens abstrakt als das schlechthin allgemeine Wesen bestimmt werden muß.

Aber von dieser pantheistischen Art ist das Verhältnis des Selbstbewußtseins zu Gott als zum Geist ganz verschieden, indem es in solchem Verhalten selbst Geist ist und durch das Aufgeben seiner *ausschließenden* Bestimmung, welche es als unmittelbares Eins hat, sich in affirmative Beziehung, in geistig-lebendes Verhältnis zu Gott setzt. Wenn Theologen Pantheismus in diesem Verhältnis sehen, somit unter das »Alles« – *alle Dinge*, zu denen sie selbst noch die Seele und das in sein Fürsichsein reflektierte Ich zählen und die sie dann nach ihrer individuellen Wirklichkeit, in der sie endlich sind, von Gott auszuschließen berechtigt sind – auch noch den *Geist* rechnen und auch denselben nur als Negation Gottes kennen, so vergessen sie nicht nur die Lehren, daß der Mensch nach dem Ebenbilde Gottes geschaffen worden, sondern vornehmlich die Lehre von der Gnade Gottes, der Rechtfertigung durch Christus, und am nächsten die Lehre von dem Heiligen Geist, welcher die Gemeinde in alle Wahrheit leitet und in seiner Gemeinde ewig lebt. Das jetzige Schlagwort dagegen ist: Pantheismus. Ist aber das Ich Wissen des unendlichen Inhalts, so daß diese Form selbst zum unendlichen Inhalt gehört, so ist der Inhalt der Form schlechthin angemessen; er ist nicht in endlicher Existenz, sondern in absoluter Erscheinung seiner selbst da, und das ist nicht Pantheismus, welches die Existenz des Göttlichen in einer besonderen Form vor sich hat. Ist der Mensch vielmehr *unmittelbar* Gott, d. h. weiß er als *Dieser* von Gott, so ist das pantheistisch. Die Kirche dagegen sagt, nur durch die Aufhebung dieser Natürlichkeit (welches Aufheben, als natürlich vorgestellt, der natürliche Tod ist) werde der Mensch mit Gott vereinigt. Wenn wir [das], was die Kirche

lehrt, im Begriff auffassen, in Gedanken, so liegen darin die angegebenen, spekulativen Bestimmungen, und wenn es Theologen gibt, die solchen Lehren, welche allerdings die innersten Tiefen des göttlichen Wesens betreffen, mit dem Begriff nicht nachkommen können, so sollten sie sie stehenlassen. Theologie ist das Begreifen des religiösen Inhalts; jene Theologen sollten daher eingestehen, *sie* könnten ihn nicht begreifen, aber nicht das Begreifen beurteilen wollen, am wenigsten aber mit dergleichen Ausdrücken wie Pantheismus usf.
Ältere Theologen haben diese Tiefe auf das innigste gefaßt, während bei den jetzigen Protestanten, die nur Kritik und Geschichte haben, Philosophie und Wissenschaft ganz auf die Seite gesetzt worden sind. Meister Eckhart, ein Dominikanermönch, sagt unter anderem in einer seiner Predigten über dies Innerste: ›Das Auge, mit dem mich Gott sieht, ist das Auge, mit dem ich ihn sehe; mein Auge und sein Auge ist eins. In der Gerechtigkeit werde ich in Gott gewogen und er in mir. Wenn Gott nicht wäre, wäre ich nicht; wenn ich nicht wäre, so wäre er nicht. Dies ist jedoch nicht not zu wissen, denn es sind Dinge, die leicht mißverstanden werden und die nur im Begriff erfaßt werden können.‹[8]

2. Dem Glauben ist nun wesentlich *die Form der Vermittlung* zu geben; er ist an sich selbst schon diese Form, da er Wissen von Gott und seiner Bestimmung und dies Wissen in sich selbst ein Prozeß, eine Bewegung, Lebendigkeit, Vermittlung ist. Eben in der *Freiheit*, welche die innere Bestimmung des Glaubens ist, liegt, daß sie nicht das ist, was wir zunächst substantielle, *gediegene Einheit* genannt haben, nicht *Vorstellung*; sondern in der Freiheit bin ich als diese *Tätigkeit* in der Affirmation, die unendliche Negation in sich ist. Will man nun der Vermittlung die Form einer äußerlichen Vermittlung geben als Grund des Glaubens, so ist dies eine schiefe Form. Diese Vermittlung, deren Grund etwas *Äußerliches* ist, ist falsch. Der Inhalt des Glaubens

---

[8] vgl. die deutschen Predigten »Qui audit me«, »Justus in perpetuum vivet«, »Beati pauperes spiritu«

kann durch Belehrung, Wunder, Autorität usf. an mich kommen, dies kann der Grund vom Glauben als subjektivem Glauben sein; aber bei dieser Stellung des Inhalts, daß er als Grund für mich sei, ist dies gerade das Schiefe, und kommt es zum Glauben, so muß dies Äußerliche *wegfallen*; ich mache mir im Glauben das zu eigen, was so an mich kommt, und es hört so auf, ein Anderes für mich zu sein. Den unmittelbaren Glauben können wir so bestimmen, daß er ist das *Zeugnis des Geistes vom Geist*; darin liegt, daß in ihm kein endlicher Inhalt Platz hat; der Geist zeugt nur vom Geist, und nur die endlichen Dinge haben ihre Vermittlung durch äußere Gründe. Der wahrhafte Grund des Glaubens ist der Geist, und das Zeugnis des Geistes ist in sich lebendig.

Die Beglaubigung kann zunächst in jener äußerlich formellen Weise erscheinen; aber diese muß wegfallen. So kann es sein, daß der Glaube in einer Religion anfängt von solchen Zeugnissen, von Wundern, in einem endlichen Inhalt. Christus hat aber selbst gegen die Wunder gesprochen und hat die Juden geschmäht, daß sie Wunder von ihm forderten, und zu seinen Jüngern gesagt: »Der Geist wird euch in alle Wahrheit leiten.«[9] Der Glaube, der auf solche äußerliche Weise anfängt, ist noch formell, und an seine Stelle muß der wahrhafte Glaube treten. Dies muß unterschieden werden; geschieht dies nicht, so mutet man dem Menschen zu, Dinge zu glauben, an die er auf einem gewissen Standpunkt der Bildung nicht mehr glauben kann. Es soll an Wunder so geglaubt werden, und dies soll ein Mittel sein, an Christus zu glauben; es mag ein Mittel sein, aber es wird doch immer auch *für sich* gefordert. Dieser so geforderte Glaube ist Glaube an einen Inhalt, der endlich und zufällig ist, d. h. der nicht der wahre ist; denn der wahre Glaube hat keinen zufälligen Inhalt. Dies ist besonders in Ansehung der Aufklärung zu bemerken; diese

---

9 Joh. 16, 13

ist Meister geworden über diesen Glauben; und wenn die Orthodoxie solchen Glauben fordert, so kann sie ihn bei gewissen Vorstellungen der Menschen nicht erhalten, weil er Glaube ist an einen Inhalt, der nicht göttlich ist, nicht Zeugnis Gottes von sich als Geist im Geist. Dies ist in Rücksicht der Wunder besonders zu bemerken. Ob bei der Hochzeit zu Kana die Gäste mehr oder weniger Wein bekamen, ist ganz gleichgültig, und es ist ebenso zufällig, ob jenem die verdorrte Hand geheilt wurde; denn Millionen Menschen gehen mit verdorrten und verkrüppelten Gliedern umher, denen niemand sie heilt. So wird im Alten Testament erzählt, daß bei dem Auszuge aus Ägypten rote Zeichen an die Türen der jüdischen Häuser gemacht wurden, damit der Engel des Herrn sie erkennen konnte. Sollte dieser Engel nicht ohne das Zeichen die Juden erkannt haben? Dies Glauben hat kein Interesse für den Geist. Voltaires bitterste Einfälle sind gegen die Forderung eines solchen Glaubens gerichtet. Er sagt unter anderem, es wäre besser gewesen, wenn Gott den Juden Belehrung über die Unsterblichkeit der Seele gegeben hätte, als daß er sie lehrte, auf den Abtritt zu gehen (*à aller à la selle*). Die Latrinen werden so ein Inhalt des Glaubens (5. Mose 23, 13–15).

Das Ungeistige ist seiner Natur nach kein Inhalt des Glaubens. Wenn Gott spricht, so ist dies geistig; denn es offenbart sich der Geist nur dem Geist.

In neuerer Zeit hat ebenso die Theologie in der Exegese ein Gewicht darauf gelegt, in wie vielen Codices diese oder jene fragliche Stelle sich findet. So ist eine Stelle im Neuen Testament, welche nach dem griechischen Text heißt: Gott ([abbreviert] Θ϶) hochgelobt in Ewigkeit; ein altes Stück in Oxford gefundenes Pergament dagegen sagt: welcher [O϶] (Christus) hochgelobt in Ewigkeit; eine Verschiedenheit, die durch den Strich im Θ hervorgebracht wird; nun hat man aber wieder nachgewiesen, daß der Strich von der andern Seite durchscheint, usf. Wenn die Kritik von dem, was wir von der Natur Gottes wissen, auf solche Dinge verfällt, so sind dies Zeugnisse, die keine Zeugnisse sind. Der Inhalt der Religion ist die ewige Natur Gottes, nicht solche zufällige, äußerliche Dinge.

Als Mendelssohn zum Übertritt zur christlichen Religion aufgefordert wurde, erwiderte er, seine Religion gebiete ihm nicht den Glauben an ewige Wahrheiten, sondern nur gewisse Gesetze, Handlungsweisen, Zeremonialgesetze; er sehe dies als einen Vorzug der jüdischen Religion an, daß ewige Wahrheiten in ihr nicht geboten würden; denn diese zu finden, dazu reiche die Vernunft hin; jene positiven Statute seien von Gott festgesetzt worden, diese ewigen Wahrheiten seien aber die Gesetze der Natur, Wahrheiten der Mathematik usf. – Wir müssen freilich zugeben, daß sie ewig sind; aber sie sind von sehr beschränktem Inhalt, sind kein Inhalt des ewigen Geistes an und für sich. Die Religion muß aber nichts anderes als Religion enthalten und enthält als solche nur ewige Wahrheiten des Geistes; dies ist ihre Bestimmung. Jene positiven Statute betreffen dann äußerliche Weisen des Gottesdienstes; oder betreffen diese Gebote Gottes moralische Handlungen, so ist wieder das Geistige, die Gesinnung die Hauptsache. Dies Befehlen ist aber in seiner höchsten Spitze höchste Härte und kann irreligiös werden und sich auf beschränkten Inhalt beziehen. Was geglaubt werden soll, muß aber einen *religiösen*, *geistigen* Inhalt haben.

3. Den Glauben und die Beglaubigung als Vermittlung haben wir nun an dem Begriff des Kultus als das Innere desselben bestimmt oder als die ersten Momente darin. Im Kultus ist Gott auf der einen Seite, Ich auf der andern, und die Bestimmung ist, mich mit Gott in mir selbst zusammenzuschließen, mich in Gott als meiner Wahrheit zu wissen und Gott in mir – diese *konkrete Einheit*. Für unsere Betrachtung ist das theoretische Bewußtsein auch konkret, aber nur an sich; daß es auch für das Subjekt konkret werde, ist das Praktische. Der Kultus ist, sich diesen höchsten, absoluten Genuß zu geben, – da ist Gefühl darin; da bin ich mit mei-

ner besonderen Persönlichkeit dabei. Er ist so die Gewißheit des absoluten Geistes in seiner Gemeinde, das Wissen derselben von ihrem Wesen; dies ist substantielle Einheit des Geistes mit sich, die wesentlich unendliche Form, Wissen in sich ist. Es ist also näher darin enthalten zuerst das *subjektive Selbstbewußtsein*, das aber nur auf *formelle* Weise noch subjektiv ist; denn das schon von dem absoluten Inhalt wissende Selbstbewußtsein ist *frei*, d. h. es tut von sich ab die Sprödigkeit des Fürsichseins, das als einzelnes sich ausschließend ist von seinem Gegenstand. Es weiß so von *seinem Wesen*, und daß dies sein Wesen ist, davon gibt es dem Gegenstand Zeugnis, welches Zeugnis so das Erzeugnis des absoluten Geistes ist, der ebenso darin erst als absoluter Geist sich erzeugt. Als Wissen hat das Selbstbewußtsein einen Gegenstand; als Wesen ist er *absoluter Gegenstand*, und dies ist kein anderer für das Selbstbewußtsein, insofern es frei ist, als das Zeugnis des Geistes. Der Geist wird nur von dem Selbstbewußtsein gewußt in seiner Freiheit; insofern also dies Wissen das freie ist, ist die Einheit des Selbstbewußtseins vorhanden, und der absolute Inhalt ist die substantielle Einheit, so daß die Einzelheit schlechthin aufgehoben ist, vielmehr bestimmt als Allgemeines gegen Einzelnes, so daß letzteres nur als Schein ist. Ich, diese empirische Existenz, von der das Wesen allerdings noch verschieden ist, ist das Wesenlose.

Das subjektive Bewußtsein selbst ist aber ein beschränktes, bestimmtes Bewußtsein: *besonderer Geist*. Für diesen besonderen Geist, den Geist mit der Bestimmtheit, ist auch die Wahrheit nur in dieser *bestimmten* Weise. Wie der subjektive Geist beschaffen ist, ist auch für ihn die objektive Wahrheit.

In Gott liegt aber selbst Bewußtsein und Wissen. Es ist ein Inhalt, und von ihm ist untrennbar die Form, daß dieser Inhalt Gegenstand des Bewußtseins ist. Da sind wir bei dem besonderen Geist, und auf den Entwicklungsstufen des Geistes modifiziert sich der Glaube und bestimmt er sich zu anderem Inhalt. So spricht man mit Recht schon mit dem Kinde von Gott, seinem Schöpfer, und es bekommt dadurch eine Vorstellung von Gott, von einem Höheren: das wird frühzeitig vom Bewußtsein gefaßt, aber nur auf eingeschränkte Weise, und solche Grundlage bildet sich dann weiter aus. Der *eine* Geist ist die substantielle Grundlage überhaupt; es ist dies der Geist eines Volkes, wie er in den einzelnen Perioden der Weltgeschichte bestimmt ist – der Nationalgeist; dieser macht die *substantielle Grundlage* im Individuum aus; ein jeder ist in seinem Volke geboren und gehört dem Geiste desselben an. Dieser Geist ist das Substantielle überhaupt und das Identische gleichsam von Natur: er ist der *absolute Grund* des Glaubens. Nach ihm ist bestimmt, was als Wahrheit gilt. Dies Substantielle ist in dieser Weise für sich im Unterschiede gegen die Individuen und ist ihre *Macht* in Beziehung auf sie als Einzelne, und in diesem Verhältnis zu ihnen ist er ihre absolute *Autorität.* Jedes Individuum, als seinem Volksgeiste angehörend, wird so im Glauben seiner Väter geboren ohne seine Schuld und ohne sein Verdienst, und der Glaube der Väter ist dem Individuum ein Heiliges und seine Autorität. Dies macht den von der geschichtlichen Entwicklung gegebenen Glaubensgrund aus.

Es entsteht hier die Frage, wie eine Religion gegründet wird, d. h. auf welche Weise der substantielle Geist zum Bewußtsein der Völker kommt. Es ist dies etwas Geschichtliches; die Anfänge sind unscheinbar: diejenigen, die diesen Geist auszusprechen wissen, sind die Propheten, die Poeten; Herodot sagt: Homer und Hesiod haben den Griechen ihre Götter gemacht. Homer und Hesiod haben hier eine Autorität, aber es ist nur darum, weil ihre Aussprüche dem griechischen Geiste angemessen waren. Auch sind diesen Dichtern noch frühere Anfänge, die der erste Schimmer des Göttlichen waren, vorangegangen; denn in der Ausbildung, wie es bei Homer erscheint, kann man nicht sagen, daß es von Anfang an gewesen sei. Der Schauder vor dem Übersinnlichen hat sich im Anfang noch auf ungebildete Weise ausgedrückt. Die Furcht ist der Anfang, und um sie zu entfernen und jene übersinnliche Macht sich günstig zu machen, wurden Zauberformeln angewendet und in Hymnen gebetet. So entwickelt sich nach und nach das Bewußtsein; und die wenigen, die da wissen, was das Göttliche ist, sind die *Patriarchen*, die *Priester*, oder es kann auch eine *Kaste* oder eine besondere *Familie* dazu bestimmt sein, die Lehre und den Gottesdienst zu verwalten. Jedes Individuum lebt sich in diese Vorstellungen und Empfindungen hinein, und so ist eine geistige Ansteckung im Volke verbreitet, und die Erziehung macht sich darin, daß das Individuum im Dufte seines Volkes lebt. So gehen die Kinder geschmückt und geputzt mit zu dem Gottesdienst, machen die Funktionen mit oder haben ein Geschäft dabei; in jedem Fall lernen sie die Gebete, hören die Vorstellungen der Gemeinde, des Volkes, stellen sich in dieselben hinein und nehmen sie in derselben unmittelbaren Weise an, wie dieselbe Art, sich zu kleiden, und die Sitten des täglichen Lebens sich fortpflanzen.

Das ist die *natürliche Autorität*, aber ihre Macht ist die größte im Geistigen. Das Individuum mag sich auf seine Selbständigkeit noch soviel einbilden, es kann diesen Geist nicht überfliegen, denn er ist das Substantielle, seine Geistigkeit selbst. – Zunächst ist diese Autorität ganz *unbefangen* und steht unmittelbar fest in dem Volke *ohne Verbot des Gegenteils*. Die Einzelnen sind darin weder frei noch unfrei, da gar kein Gegensatz der Reflexion und des subjektiven Denkens vorhanden ist. *Wir* sagen, die Völker haben dies *geglaubt;* sie selbst heißen es nicht »Glauben«, insofern dieses das Bewußtsein eines Gegensatzes in sich enthält.

Nun gibt es aber *verschiedene* Formen des Glaubens, verschiedene Religionen, die in Kollision miteinander kommen können. Was dieses Zusammentreffen anbetrifft, so kann es auf dem Boden der *Vorstellung* und der Reflexion geschehen und die Verteidigung sich auf Gründe und *Beweise der*

Wahrheit stützen, aber es kann auch die Form annehmen, daß die Völker andere zwingen, sich ihrem Glauben zu fügen; der Glaube wird so *zwingende Staatsgewalt*, teils im Innern des Staates selbst, teils auch nach außen. Diese Kollision hat unzählige Kriege verursacht. Hierher fallen z. B. die Kriege der Mohammedaner, die Religionskriege zwischen Katholiken und Protestanten, auch die Ketzergerichte, ferner die Schlachten unter den Indern zwischen den Verehrern Schiwas und Wischnus. Es ist die Ehre Gottes, für welche in solchen Kollisionen gekämpft wird, daß Gott im Bewußtsein anerkannt werde und die Wahrheit des Volkes zur Anerkennung komme. Gegen solchen Zwang erhebt sich die *Freiheit des Glaubens* überhaupt; diese Freiheit kann sich dann aber näher auch die Stellung geben, daß sie *über* dem verschiedenen Inhalt stehe, der sich als Wahrheit behauptet. So *formell* ist sie das, was Glaubensfreiheit als solche ist, wo es außer dem Spiele bleiben soll, was geglaubt wird. Das ist dann die formelle Forderung der Freiheit, die nicht auf die Wahrheit des Glaubens sieht und sich nur auf die subjektive Freiheit bezieht; der Inhalt mag von einer Beschaffenheit sein, wie er wolle. Da tritt der Unterschied ein zwischen dem Inneren, dem Orte des Gewissens, worin ich bei mir selbst bin, und dem wesentlichen Inhalt. Das Innere ist das Heilige, der Ort meiner Freiheit, welcher respektiert werden soll; das ist eine wesentliche Forderung, die der Mensch macht, insofern das Bewußtsein der Freiheit in ihm erwacht. Der Grund ist hier nicht mehr der substantielle Inhalt des Glaubens, sondern das Formelle des Glaubens.

Glaubensfreiheit erscheint aber sogleich als ein *Widerspruch an ihr selbst*, wenn man die Sache vom *abstrakten* Denken aus betrachtet; denn indem man eben glaubt, so nimmt man etwas *Gegebenes*, Vorhandenes an; die Freiheit aber verlangt, daß dies von mir gesetzt, produziert sei. Aber der Glaube ist in jener Forderung der Freiheit in der Tat als mein persönlicher Glaube, als *meine* eigenste und innerste

Gewißheit gefaßt. In dieser Gewißheit meiner selbst, in der *meine* Überzeugung, *mein* Glaube seine Quelle und seinen Ort hat, bin ich frei für mich gegen andere, der Glaube selbst mag sein, welcher Art er wolle; oder die bestimmten Gründe, Reflexionen und Gefühle, auf die er gebaut wird, sind hier gleichgültig. Allerdings ist der Glaube in ihm selbst, was den *Inhalt* betrifft, noch unfrei, und das *Denken* erst ist es, das auch in Rücksicht auf den Inhalt frei zu sein sucht.

Hier nun, wo die Freiheit auch auf den *Inhalt* sich bezieht, hier ist es nun, wo der *Bruch zwischen Denken und Glauben* hervortritt, dieser Bruch, den wir schon in Griechenland zur Zeit des Sokrates sehen. Das Denken ist eine neue Beziehung gegen den Glauben. Die Seite der Form tritt nämlich gegen das Substantielle der Wahrheit in Beziehung. In der christlichen Religion ist von Anfang an dies Prinzip vorhanden; sie fängt zwar einerseits von einer äußerlichen Geschichte an, die geglaubt wird, aber zugleich hat diese Geschichte die Bedeutung, daß sie die Explikation der Natur Gottes ist. Christus ist nach der Unterscheidung, die da sogleich eintritt, nicht nur ein Mensch, der dieses Schicksal gehabt hat, sondern er ist auch der Sohn Gottes. Die Explikation der Geschichte Christi ist dann das Tiefere; sie ist im Gedanken geschehen und hat die *Dogmatik*, die Lehre der Kirche hervorgebracht. Damit ist die Forderung der Innerlichkeit, des Denkens vorhanden. Der Bruch des Denkens und des Glaubens entwickelt sich dann weiter. Das Denken weiß sich frei, nicht nur der Form nach, sondern auch in Rücksicht auf den Inhalt. Im Denken ist die Freiheit aber nicht ohne Autorität; es hat gewisse Prinzipien, die zwar seine eigenen sind und auf die es alles reduziert: diese Prinzipien gehören aber selbst der Entwicklung an; eine Zeit hat gewisse Prinzipien, und insofern ist darin auch *Autorität*. Die letzte Analyse, wo keine vorausgesetzten Prinzipien mehr sind, ist erst das Fortschreiten zur Philosophie.

Die noch religiöse Vermittlung des Glaubens, wie sie im Kultus erscheint, ist die Tätigkeit des Hervorbringens der vorhin bestimmten Einheit und des Genusses derselben, damit das, was im Glauben an sich ist, auch vollbracht, gefühlt, genossen werde. Nach dieser Seite des Willens ist der Kultus praktisch, und diese Tätigkeit hat zunächst die Form der Beschränktheit und Einzelheit. Man sagt oft, der Mensch ist in seinem Willen unendlich, in seinem Begreifen, Erkennen endlich. Dies ist kindisch gesagt; das Gegenteil ist viel richtiger. Im Willen ist der Mensch gegen ein Anderes, vereinzelt sich als Individuum, hat einen Zweck, einen Vorsatz in sich gegen ein Anderes, verhält sich als getrennt vom Anderen; hier tritt also die Endlichkeit ein. In der Handlung hat der Mensch einen Zweck, und die Handlung besteht darin, daß der Inhalt, der Zweck *ist*, die Form der Vorstellung verliert oder daß dem Zweck, wie er zunächst subjektiv ist, diese Subjektivität abgestreift wird und er nun objektives Dasein gewinnt.

Insofern der Kultus auch ein *Handeln* ist, hat er einen *Zweck* in sich, und dieser, der Glaube, ist *die in sich konkrete Realität des Göttlichen und des Bewußtseins*. Was der Kultus zu vollbringen hat, ist, daß er nicht vom Objektiven etwas trennt, verändert, sich geltend daran macht, sondern sein Zweck ist an und für sich absolute Realität, und nicht erst dieser Zweck soll *hervorgebracht* werden, sondern er soll nur *in mir Wirklichkeit haben*; er ist daher gegen mich, gegen meine besondere Subjektivität. Diese ist die Hülse, die abgestreift werden soll; ich soll im Geiste sein und der Gegenstand in mir als Geist.

Dies ist ein zweiseitiges Tun, Gottes Gnade und des Menschen Opfer. Bei dem Tun, der Gnade Gottes gerät die Vorstellung in Schwierigkeit wegen der Freiheit des Menschen. Aber die Freiheit des Menschen besteht eben im Wissen und Wollen Gottes, ist nur durch Aufhebung des menschlichen Wissens und Wollens. So ist der Mensch nicht der Stein dabei, so daß die Gnade nicht bloß praktisch wirkt und der Mensch etwa das passive Material wäre, ohne dabeizusein. Es soll vielmehr der Zweck, das Göttliche durch mich in mir werden, und das, wogegen die Aktion geht, welche meine Aktion ist, das ist Aufgeben meiner überhaupt, der sich nicht mehr für sich behält. Diese gedoppelte Tätigkeit ist der Kultus und sein Zweck so das Dasein Gottes im Menschen.

Ich soll mich dem gemäß machen, daß der Geist in mir wohne, daß ich geistig sei. Dies ist meine, die menschliche Arbeit; dieselbe ist Gottes von seiner Seite. Er bewegt sich zu dem Menschen und ist in ihm durch Aufhebung des Menschen. Was als mein Tun erscheint, ist alsdann Gottes Tun, und ebenso auch umgekehrt. Dies ist denn freilich dem bloß moralischen Standpunkt Kants und Fichtes entgegen; da *soll* das Gute immer erst hervorgebracht, realisiert werden, mit der Bestimmtheit, daß es auch bei dem *Sollen* bleibe, als ob es nicht schon an und für sich da wäre. Da ist dann außer mir eine Welt, die, von Gott verlassen, darauf wartet, daß ich den Zweck, das Gute erst hineinbringe. Der Kreis des moralischen Wirkens ist beschränkt. In der Religion hingegen ist das Gute, die Versöhnung *absolut vollbracht* und an und für sich selbst; es ist *vorausgesetzt* die göttliche Einheit der geistigen und der natürlichen Welt – zu der letzteren gehört das besondere Selbstbewußtsein –, und es handelt sich nur *um mich* und *gegen mich*, daß ich mich meiner Subjektivität abtue und mir an diesem Werke, das sich ewig vollbringt, meinen Anteil nehme und meinen Anteil daran habe. Das Gute ist demnach kein Gesolltes, sondern göttliche Macht, ewige Wahrheit.

Ebenso wenn man heutzutage nur immer Not hat, den Glauben an die Menschen heranzubringen, und das Gerede nur immer darauf ausgeht, in ihnen Jammer und damit den Glauben, daß Gott sei, hervorzubringen, so ist das nicht nur nicht Kultus, sondern dies, nur immer erst *Religion hervorbringen zu wollen*, ist außer der Religion. Der Kultus ist vielmehr innerhalb der Religion, und das Wissen, daß

Gott ist und die Wirklichkeit ist, ist da der Boden, dem ich mich nur zu assimilieren habe. Unglückselige Zeit, die sich damit begnügen muß, daß ihr immer nur vorgesagt wird, es sei ein Gott!
Da vielmehr der Kultus das Anundfürsichsein des letzten Endzwecks der Welt voraussetzt, aber von dieser Voraussetzung aus gegen das empirische Selbstbewußtsein und gegen die besonderen Interessen desselben gerichtet ist, so ist in ihm ein *negatives Moment* enthalten, aber so, daß es praktische Tätigkeit des Subjekts an sich selbst ist, seine empirische, besondere Subjektivität zu entlassen. Dies ist also der Begriff des Kultus *im allgemeinen*, dem die Bestimmung dessen, was Glaube heißt, zugrunde liegt.

II. Die Bestimmtheit und die besonderen Formen des Kultus

Im Glauben liegt der Begriff des absoluten Geistes selbst. Dieser Inhalt ist als der Begriff zunächst für uns; wir haben ihn so gefaßt, damit ist er aber noch nicht in der Existenz als solcher gesetzt. Der Begriff ist das Innerliche, Substantielle und als solcher erst durch uns in uns im begreifenden Erkennen vorhanden; diese Gestalt und diesen Inhalt hat aber die Idee noch nicht *im seienden Selbstbewußtsein* überhaupt. Die Idee ist so zunächst als der Begriff, als die mit dem subjektiven Selbstbewußtsein identische Substanz, so daß das subjektive Selbstbewußtsein in dem Gegenstand sein Wesen, seine Wahrheit hat; in der Idee ist das Subjekt wesentlich als frei gefaßt, hat aber zunächst nur relative Freiheit, Freiheit des Subjekts gegen sein allgemeines Wesen, so daß es nicht sich abtrennt von ihm oder in einer Bestimmtheit feststeht, welche gegen diese seine Allgemeinheit ist, sondern nur in der ungehinderten Kontinuität mit seinem Gegenstande besteht. Oder die Freiheit ist nur diese formelle Freiheit des Subjekts, daß das Bewußtsein des Subjekts seinem Begriff gemäß ist. Der wahrhafte Glaube nach der bisherigen Bestimmung setzt aber das Selbstbewußtsein der absoluten Freiheit des Geistes voraus, das Bewußtsein, daß der Mensch nach seiner Grundbestimmung *an und für sich frei sei* und sich als unendliche Persönlichkeit weiß. Ist nun aber dies Selbstbewußtsein noch *unmittelbar*, so ist es zunächst nur formell frei und in *einer Naturbestimmtheit befangen*, nicht das Bewußtsein seiner unendlichen Freiheit. Gott selbst ist nicht unmittelbar als Geist und ebenso auch nicht das Bewußtsein über ihn. Daher ist die Freiheit selbst und die Versöhnung im Kultus zunächst *formelle Versöhnung und Freiheit*; daß das Subjekt seinem Begriff gemäß sei, dazu gehört, daß ihm sein Begriff, der absolute Geist *als* Geist Gegenstand sei; denn nur so kann der subjektive Geist in ihm selber frei sein, indem er sich in jenem absoluten Inhalt zu seinem Wesen verhält. Das Wahrhafte ist, daß er für sich absolut bleibt und als unendliche Subjektivität das Bewußtsein hat, daß er für sich unendlichen Wert habe und der Gegenstand der unendlichen Liebe Gottes sei.

Der oben explizierten Vorstellung von Gott gemäß entwickelt sich so auch der Kultus. Gott ist einmal als *Einheit des Natürlichen und Geistigen*, das andere Mal die *absolute Einheit*, die selbst *geistig* ist. Diesem Unterschied entsprechen die bestimmten Seiten des Kultus.

1. Gott ist unmittelbar als ein Abstraktum bestimmt und mit einer *Naturbestimmtheit*, nicht als absoluter, unendlicher Geist. Insofern diese Naturbestimmtheit in ihm gesetzt ist, er sie auf affirmative Weise in sich hat, so ist er zwar die Einheit dieser und des Geistigen; aber insofern die Naturbestimmtheit *bestehen* bleibt, ist auch die Einheit beider unmittelbar, eine selbst nur *natürliche*, nicht wahrhaft geistige Einheit. Beim Menschen ist der Leib ebenso affirmatives Ingrediens als die Seele, wenn man sagt, er *besteht* aus Leib und Seele, und so gefaßt ist die Einheit beider auch nur natürliche unmittelbare Einheit.

So nun ist auch im Kultus der Mensch bestimmt mit einer

unmittelbaren Natürlichkeit oder Unfreiheit der Freiheit. Damit, daß der Mensch nur ein *natürlich Freies* ist – eine Bestimmung, die sich eigentlich widerspricht –, ist denn auch seine Beziehung auf seinen Gegenstand, sein Wesen, seine Wahrheit eine solche *natürliche Einheit*, und sein Glauben, sein Kultus hat deshalb die Grundbestimmung, daß es so eine unmittelbare Beziehung ist oder ein Versöhntsein von Hause aus mit seinem Gegenstand. Dies ist eine Bestimmtheit des Kultus in allen den Religionen, worin das absolute Wesen Gottes noch nicht offenbar ist. Da ist der Mensch in seiner Freiheit noch nicht frei. Es ist dies dann der *heidnische* Kultus, der keiner Versöhnung bedarf. Da ist der Kultus schon das, was der Mensch als gewöhnliche Lebensweise sich vorstellt; er lebt in dieser substantiellen Einheit, Kultus und Leben ist nicht unterschieden, und eine Welt absoluter Endlichkeit hat sich einer Unendlichkeit noch nicht gegenübergestellt. So herrscht bei den Heiden das Bewußtsein ihrer Glückseligkeit, daß Gott ihnen nahe ist als der Gott des Volkes, der Stadt, – dies Gefühl, daß die Götter ihnen freundlich sind und ihnen den Genuß des Besten geben. Wird in dieser Weise Athene von den Athenern als ihre göttliche Macht gewußt, so wissen sie sich mit derselben ursprünglich einig und wissen die Gottheit als die geistige Macht ihres Volkes selbst.

Auf der ersten Stufe der unmittelbaren Einheit des Endlichen und Unendlichen ist das *Selbstbewußtsein* noch nicht zur *Totalität* ausgebildet; es ist insofern mit dem Unterschiede nicht Ernst. Zwar muß die *Negativität* überhaupt vorkommen, aber da sie nicht die eigene Einbildung des Selbstbewußtseins ist, so ist das Negative ausgeschlossen aus dem inneren Verhältnis der Subjektivität; es steht drüben und ist als ein Reich der Finsternis und des Bösen *aus der unmittelbaren Einheit auszuscheiden*. Es kann auch Kampf und Streit mit jenem Negativen entstehen, aber so, daß er mehr als ein *äußerlicher Krieg* vorgestellt wird und die Feindschaft und die Rückkehr aus derselben nicht als wesentliches Moment des Selbstbewußtseins ist. In diese Stufe fällt deshalb auch keine eigentliche Versöhnung, denn diese setzt die absolute Entzweiung des Gemüts voraus.

Der Kultus hat also hier wesentlich die Bestimmung, daß er *nicht ein Eigentümliches*, ein vom übrigen Leben Abgesondertes, sondern ein beständiges Leben im Lichtreiche und im Guten ausmacht. Das *zeitliche Leben der Bedürftigkeit*, dieses unmittelbare Leben, ist *selbst Kultus,* und das Subjekt hat sein wesentliches Leben noch nicht von der Unterhaltung seines zeitlichen Lebens und von den Verrichtungen für die unmittelbare, endliche Existenz unterschieden.

Es muß auf dieser Stufe wohl vorkommen ein *ausdrückliches Bewußtsein* seines Gottes als solches, ein Erheben zu dem Gedanken des absoluten Wesens und ein Anbeten und Preisen desselben. Dieses ist aber zunächst ein *abstraktes Verhältnis für sich*, in welches das konkrete Leben nicht eintritt. Sobald das Verhältnis des Kultus sich *konkreter* gestaltet, so nimmt es die *ganze äußere Wirklichkeit des Individuums* in sich auf, und der ganze Umfang des gewöhnlichen, täglichen Lebens, Essen, Trinken, Schlafen und alle Handlungen für die Befriedigung der natürlichen Bedürfnisse stehen in Beziehung auf den Kultus, und der Verlauf aller dieser Handlungen und Verrichtungen bildet ein heiliges Leben.

Indem gleichwohl diesen Verrichtungen die *Äußerlichkeit* und *Bedürftigkeit* eigen ist, so muß auf sie, wenn sie in jene wesentliche Einheit erhoben werden, *besondere Aufmerksamkeit* gerichtet werden, und mit Ausschließung der Willkür werden sie auf besonnene, gesetzte Weise ausgeübt. So herrscht in den gemeinsten Handlungen des Lebens Feierlichkeit und Würde. Die konkrete Existenz des endlichen Lebens ist noch nicht als gleichgültig geachtet, durch die Freiheit noch nicht zur Äußerlichkeit herabgesetzt, weil die Freiheit des Inneren sich noch nicht eine selbständige Sphäre gegeben hat. Das Tun des täglichen und gewöhnlichen Lebens ist also durchaus noch in Beziehung auf das Religiöse gesetzt und gilt als ein substantielles Tun. Damit nun dieses, was wir als ein zufälliges Tun betrachten, der Form der Substantialität angemessen sei, so gehört dazu, daß es mit Feierlichkeit, Ruhe und geziemender Regelmäßigkeit und Ordnung geschehe. Alles dies ist somit auf eine allgemeine Weise durch Vorschriften bestimmt, und der Schein der Zufälligkeit ist nicht vorhanden, da die Verendlichung sich noch nicht für sich losgerissen und sich ihren Spielraum gegeben hat. Seinen Leib und die endlichen Geschäfte und deren Ausführung betrachtet der Orientale, der auf diesem Standpunkt steht, nicht als sein eigen, sondern als *einen Dienst gegen einen Anderen,* gegen den allgemeinen, wesentlichen Willen; er muß deshalb in den geringfügigsten Verrichtungen Würde und Besonnenheit haben, damit er sie geziemend, wie es jenem allgemeinen Willen gemäß ist, vollbringe.

→ Jene Feierlichkeit ist jedoch nur eine *Form,* und der Inhalt ist doch *Tun und Sein des Endlichen,* und der Gegensatz ist deshalb in Wahrheit nicht aufgehoben. Da somit die Ordnung, mit der die Handlungen des täglichen Lebens getan werden, nur eine äußerliche Form an jenem endlichen Inhalt ist, so ist die *wirkliche Verschiedenheit* des äußerlichen Lebens und dessen, was der absolute Gegenstand für das Bewußtsein ist, noch vorhanden. Die subjektive Existenz muß deshalb *ausdrücklich* aufgehoben werden, und die Weise, wie dies hier geschieht, betrifft *die Reflexion auf die Endlichkeit und auf deren Gegensatz zum Unendlichen.* Die Negativität des Endlichen kann jedoch auch nur *auf endliche Weise* geschehen. Dies ist nun dasjenige, was das *Opfer* im allgemeinen genannt wird.

Das Opfer enthält unmittelbar das *Aufgeben einer unmittelbaren Endlichkeit* im Sinne der Bezeugung, daß sie mir *nicht eigentümlich* sein solle und daß ich solche Endlichkeit nicht für mich haben will; das Opfer ist also auf diesem Standpunkt des religiösen Selbstbewußtseins eigentliches Opfer. Es kann hier nicht, weil noch nicht die Tiefe des Gemüts vorhanden ist, die Negativität sich in einem *inner-*

lichen Prozeß offenbaren. Das Opfer besteht nicht in einer Umkehrung des Gemüts, des Herzens und der natürlichen Neigungen, daß diese gebrochen werden. Sondern was das Subjekt *für sich* ist, das ist es *im unmittelbaren Besitz*, und indem es im Kultus seine Endlichkeit aufgibt, so ist das nur ein Aufgeben eines unmittelbaren Besitzes und eines natürlichen Daseins. In diesem Sinne ist in einer geistigen Religion kein Opfer mehr vorhanden, sondern was dort Opfer heißt, kann es nur im bildlichen Sinne sein.

Das Opfer kann nun näher sein ein bloßes *Opfer der Verehrung, des Preises*, die Bezeugung, daß ich nichts Eigentümliches habe, sondern es aufgebe, indem ich mich im Verhältnis zum Absoluten denke. Der, an den der Besitz aufgegeben wird, soll dadurch nicht reicher werden; sondern das Subjekt gibt sich dadurch nur das Bewußtsein der aufgehobenen Trennung, und sein Tun ist insofern schlechthin *freudiges Tun*. Dies ist auch der Sinn der Geschenke im Orient überhaupt; so bringen die Untertanen und Besiegten dem Könige Gaben, nicht daß er reicher werden soll, denn es wird ihm ohnehin alles zugeschrieben, und es gehört ihm alles.

Das Opfer kann sich dann weiter bestimmen als *Opfer der Reinigung* in Rücksicht auf eine *bestimmte* Verunreinigung. Eine *Sünde im eigentlichen Sinne* wird auf diesem Standpunkt nicht getan; die bestimmten Opfer der Reinigung gesellen sich vielmehr zu allem endlichen Tun überhaupt. Sie sind auch *keine Buße, keine Strafe*, haben auch nicht eine geistige Bekehrung zum Zweck und sind überhaupt kein Verlust und kein Schaden, der erlitten würde. Es wird nicht so angesehen, daß man etwas Übles getan habe und dafür wieder ein Übel erleiden müsse. Alle diese Bestimmungen würden die Vorstellung einer Berechtigung des Subjekts einschließen; das ist aber eine Vorstellung, die hier noch gar nicht sich einmischt. Nach unserem Standpunkt würden solche Opfer als ein Verlust betrachtet werden, indem dadurch ein Eigentum aufgegeben wird. Solche Ansicht findet indes auf jenem Standpunkt nicht statt; das Opfer ist hier vielmehr wesentlich etwas *Symbolisches.* Es ist eine Verunreinigung geschehen, und diese muß auf ebenso unmittelbare Weise abgetan werden; allein das Subjekt kann das Geschehene nicht ungeschehen machen und auch nicht bereuen, daß es so gehandelt habe. Es muß deshalb notwendig eine *Vertauschung* geschehen und etwas anderes aufgegeben werden als diejenige Existenz, um die es eigentlich zu tun war. Das Geopferte kann dem Wert nach viel geringer sein, als was ich erhalte, was ich mir erworben habe. So die Ernte, die ich gewonnen, das Tier, das ich geschlachtet habe; diese nehme ich in Besitz, und soll nun gezeigt werden, daß es mir nicht Ernst sei mit diesem Besitz, so geschieht das auf symbolische Weise. Es ist nicht so, als ob das, was ich tue, *nicht* geschehen sollte, denn diese Handlungen sind *notwendig;* durch das Opfer wird nur diese *Verendlichung überhaupt,* dieses *Fürmichsein* wieder aufgehoben.

Der allgemeine Charakter, den dieses gottesdienstliche Handeln hat, ist dasjenige, was wir das *Zeremoniöse* heißen. Dieses Zeremoniöse besteht darin, daß alltägliche, gemeine Handlungen – wie wir sie ansehen – zugleich notwendige Handlungen und durch Vorschrift bestimmt sind. Wir haben das Recht, uns hierbei willkürlich zu verhalten oder bewußtlos der Gewohnheit zu folgen; ebenso halten wir eine Reinigung nicht für nötig, insofern solche Handlungen wie das Ernten und das Schlachten eines Tieres notwendig sind. Da ferner bei jenen Opfern und Reinigungen eine Beziehung auf die religiöse Seite stattfindet, so ist kein Unterschied vorhanden, dem nicht eine Wichtigkeit beigelegt würde. So werden die verschiedenen Lebensmittel nicht bloß in Beziehung auf den Geschmack und die Gesundheit betrachtet. Ebenso tritt in Ansehung der Reinigung und des Opfers *die Verschiedenheit der Kombination* ein: diejenige Handlung, wodurch die Reinigung von einer anderen Handlung vollbracht wird, kann *keine notwendige Beziehung* auf dieselbe haben, und die Kombination kann deshalb nur eine *zufällige* und *äußerliche* sein. Daraus entsteht das *Peinliche* dieses Kultus. Wenn in jenen Zeremonien und Kombinationen ein *Sinn* liegt oder gelegen hat, so ist es ein *trivialer* und *oberflächlicher*, und indem solche Handlungen zur *Gewohnheit* werden, so *verlieren* sie auch noch den wenigen Sinn, der darin gelegen haben mag.

Es tritt nun auf diesem Standpunkt auch die bestimmte *Strafe* ein, insofern ein Tun, das einer bestimmten Vorschrift entgegengesetzt ist, aufgehoben werden soll und es sich um eine Übertretung handelt. Die Strafe gegen eine solche Verletzung ist wieder eine *Verletzung*, und es wird etwas aufgegeben: Leben, Eigentum usf. Aber diese Strafe hat hier den Sinn einer ganz trockenen, *förmlichen Strafe* in der Weise der *bürgerlichen Strafe*. Diese bekümmert sich aber nicht unmittelbar um die Besserung des Verbrechers, während die kirchliche Buße in unserem Sinne eine Strafe ist, deren wesentlicher Zweck die Besserung und Bekehrung des Bestraften ist. Einen solchen moralischen oder vielmehr religiösen Sinn kann auf diesem Standpunkt die Strafe nicht haben. *Bürgerliche und Staatsgesetze* sind hier überhaupt *identisch mit den religiösen Gesetzen*. Das Staatsgesetz ist Gesetz der Freiheit, setzt die Persönlichkeit, die Menschenwürde voraus und bezieht sich wesentlich auf den Willen; es bleibt dabei eine Sphäre der *Willkür* übrig für die Entscheidung über zufällige, gleichgültige Dinge. Auf diesem Standpunkt jedoch ist diese Abscheidung noch nicht vorhanden, und es findet im allgemeinen ein Zustand der *bloßen Notwendigkeit* statt.

Von dem endlichen Sein und Tun, welches der dargestellte Kultus zu dem Anundfürsichseienden in Beziehung setzt, scheidet sich nun auch ein weiter bestimmtes Tun ab, welches *zweckmäßig* ist. Während das Verrichten der Handlungen, die sich auf unser Bedürfnis unmittelbar beziehen, nicht nach einem Zweck geschieht, sondern unmittelbar reguliert ist, so ist dagegen das zweckmäßige Tun nicht bloß das bedürftige Tun nach Gewohnheit, sondern es bestimmt sich nach *Vorstellungen.* So ist es nun zwar auch noch endliches Tun, insofern es endlichen Zweck hat; aber indem hier zunächst das Prinzip ist, daß *das Endliche zum Unendlichen erhoben* werde, so sind die endlichen Zwecke auch zu einem *unendlichen Zweck* zu erweitern. So tritt das religiöse *Arbeiten* ein, welches Werke der Andacht hervorbringt, die nicht zu einem endlichen Zweck bestimmt sind, sondern etwas sein sollen, das an und für sich ist. Dies Arbeiten ist hier selbst Kultus. Seine Werke und Produktionen sind nicht wie unsere Kirchenbauten anzusehen, die nur unternommen werden, weil man ihrer eben bedarf, sondern das Arbeiten als *reines Hervorbringen,* und als *perennierendes* Arbeiten ist der Zweck für sich selbst und ist somit nie fertig.

Diese Arbeit ist nun von verschiedener Art und von verschiedenem Grade, von der bloß körperlichen Bewegung des Tanzes bis zu den ungeheuren kolossalen Bauwerken. Die letzteren Werke haben dann vornehmlich den Sinn von Monumenten, deren Errichtung endlos ist, da immer wieder von vorn angefangen werden muß, wenn eine Generation mit einem Werke fertig ist. Bei solchen Werken ist das Bestimmende noch nicht die *freie Phantasie,* sondern das Hervorgebrachte hat den Charakter des *Ungeheuren* und Kolossalen. Das Hervorbringen ist noch wesentlich an das *Natürliche* und *Gegebene* gekettet, und was der Tätigkeit freisteht, das ist nur darauf beschränkt, daß die *Maße* übertrieben und die gegebenen Gestalten ins Ungeheure geführt werden.

Auch alle diese Arbeiten fallen noch in die Sphäre des *Opfers.* Denn wie bei diesem ist der Zweck das Allgemeine, gegen welches sich die Eigenheit und die Interessen des Subjekts im Tun aufgeben müssen. Alle Tätigkeit ist überhaupt ein *Aufgeben,* aber nicht mehr eines nur äußerlichen Dinges, sondern der *innerlichen Subjektivität.* Dieses Aufgeben und Opfern, das in der Tätigkeit liegt, ist als Tätigkeit zugleich objektivierend, bringt etwas zustande, aber nicht so, daß das produzierte Sein überhaupt nur aus mir kommt, sondern nach einem *inhaltsvollen Zweck* geschieht. Die Arbeit des Menschen, wodurch die Einheit des Endlichen und Unendlichen nur insofern zustande kommt, als sie durch den Geist hindurchgegangen und aus seinem Tun herausgerungen ist, ist aber schon ein tieferes Opfer und ein Fortschritt gegen das Opfer, wie es ursprünglich nur als Aufgeben einer unmittelbaren Endlichkeit erscheint. Denn in jenem Produzieren ist das Opfer *geistiges Tun* und die Anstrengung, die als Negation des besonderen Selbstbewußtseins den im Innern und in der Vorstellung lebenden Zweck festhält und äußerlich für die Anschauung hervorbringt.

Bisher haben wir den Kultus dieses Standpunktes betrachtet, wie er von der *vorausgesetzten Einheit des Selbstbewußtseins und des Gegenstandes* ausgeht. Es tritt jedoch hier oft auch *Abweichung von dieser ursprünglichen Einheit* ein, von diesem Versöhntsein oder von dem Mangel des Bedürfnisses des Versöhntseins. Diese Abweichungen liegen teils in der Willkür des Subjekts, in dem Genuß, den das Individuum in seiner Welt hat – denn es ist nicht geistig Selbstbewußtes, also noch Neigung, Begier –, oder kommen von einer andern Seite, von der Naturmacht, von dem Unglück des Menschen, des Individuums, der Völker, der Staaten. Nach dergleichen Störungen, wodurch die Einheit unterbrochen ist, bedarf es dann immer ernsthafter Negation, um sie wiederherzustellen.

Da ist die *Trennung des Göttlichen und Menschlichen* und der Sinn des Kultus nicht dieser, diese Einigkeit zu genießen, sondern die Entzweiung aufzuheben. Auch da ist noch die Voraussetzung der an und für sich seienden Versöhnung.

2. Diese *Trennung* ist zunächst eine solche, die im *Natürlichen* eintritt, und sie erscheint dann als ein *äußeres Unheil*, das einem Volke begegnet. Gott ist da die substantielle Macht, die Macht des Geistigen wie des Natürlichen; wenn nun Mißwachs, Kriegsunglück, Pest und andere Kalamitäten das Land bedrücken, so ist die Richtung des Kultus diese,

das Wohlwollen der Götter, das ursprünglich vorhanden ist, wiederzuerlangen. Das *Unglück* macht hier die Trennung aus; es betrifft nur die natürliche Sphäre, den äußerlichen Zustand hinsichtlich des körperlichen Daseins, daß diese äußerlichen Umstände nicht so sind, wie die Forderungen an das Glück verlangen. Da ist die Voraussetzung, daß dieser natürliche Zustand *nicht ein zufälliger* ist, sondern von einer höheren Macht abhängt, die sich als Gott bestimmt; Gott hat ihn gesetzt, hervorgebracht. Eine weitere Bestimmung ist, daß dieser Wille, der das Unglück verhängt, in dem *moralischen Zusammenhang* stehe, daß es einem Menschen oder einem Volke wohl oder übel gehe, *weil* der Mensch oder das Volk es durch seine *Schuld verdient* habe. Darum wird der Gang der Natur gestört gegen die Zwecke der Menschen, so daß er ihrem Nutzen und ihrer Glückseligkeit feindlich entgegentritt. In dem Falle dieser Trennung ist es erforderlich, die Einigkeit des göttlichen Willens mit den Zwecken der Menschen wiederherzustellen. Der Kultus nimmt so die Gestalt der *Sühnung* an: diese wird vollbracht durch Handlungen der Reue und Buße, durch Opfer und Zeremonien, wodurch der Mensch zeigt, daß es ihm Ernst sei, seinen besonderen Willen aufzugeben.

Es liegt hier überhaupt die Anschauung zugrunde, daß Gott die Macht über die Natur ist, daß diese von einem höheren Willen abhängt. Die Frage, die sich hier aufwirft, ist nur, inwiefern der göttliche Wille sich in den natürlichen Ereignissen darstelle, wie er in diesen zu erkennen sei. Es gilt auf diesem Standpunkt die Voraussetzung, daß die Naturmacht nicht nur *natürliche* ist, sondern Zwecke in sich enthält, die ihr als solcher fremd sind, nämlich *Zwecke des Guten*, die das Wohl der Menschen betreffen und von denen dasselbe abhängig ist. Dies erkennen wir auch als wahr an; aber das Gute ist das *Abstrakte*, Allgemeine; wenn die Menschen von ihrem Guten sprechen, so haben sie ganz *partikulare Zwecke* für sich, und so fassen sie es im beschränkten, natürlichen Dasein. Wenn man aber so vom göttlichen Willen zu den besonderen Zwecken herabsteigt, so steigt man in das Reich der *Endlichkeit* und *Zufälligkeit* hinein. Die Frömmigkeit, der fromme Gedanke, daß das einzelne Unglück vom Guten abhängig sei, steigt zwar auch vom Einzelnen auf zu Gott, zum Allgemeinen; damit wird die Hoheit des Allgemeinen über das Besondere anerkannt. Das Weitere aber ist die Anwendung dieses Allgemeinen aufs Besondere, und hier tritt das Mangelhafte in die Vorstellung ein. Völker, die von Kalamitäten heimgesucht werden, suchen nach einem Vergehen, das die Veranlassung davon sei; es wird dann weiter Zuflucht gesucht bei einer Macht, die sich nach Zwecken bestimmt; wenn nun auch dies Allgemeine zugegeben wird, so führt dagegen die Anwendung aufs Partikulare zu einem Mißverhältnis.

In den Störungen, die wir auf dieser ersten Stufe finden, erscheint *die Einheit als ein Beschränktes*; sie kann zerrissen werden; sie ist *nicht absolut*, denn sie ist eine ursprüngliche, unreflektierte. So schwebt über dieser vorausgesetzten, unmittelbaren und damit zerstörbaren Harmonie und über der Feier und dem Genuß derselben noch ein Höheres, Höchstes, denn die ursprüngliche Einheit ist nur natürliche Einigkeit, damit beschränkt für den Geist; mit einem Naturelement behaftet, hat er nicht eine Realität, wie er sie seinem Begriff nach haben soll. Diese *Uneinigkeit* muß *für das Bewußtsein* vorhanden sein, denn es ist an sich denkender Geist; es muß in ihm das Bedürfnis einer *absoluten Einheit* hervortreten, die über jener Befriedigung der Genüsse schwebt, die aber nur *abstrakt* bleibt, weil die erfüllte lebendige Grundlage jene ursprüngliche Harmonie ist. Über dieser Sphäre schwebt eine Trennung, die nicht aufgelöst ist; so klingt durch die Freude jener lebendigen Einheit ein unaufgelöster Ton der Trauer und des Schmerzes; ein *Schicksal*, eine unbekannte Macht, eine zwingende Notwendigkeit, unerkannt anerkannt, ohne Versöhnung, der das Bewußtsein sich unterwirft, aber nur mit der Negation seiner selbst, schwebt über dem Haupt von Göttern und Menschen. Dies ist ein Moment, das mit dieser Bestimmung des Selbstbewußtseins verbunden ist.

Hier nun ist es, daß eine besondere Seite des Kultus hervortritt. In jener ersten Einheit nämlich ist die Negation des Subjekts oberflächlich und zufällig, und nur die Empfindung der Trauer, der Gedanke der Notwendigkeit, der ein Negatives gegen jene lebendige Einheit ist, schwebt über diesem. Aber diese Negativität muß selbst wirklich werden und sich als das Höhere über jener Einheit beweisen. Diese Notwendigkeit bleibt nicht bloß Vorstellung; es wird Ernst mit dem Menschen. Der natürliche Mensch vergeht, der Tod macht Ernst mit ihm, das Schicksal verzehrt ihn trostlos; denn eben die Versöhnung, die Einheit ist nicht die des Tiefen, Innersten, sondern das Naturleben ist noch wesentliches Moment, ist nicht aufgegeben; die Entzweiung ist noch nicht so weit gegangen, sondern es ist eine Einheit des Natürlichen und Geistigen geblieben, in der das erste eine affirmative Bestimmung behält. Dies Schicksal muß nun in der Vorstellung auf subjektive Weise zum Affirmativen umgestaltet werden: so sind die Manen das Unversöhnte, das versöhnt werden muß, sie müssen gegen das Unrecht ihres Todes gerächt werden. Dies ist nun die *Totenfeier*, eine wesentliche Seite des Kultus.

3. Das Höhere gegen diesen Standpunkt des Kultus ist dann dies, daß *die Subjektivität zum Bewußtsein ihrer Unendlichkeit in sich* gekommen ist; hier tritt dann die Religion und der Kultus ganz in das Gebiet der *Freiheit*. Das Subjekt weiß sich als unendlich, und zwar als Subjekt. Dazu gehört, daß jenes früher Unenthüllte an ihm selbst das Moment hat, Einzelheit zu sein, die dadurch *absoluten Wert* erhält. Aber die Einzelheit hat nur als diese absolute und somit schlechthin *allgemeine Einzelheit* Wert. Da ist der Einzelne nur *durch Aufhebung seiner unmittelbaren Einzelheit*, durch welche Aufhebung er die absolute Einzelheit in sich erzeugt, und daher frei in sich selbst. Diese

Freiheit ist als Bewegung des absoluten Geistes in ihm durch Aufhebung des Natürlichen, Endlichen. Der Mensch, [eben] damit, daß er zum Bewußtsein der Unendlichkeit seines Geistes gekommen ist, hat *die höchste Entzweiung gegen die Natur überhaupt und gegen sich* gesetzt; diese ist es, die das Gebiet der wahrhaften Freiheit hervorbringt. Durch dies Wissen des absoluten Geistes ist der höchste Gegensatz gegen die Endlichkeit eingetreten, und diese Entzweiung ist der Träger der Versöhnung. Hier heißt es nicht mehr, daß der Mensch von Hause aus, d. h. seiner Unmittelbarkeit nach gut und mit dem absoluten Geist versöhnt ist, sondern daß im Gegenteil gerade darum, weil sein Begriff die absolut freie Einheit ist, jene seine natürliche Existenz sich unmittelbar als entgegengesetzt beweist und somit als Aufzuhebendes. Die Natürlichkeit, das unmittelbare Herz ist das, dem entsagt werden muß, weil dies Moment den Geist nicht frei läßt und er als natürlicher Geist nicht durch sich gesetzt ist. Ist die Natürlichkeit erhalten, so ist der Geist nicht frei; was er ist, ist er dann nicht durch sich, für sich, sondern er findet sich so; in jener höheren Sphäre dagegen ist alles, was der Mensch sein soll, in das Gebiet der Freiheit gelegt. Hier geht denn der Kultus wesentlich in das Gebiet *des Inneren* über; hier soll das Herz brechen, d. h. *der natürliche Wille*, das natürliche Bewußtsein soll aufgegeben werden. Einerseits sind es auch *wirkliche Sünden*, die der Mensch zu bereuen hat, also Sünden, die als einzelne etwas Zufälliges sind und nicht die menschliche Natur als solche betreffen; andererseits aber gilt in der Abstraktion der Endlichkeit und Unendlichkeit, in diesem *allgemeinen Gegensatze* das Endliche überhaupt als böse. Die Trennung, die ursprünglich im Menschen liege, soll aufgehoben werden. Und allerdings ist der natürliche Wille nicht der Wille, wie er sein soll, denn er soll frei sein, und der Wille der Begierde ist nicht frei. Der Geist ist von Natur nicht, wie er sein soll, erst durch die Freiheit ist er dies; dies wird hier so vorgestellt, daß der Wille *von Natur böse* ist. Aber Schuld hat der Mensch nur, indem er bei seiner Natürlichkeit stehenbleibt. Recht, Sittlichkeit ist nicht der natürliche Wille, denn in diesem ist der Mensch selbstsüchtig, will nur seine Einzelheit als solche. Durch den Kultus nun soll das Böse aufgehoben werden. Der Mensch soll nicht unschuldig sein in dem Sinne, daß er weder gut noch böse sei; solche natürliche Unschuld kommt nicht aus der Freiheit des Menschen, sondern der Mensch wird erzogen zur Freiheit, die nur dann wesentlich ist, wenn sie den wesentlichen Willen will, und dies ist auch das Gute, Rechte, Sittliche.

Frei soll der Mensch werden, d. h. ein rechter und sittlicher Mensch, und zwar durch den Weg der Erziehung. Diese Erziehung ist in jener Vorstellung als die Überwindung des Bösen ausgedrückt und ist damit *auf den Boden des Bewußtseins* gesetzt, während die Erziehung auf bewußtlose Weise geschieht. – In dieser Form des Kultus ist das Aufheben des Gegensatzes von gut und böse vorhanden; der natürliche Mensch wird als böse dargestellt, das Böse ist aber die Seite der Trennung und Entfremdung, und diese Entfremdung ist zu negieren. Dabei ist die Voraussetzung, daß die Versöhnung an sich vollbracht sei; im Kultus bringt der Mensch sich diese Vergewisserung hervor und ergreift die an sich vollbrachte Versöhnung. Vollbracht aber ist sie in und durch Gott, und diese göttliche Realität soll der Mensch sich zu eigen machen.

Diese Aneignung der Versöhnung geschieht aber vermittels der Negation der Entfremdung, also durch *Entsagung*, und es fragt sich nun: was ist es näher, dem der Mensch entsagen soll? Man soll seinem besonderen Willen, seinen Begierden und Naturtrieben entsagen. Es kann dies so verstanden werden, als sollten die Naturtriebe ausgerottet werden, nicht bloß gereinigt, als sollte die Lebendigkeit des Willens getötet werden. Dies ist ganz unrichtig; das Wahre ist, daß nur der *unreine Gehalt* geläutert, d. h. ihr Gehalt dem sittlichen Willen angemessen gemacht werden soll; dagegen wird fälschlich gefordert, wenn die Entsagung auf abstrakte Weise gefaßt wird, daß der Trieb der Lebendigkeit in sich solle aufgehoben werden. Zu dem, was dem Menschen eigen ist, gehört auch der Besitz, sein Eigentum: es ist mit seinem Willen sein; so könnte nun auch gefordert werden, daß der Mensch seinen Besitz aufgebe; die Ehelosigkeit ist eine ähnliche Forderung. Dem Menschen gehört auch Freiheit, Gewissen: man kann in demselben Sinne auch verlangen, daß der Mensch seine Freiheit, seinen Willen aufgebe, so daß er zu einem dumpfen, willenlosen Geschöpf herabsinkt. Dies ist das Extrem jener Forderung. – Hierher gehört weiter auch, daß ich meine Handlungen ungeschehen mache und die Regungen des bösen Tuns unterdrücke; die Entsagung heißt dann, daß ich gewisse Handlungen, die ich vollbracht habe, nicht als die meinigen betrachten wolle, daß ich sie als ungeschehen ansehen, d. h. *bereuen* wolle; in der Zeit ist zwar die Handlung vorübergegangen, so daß sie durch die Zeit vernichtet ist, aber nach ihrem inneren Gehalt, insofern sie *meinem Willen* angehört, ist sie im Innern noch aufbewahrt, und das Vernichten derselben heißt dann, die Gesinnung, in der sie ideell existiert, aufgeben. Wenn die Strafe die Vernichtung des Bösen in der Wirklichkeit ist, ist diese Vernichtung im Innern die *Buße* und *Reue*, und der Geist kann diese Entsagung leisten, da er die Energie hat, sich an sich zu verändern und die Maximen und Intentionen seines Willens in sich zu vernichten. Wenn der Mensch in dieser Weise seiner Selbstsucht und der Entzweiung mit dem Guten entsagt, dann ist er der Versöhnung teilhaftig geworden und durch die Vermittlung in sich zum Frieden gelangt. So geschieht es nun, daß hier im Subjekt der Geist erscheint, wie er wahrhaft an und für sich und seinem Inhalt gemäß ist, und daß dieser Inhalt kein jenseitiger mehr ist, sondern die freie Subjektivität darin ihr Wesen zum Gegenstande hat. Der Kultus ist so endlich die *Gegenwärtigkeit* des Inhalts, der den absoluten Geist ausmacht, wodurch denn die Geschichte des Inhalts Gottes wesentlich auch *Geschichte der Menschheit* ist, die Bewegung

Gottes zu den Menschen und des Menschen zu Gott. Der Mensch weiß sich wesentlich in dieser Geschichte enthalten, in sie verflochten; indem er sich als anschauend in sie versenkt, ist sein Versenktsein in dieselbe das Mitdurchlaufen dieses Inhalts und Prozesses und gibt er sich die Gewißheit und den Genuß der darin enthaltenen Versöhnung.

Diese Bearbeitung der Subjektivität, diese Reinigung des Herzens von seiner unmittelbaren Natürlichkeit, wenn sie durch und durch ausgeführt wird und einen bleibenden *Zustand* schafft, der ihrem *allgemeinen* Zwecke entspricht, vollendet sich als *Sittlichkeit*, und auf diesem Wege geht die Religion hinüber in die *Sitte*, den *Staat*.

So tritt jener Zusammenhang ein, der auch *Verhältnis der Religion zum Staat* heißt, und über ihn ist noch ausführlicher zu sprechen.

III. Das Verhältnis der Religion zum Staat

1. Der Staat ist die wahrhafte Weise der Wirklichkeit; in ihm kommt der wahrhafte, sittliche Wille zur Wirklichkeit und lebt der Geist in seiner Wahrhaftigkeit. Die Religion ist das göttliche Wissen, das Wissen des Menschen von Gott und Wissen seiner in Gott. Dies ist die göttliche Weisheit und das Feld der absoluten Wahrheit. Nun gibt es eine zweite Weisheit, die Weisheit der Welt, und um deren Verhältnis zu jener göttlichen Weisheit fragt es sich.

Im allgemeinen ist die Religion und die Grundlage des Staates eins und dasselbe; sie sind *an und für sich identisch*. Im patriarchalischen Verhältnis, in der jüdischen Theokratie ist beides noch nicht unterschieden und noch äußerlich identisch. Es ist aber beides auch verschieden, und so wird es im weiteren Verlauf streng voneinander getrennt, dann aber wieder wahrhaft identisch gesetzt. Die an und für sich seiende Einheit erhellt schon aus dem Gesagten: die Religion ist Wissen der höchsten Wahrheit, und diese Wahrheit näher bestimmt ist der *freie Geist*. In der Religion ist der Mensch frei vor Gott; indem er seinen Willen dem göttlichen gemäß macht, so ist er dem höchsten Willen nicht entgegen, sondern er hat sich selbst darin; er ist frei, indem er im Kultus das erreicht hat, die Entzweiung aufzuheben. Der Staat ist nur *die Freiheit in der Welt*, in der Wirklichkeit. Es kommt hier wesentlich auf den Begriff der Freiheit an, den ein Volk in seinem Selbstbewußtsein trägt; denn im Staat wird der Freiheitsbegriff realisiert, und zu dieser Realisierung gehört wesentlich das Bewußtsein der an sich seienden Freiheit. Völker, die nicht wissen, daß der Mensch an und für sich frei sei, leben in der Verdumpfung sowohl in Ansehung ihrer Verfassung als ihrer Religion. – Es ist *ein* Begriff der Freiheit in Religion und Staat. Dieser eine Begriff ist das Höchste, was der Mensch hat, und er wird von dem Menschen realisiert. Das Volk, das einen schlechten Begriff von Gott hat, hat auch einen schlechten Staat, schlechte Regierung, schlechte Gesetze.

Diesen Zusammenhang zwischen Staat und Religion zu betrachten, dies gehört in seiner ausgebildeten Ausführlichkeit eigentlich der Philosophie der Weltgeschichte an. Hier ist er nur in der bestimmten Form zu betrachten, wie er der Vorstellung erscheint, in dieser sich in Widersprüche verwickelt und wie es endlich zu dem Gegensatze beider kommt, der das Interesse der modernen Zeit bildet. Wir betrachten daher jenen Zusammenhang zunächst

2. wie er *vorgestellt* wird. Die Menschen haben über ihn ein Bewußtsein, aber nicht wie er der *absolute Zusammenhang* ist und in der Philosophie gewußt wird, sondern sie wissen ihn überhaupt und stellen ihn sich vor. Die Vorstellung des Zusammenhangs spricht sich nun so aus, daß die Gesetze, die Obrigkeit, die Staatsverfassung *von Gott stammen*; dadurch sind diese autorisiert, und zwar durch die höchste Autorität, die der Vorstellung gegeben ist. Die Gesetze sind die Entwicklung des Freiheitsbegriffes, und dieser, so sich reflektierend auf das Dasein, hat zu seiner Grundlage und Wahrheit den Freiheitsbegriff, wie er in der Religion gefaßt ist. Es ist

damit dies ausgesprochen, daß diese Gesetze der Sittlichkeit, des Rechts ewige und unwandelbare Regeln für das Verhalten des Menschen, daß sie nicht willkürlich sind, sondern bestehen solange als die Religion selbst. Die Vorstellung dieses Zusammenhangs finden wir bei allen Völkern. Es kann dies auch in der Form ausgesprochen werden, daß man Gott gehorcht, indem man den Gesetzen und der Obrigkeit folgt, den Mächten, welche den Staat zusammenhalten. Dieser Satz ist einerseits richtig, ist aber auch der Gefahr ausgesetzt, daß er ganz abstrakt genommen werden kann, indem nicht bestimmt wird, wie die Gesetze expliziert sind und welche Gesetze für die Grundverfassung zweckmäßig sind; so formell ausgedrückt heißt jener Satz: man soll den Gesetzen gehorchen, *sie mögen sein wie sie wollen.* Das Regieren und Gesetzgeben ist auf diese Weise der *Willkür* der Regierung überlassen.

Dieses Verhältnis ist in *protestantischen* Staaten vorgekommen, und auch nur in solchen kann es statthaben, denn da ist jene Einheit der Religion und des Staates vorhanden. Die Gesetze des Staates gelten als vernünftige und als ein Göttliches wegen dieser *vorausgesetzten ursprünglichen Harmonie,* und die Religion hat nicht ihre eigenen Prinzipien, die denen widersprechen, welche im Staate gelten. Indem aber beim Formellen stehengeblieben wird, so ist damit der Willkür, der Tyrannei und der Unterdrückung offener Spielraum gegeben. In England ist dies besonders zum Vorschein gekommen (unter den letzten Königen aus dem Hause Stuart), indem eine *passive Obedienz* gefordert wurde und der Satz galt, der Regent sei nur Gott über seine Handlungen Rechenschaft schuldig. Dabei ist die Voraussetzung, daß nur der Regent auch bestimmt *wisse,* was dem Staate wesentlich und notwendig sei; denn in ihm, in seinem Willen liegt die nähere Bestimmung, daß er eine *unmittelbare Offenbarung* Gottes sei. Durch weitere Konsequenz ist aber dies Prinzip dahin ausgebildet, daß es *ins Gegenteil* umgeschlagen ist; denn der Unterschied der Priester und Laien ist bei den

Protestanten nicht vorhanden, und die Priester sind nicht privilegiert, die göttliche Offenbarung zu besitzen, noch weniger gibt es ein solches *Privilegium,* das einem Laien ausschließlich zukomme. Gegen das Prinzip der göttlichen Autorisation des Regenten ist daher das Prinzip derselben Autorisation gesetzt, die auch dem Laien überhaupt zukomme. So ist in England eine protestantische Sekte aufgestanden, welche behauptete, ihr sei durch Offenbarung eingegeben, wie regiert werden müsse; nach solcher Eingebung des Herrn haben sie eine Empörung aufgeregt und ihren König enthauptet. – Wenn also wohl im allgemeinen feststeht, daß die Gesetze durch den göttlichen Willen sind, so ist es eine ebenso wichtige Seite, diesen göttlichen Willen zu erkennen, und dies ist nichts Partikulares, sondern kommt allen zu.

Was nun das Vernünftige sei, dies zu erkennen ist die Sache der Bildung des Gedankens und besonders die Sache der Philosophie, die man in diesem Sinne wohl Weltweisheit nennen kann. Es ist ganz gleichgültig, in welcher äußerlichen Erscheinung die wahren Gesetze sich geltend gemacht haben (ob sie den Regenten abgetrotzt sind oder nicht), die Fortbildung des Begriffs der Freiheit, des Rechts, der Humanität bei den Menschen ist für sich notwendig. – Bei jener Wahrheit, daß die Gesetze der göttliche Wille sind, kommt es also besonders darauf an, daß bestimmt wird, *welches diese Gesetze sind.* Prinzipien als solche sind nur abstrakte Gedanken, die ihre Wahrheit erst in der Entwicklung haben; in ihrer Abstraktion festgehalten, sind sie das ganz Unwahre.

3. Endlich können auch Staat und Religion *entzweit* sein und *unterschiedene Gesetze* haben. Der Boden des Weltlichen und Religiösen ist ein verschiedener, und da kann auch ein Unterschied in Ansehung des Prinzips eintreten. Die Religion bleibt nicht bloß auf ihrem eigentümlichen Boden, sondern sie geht auch an das Subjekt, macht ihm Vorschriften in Beziehung auf seine Religiosität und damit in Beziehung auf

seine Tätigkeit. Diese Vorschriften, welche die Religion dem Individuum macht, können verschieden sein von den Grundsätzen des Rechts und der Sittlichkeit, die im Staate gelten. Dieser Gegensatz spricht sich in der Form aus, daß die Forderung der Religion auf die *Heiligkeit* gehe, die des Staates auf *Recht und Sittlichkeit*; auf der einen Seite sei die Bestimmung für die *Ewigkeit*, auf der andern für die *Zeitlichkeit* und das zeitliche Wohl, welches für das ewige Heil aufgeopfert werden müsse. Es wird so ein *religiöses Ideal* aufgestellt, ein Himmel auf Erden, d. h. die *Abstraktion des Geistes* gegen *das Substantielle der Wirklichkeit*; *Entsagung* der Wirklichkeit ist die Grundbestimmung, die hervortritt, und damit Kampf und Fliehen. Der substantiellen Grundlage, dem Wahrhaften wird etwas anderes, das höher sein soll, entgegengesetzt.

Die *erste* Sittlichkeit in der substantiellen Wirklichkeit ist die *Ehe*. Die Liebe, die Gott ist, ist in der Wirklichkeit die eheliche Liebe. Als die erste Erscheinung des substantiellen Willens in der daseienden Wirklichkeit hat diese Liebe eine natürliche Seite; sie ist aber auch eine sittliche Pflicht. Dieser Pflicht wird die Entsagung, die *Ehelosigkeit*, als etwas Heiliges gegenübergestellt.

Zweitens: Der Mensch als einzelner hat sich mit der Naturnotwendigkeit herumzuschlagen; es ist für ihn ein sittliches Gesetz, sich durch seine Tätigkeit und Verstand selbständig zu machen, denn der Mensch ist natürlicherweise von vielen Seiten abhängig; er wird genötigt, durch seinen Geist, durch seine Rechtlichkeit sich seinen Unterhalt zu erwerben und sich so frei von jener Naturnotwendigkeit zu machen, – das ist die *Rechtschaffenheit* des Menschen. Eine religiöse Pflicht, die dieser weltlichen entgegengesetzt worden ist, verlangt, daß der Mensch nicht auf diese Weise tätig sein, sich nicht mit solchen Sorgen bemühen solle. Der ganze Kreis des Handelns, aller Tätigkeit, die sich auf den Erwerb, die Industrie usw. bezieht, ist somit verworfen; der Mensch soll sich nicht mit solchen Zwecken abgeben. Die Not ist aber hier ver-

nünftiger als solche religiöse Ansichten. Die Tätigkeit des Menschen wird einerseits als etwas Unheiliges vorgestellt, andererseits wird von dem Menschen sogar verlangt, wenn er einen Besitz hat, so soll er diesen nicht nur nicht vermehren durch seine Tätigkeit, sondern ihn an die *Armen* und besonders an die Kirche, d. h. an solche, die nichts tun, nicht arbeiten, verschenken. Was also im Leben als Rechtschaffenheit hoch gehalten ist, wird somit als unheilig verworfen.
Drittens: Die höchste Sittlichkeit im *Staate* beruht darauf, daß der vernünftige allgemeine Wille betätigt werde; im Staate hat das Subjekt seine *Freiheit*, diese ist darin verwirklicht. Dagegen wird eine religiöse Pflicht aufgestellt, nach welcher nicht die Freiheit der Endzweck für den Menschen sein darf, sondern er soll sich einer strengen *Obedienz* unterwerfen, in der Willenlosigkeit beharren; ja noch mehr, er soll selbstlos sein auch in seinem Gewissen, in seinem Glauben, in der tiefsten Innerlichkeit soll er Verzicht auf sich tun und sein Selbst wegwerfen.
Wenn die Religion in dieser Weise auf die Tätigkeit des Menschen Beschlag legt, so kann sie ihm eigentümliche Vorschriften machen, die der Vernünftigkeit der Welt entgegengesetzt sind. Dagegen ist die *Weltweisheit* aufgetreten, welche das Wahrhafte in der Wirklichkeit erkennt; im Bewußtsein des Geistes sind die Prinzipien seiner Freiheit erwacht, und da sind die Ansprüche der Freiheit mit den religiösen Prinzipien, die jene Entsagung forderten, in Kampf geraten. In den katholischen Staaten stehen Religion und Staat so einander gegenüber, wenn die subjektive Freiheit sich in dem Menschen auftut.
In diesem Gegensatz spricht sich die Religion nur auf eine negative Weise aus und fordert von dem Menschen, daß er aller Freiheit entsage; dieser Gegensatz ist näher dieser, daß der Mensch in seinem wirklichen Bewußtsein überhaupt an sich *rechtlos* sei und die Religion in dem Gebiet der wirklichen Sittlichkeit keine absoluten Rechte anerkennt. Das ist der ungeheure Unterschied, der damit in die moderne Welt

eingetreten ist, daß überhaupt gefragt wird, ob die Freiheit der Menschen als etwas an und für sich Wahrhaftes anerkannt werden soll oder ob sie von der Religion verworfen werden darf.

Es ist schon gesagt worden, daß die Übereinstimmung der Religion und des Staates vorhanden sein kann; dies ist im allgemeinen dem Prinzip nach, aber in abstrakter Weise der Fall in den protestantischen Staaten; denn der Protestantismus fordert, daß der Mensch nur glaube, was er wisse, daß sein Gewissen als ein Heiliges unantastbar sein solle; in der göttlichen Gnade ist der Mensch nichts Passives; er ist mit seiner subjektiven Freiheit wesentlich dabei, und in seinem Wissen, Wollen, Glauben ist das Moment der subjektiven Freiheit ausdrücklich gefordert. In den Staaten anderer Religion kann es dagegen sein, daß beide Seiten nicht übereinstimmen, daß die Religion von dem Prinzip des Staates unterschieden ist; dies sehen wir in einem weit ausgebreiteten Kreise: einerseits eine Religion, die das Prinzip der Freiheit nicht anerkennt, andererseits eine Staatsverfassung, die dasselbe zur Grundlage macht. Wenn man sagt, der Mensch ist seiner Natur nach frei, so ist das ein Prinzip von unendlichem Werte; bleibt man aber bei dieser Abstraktion, so läßt sie keinen Organismus der Staatsverfassung aufkommen, denn dieser fordert eine Gliederung, worin die Pflichten und Rechte beschränkt werden; jene Abstraktion läßt keine Ungleichheit zu, welche eintreten muß, wenn ein Organismus und damit wahrhafte Lebendigkeit statthaben soll.

Dergleichen Grundsätze sind wahr, dürfen aber nicht in ihrer Abstraktion genommen werden; das Wissen, daß der Mensch der Natur, d. h. dem Begriff nach frei ist, gehört der neueren Zeit an; mag nun aber bei der Abstraktion stehengeblieben werden oder nicht, so kann es sein, daß diesen Grundsätzen die Religion gegenübersteht, welche dieselben nicht anerkennt, sondern sie als rechtlos betrachtet und nur die Willkür für rechtmäßig. Es tritt also notwendig ein Kampf ein, der sich nicht auf wahrhafte Weise ausgleichen läßt. Die Religion fordert das Aufheben des Willens, das weltliche Prinzip legt ihn dagegen zugrunde; wenn jene religiösen Prinzipien sich geltend machen, so kann es nicht anders geschehen, als daß die Regierungen mit Gewalt verfahren und die entgegenstehende Religion verdrängen oder die, welche derselben angehören, als Partei behandeln. Die Religion als Kirche kann da wohl klug sein und äußerlich nachgiebig, aber es tritt dann *Inkonsequenz* in den Geistern ein. Die Welt hält fest an einer bestimmten Religion und hängt zugleich an entgegengesetzten Prinzipien; insofern man diese ausführt und doch noch zu jener Religion gehören will, so ist das eine große Inkonsequenz. So haben die Franzosen z. B., die das Prinzip der weltlichen Freiheit festhalten, in der Tat aufgehört, der katholischen Religion anzugehören, denn diese kann nichts aufgeben, sondern sie fordert konsequent in allem unbedingte Unterwerfung unter die Kirche. Religion und Staat stehen auf diese Weise im Widerspruch: die Religion läßt man dann auf der Seite liegen, sie soll sich finden, wie sie mag; sie gilt nur als Sache der Individuen, um welche der Staat sich nicht zu bekümmern habe, und dann wird weiter gesagt, die Religion sei nicht einzumischen in die Staatsverfassung. Das Setzen jener Grundsätze der Freiheit gibt vor, daß sie wahrhafte seien, weil sie mit dem innersten Selbstbewußtsein des Menschen zusammenhängen. Wenn es aber in der Tat die Vernunft ist, die diese Prinzipien findet, so hat sie die Bewahrheitung derselben, sofern sie wahrhaft sind und nicht formell bleiben, nur darin, daß sie dieselben zurückführt auf die Erkenntnis der absoluten Wahrheit, und diese ist nur der Gegenstand der Philosophie; diese muß aber vollständig und bis auf die letzte Analyse zurückgegangen sein, denn wenn die Erkenntnis sich nicht in sich vollendet, so ist sie der Einseitigkeit des Formalismus ausgesetzt; geht sie aber bis auf den letzten Grund, so kommt sie zu dem, was als Höchstes, als Gott anerkannt ist. Es läßt sich also wohl sagen, die Staatsverfassung solle auf der einen Seite stehenbleiben, die Religion auf der andern; aber da ist diese Gefahr vorhanden, daß jene Grundsätze mit Einseitigkeit behaftet bleiben. Wir sehen so gegenwärtig die Welt voll vom Prinzip der Freiheit, und dasselbe besonders auf die Staatsverfassung bezogen: diese Prinzipien sind richtig, aber mit dem Formalismus behaftet sind sie Vorurteile, indem die Erkenntnis nicht bis auf den letzten Grund gegangen ist; da allein ist die Versöhnung mit dem schlechthin Substantiellen vorhanden.

Das andere nun, was bei jener Trennung in Betracht kommt, ist diese Seite, daß, wenn nun die Prinzipien der wirklichen Freiheit zugrunde gelegt sind und diese sich zu einem Systeme des Rechts entwickeln, daraus gegebene, *positive Gesetze* entstehen und diese die Form von juridischen Gesetzen überhaupt in Beziehung auf die Individuen erhalten. Die Erhaltung der Gesetzgebung ist den Gerichten anheimgegeben; wer das Gesetz übertritt, wird vor Gericht gezogen, und die Existenz des Ganzen wird in solche *juridische Form* überhaupt gesetzt. Ihr gegenüber steht dann die *Gesinnung*, das Innere, welches gerade der Boden der Religion ist. Es sind so zwei Seiten sich einander entgegen, die der Wirklichkeit angehören – die positive Gesetzgebung und die Gesinnung in Ansehung derselben.

In bezug auf die Verfassung gibt es hier zwei *Systeme*: das moderne System, worin die Bestimmungen der Freiheit und der ganze Bau derselben auf *formelle* Weise aufrechterhalten werden, ohne die Gesinnung zu beachten; das andere System ist das der *Gesinnung* – das griechische Prinzip überhaupt, das wir besonders in der Platonischen Republik entwickelt finden. Wenige Stände machen hierin die Grundlage aus, das Ganze beruht sonst auf der *Erziehung*, auf der Bildung, welche zur Wissenschaft und Philosophie fortgehen soll. Die Philosophie soll das Herrschende sein, und durch sie soll der Mensch zur Sittlichkeit geleitet werden: alle Stände sollen der σωφροσύνη teilhaftig sein.

Beide Seiten, die Gesinnung und jene formelle Konstitution, sind *unzertrennlich* und können sich gegenseitig nicht entbehren; aber in neuerer Zeit ist die *Einseitigkeit* zum Vorschein gekommen, daß einerseits die Konstitution sich selbst tragen soll und Gesinnung, Religion, Gewissen andererseits als gleichgültig auf die Seite gestellt sein sollen, indem es die Staatsverfassung nichts angehe, zu welcher Gesinnung und Religion sich die Individuen bekennen. Wie einseitig das aber ist, erhellt daraus, daß die Gesetze von Richtern gehandhabt werden, und da kommt es auf ihre Rechtlichkeit sowie auf ihre Einsicht an; denn das Gesetz herrscht nicht, sondern die Menschen sollen es herrschen machen: diese Betätigung ist ein Konkretes; der Wille des Menschen sowie ihre Einsicht müssen das Ihrige dazu tun. Die Intelligenz des Subjekts muß auch deshalb oft entscheiden, weil die bürgerlichen Gesetze das Bestimmen sehr weit führen und doch noch nicht jedes Besondere berühren können. Ebenso ein Einseitiges ist aber auch die Gesinnung für sich, an welchem Mangel die Platonische Republik leidet. In jetzigen Zeiten will man sich gar nicht auf die Einsicht verlassen, sondern man will alles nach positiven Gesetzen geleitet wissen. Ein großes Beispiel dieser Einseitigkeit haben wir in der neuesten Tagesgeschichte erlebt: an der Spitze der französischen Regierung hat man eine religiöse Gesinnung gesehen, die von der Art war, daß ihr der Staat überhaupt für ein Rechtloses galt und daß sie feindselig gegen die Wirklichkeit, gegen Recht und Sittlichkeit auftrat. Die letzte Revolution[10] war nun die Folge eines religiösen Gewissens, das den Prinzipien der Staatsverfassung widersprochen hat, und doch soll es nun nach derselben Staatsverfassung nicht darauf ankommen, zu welcher Religion sich das Individuum bekenne; diese Kollision ist noch sehr weit davon, gelöst zu sein.

Die Gesinnung nimmt nicht notwendig die Form der Religion an; sie kann auch mehr beim Unbestimmten stehenbleiben. Aber in dem, was man das Volk nennt, ist die

---

10 Julirevolution, 1830

letzte Wahrheit nicht in Form von Gedanken und Prinzipien; sondern was dem Volke als Recht gelten soll, kann das nur insofern, als es *Bestimmtes*, Besonderes ist. Dies Bestimmte des Rechts und der Sittlichkeit hat nun für das Volk seine letzte Bewährung nur in der Form einer *vorhandenen Religion*, und wenn diese nicht mit den Prinzipien der Freiheit zusammenhängt, so ist immer die Spaltung und eine unaufgelöste Entzweiung vorhanden, ein feindseliges Verhältnis, das gerade im Staate nicht stattfinden soll. Unter Robespierre hat in Frankreich der Schrecken regiert, und zwar gegen die, welche nicht in der Gesinnung der Freiheit waren, weil sie *verdächtig* gewesen sind, d. h. um der Gesinnung willen. So ist auch das Ministerium Karls X. verdächtig gewesen. Nach dem Formellen der Konstitution war der Monarch keiner Verantwortlichkeit ausgesetzt; aber dies Formelle hat nicht standgehalten: die Dynastie ist vom Thron gestürzt worden. So zeigt es sich, daß in der formell ausgebildeten Konstitution der letzte Notanker doch wieder die Gesinnung ist, die in ihr beiseite gestellt war und nun mit Verachtung aller Form sich geltend macht. An diesem Widerspruch und an der herrschenden Bewußtlosigkeit desselben ist es, daß unsere Zeit leidet.

Übergang in den folgenden Abschnitt

Wir haben unterschieden den bestimmten, beschränkten Kultus und den Kultus in dem Elemente der Freiheit, also denselben Unterschied gefunden, der überhaupt in die Vorstellung Gottes fällt.

Die beiden Seiten des Geistes – in seiner Objektivität, wie er vorzugsweise Gott heißt, und in seiner Subjektivität – machen die Realität des absoluten Begriffs von Gott aus, der als die absolute Einheit dieser seiner beiden Momente der absolute Geist ist. Die Bestimmtheit in einer dieser Seiten entspricht der andern Seite; sie ist die durchgehende allgemeine Form, in der die Idee steht und die wieder eine Stufe in der Totalität der Entwicklung derselben ausmacht.

Was nun diese *Stufen der Realisierung* betrifft, so ist im Bisherigen schon der allgemeine Unterschied festgesetzt, daß nach der einen Form der Realität der Geist in *einer Bestimmtheit seines Seins und seines Selbstbewußtseins befangen ist*, nach der andern aber seine *absolute Realität* ist, in welcher er den entwickelten Inhalt der Idee des Geistes zu seinem Gegenstand hat. Diese Form der Realität ist die wahrhafte Religion.

Nach diesem Unterschied ist es nun die *bestimmte* Religion, die zunächst in der folgenden Abteilung betrachtet wird.

Zweiter Teil

DIE BESTIMMTE RELIGION

Einteilung

Der nächstliegende Sinn der *bestimmten Religion* ist der, daß die Religion überhaupt als Gattung genommen sei und die bestimmten Religionen als Arten. Dieses Verhältnis von Gattung zu Arten ist einerseits ganz richtig, wenn in anderen Wissenschaften vom Allgemeinen zum Besonderen übergegangen wird; das Besondere ist aber da nur empirisch aufgenommen: *es findet sich*, daß es diese und jene Tiere, dieses und jenes Recht gibt. In der philosophischen Wissenschaft darf nicht so verfahren werden; das Besondere darf nicht zu dem Allgemeinen hinzutreten, sondern das Allgemeine selbst entschließt sich zum Bestimmten, zum Besonderen: der Begriff teilt sich, er macht eine ursprüngliche Bestimmung aus sich. Mit der Bestimmtheit überhaupt ist sogleich *Dasein* und Zusammenhang mit Anderem gesetzt; was bestimmt ist, ist *für Anderes*, und das Unbestimmte ist gar nicht da. Das, wofür die Religion ist, das Dasein derselben, ist das *Bewußtsein*. Die Religion hat ihre Realität als Bewußtsein. Dies ist unter Realisierung des Begriffs zu verstehen: der Inhalt wird dadurch bestimmt, daß und wie er für das Bewußtsein ist. Unser Gang ist folgender: Wir haben damit angefangen, den Begriff der Religion, die Religion *an sich* zu betrachten; das ist sie *für uns*, wie wir sie gesehen haben; ein anderes ist es, daß sie sich zum Bewußtsein bringt. Oder mit anderen Worten: Als wir den *Begriff* der Religion betrachteten, war dieser *unser* Gedanke; er hat in diesem Medium unseres Gedankens existiert: *wir* haben den Begriff gedacht, und er hatte seine Realität in unserem Denken. Aber die Religion ist nicht nur dieses Subjektive, sondern ist an und für sich objektiv, sie hat eine Weise der Existenz für sich, und die erste Form derselben ist die der Unmittelbarkeit, wo die Religion in ihr selbst noch nicht zum Gedanken, zur Reflexion fortgegangen ist.

Diese Unmittelbarkeit treibt sich aber selbst zur Vermittlung fort, weil sie an sich Gedanke ist, und erst in der wahrhaften Religion wird es gewußt, was sie an und für sich ist, was ihr Begriff ist; die wirkliche Religion ist dem Begriff angemessen.

Wir haben jetzt den Gang zu betrachten, wie die wahrhafte Religion entsteht; die Religion ist in ihrem Begriff ebenso noch keine Religion, denn sie ist wesentlich nur im Bewußtsein als solche vorhanden. Diesen Sinn hat das, was wir hier betrachten, das sich Realisieren des Begriffs. Der Fortgang des Realisierens ist im allgemeinen angegeben worden: Der Begriff ist als Anlage im Geist, er macht die innerste Wahrheit desselben aus; aber der Geist muß dazu kommen, diese Wahrheit zu wissen, dann erst ist die wahrhafte Religion wirklich. Man kann von allen Religionen sagen, sie seien Religionen und entsprächen dem Begriff der Religion. Zu gleicher Zeit aber, indem sie noch beschränkt sind, entsprechen sie dem Begriff nicht; doch aber müssen sie ihn enthalten, sonst wären sie nicht Religionen; der Begriff aber ist auf verschiedene Weise in ihnen vorhanden, sie enthalten ihn nur zuerst an sich. Diese *bestimmten* Religionen sind nur *besondere* Momente des Begriffs, und eben damit entsprechen sie dem Begriff nicht, denn er ist nicht wirklich in ihnen. So ist der Mensch zwar an sich frei; die Afrikaner, Asiaten aber sind es nicht, weil sie nicht das Bewußtsein dessen haben, was den Begriff des Menschen ausmacht. Die Religion ist nun in ihrer Bestimmtheit zu betrachten; das Höchste, das erreicht wird und werden kann, ist, daß die Bestimmtheit der Begriff selbst ist; wo also die Schranke aufgehoben und das religiöse Bewußtsein nicht vom Begriff unterschieden ist – dies ist die Idee, der vollkommen realisierte Begriff; davon kann aber erst im letzten Teil die Rede sein.

Es ist die Arbeit des Geistes durch Jahrtausende gewesen, den Begriff der Religion auszuführen und ihn zum Gegenstand des Bewußtseins zu machen. Der Durchgang in dieser

Arbeit ist, daß von der *Unmittelbarkeit* und *Natürlichkeit* ausgegangen wird, und diese muß überwunden werden. Die Unmittelbarkeit ist das Natürliche; das Bewußtsein ist aber Erheben über die Natur; das natürliche Bewußtsein ist das sinnliche, wie der natürliche Wille die Begierde ist, das Individuum, das sich will nach seiner Natürlichkeit, Besonderheit – sinnliches Wissen und sinnliches Wollen. Die Religion aber ist das Verhältnis von Geist zu Geist, das Wissen des Geistes vom Geist in seiner Wahrheit, nicht in seiner Unmittelbarkeit, Natürlichkeit. Das Bestimmen der Religion ist der Fortgang von der Natürlichkeit zum *Begriff*: dieser ist zunächst nur das Innere, das Ansich, nicht das Heraus des Bewußtseins. – Über diese Zweideutigkeit, daß der Begriff ursprünglich ist, daß aber seine erste Existenz nicht seine wahrhafte Ursprünglichkeit ist, darüber ist später noch ein Wort zu sagen.

Von diesen bestimmten Religionen ist zuerst die *Einteilung* zu geben, die besonderen Formen, die darin zu betrachten sind; zunächst muß dies jedoch auf allgemeine Weise geschehen.

Die Sphäre, die wir zunächst haben, enthält also die *bestimmte* Religion, die dem Inhalt nach über die Bestimmtheit noch nicht hinauskommt. In der Tätigkeit, über die Unmittelbarkeit herauszukommen, liegt noch nicht die errungene Freiheit, sondern nur das *Freimachen*, das noch mit dem, von welchem es sich freimacht, *verwickelt* ist.

Das erste ist nun, daß wir die Form der *natürlichen, unmittelbaren* Religion betrachten. In dieser ersten, natürlichen Religion ist das Bewußtsein noch natürliches und sinnlich begehrendes Bewußtsein. So ist es unmittelbar. Es ist da noch nicht *Entzweiung* des Bewußtseins in ihm selbst, denn diese hat die Bestimmtheit, daß das Bewußtsein seine *sinnliche* Natur von dem *Wesenhaften* unterscheidet, so daß das Natürliche nur als vermittelt durch das Wesenhafte gewußt wird. Hier ist es, wo erst Religion entstehen kann.

Bei dieser Erhebung zum Wesenhaften haben wir *den Begriff*

dieser Erhebung überhaupt zu betrachten. Hier wird der Gegenstand auf gewisse Weise bestimmt, und dies Wahre, von dem sich das Bewußtsein unterscheidet, ist Gott. Diese Erhebung ist dasselbe, was abstrakter in den *Beweisen vom Dasein Gottes* vorkommt. In allen diesen Beweisen ist eine und dieselbe Erhebung; nur ist der Ausgangspunkt und die Natur dieses Wesens verschieden. Das aber, diese *Erhebung zu Gott*, so und so bestimmt, ist nur die eine Seite. Das andere ist die *Umkehrung*: Gott, so und so bestimmt, verhält sich zum Subjekt, das sich erhoben hat. Da tritt dann ein, wie das Subjekt bestimmt ist; es weiß sich aber so, wie Gott bestimmt ist. Ebenso ist die *bewußte Richtung* des Subjekts zu diesem Wesen anzugeben, und das bringt die Seite des *Kultus* herein, das Zusammenschließen des Subjekts mit seinem Wesen.

Die Einteilung ist also folgende:

I. *Die natürliche Religion*; sie ist Einheit des Geistigen und Natürlichen, und in dieser noch natürlichen Einheit ist hier Gott gefaßt. Der Mensch in seiner Unmittelbarkeit ist nur sinnliches, natürliches Wissen und natürliches Wollen. Insofern das Moment der Religion darin ist und das Moment der Erhebung noch in die Natürlichkeit eingeschlossen ist, so ist da etwas, das doch ein Höheres sein soll als nur ein Unmittelbares. Das ist die *Zauberei*.

II. *Die Entzweiung des Bewußtseins* in sich selbst, so daß es sich weiß als bloßes Natürliches und davon unterscheidet das Wahrhafte, Wesenhafte, in welchem diese Natürlichkeit, Endlichkeit nichts gilt und gewußt wird als ein Nichtiges. Während in der natürlichen Religion der Geist noch in Neutralität mit der Natur lebt, ist nun Gott als die *absolute Macht* und *Substanz* bestimmt, in welcher der natürliche Wille, das Subjekt nur ein Vorübergehendes, Akzidenz, ein Selbst- und Freiheitsloses ist. Die höchste Würde des Menschen ist hier, sich als ein Nichtiges zu wissen. Diese Erhebung des Geistes über das Natürliche ist aber zunächst noch nicht konsequent durchgeführt; es ist vielmehr noch eine fürchterliche *Inkonsequenz* vorhanden, mit der die verschiedenen geistigen und natürlichen Mächte untereinandergemengt sind. Diese in sich noch inkonsequente Erhebung hat ihre geschichtliche Existenz in den *drei orientalischen Religionen der Substanz*.

III. Die Verwirrung des Natürlichen und Geistigen führt aber zu dem *Kampfe der Subjektivität*, die sich in ihrer Einheit und Allgemeinheit herzustellen sucht, und dieser Kampf hat seine geschichtliche Existenz wieder in *drei* Religionen gehabt, welche die *Religionen des Übergangs* zur Stufe der freien Subjektivität bilden. Da aber auch in ihnen, wie auf den vorhergehenden Stufen, der Geist noch nicht vollständig das Natürliche sich unterworfen hat, so machen sie mit jenen überhaupt die Sphäre

A. der *Naturreligion* aus.

Gegen sie ist *die zweite Stufe der bestimmten Religion*, auf welcher die Erhebung des Geistes mit *Konsequenz* gegen das Natürliche durchgeführt ist,

B. die Religion *der geistigen Individualität* oder *der freien Subjektivität*. Hier ist es, daß das *geistige Fürsichsein des Subjekts* anfängt, der Gedanke das Herrschende, Bestimmende ist und daß die Natürlichkeit, als ein nur aufbewahrtes Moment, nur zum Schein heruntergesetzt ist als Akzidentelles gegen das Substantielle, im Verhältnis zu ihm, daß es nur Naturleben wird, Leiblichkeit für das Subjekt, oder doch das schlechthin determinierte ist von dem Subjekt.

Es kommen auch hier wieder drei Formen vor.

I. Indem das geistige Fürsichsein sich heraushebt, so ist es das, welches festgehalten wird als die Reflexion in sich und als *Negation der natürlichen Einheit*. So ist denn nur *ein* Gott, der im Gedanken ist, und das natürliche Leben ist nur ein gesetztes, das ihm als solches gegenübersteht, kein Substantielles gegen denselben ist und nur ist durch das Wesen des Gedankens. Das ist der *geistig eine*, in sich ewig gleiche Gott, gegen welchen das Natürliche, das Weltliche, Endliche überhaupt als ein Unwesentliches, Substantialitätsloses gesetzt ist. Aber dadurch zeigt sich dieser Gott, da er nur *durch das Setzen des Unwesentlichen* der Wesentliche ist, nur *durch* jenes selbst zu sein, und dieses Unwesentliche, dieser Schein ist nicht eine Erscheinung seiner. Dies ist die *Religion der Erhabenheit*.

II. Es ist das Natürliche und Geistige vereinigt; doch nicht wie in der unmittelbaren Vereinigung, sondern in solcher *Einheit*, daß das Geistige das Bestimmende ist und in der Einheit mit dem Leiblichen, so daß dieses ihm nicht gegenübersteht, sondern nur Organ ist, sein Ausdruck, in dem es sich darstellt. Dies ist die Religion der *göttlichen Erscheinung*, der göttlichen Leiblichkeit, Materialität, Natürlichkeit, so daß dies das Erscheinen der Subjektivität oder daß darin vorhanden ist das Sich-Erscheinen der Subjektivität, nicht nur für andere erscheinend, sondern sich erscheinend. Diese geistige Individualität ist so nicht die unbeschränkte des reinen Gedankens; sie hat nur einen geistigen Charakter. Einerseits ist so das Natürliche am Geistigen als der Leib, und dadurch, daß es so den Leib gebraucht, ist andererseits das Subjekt als *endlich* bestimmt. Dies ist die *Religion der Schönheit*.

In der Religion der Erhabenheit ist der eine Gott der *Herr*, und die Einzelnen verhalten sich als *Dienende* zu ihm. In der Religion der Schönheit hat sich das Subjekt auch gereinigt von seinem nur unmittelbaren Wissen und Wollen, hat aber auch seinen Willen behalten und weiß sich als *frei*, und so weiß es sich, weil es die Negation seines natürlichen Willens vollbracht hat und als *sittliches*, freies affirmative Beziehung auf Gott hat. Das Subjekt ist aber noch nicht durch das Bewußtsein und durch den *Gegensatz* des Guten und Bösen hindurchgegangen und so noch mit der Natürlichkeit affiziert. Bildet die Religion der Schönheit daher die Stufe der *Versöhnung* gegen die Sphäre der Erhabenheit, so ist diese Versöhnung noch die *unmittelbare*, weil sie noch nicht durch das Bewußtsein des Gegensatzes vermittelt ist.

III. Die Religion, worin der Begriff, der für sich selbst bestimmte, der konkrete Inhalt beginnt, der Zweck es ist, welchem die allgemeinen Mächte der Natur oder auch die Götter der schönen Religion dienen, ist die *Religion der äußeren Zweckmäßigkeit.* Ein konkreter Inhalt, der solche Bestimmtheiten in sich faßt, daß die bisher einzelnen Mächte *einem* Zweck unterworfen sind. Das einzelne Subjekt ist bisher noch ein anderes als jene göttlichen Mächte; diese machen den göttlichen Inhalt überhaupt aus, und das einzelne Subjekt ist das menschliche Bewußtsein, der endliche Zweck. Der göttliche Inhalt dient jetzt jener Spitze der Subjektivität, welche ihm in der Religion der Schönheit fehlte, zum *Mittel,* sich zu vollführen. Die Weise, wie so die Religion erscheint, ist der *äußere endliche Zweck,* die Zweckmäßigkeit. Die Idee des Geistes selbst bestimmt sich an und für sich; sie ist sich allerdings der Zweck, und dieser ist nur der Begriff des Geistes, der Begriff, der sich realisiert. Hier ist das Geistige auch Zweck, hat die in sich konkreten Bestimmungen in sich; aber diese sind hier noch endlich, beschränkter Zweck, der aber damit das Verhalten des Geistes zu sich selbst noch nicht ist. Der einzelne Geist will in den Göttern nur seinen eigenen subjektiven Zweck; er will *sich,* nicht den absoluten Inhalt.

Die Religion der Zweckmäßigkeit, wo in Gott *ein* Zweck gesetzt ist, aber noch nicht der absolute Zweck, kann auch die Religion des *Fatums* genannt werden, weil eben der Zweck noch nicht reiner geistiger Zweck ist, sondern sogleich ein *besonderer* Zweck in Gott gesetzt ist. Dieser besondere Zweck ist darin ein Vernunftloses gegen die anderen Zwecke, die ebensoviel Recht hätten.

Diese Einteilung muß nicht bloß im subjektiven Sinn genommen werden, sondern es ist die notwendige Einteilung im objektiven Sinn der Natur des Geistes. Der Geist in der Weise der Existenz, die er in der Religion hat, ist zunächst die natürliche Religion. Das Weitere ist dann, daß die Reflexion hineinkommt, der Geist frei in sich wird, das Subjektive überhaupt, was jedoch erst aus der Einheit der Natur herkommt, noch darauf bezogen ist, – dies ist die bedingte Freiheit. Das Dritte ist dann das Wollen des Geistes, sich in sich zu bestimmen, was denn als Zweck, Zweckmäßigkeit für sich erscheint; dies ist zuerst auch noch endlich und beschränkt. Dies sind die Grundbestimmungen, die die Momente der Entwicklung des Begriffs und zugleich der konkreten Entwicklung sind.

Man kann diese Stufen mit denen des Menschenalters vergleichen. Das Kind ist noch in der ersten unmittelbaren Einheit des Willens und der Natur, sowohl seiner eigenen als auch der es umgebenden Natur. Die zweite Stufe, das Jünglingsalter, die für sich werdende Individualität, ist die lebendige Geistigkeit, noch keinen Zweck für sich setzend, die sich treibt, strebt, und Interesse nimmt an allem, was ihr vorkommt. Das Dritte, das Mannesalter, ist das der Arbeit für einen besonderen Zweck, dem der Mann sich unterwirft, dem er seine Kräfte widmet. Ein Letztes endlich wäre das Greisenalter, das, das Allgemeine als Zweck vor sich habend, diesen Zweck erkennend, von besonderer Lebendigkeit, Arbeit zurückgekehrt ist zum allgemeinen Zweck, zum absoluten Endzweck, und aus der breiten Mannigfaltigkeit des Daseins sich zur unendlichen Tiefe des Insichseins gesammelt hat. Diese Bestimmungen sind die, welche logischerweise durch die Natur des Begriffs bestimmt sind. Am Ende, da wird dann eingesehen, daß die erste Unmittelbarkeit nicht als Unmittelbarkeit ist, sondern ein Gesetztes: das Kind ist selbst ein Erzeugtes.

Erster Abschnitt
Die Naturreligion

I. Die unmittelbare Religion

Sie ist das, was man in neuerer Zeit *natürliche Religion* genannt hat; diese trifft mit der Naturreligion zusammen, insofern man in dieser den *Gedanken* heraushebt.

Unter Naturreligion hat man in neuerer Zeit verstanden, was der Mensch durch sich, durch das natürliche Licht seiner Vernunft von Gott herausbringen und erkennen kann. Man hat sie so der geoffenbarten entgegengesetzt und behauptet, nur das könne für den Menschen wahrhaft sein, was er in seiner Vernunft habe. *Natürliche Vernunft* ist aber ein schiefer Ausdruck; denn unter Natürlichem versteht man das Sinnlich-Natürliche, das Unmittelbare. Natur der Vernunft ist vielmehr *Begriff* der Vernunft; der Geist ist eben dies, sich über die Natur zu erheben. Natürliche Vernunft ist dem wahrhaften Sinne nach »Geist, Vernunft dem Begriff nach«, und das macht keinen Gegensatz gegen die geoffenbarte Religion. Gott, der Geist, kann sich nur dem Geist, der Vernunft offenbaren.

Natürliche Religion hat man in neuerer Zeit näher die bloß *metaphysische Religion* genannt, insofern Metaphysik soviel hat zu bedeuten gehabt wie verständige Gedanken, Vorstellungen des Verstandes; das ist diese moderne verständige Religion, was *Deismus* heißt, das Resultat der Aufklärung, Wissen von Gott als Abstraktum, in welche Abstraktion alle Bestimmungen von Gott, aller Glaube zurückgeführt sind. Man kann dies nicht eigentlich natürliche Religion nennen; es ist das Letzte, das Extrem des abstrakten Verstandes, als Resultat der Kantischen Kritik.

Es ist hier noch von einer Vorstellung zu sprechen, die nach dem, was sie unter natürlicher Religion versteht, bestimmte Ansprüche darauf macht, daß wir sie hier betrachten. Man hat nämlich von der unmittelbaren Religion die Vorstellung, daß sie es sein müsse, welche die *wahrhafte*, vortrefflichste, göttliche Religion sei, und daß sie ferner auch geschichtlich habe die *erste* sein müssen. Nach unserer Einteilung ist sie die unvollkommenste und so die erste, und nach dieser anderen Vorstellung ist sie auch die erste, aber die wahrhafteste. Es ist, wie bemerkt worden, die Naturreligion so bestimmt, daß in ihr das Geistige mit dem Natürlichen in dieser ersten ungetrübten, ungestörten Einheit sei. Diese Bestimmung wird aber hier genommen als die absolute, wahrhafte Bestimmung und diese Religion in dieser Beziehung so als die göttliche. Man sagt, der Mensch habe eine wahrhafte, ursprüngliche Religion gehabt, im Stande der *Unschuld*, ehe noch jene Trennung in seine Intelligenz gekommen sei, die der Abfall genannt wird. A priori begründet man das in der Vorstellung, daß von Gott, als dem schlechthin Guten, Geister geschaffen seien als Ebenbilder seiner selbst, und dieses Gott Gemäße habe mit ihm in *absolutem Zusammenhange* gestanden. In diesem Zusammenhange habe der Geist auch in der *Einheit mit der Natur* gelebt, er sei noch nicht in sich reflektiert gewesen, habe noch nicht diese Trennung in sich vorgenommen von der Natur, stehe nach der *praktischen* Seite, dem Willen nach noch im schönen Glauben, noch in der Unschuld und sei absolut gut gewesen. Die Schuld entsteht erst mit der Willkür, und diese ist, daß die Leidenschaft sich setzt in ihrer eigenen Freiheit, das Subjekt die Bestimmungen nur aus sich nimmt, die es unterschieden hat vom Natürlichen. Die Pflanze ist in dieser Einheit; ihre Seele ist in dieser Einheit der Natur; das Individuum der Pflanze wird nicht ungetreu ihrer Natur, sie wird, wie sie sein soll: das Sein und die Bestimmung ist nicht verschieden. Diese Trennung des Seinsollens und seiner Natur tritt erst mit der Willkür ein, und diese hat ihre Stelle erst in der Reflexion; aber eben diese Reflexion und Absonderung sei ursprünglich nicht vorhanden und die Freiheit mit dem Gesetz und dem vernünftigen Willen so identisch gewesen, wie das Pflanzen-Individuum mit seiner Natur identisch ist.

Ebenso stellt man sich vor, wie der Mensch im Stande der Unschuld in Rücksicht auf das *theoretische Bewußtsein* vollkommen sei. Er scheint sich hier zu bestimmen als identisch mit der Natur und dem Begriff der Dinge; es hat sich noch nicht geschieden das Fürsichsein seiner und das der Dinge; er sieht ihnen ins Herz. Die Natur ist für ihn noch nicht ein Negatives, ein Verfinstertes; erst in der Trennung legt sich die sinnliche Rinde um die Dinge, die ihn von ihnen trennt; die Natur stellt so mir eine Scheidewand gegenüber. Es wird so gesagt: der Geist ist in einem solchen Verhältnis die allgemeine, wahrhafte Natur der Dinge *unmittelbar wissend*, in der *Anschauung* sie verstehend, eben weil die Anschauung ein Wissen ist, ein Hellsehen, zu vergleichen mit dem Zustand des Somnambulismus, in welchem die Seele zu dieser Einheit der Innerlichkeit mit ihrer Welt zurückkehrt. So habe für jenen ursprünglichen anschauenden Verstand die Natur der Dinge aufgeschlossen dagelegen, weil sie für ihn befreit ist von den äußeren Bedingungen des Raums und der Zeit, von der verständigen Bestimmung der Dinge, so daß in dieser Einheit der Geist in freier Phantasie, die keine Willkür ist, die Dinge nach ihrem Begriff, nach ihrer Wahrhaftigkeit sieht, das Angeschaute durch den Begriff bestimmt ist, in ewiger Schönheit erscheint und über der Bedingung der Verkümmerung des Erscheinens steht, – kurz, der Geist habe das Allgemeine im Besonderen in seiner reinen Gestaltung und das Besondere, Individuelle in seiner Allgemeinheit als eine göttliche, göttergleiche Lebendigkeit vor sich gehabt und angeschaut. Und indem der Mensch die Natur in ihrer innersten Bestimmtheit erfaßt und deren wahrhafte Beziehung auf die *entsprechenden* Seiten seiner selbst erkannt habe, so habe er sich zur Natur als zu einem entsprechenden, die Organisation nicht zerstörenden Kleide verhalten. Es ist mit dieser Vorstellung die Idee verbunden, daß der Geist damit im Besitz *aller Kunst und Wissenschaft* gewesen sei, und noch mehr stellt man sich vor, daß, wenn der Mensch in dieser allgemeinen Harmonie stehe, er die *harmonische Substanz, Gott selbst* unmittelbar schaue, nicht als Abstraktum des Gedankens, sondern als bestimmtes Wesen.

Dies ist die Vorstellung, die man von der *primitiven Religion* gibt, die die unmittelbare und die geschichtlich erste sei. Es kann sein, daß man diese Vorstellung durch eine Seite der christlichen Religion zu bestätigen sucht. In der Bibel wird von einem Paradiese erzählt; viele Völker haben so ein Paradies im Rücken liegen, welches sie beklagen als ein verlorenes und das sie als das Ziel vorstellen, nach dem der Mensch sich sehne und zu dem er gelangen werde. So ein Paradies ist denn sowohl als Vergangenes als auch als Zukünftiges nach der Stufe der Bildung jener Völker mit sittlichem oder unsittlichem Inhalt erfüllt.

Was die Kritik solcher Vorstellung anbetrifft, so muß zunächst gesagt werden, daß solche Vorstellung ihrem wesentlichen Gehalt nach notwendig ist. Das Allgemeine, Innere ist die göttliche Einheit im menschlichen Reflexe oder *der Gedanke des Menschen als solchen*, der in dieser Einheit steht. So haben die Menschen die Vorstellung, daß das Anundfürsichsein eine Harmonie sei, die noch nicht in die Entzweiung übergegangen ist, weder in die von Gut und Böse noch in die untergeordnete Entzweiung, in die Vielheit, Heftigkeit und Leidenschaft der Bedürfnisse. Diese Einheit, dieses *Aufgelöstsein der Widersprüche* enthält allerdings das Wahrhafte und ist ganz übereinstimmend mit dem Begriff. Aber ein anderes ist die nähere Bestimmung, daß diese Einheit als *Zustand in der Zeit* vorgestellt wird, als ein solcher, der nicht hätte verlorengehen sollen und der nur *zufällig* verlorengegangen ist. Das ist Verwechslung des Ersten als des *Begriffs* und der *Realität* des Bewußtseins, wie diese dem Begriff gemäß ist.

Wir müssen also dieser Vorstellung ihr Recht widerfahren

lassen; es ist darin enthalten die *notwendige Idee des göttlichen Selbstbewußtseins*, des ungetrübten Bewußtseins von dem absoluten göttlichen Wesen. Was diese Grundbestimmung betrifft, so ist sie darin als richtig nicht nur zuzugeben, sondern auch als wahrhafte Vorstellung zugrunde zu legen. Diese ist, daß der Mensch kein Naturwesen als solches, kein Tier ist, sondern *Geist*. Insofern er Geist ist, hat er diese Allgemeinheit überhaupt in sich, die Allgemeinheit der Vernünftigkeit, welche Tätigkeit des konkreten Denkens ist, und er hat den Instinkt, das Allgemeine zu wissen, daß die Natur vernünftig ist, nicht bewußte Vernunft, sondern daß die Natur Vernunft in ihr hat. So weiß der Geist auch, daß Gott vernünftig, die absolute Vernunft, die absolute Vernunfttätigkeit ist. So hat er instinktmäßig diesen Glauben, daß er Gott ebenso wie die Natur erkennen, in Gott sein Wesen finden müsse, wenn er sich vernünftig forschend zu ihm verhalte.

Es ist diese Einigkeit des Menschen mit Gott, mit der Natur im allgemeinen Sinne als *Ansich* allerdings die substantielle, wesentliche Bestimmung. Der Mensch *ist* Vernunft, ist Geist; durch diese Anlage ist er an sich das Wahrhafte. Das ist aber der Begriff, das Ansich, und indem die Menschen zur Vorstellung kommen von dem, was Begriff, Ansich ist, kommen sie gewöhnlich darauf, das als etwas Vergangenes oder Zukünftiges vorzustellen, nicht als etwas Inneres, das an und für sich ist, sondern in der Weise äußerlicher, unmittelbarer Existenz, als Zustand. Es handelt sich also nur um die *Form der Existenz* oder die Weise des Zustandes. Der Begriff ist das Innere, das Ansich, aber als noch nicht in die Existenz getreten. Es ist also die Frage: was steht dem entgegen, zu glauben, daß das Ansich von vornherein als wirkliche Existenz vorhanden gewesen sei? Es steht ihm entgegen *die Natur des Geistes*. Der Geist ist nur das, wozu er sich macht. Dies Hervorbringen dessen, was an sich ist, ist das *Setzen des Begriffs* in die Existenz.

Der Begriff muß sich realisieren, und die Realisierung des

Begriffs, die Tätigkeiten, wodurch er sich verwirklicht, und die Gestalten, Erscheinungen dieser Verwirklichung, die vorhanden sind, haben einen anderen Anschein, als was der einfache Begriff in sich ist. Der Begriff, das Ansich, ist nicht Zustand, Existenz; sondern die Realisierung des Begriffs macht erst Zustände, Existenz, und diese Realisierung muß von ganz anderer Art sein, als was jene Beschreibung vom Paradies enthält.

Der Mensch ist wesentlich als Geist; aber der Geist ist nicht auf unmittelbare Weise, sondern er ist wesentlich dies, für sich zu sein, frei zu sein, das Natürliche sich gegenüberzustellen, aus seinem Versenktsein in die Natur sich herauszuziehen, *sich zu entzweien mit der Natur* und erst durch und auf diese Entzweiung [hin] sich mit ihr zu versöhnen, und nicht nur mit der Natur, sondern auch mit *seinem* Wesen, mit seiner Wahrheit. Diese Einigkeit, die durch die Entzweiung hervorgebracht ist, ist erst die selbstbewußte, wahre Einigkeit; das ist nicht Einigkeit der Natur, welche nicht des Geistes würdige Einheit, nicht Einigkeit des Geistes ist.

Wenn man jenen Zustand den Zustand der Unschuld nennt, kann es verwerflich scheinen zu sagen, der Mensch müsse aus dem Zustand der Unschuld herausgehen und *schuldig* werden. Der Zustand der Unschuld ist, wo für den Menschen nichts Gutes und nichts Böses ist; es ist der Zustand des Tiers, der Bewußtlosigkeit, wo der Mensch nicht vom Guten und auch nicht vom Bösen weiß, wo das, was er will, nicht bestimmt ist als das eine oder andere, denn wenn er nicht vom Bösen weiß, weiß er auch nicht vom Guten.

Der Zustand des Menschen ist der Zustand der Zurechnung, der Zurechnungsfähigkeit. Schuld heißt im allgemeinen *Zurechnung*. Unter Schuld versteht man gewöhnlich, daß der Mensch Böses getan, man nimmt es von der bösen Seite. Schuld aber im allgemeinen Sinne ist, daß dem Menschen zugerechnet werden kann, daß das sein Wissen, Wollen ist.

In Wahrheit ist jene erste natürliche Einigkeit als Existenz nicht ein Zustand der Unschuld, sondern der Roheit, der

Begierde, der Wildheit überhaupt. Das Tier ist nicht gut und nicht böse; der Mensch aber im tierischen Zustande ist wild, ist *böse*, ist, wie er *nicht sein soll*. Wie er von Natur ist, ist er, wie er nicht sein soll; sondern was er ist, soll er durch den Geist sein, durch Wissen und Wollen dessen, was das Rechte ist. Dies, daß der Mensch, wenn er nur nach der Natur ist, nicht ist, wie er sein soll, ist so ausgedrückt worden, daß der Mensch *von Natur böse* ist. – Es ist darin enthalten: der Mensch soll sich selbst betrachten, wie er ist, sofern er nur nach der Natur lebt, seinem Herzen folgt, d. i. dem, was nur von selbst aufsteigt.

Wir finden eine bekannte Vorstellung in der Bibel, abstrakterweise der Sündenfall genannt – eine Vorstellung, die sehr tief, nicht nur eine zufällige Geschichte, sondern die ewige, notwendige Geschichte des Menschen ist, in äußerlicher, mythischer Weise ausgedrückt. Wird die Idee, das, was an und für sich ist, mythisch dargestellt, in Weise eines Vorgangs, so ist Inkonsequenz unvermeidlich, und so kann es nicht fehlen, daß auch diese Darstellung Inkonsequenzen in sich hat. Die Idee in ihrer Lebendigkeit kann nur vom Gedanken erfaßt und dargestellt werden. Ohne Inkonsequenz ist nun auch jene Darstellung nicht; aber die wesentlichen Grundzüge der Idee sind darin enthalten, daß der Mensch, indem er an sich diese Einigkeit ist, weil er Geist ist, *herausgeht* aus dem Natürlichen, *aus diesem Ansich*, in die *Unterscheidung* und daß das Urteil, Gericht kommen muß seiner und des Natürlichen. So weiß er erst von Gott und dem Guten; wenn er davon weiß, hat er es zum *Gegenstand seines Bewußtseins;* hat er es zum Gegenstand seines Bewußtseins, so *unterscheidet* sich das Individuum davon.

Das Bewußtsein enthält das Gedoppelte in sich, diese Entzweiung. Es wird nun zwar gesagt: das hätte nicht sein sollen. Aber es liegt im Begriff des Menschen, zum Erkennen zu kommen; oder der Geist ist das, jenes Bewußtsein zu werden. Insofern die Entzweiung und die Reflexion die *Freiheit* ist, daß der Mensch eine *Wahl* hat zwischen beiden

Seiten des Gegensatzes oder als *Herr* über Gut und Böse dasteht, so ist das ein Standpunkt, der nicht sein soll, der *aufgehoben* werden muß, nicht aber ein solcher, der *gar nicht eintreten* soll, sondern dieser Standpunkt der Entzweiung endigt seiner eigenen Natur gemäß mit der Versöhnung. Und daß die Reflexion, das Bewußtsein, die Freiheit das Übel, das *Böse* in sich enthält, das, was nicht sein soll, aber ebenso das Prinzip, *die Quelle der Heilung*, die Freiheit – beides ist in dieser Geschichte enthalten.

Die eine Seite, daß nämlich nicht bleiben soll der Standpunkt der Entzweiung, ist damit gesagt, daß ein *Verbrechen* begangen worden, etwas, das nicht sein, nicht bleiben soll. So heißt es, die Schlange habe mit ihrer Lüge den Menschen *verführt*. Der Hochmut der Freiheit ist der Standpunkt darin, der *nicht* sein soll. Die andere Seite, daß er *sein* soll, insofern er den Quell seiner Heilung enthält, ist ausgedrückt in den Worten Gottes: »Siehe! Adam ist worden wie unsereiner.« Es ist also nicht nur keine Lüge der Schlange, sondern Gott bestätigt das selbst. Dieses wird aber gewöhnlich übersehen, von demselben nicht gesprochen.

Wir können also sagen: das ist die ewige Geschichte der Freiheit des Menschen, daß er aus dieser Dumpfheit, in der er in seinen ersten Jahren ist, herausgeht, zum Licht des Bewußtseins kommt überhaupt, [und] näher, daß das Gute für ihn ist und das Böse. Nehmen wir, was wirklich in dieser Darstellung liegt, heraus, so ist dasselbe darin, was in der Idee: daß der Mensch, der Geist zur Versöhnung komme; oder oberflächlich ausgedrückt: daß er gut werde, seine Bestimmung erfülle; dazu ist dieser Standpunkt des Bewußtseins, der Reflexion, Entzweiung ebenso *notwendig*, wie er *verlassen* werden muß.

Daß der Mensch in diesem Zustande das höchste Wissen der Natur und Gottes gehabt, auf dem höchsten Standpunkt der Wissenschaft gestanden, ist eine törichte Vorstellung, die sich auch historisch als ganz unbegründet erwiesen.

Man stellt sich vor, daß diese natürliche Einheit das wahrhafte Verhältnis des Menschen in der Religion sei. Indessen muß uns schon der Umstand auffallen, daß dies Paradies, dies saturnische Zeitalter vorgestellt wird als ein *verlorenes*; schon darin liegt die Andeutung, daß eine solche Vorstellung nicht das Wahrhafte enthalte, denn in der göttlichen Geschichte gibt es keine Vergangenheit, keine Zufälligkeit. Wenn das existierende Paradies verlorengegangen ist – es mag dies geschehen sein, wie es will –, so ist dies eine *Zufälligkeit*, Willkür, die von außen her in das göttliche Leben gekommen wäre. Daß das Paradies verloren ist, zeigt uns, daß es nicht absolut als Zustand wesentlich ist. Das wahrhaft Göttliche, seiner Bestimmung Gemäße geht nicht verloren, ist ewig und an und für sich bleibend. Dieser Verlust des Paradieses muß vielmehr als *göttliche Notwendigkeit* betrachtet werden, und in der Notwendigkeit des Aufhörens enthalten sinkt jenes vorgestellte Paradies herab zu einem Moment der göttlichen Totalität, das nicht das absolut Wahrhafte ist.

Die *Einheit des Menschen mit der Natur* ist ein beliebter, wohlklingender Ausdruck; richtig gefaßt heißt er die Einheit des Menschen mit *seiner* Natur. Seine wahrhafte Natur aber ist die Freiheit, die *freie Geistigkeit*, das denkende Wissen des an und für sich Allgemeinen, und so bestimmt ist diese Einheit nicht eine natürliche, unmittelbare Einheit mehr.

Die Pflanze ist in dieser ungebrochenen Einheit. Das Geistige ist dagegen nicht in unmittelbarer Einheit mit seiner Natur; es hat vielmehr, um zur Rückkehr zu sich zu gelangen, den Weg durch seine unendliche Entzweiung hindurch zu machen und erst die zustandegekommene Versöhnung zu erringen; sie ist kein Versöhntsein von Hause aus, und diese wahrhafte Einheit ist erst durch die Trennung von seiner Unmittelbarkeit zu erlangen. Man spricht von unschuldigen Kindern und bedauert, daß diese Unschuld, diese Liebe, dies Vertrauen verlorengeht, oder man spricht von der Unschuld einfacher Völker, die aber seltener sind, als man glaubt. Diese Unschuld ist aber nicht der wahrhafte Standpunkt des Menschen; seine[1] Sittlichkeit ist nicht die des Kindes, sie steht höher als die genannte Unschuld. Es ist selbstbewußtes Wollen; dieses erst ist das wahrhafte Verhältnis.

In seiner ursprünglichen Abhängigkeit von der Natur kann der Mensch milder oder roher sein. Unter einem milden Himmelsstrich – und das ist vornehmlich das Bestimmende –, wo die Natur ihm die Mittel zur Befriedigung seiner physischen Bedürfnisse gibt, kann seine Natürlichkeit milde, wohlwollend und von einfachen Bedürfnissen und Verhältnissen bleiben, und die Reisebeschreibungen geben angenehme Schilderungen von solchen Zuständen. Aber teils sind diese milden Sitten mit barbarischen, greulichen Gebräuchen und mit einem völligen Verviehen verknüpft, teils hängen solche einfachen Zustände von zufälligen Umständen ab, z. B. vom Klima, von der insularischen Lage. In jedem Falle aber sind sie ohne jenes allgemeine Selbstbewußtsein und dessen Folgen, welche allein die Ehre des Geistes ausmachen. Ohnehin betreffen solche Beobachtungen und Beschreibungen, die wir von jenen vermeintlich unschuldigen Völkern haben, nur das äußere gutmütige Benehmen der Menschen gegen Fremde, gehen aber nicht in das Innere der Verhältnisse und Zustände ein. Allen Ansichten und Wünschen einer kranken Philanthropie, welche den Menschen in jene ursprüngliche Unschuld zurückwünscht, steht schon die Wirklichkeit gegenüber und wesentlich die Natur der Sache, daß es nämlich jene Natürlichkeit nicht ist, zu was der Mensch bestimmt ist. Und was den Zustand der Kinder betrifft, so zeigen sich auch darin die Begierden, Selbstsucht und das Böse.

Wenn man dann aber sagt, der Mensch habe sich ursprünglich im Zentrum der Natur befunden, den Dingen ins Herz gesehen usf., so sind das schiefe Vorstellungen. An den Dingen ist *zweierlei* zu unterscheiden. Einmal ihre Bestimmtheit, ihre *Qualität*, ihre *Besonderheit im Verhältnis zu anderem*. Dies ist die *natürliche Seite, die endliche*. Nach dieser Beson-

---

[1] W: »freie«. Verändert nach Lasson.

derheit können die Dinge dem Menschen im natürlichen Zustande bekannter sein, er kann ein viel bestimmteres Wissen von ihrer besonderen Qualität haben als im gebildeten Zustande. Es ist dies eine Seite, die auch in der Philosophie des Mittelalters zur Sprache gekommen ist, in der *signatura rerum*, der äußeren Qualität, wodurch die besondere, eigentümliche Natur bezeichnet werde, so daß in dieser äußerlichen Qualität zugleich für den Sinn die spezifische Eigentümlichkeit ihrer Natur gegeben sei. Dies kann im natürlichen Menschen sein; ebenso ist im Tiere dieser Zusammenhang seiner mit der äußerlichen Qualität viel ausdrücklicher als im gebildeten Menschen. Zu dem, was das Tier zu seiner Nahrung bedarf, dazu ist es durch den Instinkt getrieben; es verzehrt nur Bestimmtes und läßt alles andere neben sich liegen, verhält sich nur, indem es sich *sein* Anderes, nicht Anderes überhaupt entgegensetzt und den Gegensatz aufhebt. So hat es einen Instinkt zu den Kräutern, durch welche es geheilt wird, wenn es krank ist. So sind das totenhafte Aussehen, der Geruch der Pflanzen für den natürlichen Menschen Anzeichen von ihrer Schädlichkeit, ihrer Giftigkeit; er empfindet eine Widrigkeit, mehr als der gebildete Mensch, und der Instinkt des Tieres ist noch richtiger als das natürliche Bewußtsein des Menschen; jenem tut dieses Abbruch. Man kann so sagen, der natürliche Mensch sehe den Dingen ins Herz, fasse ihre spezifische Qualität richtiger. Aber dies findet nur statt in Ansehung solcher spezifischer Qualitäten, die ganz nur endliche Bestimmungen sind; einzelnen Dingen sieht dieser Instinkt ins Herz; in den Lebensquell der Dinge überhaupt, dieses göttliche Herz, in dieses dringt sein Blick nicht. Dasselbe Verhältnis findet sich im Schlaf, im Somnambulismus; es findet sich, daß Menschen ein solches natürliches Bewußtsein haben. Das vernünftige Bewußtsein ist hier still geworden und dagegen der innere Sinn aufgewacht, von dem man sagen kann, daß in ihm das Wissen viel mehr in der Identität mit der Welt, mit den umgebenden Dingen, als im Wachen sei. Daher kommt es, daß man diesen Zustand für etwas Höheres hält als den gesunden. Es kann so sein, daß man ein Bewußtsein von Dingen hat, die tausend Stunden entfernt geschehen. Man findet bei wilden Völkern solch Wissen, solch Ahnen in viel stärkerem Grade als bei gebildeten. Solch Wissen beschränkt sich aber auf *einzelne Begebenheiten,* einzelne Schicksale; es wird der Zusammenhang *dieses* Individuums mit bestimmten Dingen, die in sein Bewußtsein gehören, erweckt; dies sind denn aber einzelne Dinge, Begebenheiten.

So etwas ist aber noch nicht das *wahrhafte Herz der Dinge;* dies ist erst der Begriff, das *Gesetz,* die *allgemeine Idee;* das wahre Herz der Welt vermag nicht der Schlummer des Geistes uns zu offenbaren. Das Herz des Planeten ist das Verhältnis seiner Entfernung von der Sonne, seines Umlaufs usf.; dies ist das wahrhaft Vernünftige und ist nur zugänglich für den wissenschaftlich gebildeten Menschen, der von dem unmittelbaren Verhalten der Empfindung des Sehens, Hörens usf. frei ist, seine Sinne in sich zurückgezogen hat und mit freiem Denken an die Gegenstände geht. Diese Vernünftigkeit und dies Wissen ist nur Resultat der *Vermittlung des Denkens* und kommt nur in der letzten geistigen Existenz des Menschen vor. Jene Erkenntnis der Natur erklärt man als *Anschauen:* dies ist nichts anderes als unmittelbares Bewußtsein; fragen wir: was ist angeschaut worden? [So meinen wir] nicht die sinnliche Natur oberflächlich betrachtet (was auch den Tieren zugeschrieben werden kann), sondern das *Wesen der Natur.* Das Wesen der Natur als System der Gesetze derselben ist aber nichts anderes als *das Allgemeine,* die Natur nach ihrer Allgemeinheit, das System der sich entwickelnden Lebendigkeit und diese Entwicklung in ihrer wahrhaften Form, nicht die Natur in ihrer Einzelheit, in der sie für die sinnliche Wahrnehmung ist oder für die Anschauung.

Die Form des Natürlichen ist die Natur, als durchdrungen von dem Gedanken. Das Denken ist aber nicht ein Unmittelbares: es fängt an vom Gegebenen, erhebt sich aber über die sinnliche Mannigfaltigkeit desselben, *negiert* die Form der Einzelheit, vergißt das sinnlich Geschehene und produziert das Allgemeine, Wahrhafte; dies ist nicht ein unmittelbares Tun, sondern die Arbeit der Vermittlung, das Herausgehen aus der Endlichkeit. Es hilft nichts, den Himmel noch so fromm, unschuldig und gläubig anzuschauen; die Wesenheit kann doch nur *gedacht* werden. Jene Behauptung von einem Schauen, von einem unmittelbaren Bewußtsein zeigt sich daher sogleich in ihrer Nichtigkeit, wenn man nach dem fragt, was geschaut werden soll. Das Wissen der wahrhaften Natur ist ein vermitteltes Wissen und nicht das unmittelbare. Ebenso ist es mit dem *Willen*; der Wille ist gut, insofern er das Gute, Rechte und Sittliche will: dies aber ist etwas ganz anderes als der *unmittelbare* Wille. Dieser ist der Wille, welcher in der Einzelheit und Endlichkeit stehenbleibt, der *das Einzelne als solches* will. Das *Gute* dagegen ist das *Allgemeine*; daß der Wille dazu komme, das Gute zu wollen, dazu ist die Vermittlung notwendig, daß er sich von solchem endlichen Willen gereinigt habe. Diese Reinigung ist die Erziehung und Arbeit der Vermittlung, die nicht ein Unmittelbares und Erstes sein kann. Zu der *Erkenntnis Gottes* gehört dies ebenso; Gott ist das Zentrum aller Wahrheit, das rein Wahre ohne alle Schranke; um zu ihm zu gelangen, muß der Mensch noch mehr seine *natürliche Besonderheit* des Wissens und Wollens abgearbeitet haben.

Was daher vollends die Vorstellung betrifft, daß in dieser natürlichen Einheit des Menschen, in dieser noch nicht durch Reflexion gebrochenen Einheit das wahrhafte Bewußtsein von Gott gelegen habe, so gilt hierauf besonders das bisher Gesagte. Der Geist ist nur für den Geist; der Geist in seiner Wahrheit ist nur für den freien Geist, und dies ist der, welcher absehen gelernt hat vom unmittelbaren Wahrnehmen, der absieht vom Verstande, von dieser Reflexion und dergleichen. Theologisch ausgedrückt ist dies der Geist, der *zur Erkenntnis der Sünde* gekommen ist, d. h. zum Bewußtsein der unendlichen Trennung des Fürsichseins gegen die

Einheit, und der aus dieser Trennung wieder zur Einheit und Versöhnung gekommen ist. Die natürliche Unmittelbarkeit ist so nicht die wahrhafte Existenz der Religion, vielmehr ihre niedrigste, unwahrste Stufe.

Die Vorstellung stellt ein *Ideal* auf, und das ist notwendig; sie spricht damit aus, was das Wahrhafte an und für sich ist; aber das Mangelhafte ist, daß sie ihm die Bestimmung von Zukünftigem und Vergangenem gibt. Sie macht es damit zu etwas, was nicht gegenwärtig ist, und gibt ihm so unmittelbar die Bestimmung eines *Endlichen*. Das empirische Bewußtsein ist Bewußtsein vom Endlichen; das Anundfürsichseiende ist das Innere. Beides unterscheidet die Reflexion voneinander, und mit Recht; aber das Mangelhafte ist, daß sie sich abstrakt verhält und doch fordert, daß das, was an und für sich ist, auch in der Welt der äußerlichen Zufälligkeit erscheine, vorhanden sei. Die Vernunft gibt dem Zufall, der Willkür ihre Sphäre, weiß aber, daß in dieser dem äußeren Anschein nach auf der Oberfläche höchst verworrenen Welt doch das Wahrhafte vorhanden ist. Das Ideal eines Staates ist ganz richtig, nur nicht realisiert; stellt man sich unter der Realisation vor, daß die Verhältnisse, Verwicklungen des Rechts, der Politik, der Bedürfnisse alle gemäß sein sollen der Idee, so ist dies ein Boden, der dem Ideal nicht angemessen, innerhalb dessen aber die substantielle Idee dennoch wirklich und gegenwärtig ist. Die Verworrenheit der Existenz macht nicht allein das aus, was die Gegenwart ist, und sie ist nicht die Totalität. Das, wodurch das Ideal bestimmt ist, kann vorhanden sein; aber es ist noch nicht erkannt, daß die Idee in der Tat vorhanden ist, weil diese nur betrachtet wird mit dem endlichen Bewußtsein. Es ist schon durch diese Rinde der substantielle Kern der Wirklichkeit zu erkennen, aber dazu bedarf es auch einer harten Arbeit; um die Rose im Kreuz der Gegenwart zu pflücken, dazu muß man das Kreuz selbst auf sich nehmen.

Endlich hat man auch gesucht, die Idee von einem solchen Anfang des Menschengeschlechts *historisch* nachzuweisen.

Man hat bei vielen Völkern solche Trümmer und Andeutungen, die mit dem übrigen Inhalt ihrer Vorstellungen in Kontrast ständen, oder wissenschaftliche Kenntnisse gefunden, die nicht übereinzustimmen scheinen mit dem gegenwärtigen Zustand oder mit der anfänglichen Bildung dieser Völker nicht parallel wären. Aus den Resten solcher besserer Existenz hat man auf einen früheren Zustand der Vollkommenheit, auf einen Zustand vollendeter Sittlichkeit geschlossen. Bei den Indern hat man so große Weisheit und Kenntnisse gefunden, die ihrer jetzigen Bildung nicht angemessen sind; dies und viele andere dergleichen Umstände hat man für Spuren einer besseren Vergangenheit angesehen. Die Schriften der Mönche im Mittelalter z. B. sind freilich oft nicht aus ihrem Kopfe gekommen, sondern Trümmer einer besseren Vergangenheit.

Man hat bei der ersten Entdeckung der indischen Literatur von den ungeheuren chronologischen Zahlen gehört: sie deuten auf eine sehr lange Dauer hin und scheinen ganz neue Aufschlüsse zu geben. In neueren Zeiten aber hat man sich gezwungen gesehen, diese Zahlen der Inder ganz aufzugeben, denn sie drücken gar keine prosaischen Verhältnisse der Jahre oder der Erinnerung aus. Ferner sollen die Inder große astronomische Kenntnisse besitzen, sie haben Formeln, um die Sonnen- und Mondfinsternisse zu berechnen, die sie aber nur ganz mechanisch gebrauchen, ohne die Voraussetzungen oder die Art, die Formel zu finden, zu kennen. In jetziger Zeit hat man aber auch die astronomischen und mathematischen Kenntnisse der Inder genauer untersucht; man erkennt darin allerdings eine originelle Ausbildung, aber in diesen Kenntnissen sind sie lange noch nicht so weit gekommen als die Griechen. Die astronomischen Formeln sind so unnötig verwickelt, daß sie der Methode der Griechen, noch mehr der unsrigen, sehr nachstehen; gerade die wahrhafte Wissenschaft sucht die Aufgaben auf die einfachsten Elemente zurückzuführen. Jene verwickelten Formeln weisen allerdings auf eine verdienstliche Beschäftigung, auf eine Bemühung mit diesen Aufgaben hin, aber mehr ist darin auch nicht zu finden: lang fortgesetzte Beobachtungen führen auf diese Kenntnisse. So hat sich denn diese Weisheit der Inder, der Ägypter immer mehr und mehr vermindert, je mehr man mit ihr bekannt geworden ist, und vermindert sich noch mit jedem Tage, und das Erkannte ist entweder aus anderen Quellen nachzuweisen oder es ist an sich von gar geringer Bedeutung. So hat sich nun aber auch diese ganze Vorstellung des paradiesischen Anfangs als ein Gedicht bewiesen, dem der Begriff zugrunde liegt, nur daß dieser als unmittelbare Existenz genommen wird, anstatt daß er erst als Vermittlung ist.

Wir gehen nun an die nähere Betrachtung der Naturreligion. Ihre Bestimmtheit ist im allgemeinen die Einheit des Natürlichen und Geistigen, so daß die objektive Seite, Gott, als *Natürliches* gesetzt und das Bewußtsein befangen ist in *natürlicher Bestimmtheit*. Dies Natürliche ist *einzelne Existenz*, nicht die Natur überhaupt als *Ganzes*, als *organische Totalität*; dies sind schon allgemeine Vorstellungen, die hier auf dieser ersten Stufe noch nicht gesetzt sind. Das Ganze ist als Einzelheiten gesetzt. Klassen, Gattungen gehören einer weiteren Stufe der Reflexion und der Vermittlung des Denkens an. *Dies* einzelne Natürliche, dieser Himmel, diese Sonne, dies Tier, dieser Mensch usf., – so eine unmittelbare natürliche Existenz wird gewußt als Gott. Welchen *Inhalt* diese Vorstellung von Gott habe, können wir hier zunächst unbestimmt lassen, und es ist auf dieser Stufe Unbestimmtes, eine *unbestimmte Macht*, die noch erfüllt werden kann. Weil es aber noch nicht der Geist in seiner Wahrhaftigkeit ist, so sind die Bestimmungen in diesem Geiste *zufällig*; sie sind erst wahrhaft, wenn es der wahrhafte Geist ist, der Bewußtsein ist und sie setzt.

Die *erste* Bestimmung, der Anfang der Naturreligion ist also, daß der Geist ist in unmittelbar einzelner Weise der Existenz.

Die Naturreligion enthält das geistige Moment sogleich, also wesentlich dies, daß *Geistiges dem Menschen das Höchste ist*. Damit ist ausgeschlossen, daß diese Religion darin bestehe, natürliche Gegenstände als Gott zu verehren; das spielt auch hinein, aber auf untergeordnete Weise. Doch dem Menschen in der schlechtesten Religion ist als Menschen das Geistige sogleich höher als das Natürliche; es ist ihm nicht die Sonne höher als ein Geistiges.

Die Naturreligion in diesem ihrem Anfange, als unmittelbare Religion, ist dies, daß das Geistige, ein Mensch, auch in seiner natürlichen Weise als das Höchste gilt. Sie hat nicht bloß äußerlich, physikalisch Natürliches zum Gegenstand, sondern *geistig Natürliches,* diesen Menschen als *diesen gegenwärtigen Menschen*. Das ist nicht die Idee des Menschen, der Adam Kadmon, der Urmensch, der Sohn Gottes – das sind weiter gebildete, nur durch und für den Gedanken vorhandene Vorstellungen –, also nicht die Vorstellung des Menschen in seiner *allgemeinen Wesenheit*, sondern *dieser* natürliche Mensch; es ist die Religion des Geistigen, aber in seiner Äußerlichkeit, Natürlichkeit, Unmittelbarkeit. Es hat auch deswegen Interesse, die Naturreligion kennenzulernen, um auch in ihr vor das Bewußtsein zu bringen, daß dem Menschen von jeher Gott überhaupt etwas Präsentes ist, um zurückzukommen von dem abstrakten Jenseits Gottes.

Was diese Stufe der Naturreligion betrifft, die wir des Namens der Religion nicht für würdig halten können, so muß man, um diesen Standpunkt der Religion zu fassen, die Vorstellungen, Gedanken vergessen, die uns etwa ganz und gar geläufig sind, die selbst der oberflächlichsten Weise unserer Bildung angehören. Für das natürliche Bewußtsein, das wir hier vor uns haben, gelten noch nicht die prosaischen Kategorien, wie Ursache und Wirkung, und die natürlichen Dinge sind noch nicht zu äußerlichen herabgesetzt.

Die Religion hat nur ihren Boden im Geist. Das Geistige weiß sich als die *Macht* über das Natürliche, daß die Natur nicht das Anundfürsichseiende ist. Das sind die Kategorien des Verstandes, in welchen die Natur als das *Andere des*

Geistes und der Geist als das Wahrhafte gefaßt ist. Von dieser Grundbestimmung fängt erst die Religion an.

Die unmittelbare Religion ist dagegen die, wo der Geist noch natürlich ist, worin er die *Unterscheidung* des Geistes als allgemeiner Macht von sich als Einzelnem, Zufälligem, Vorübergehendem und Akzidentellem noch nicht gemacht hat. Diese Unterscheidung, der Gegensatz vom allgemeinen Geist als der allgemeinen Macht und dem Wesen gegen das subjektive Dasein und dessen Zufälligkeit ist noch nicht eingetreten und bildet erst die zweite Stufe innerhalb der Naturreligion. Hier in der ersten unmittelbaren Religion, in dieser Unmittelbarkeit hat der Mensch noch *keine höhere Macht als sich selbst*. Über dem zufälligen Leben, dessen Zwecken und Interessen ist wohl eine Macht, aber diese ist noch keine wesenhafte, als an und für sich allgemeine, sondern fällt in den Menschen selbst. Das Geistige ist auf *einzelne unmittelbare* Weise.

Verstehen, denken können wir diese Form der Religion wohl, da wir sie dann noch als Gegenstand unserer Gedanken vor uns haben; aber wir können uns nicht in sie hineinempfinden, hineinfühlen, so wie wir den Hund wohl verstehen können, ohne uns in ihn hineinempfinden zu können. Denn Empfinden hieße, die Totalität des Subjekts ganz mit einer solchen einzelnen Bestimmung erfüllen, so daß sie unsere Bestimmtheit würde. Selbst in Religionen, die unserem Bewußtsein schon näher stehen, können wir uns nicht so hineinempfinden, sie können nicht einen Augenblick so sehr unsere Bestimmtheit werden, daß wir z. B. ein griechisches Götterbild, so schön es auch sein möge, anbeteten. Und jene Stufe der unmittelbaren Religion liegt uns noch dazu am fernsten, da wir schon, um sie uns verständlich zu machen, alle Formen unserer Bildung vergessen müssen.

Wir müssen den Menschen betrachten unmittelbar, für sich allein auf der Erde und so ganz zuerst ohne alles Nachdenken, Erhebung zum Denken; erst mit dieser gehen würdigere Begriffe von Gott hervor.

Hier ist der Mensch in seiner unmittelbaren, eigenen Kraft, Begierde, im Tun und Verhalten seines unmittelbaren Wollens. Er macht noch keine theoretische Frage: wer hat das gemacht? usf. Diese *Scheidung* der Gegenstände in sich, in eine zufällige und wesentliche Seite, in eine ursächliche und in die Seite eines bloß Gesetzten, einer Wirkung, ist noch nicht vorhanden für ihn. Ebenso der *Wille*: in ihm ist noch nicht diese *Entzweiung*, noch keine Hemmung in ihm selbst gegen sich. Das Theoretische im Wollen ist, was wir das Allgemeine, das Rechte nennen, Gesetze, feste Bestimmungen, Grenzen für den subjektiven Willen; das sind Gedanken, allgemeine Formen, die dem Gedanken, der Freiheit angehören. Diese sind unterschieden von der subjektiven Willkür, Begierde, Neigung; alles dies wird gehemmt, beherrscht durch dies Allgemeine, diesem Allgemeinen angebildet; der natürliche Wille wird umgebildet zum Wollen und Handeln nach solchen allgemeinen Gesichtspunkten.

Der Mensch ist also noch ungeteilt in Rücksicht auf sein Wollen; da ist es die Begierde und Wildheit seines Willens, die das Herrschende ist. Ebenso in seiner Vorstellung verhält er sich in dieser Ungeteiltheit, dieser Dumpfheit. Es ist nur das erste, wilde Beruhen des Geistes auf sich; eine Furcht, Bewußtsein der Negation ist da wohl vorhanden, aber noch nicht die Furcht des Herrn, sondern der Zufälligkeit, der Naturgewalten, die sich als Mächtiges gegen ihn zeigen.

Die *Furcht* vor der Naturgewalt, vor Sonne, Gewitter usf. ist hier noch nicht die Furcht, die wir *religiöse* nennen könnten, denn diese hat ihren Sitz in der *Freiheit*. Gott fürchten ist eine andere Furcht als die Furcht vor der natürlichen Gewalt. Es heißt: Furcht ist der Weisheit Anfang; diese Furcht kann in der unmittelbaren Religion nicht vorkommen. Sie kommt erst in den Menschen, wenn derselbe in seiner Einzelheit sich ohnmächtig weiß, wenn seine Einzelheit in ihm erzittert und wenn er nun diese Abstraktion an sich vollbracht hat, um als freier Geist zu sein. Wenn so das Natürliche im Menschen erzittert, erhebt er sich darüber, entsagt er ihm, hat er sich einen höheren Boden gemacht und geht er zum Denken, Wissen über. Aber nicht nur die Furcht in diesem höheren Sinne ist hier nicht vorhanden, sondern selbst die *Furcht vor der Naturmacht,* soweit sie hier eintritt, schlägt in diesem Anfange der Naturreligion in ihr Gegenteil um und wird die *Zauberei.*

1. Die Zauberei

Die ganz erste Form der Religion, wofür wir den Namen Zauberei haben, ist dieses, daß *das Geistige die Macht über die Natur* ist; aber dies Geistige ist noch nicht als Geist, noch nicht in seiner Allgemeinheit, sondern es ist nur das einzelne, zufällige, *empirische Selbstbewußtsein* des Menschen, der sich höher weiß in seinem Selbstbewußtsein (obgleich es nur bloße *Begierde* ist) als die Natur, – der weiß, daß es eine Macht ist über die Natur.

Zweierlei ist hierbei zu bemerken:

a) Insofern das unmittelbare Selbstbewußtsein weiß, daß diese Macht in ihm liegt, es der Ort dieser Macht ist, unterscheidet es sich sogleich in dem Zustande, wo es eine solche *Macht* ist, von seinem *gewöhnlichen.* Der Mensch, der die gewöhnlichen Dinge tut, wenn er an seine einfachen Geschäfte geht, hat *besondere* Gegenstände vor sich; da weiß er, daß er es nur mit diesen zu tun hat, z. B. Fischfang, Jagd, und seine Kraft beschränkt sich nur auf sie. Ein anderes als das Bewußtsein von diesem gewöhnlichen Dasein, Treiben, Tätigkeit ist das Bewußtsein von sich als Macht über die *allgemeine* Naturmacht und über die Veränderungen der Natur. Da weiß das Individuum, daß es sich in einen *höheren Zustand* versetzen muß, um diese Macht zu haben. Dieser ist eine Gabe besonderer Menschen, die traditionell alle Mittel und Wege zu lernen haben, wodurch diese Macht ausgeübt werden kann. Es ist eine Auswahl von Individuen, die bei den älteren in die Lehre gehen, die diese trübe Innerlichkeit in sich empfinden.

b) Diese Macht ist eine *direkte* Macht über die Natur überhaupt und nicht zu vergleichen mit der indirekten, die wir ausüben durch Werkzeuge über die natürlichen Gegenstände in ihrer Einzelheit. Solche Macht, die der gebildete Mensch über die einzelnen natürlichen Dinge ausübt, setzt voraus, daß er zurückgetreten ist gegen diese Welt, daß die Welt Äußerlichkeit gegen ihn erhalten hat, der er eine *Selbständigkeit*, eigentümliche qualitative Bestimmungen, Gesetze einräumt gegen ihn, daß diese Dinge in ihrer qualitativen Bestimmtheit relativ gegeneinander sind, in mannigfachem Zusammenhang miteinander stehen. Diese Macht, welche die Welt in ihrer Qualität frei entläßt, übt der gebildete Mensch aus dadurch, daß er die Qualitäten der Dinge kennt, d. h. die Dinge, wie sie in bezug auf andere sind; da macht sich anderes in ihnen geltend, da zeigt sich ihre Schwäche. Von dieser schwachen Seite lernt er sie kennen, wirkt er auf sie ein, dadurch, daß er sich bewaffnet, so daß sie in ihrer Schwäche angegriffen und bezwungen werden.

Dazu gehört, daß der Mensch *in sich frei* sei; erst wenn er selbst frei ist, läßt er die Außenwelt sich frei gegenübertreten, andere Menschen und die natürlichen Dinge. Für den, der nicht frei ist, sind auch die anderen nicht frei. Das direkte Einwirken hingegen des Menschen durch seine Vorstellung, seinen Willen, setzt diese *gegenseitige Unfreiheit* voraus, weil die Macht über die äußerlichen Dinge zwar in den Menschen gelegt wird als das Geistige, aber nicht als eine Macht, die sich auf freie Weise verhält und sich eben deswegen auch nicht gegen Freie und vermittelnd verhält, sondern die Macht über die Natur verhält sich da direkt. So ist sie Zauberei.

Was die äußerliche Existenz dieser Vorstellung betrifft, so ist sie in solcher Form vorhanden, daß diese Zauberei das Höchste des Selbstbewußtseins der Völker ist; aber untergeordnet schleicht sich die Zauberei auch auf höhere Standpunkte, Religionen hinüber, so in der Vorstellung von Hexen, wiewohl sie da gewußt wird als etwas teils Ohnmächtiges, teils Ungehöriges, Gottloses.

Man hat, z. B. in der Kantischen Philosophie, das Beten auch als Zauberei betrachten wollen, weil der Mensch etwas bewirken will nicht durch natürliche Vermittlung[2], sondern vom Geist aus. Aber der Unterschied ist, daß der Mensch sich an einen absoluten Willen wendet, für den der Einzelne auch Gegenstand der Fürsorge ist, der dieses gewähren kann oder nicht, der von Zwecken des Guten überhaupt dabei bestimmt sei. Die Zauberei ist aber im allgemeinen gerade dies, daß der Mensch nach seiner Natürlichkeit, Begierde es in seiner Gewalt hat.

Das ist die allgemeine Bestimmung dieses ersten ganz unmittelbaren Standpunktes, daß das menschliche Bewußtsein, dieser Mensch in seinem Willen als Macht über das Natürliche gewußt wird. Das Natürliche hat da aber ganz und gar nicht diesen weiten Umfang wie in unserer Vorstellung. Denn das meiste ist hier dem Menschen noch indifferent oder ihm nicht anders gewohnt. Alles ist stabil. Ein anderes sind Erdbeben, Gewitter, Überschwemmungen, Tiere, die den Tod drohen, Feinde usw. Dagegen wird Zauberei angewendet.

Dies ist die älteste Weise der Religion, die wildeste, roheste Form. Aus dem Gesagten folgt, Gott ist notwendig ein Geistiges. Dies ist seine Grundbestimmung. Geistigkeit, insofern sie dem Selbstbewußtsein *Gegenstand* ist, ist schon ein weiterer Fortgang, ein *Unterschied* der Geistigkeit als solcher, die *allgemein* und als dies einzelne empirische Selbstbewußtsein schon eine *Abtrennung* des allgemeinen Selbstbewußtseins von der *empirischen* Geistigkeit des Selbstbewußtseins ist. Dies ist im Anfang noch nicht. Die Naturreligion, als die der Zauberei, fängt von der unfreien Freiheit an, so daß das einzelne Selbstbewußtsein sich weiß als höher gegen die natürlichen Dinge, und dies Wissen ist zunächst unvermittelt.

Diese Religion ist von neueren Reisenden, wie Kapitän

---

[2] W: »weil der Mensch dieses bewirken will nicht durch diese Vermittlung«. Verändert in Anlehnung an Lasson.

Parry[3] und früher Kapitän *Ross*[4], ohne alle Vermittlung als das rohe Bewußtsein bei den *Eskimos* gefunden worden; bei anderen Völkern findet schon eine Vermittlung statt.

Kapitän *Parry* erzählt: Sie wissen gar nicht, daß sonst eine Welt ist; sie leben zwischen Felsen, Eis und Schnee, von Robben, Vögeln, Fischen, wissen nicht, daß eine andere Natur vorhanden ist. Die Engländer hatten einen Eskimo mit, der längere Zeit in England gelebt hatte und ihnen zum Dolmetscher diente. Mittels desselben erkannten sie von dem Volke, daß es nicht die geringste Vorstellung von Geist, von höheren Wesen hat, von einer wesentlichen Substanz gegen ihre empirische Existenz, von Unsterblichkeit der Seele, von Ewigkeit des Geistes, von dem Anundfürsichsein des einzelnen Geistes; sie kennen keinen bösen Geist, und gegen Sonne und Mond haben sie zwar große Achtung, aber sie verehren sie nicht; sie verehren kein Bild, keine lebende Kreatur. Dagegen haben sie unter sich Einzelne, die sie *Angakok* nennen, Zauberer, Beschwörer. Diese sagen von sich, daß es in ihrer Gewalt sei, den Sturm sich erheben zu machen, Windstille zu machen, Walfische herbeizubringen usf., und daß sie diese Kunst von alten Angakok erlernten. Man fürchtet sich vor ihnen; in jeder Familie ist aber wenigstens einer. Die Engländer beredeten einen Angakok, eine Zauberei auszuüben; dies geschah durch Tanz, so daß er sich durch ungeheure Bewegung außer sich brachte, in Ermattung fiel und mit verdrehten Augen Worte, Töne von sich gab.[5] Ein junger Angakok wollte den Wind sich erheben machen; es geschah durch Worte und Gebärden. Die Worte hatten keinen Sinn und waren an kein Wesen zur Vermittlung gerichtet, sondern unmittelbar an den Naturgegenstand, über den er seine Macht ausüben wollte; er forderte keinen Bei-

---

3 Sir William Edward Parry, *Four voyages to the North Pole*, 5 Bde., London 1833
4 Sir John Ross, *A voyage of discovery ... for the purpose of exploring Baffin's Bay ...*, London 1819
5 Der Passus »Die Engländer ... von sich gab.« folgt in W als selbständiger Absatz auf den nächsten Absatz.

stand von irgend jemand. Man sagte ihm von einem allgegenwärtigen, allgütigen, unsichtbaren Wesen, das alles gemacht habe; er fragte, wo es lebe, und als man ihm sagte, es sei überall, da geriet er in Furcht und wollte fortlaufen. Als er gefragt wurde, wohin sie kämen, wenn sie stürben, so erwiderte er, sie würden begraben; ein alter Mann habe vor sehr langer Zeit einmal gesagt, sie kämen in den Mond, das glaube aber schon la ge kein Eskimo mehr.

Sie stehen so auf der untersten Stufe des geistigen Bewußtseins; aber es ist in ihnen der Glaube, daß das Selbstbewußtsein ein Mächtiges über die Natur ist, ohne Vermittlung, ohne Gegensatz seiner gegen ein Göttliches.

Diese Religion der Zauberei finden wir vornehmlich auch in Afrika, bei den *Mongolen* und *Chinesen*; aber hier ist die ganz rohe erste Gestalt der Zauberei nicht mehr vorhanden, sondern es treten schon Vermittlungen ein, die dadurch sind, daß das Geistige beginnt, eine objektive Gestalt für das Selbstbewußtsein anzunehmen.

In der ersten Form ist diese Religion mehr Zauberei als Religion; am ausgebreitetsten ist sie in Afrika unter den Negern. Schon Herodot spricht davon, und in neuerer Zeit hat man sie ebenso gefunden. Indessen sind es nur wenige Fälle, in denen solche Völker ihre Gewalt über die Natur aufrufen; denn sie gebrauchen wenig, haben wenig Bedürfnisse, und bei der Beurteilung ihrer Verhältnisse müssen wir die mannigfache Not, in der wir sind, die vielfach verwickelten Weisen, zu unseren Zwecken zu gelangen, vergessen. Die Nachrichten über den Zustand dieser Völker sind besonders von älteren Missionaren; die neueren Nachrichten sind dagegen sparsam, und man muß daher gegen manche Nachrichten alter Zeit Mißtrauen haben, besonders da die Missionare natürliche Feinde der Zauberei sind; indessen ist das Allgemeine unbezweifelt durch eine Menge von Nachrichten.

Der Vorwurf der Habsucht der Priester ist hier wie bei anderen Religionen auf die Seite zu setzen. Die Opfer, die

Geschenke an die Götter werden meistens den Priestern zuteil; indessen Habsucht ist es nur dann und ein Volk deshalb zu bedauern, wenn es aus dem Gut ein großes Wesen macht. Diesen Völkern ist aber nichts daran gelegen; sie wissen keinen besseren Gebrauch davon zu machen, als es so wegzuschenken.

Die Art und Weise zeigt den Charakter dieser Zauberei näher. Der Zauberer begibt sich auf einen Hügel, schreibt Kreise, Figuren in den Sand und spricht Zauberworte; er macht Zeichen gegen den Himmel, bläst gegen den Wind, saugt seinen Atem ein. Ein Missionar[6], der sich an der Spitze einer portugiesischen Armee befand, erzählt, daß die Neger, ihre Bundesgenossen, solch einen Zauberer mitgeführt hätten. Ein Orkan machte seine Beschwörung nötig; sosehr sich der Missionar auch dagegensetzte, es wurde dazu geschritten. Der Zauberer erschien in einer besonderen, phantastischen Kleidung, besah den Himmel, die Wolken, kaute darauf Wurzeln, murmelte Worte; als die Wolken näher kamen, stieß er Geheul aus, winkte ihnen und spuckte gegen den Himmel; als es dennoch gewitterte, geriet er in Wut, schoß Pfeile gegen den Himmel, drohte, ihn schlecht zu behandeln, und stach mit einem Messer gegen die Wolken.

Ganz diesen Zauberern ähnlich sind die *Schamanen* bei den *Mongolen*, die sich in phantastischer Kleidung, mit metallenen und hölzernen Figuren behängt, durch Getränke betäuben und in diesem Zustande aussprechen, was geschehen soll, und die Zukunft prophezeien.

Die Hauptbestimmung in dieser Sphäre der Zauberei ist die direkte Beherrschung der Natur durch den Willen, das Selbstbewußtsein, daß der Geist etwas Höheres ist als die Natur. So schlecht dies einerseits aussieht, so ist es doch andererseits höher, als wenn der Mensch abhängig ist von der Natur, sich vor ihr fürchtet.

Zu bemerken ist hier, daß es Negervölker gibt, die den

---

6 siehe Fn. 10, S. 298

Glauben haben, kein Mensch sterbe eines *natürlichen Todes*, die Natur sei nicht die Macht über ihn, sondern er über sie. Es sind dies die Galla- und Gaga-Horden, die als die wildesten, rohsten Eroberer seit dem Jahr 1542 an die Küsten, aus dem Innern ausströmend, alles überschwemmend, mehrmals gekommen sind. Es ist ihnen der Mensch in der Stärke seines Bewußtseins zu hoch, als daß ihn so etwas Unbekanntes wie die Naturmacht töten könnte. Es geschieht daher, daß Erkrankte, bei denen der Zauber erfolglos gebraucht ist, von ihren Freunden umgebracht werden. Auch die nordamerikanischen Wilden töteten so ihre altersschwachen Eltern, worin nicht zu verkennen ist, daß der Mensch nicht durch die Natur umkommen soll; sondern durch einen Menschen soll ihm die Ehre werden. Bei einem andern Volke ist es der Oberpriester, von dem sie den Glauben haben, daß alles untergehen würde, wenn er eines natürlichen Todes stürbe; er wird deshalb totgeschlagen, sobald er krank und schwach wird. Wenn dennoch einer an einer Krankheit stirbt, so glauben sie, ein anderer habe ihn durch Zauber getötet, und Zauberer müssen ermitteln, wer der Mörder ist, der dann umgebracht wird. Besonders werden beim Tode eines Königs viele Menschen geschlachtet; der Teufel des Königs wird umgebracht, wie ein alter Missionar erzählt.
Dies ist nun die erste Form, die noch nicht eigentlich Religion genannt werden kann. Zur Religion gehört wesentlich das *Moment der Objektivität*, daß die geistige Macht für das Individuum, für das einzelne empirische Bewußtsein als Weise des Allgemeinen gegen das Selbstbewußtsein erscheint; diese Objektivierung ist eine wesentliche Bestimmung, auf die es ankommt. Erst mit ihr beginnt Religion, ist ein Gott, und auch bei dem niedrigsten Verhältnis ist wenigstens ein Anfang davon. Der Berg, der Fluß ist nicht als dieser Erdhaufe, nicht als dies Wasser das Göttliche, sondern als Existenz des Gottes, eines Wesentlichen und Allgemeinen. Dies finden wir aber bei der Zauberei als solcher noch nicht. Das *einzelne* Bewußtsein als *dieses* und somit gerade die Nega-

tion des Allgemeinen ist hier das Mächtige; nicht ein *Gott* in dem Zauberer, sondern der Zauberer *selbst* ist der Beschwörer und Besieger der Natur; es ist dies die Religion der sich selbst noch unendlichen Begierde, also der sich selbst gewissen sinnlichen Einzelheit. Aber in der Religion der Zauberei ist auch schon *Unterscheidung* des einzelnen, empirischen Bewußtseins von dem Zaubernden und dieser als das Allgemeine bestimmt. Hierdurch ist es, daß sich aus der Zauberei die Religion der Zauberei entwickelt.

2. Objektive Bestimmungen der Religion der Zauberei

Mit der Unterscheidung des Einzelnen und Allgemeinen überhaupt tritt ein *Verhältnis des Selbstbewußtseins zu dem Gegenstande* ein, und hier muß die bloß formelle Objektivierung unterschieden werden von der wahrhaften. Jene ist, daß die geistige Macht, Gott, als gegenständlich überhaupt für das Bewußtsein gewußt wird; die absolute Objektivierung ist, daß Gott ist, daß er gewußt wird als an und für sich seiend nach den Bestimmungen, die dem Geist an und für sich zukommen.

Was wir hier zunächst zu betrachten haben, ist nur die *formelle Objektivierung*. Das Verhältnis ist dreierlei Art.

a) Das *subjektive Selbstbewußtsein*, die subjektive Geistigkeit ist und bleibt noch Meister und Herr, diese *lebendige Macht*, diese selbstbewußte Macht; die Idealität des Selbstbewußtseins ist gegen die schwache Objektivität als Macht noch wirksam und behält die Obergewalt.

b) Das subjektive Selbstbewußtsein des Menschen wird als *abhängig vorgestellt vom Objekt*. Der Mensch als unmittelbares Bewußtsein kann nur auf *zufällige* Weise abhängig zu sein sich vorstellen; nur durch eine Abweichung von seiner gewöhnlichen Existenz kommt er zur Abhängigkeit. Bei einfachen Naturvölkern, Wilden, ist diese Abhängigkeit von weniger Bedeutung: sie haben, was sie brauchen; was sie bedürfen, existiert für sie, wächst für sie. Sie sehen sich daher in keinem Verhältnis der Abhängigkeit; die Not ist nur zufällig. Erst bei weiter fortgebildetem Bewußtsein, wenn Mensch und Natur, ihre unmittelbare Gültigkeit und Positivität verlierend, als ein Böses, Negatives vorgestellt werden, tritt die Abhängigkeit des Bewußtseins ein, indem es gegen sein Anderes sich negativ erweist. Erst wenn so der Mensch als Wesen vorgestellt wird, so ist das Andere, die Natur, wesentlich nur ein Negatives.

c) Aber diese Negativität zeigt sich, nur ein Durchgangspunkt zu sein. Die Geistigkeit sowohl als auch der natürliche Wille, der empirische, unmittelbare Geist, der Mensch erkennt sich in der Religion *wesentlich*, erkennt, daß das nicht die Grundbestimmung ist, von der Natur abhängig zu sein, sondern sich als Geist frei zu wissen. Wenn dies auch auf der niedrigsten Stufe nur eine *formelle Freiheit* ist, so verachtet der Mensch doch die Abhängigkeit, bleibt bei sich, gibt den natürlichen Zusammenhang preis und unterwirft die Natur seiner Macht. Es ist eine andere Stufe, wo dies gilt, was eine spätere Religion sagt: »Gott donnert mit seinem Donner und wird doch nicht erkannt.« Gott kann etwas Besseres tun als nur donnern: er kann sich offenbaren. Von der Naturerscheinung läßt sich der Geist nicht bestimmen. – Das höhere Verhältnis ist die freie Verehrung, daß der Mensch die Macht als freie ehrt, als Wesen erkennt, aber nicht als Fremdes.

Wenn wir also die Objektivierung näher betrachten, so ist es teils, daß das Selbstbewußtsein sich noch behält als Macht über die natürlichen Dinge, teils aber, daß in dieser Objektivität nicht bloß natürliche Dinge für dasselbe sind, sondern darin ein *Allgemeines* zu werden beginnt, gegen welches es dann das Verhältnis freier Verehrung hat.

Betrachten wir also das Gegenständlichwerden des Allgemeinen, wie es noch in den Kreis der Zauberei fällt, so beginnt in ihr nun das Bewußtsein wahrhaft wesentlicher Objektivität, welche aber noch verschlossen ist; es beginnt das Bewußtsein einer wesentlichen allgemeinen Macht. Die

Zauberei ist beibehalten, aber neben sie tritt die Anschauung einer selbständigen, wesentlichen Objektivität; das zaubernde Bewußtsein weiß nicht *sich* als das Letzte, sondern die *allgemeine Macht in den Dingen*. Beides ist miteinander vermischt, und erst wo die freie Verehrung oder das Bewußtsein freier Macht hervortritt, treten wir aus dem Kreis der Zauberei heraus, obgleich wir uns noch in der Sphäre der Naturreligion befinden. Zauberei ist bei allen Völkern und zu jeder Zeit vorhanden gewesen; mit der Objektivierung tritt jedoch in den höheren Stufen eine Vermittlung ein, so daß der Geist der höhere Begriff, die Macht darüber ist oder das Vermittelnde mit dem Zauber.

Selbstbewußtsein ist das Verhältnis mit dem Objekt, worin jenes nicht mehr das unmittelbare ist, das, was innerhalb seiner befriedigt ist, sondern es findet seine Befriedigung *im Anderen*, vermittels eines Anderen, in dem Durchgang durch ein Anderes. Die Unendlichkeit der Begierde zeigt sich als eine endliche Unendlichkeit, indem sie gehemmt wird durch die Reflexion in eine höhere Macht. Der Mensch schließt sich auf, und erst mit dem Aufheben seiner Besonderheit bringt er die Befriedigung seiner in seinem Wesen hervor, schließt sich mit sich als Wesen zusammen und erreicht sich durch die negative Weise seiner selbst.

In der Vermittlung, wie sie uns zunächst erscheint auf äußerliche Weise, geschieht dieselbe als durch *ein Anderes, äußerlich Bleibendes*. In der Zauberei als solcher braucht der Mensch direkte Macht über die Natur. Hier übt er eine *indirekte* Macht [aus], mittels eines Anderen, eines Zaubermittels. Die *Momente der Vermittlung* sind näher betrachtet diese:

a) Das unmittelbare Verhältnis hierbei ist, daß das Selbstbewußtsein als das Geistige sich weiß, als Macht über die Naturdinge. Diese sind wieder selbst eine Macht übereinander. Dies ist also schon eine weitere Reflexion und nicht mehr ein unmittelbares Verhältnis, wo das Ich als Einzelnes den natürlichen Dingen gegenübersteht. Die nächste Allgemeinheit der Reflexion ist, daß die natürlichen Dinge ineinander scheinen, im Zusammenhang miteinander stehen, eins durch das andere zu erkennen ist, seine Bedeutung hat als Ursache und Wirkung, – daß sie wesentlich in einem *Verhältnis* sind. Dieser Zusammenhang ist schon eine Form der Objektivierung des Allgemeinen, denn das Ding ist so nicht mehr einzelnes, geht über sich hinaus, macht sich geltend im *anderen*; das Ding wird breiter auf diese Weise. Ich bin im ersten Verhältnis die Idealität des Dinges, die Macht über dasselbe; jetzt aber, objektiv gesetzt, sind die Dinge *gegeneinander die Macht*; das eine ist das, was das andere ideell setzt. Dies ist die Sphäre der indirekten Zauberei durch Mittel, während die erste die direkte war.

Es ist dies eine Objektivierung, die nur ein Zusammenhang äußerlicher Dinge ist und so, daß das Subjekt sich nicht die direkte Macht nimmt über die Natur, sondern nur *über die Mittel*. Diese vermittelte Zauberei ist zu jeder Zeit bei allen Völkern vorhanden. Auch die sympathetischen Mittel gehören hierher; sie sind eine Veranstaltung, die eine Wirkung an etwas ganz anderem hervorbringen soll. Das Subjekt hat die Mittel in der Hand und nur die Absicht, den Zweck, dies hervorzubringen. Ich ist das Zaubernde; aber *durch das Ding selbst* besiegt es das Ding. In der Zauberei zeigen sich die Dinge als ideelle. Die Idealität ist also eine Bestimmung, die ihnen als Dingen zukommt; sie ist eine *objektive Qualität*, welche eben durch das Zaubern zum Bewußtsein kommt und nur selbst gesetzt, benutzt wird. Die Begierde greift die Dinge unmittelbar an. Jetzt aber reflektiert das Bewußtsein sich in sich selbst und schiebt zwischen sich und das Ding das Ding selbst ein als das Zerstörende, indem es sich dadurch als die List zeigt, nicht selbst in die Dinge und ihren Kampf sich einzulassen. Die Veränderung, welche hervorgebracht werden soll, kann einerseits *in der Natur des Mittels* liegen; die Hauptsache ist aber *der Wille des Subjekts*.

Diese vermittelte Zauberei ist unendlich ausgebreitet, und es ist schwer, ihre Grenzen und das, was nicht mehr in ihr liegt, zu bestimmen. Das Prinzip der Zauberei ist, daß zwischen dem Mittel und dem Erfolg *der Zusammenhang* nicht erkannt wird. Zauberei ist überall, wo dieser Zusammenhang nur da ist, ohne begriffen zu sein. Dies ist auch bei den Arzneien hundertmal der Fall, und man weiß sich keinen anderen Rat, als daß man sich auf die Erfahrung beruft. Das andere wäre das Rationelle, daß man die Natur des Mittels kennte und so auf die Veränderung, die es hervorbringt, schlösse. Aber die Arzneikunst verzichtet darauf, aus der Natur des Mittels den Erfolg zu berechnen. Man sagt: es *ist* dieser Zusammenhang, und dies ist bloß Erfahrung, die aber selbst unendlich widersprechend ist. So heilte *Brown*[7] mit Opium, Naphtha, Spiritus usf., was man früher mit dem, was vollkommen entgegengesetzter Natur ist, kurierte. Die Grenze des bekannten und unbekannten Zusammenhangs ist daher schwer anzugeben. – Insofern hier eine Wirkung vom Lebendigen auf Lebendiges und noch mehr vom Geistigen auf Körperliches stattfindet, so sind hier Zusammenhänge, die nicht geleugnet werden können und die doch so lange als unerforschlich, als Zauber oder als Wunder auch erscheinen können, als man nicht den tieferen Begriff dieses Verhältnisses kennt. Beim Magnetismus hört so alles, was man sonst vernünftigen Zusammenhang nennt, auf; es ist nach der sonstigen Weise der Betrachtung ein unverständiger Zusammenhang.

Wenn der Kreis der Vermittlung in der Zauberei einmal aufgetan ist, so eröffnet sich das ungeheure Tor des *Aberglaubens*; da werden *alle Einzelheiten der Existenz bedeutsam,* denn alle Umstände haben Erfolge, Zwecke; jedes ist ein Vermitteltes und Vermittelndes, alles regiert und wird regiert. Was der Mensch tut, hängt nach seinen Erfolgen von Umständen ab; was er ist, seine Zwecke hängen von Verhältnissen ab. Er existiert in einer Außenwelt, einer *Mannigfaltigkeit von Zusammenhängen,* und das Individuum ist

---

[7] John Brown, *Elementa medicinae,* 1780

nur eine Macht, insofern es eine Macht über die einzelnen Mächte des Zusammenhangs ist. Insofern dieser noch unbestimmt, die bestimmte Natur der Dinge noch nicht erkannt ist, so schwebt man in *absoluter Zufälligkeit*. Indem die Reflexion in dies Feld der Verhältnisse eintritt, so hat sie den Glauben, daß die Dinge in *Wechselwirkung* stehen. Dies ist ganz richtig; der Mangel aber ist, daß der Glaube noch *abstrakt* ist, und folglich ist darin noch nicht vorhanden die bestimmte Eigentümlichkeit, die *bestimmte* Wirkungsweise, die Art des Zusammenhangs der Dinge mit anderen. Es ist ein solcher Zusammenhang, aber die Bestimmtheit ist noch nicht erkannt; daher ist denn die Zufälligkeit, Willkür der Mittel vorhanden. Die meisten Menschen stehen nach einer Seite in diesem Verhältnis; Völker stehen so darin, daß diese Ansicht die Grundansicht, die Macht über die Wünsche, ihren Zustand, ihre Existenz ist.

Wenn man nach einem abstrakten Grundsatz handelt, ist das Bestimmte frei gelassen. Hierher gehört die unendliche Menge von *Zaubermitteln*. Viele Völker gebrauchen Zauber bei allem, was sie unternehmen. Bei einigen wird im Legen des Fundaments eines Hauses ein Zauber angewendet, damit es glücklich bewohnt werde, keiner Gefahr zugänglich sei; die Himmelsgegend, die Richtung ist dabei bedeutsam. Beim Säen muß ein Zauber den glücklichen Erfolg sichern; Verhältnis mit anderen Menschen, Liebe, Haß, Frieden, Krieg wird durch Mittel bewirkt, und da der Zusammenhang derselben mit der Wirkung unbekannt ist, so kann dies oder jenes genommen werden. Verstand ist in dieser Sphäre nicht anzutreffen; daher kann nicht weiter davon gesprochen werden.

Man schreibt alten Völkern große Einsicht zu in die Wirkungsweisen der Kräuter, der Pflanzen usf. bei Krankheiten usw. Hier kann ein wahrhafter Zusammenhang stattfinden, aber ebenso leicht kann er bloß Willkür sein. Der Verstand kommt zum Bewußtsein, es sei ein Zusammenhang, aber die nähere Bestimmung ist ihm unbekannt; er vergreift sich in den Mitteln; die Phantasie ersetzt aus richtigem oder irrendem Instinkt das Mangelnde an dem abstrakten Grundsatz, bringt Bestimmtheit hinein, die in den Dingen als solche eigentümliche nicht liegt.

b) Der Inhalt der ersten, unmittelbaren Zauberei betraf Gegenstände, über die der Mensch unmittelbar Macht ausüben kann; dies Zweite ist nun ein Verhältnis zu Gegenständen, die eher als *selbständig* angesehen werden können und so als Macht, daß sie dem Menschen als Anderes, was nicht mehr in seiner Gewalt ist, erscheinen. Solche selbständige natürliche Dinge sind z. B. die Sonne, der Mond, der Himmel, das Meer, – Mächte, individuell oder elementarisch große Gegenstände, die dem Menschen rein als unabhängig gegenüberzutreten scheinen. Steht das natürliche Bewußtsein in diesem Kreise noch auf dem Standpunkte der einzelnen Begierde, so hat es eigentlich noch kein Verhältnis zu diesen Gegenständen als zu *allgemeinen Naturen*, hat noch nicht die Anschauung ihrer Allgemeinheit und hat es nur mit *Einzelnem* zu tun. Ihr Gang, das, was sie hervorbringen, ist gleichförmig, ihre Wirkungsweise ist beständig; das Bewußtsein aber, das noch auf dem Standpunkt der natürlichen Einheit steht, für welche das Beständige kein Interesse hat, verhält sich zu ihnen nur nach seinen zufälligen Wünschen, Bedürfnissen, Interessen, oder insofern ihre Wirkung als *zufällig* erscheint. Den Menschen auf diesem Standpunkt interessiert die Sonne und der Mond nur, insofern sie sich verfinstern, die Erde nur im Erdbeben; das Allgemeine ist nicht für ihn, erregt seine Begierde nicht, ist ohne Interesse für ihn. Der Fluß hat nur Interesse für ihn, wenn er darüberfahren will. Das theoretische Interesse ist hier nicht vorhanden, sondern nur das praktische Verhalten des zufälligen Bedürfnisses. Der denkende Mensch bei höherer Bildung verehrt diese Gegenstände nicht, wie sie geistige Allgemeinheiten sind, die das Wesentliche für ihn wären; in jener ersten Sphäre verehrt er sie auch nicht, weil er noch gar nicht zum Bewußtsein des Allgemeinen gekommen ist, das in diesen Gegenständen ist. Auf diesem Standpunkt ist er zur Allgemeinheit der Existenz noch nicht gekommen; auf jenem gilt ihm die natürliche Existenz überhaupt nicht mehr. Aber in der Mitte beider ist es, daß die Naturmächte als *ein Allgemeines* und somit *gegen das einzelne, empirische Bewußtsein Machthabendes* auftreten. Beim Erdbeben, bei der Überschwemmung, der Verfinsterung kann er Furcht vor ihnen haben und *Bitten* an sie richten; da erscheinen sie erst als Macht, – das andere ist ihr gewöhnliches Tun; da braucht er nicht zu bitten. Dies Bitten hat aber auch den Sinn des *Beschwörens,* man sagt: »mit Bitten beschwören«; mit dem Bitten erkennt man an, daß man in der *Macht des Anderen* ist. Bitten ist daher oft schwer, weil ich eben dadurch die Gewalt der Willkür des Anderen in Ansehung meiner anerkenne. Aber man fordert die Wirkung; die Bitte soll zugleich die *Macht* sein, die über den Anderen ausgeübt wird; beides *vermischt* sich, die Anerkenntnis der Übermacht des Gegenstands und andererseits das Bewußtsein meiner Macht, wonach ich die Übermacht ausüben will über diesen Gegenstand. So sehen wir bei solchen Völkern, daß sie einem Flusse opfern, wenn sie über ihn setzen wollen, der Sonne Opfer bringen, wenn sie sich verfinstert; sie machen so Gebrauch von der Macht zu beschwören. Die Mittel sollen den Zauber ausüben über die Naturmacht, sie sollen hervorbringen, was das Subjekt wünscht. Die Verehrung solcher Naturgegenstände ist so ganz *zweideutig*; es ist nicht reine Verehrung, sondern diese ist gemischt mit Zauber.

Mit dieser Verehrung der Naturgegenstände kann verbunden sein, daß diese auf wesenhaftere Weise vorgestellt werden, als *Genien,* z. B. die Sonne als Genius, Genius des Flusses usf. Es ist dies eine Verehrung, in der man nicht bei der Einzelheit des Gegenstandes stehenbleibt, sondern sein Allgemeines vorstellt und dies verehrt. Aber indem dies auch so auf allgemeine Weise vorgestellt wird, als Macht erscheint, so kann der Mensch dennoch das Bewußtsein behalten, auch über diese Genien die Macht zu sein; ihr Inhalt ist immer nur[8] der eines Naturwesens, er ist immer nur ein natürlicher, und das Selbstbewußtsein kann sich so als Macht darüber wissen.

c) Die nächste Objektivierung ist die, daß der Mensch eine selbständige Macht außer ihm anerkennt und findet in der *Lebendigkeit*. Das Leben, die Lebendigkeit im Baum schon, noch mehr im Tier, ist ein höheres Prinzip als die Natur der Sonne oder des Flusses. Es ist deswegen geschehen unter einer unendlichen Menge von Völkern, daß *Tiere* als Götter verehrt sind. Dies erscheint uns das Unwürdigste zu sein; aber in Wahrheit ist das Prinzip des Lebens höher als das der Sonne. Das Tier ist eine vornehmere, wahrhaftere Existenz als solche Naturexistenz, und es ist insofern weniger unwürdig, Tiere als Götter zu verehren, als Flüsse, Sterne usf. Das Leben des Tieres kündigt eine regsame *Selbständigkeit der Subjektivität* an, um die es hier zu tun ist. Sein Selbstbewußtsein ist es, was der Mensch sich objektiv macht, und die Lebendigkeit ist die Form, die Weise der Existenz, die allerdings der geistigen am nächsten verwandt ist. Die Tiere werden noch von vielen Völkern, besonders in Indien und Afrika verehrt. Das Tier hat die stille Selbständigkeit, Lebendigkeit, die sich nicht preisgibt, die dies und jenes vornimmt; es hat zufällige, willkürliche Bewegung, es ist nicht zu verstehen, hat etwas Geheimes in seinen Wirkungsweisen, seinen Äußerungen; es ist lebendig, aber nicht verständlich wie der Mensch dem Menschen. Dies Geheimnisvolle macht das Wunderbare für den Menschen aus, so daß er die tierische Lebendigkeit für höher ansehen kann als seine eigene. Noch bei den Griechen sind die Schlangen verehrt worden; sie haben von alten Zeiten her dies Vorurteil für sich gehabt, für ein gutes Omen zu gelten. Auf der Westküste von Afrika findet sich in jedem Hause eine Schlange, deren Mord das größte Verbrechen ist. Einerseits werden so die Tiere verehrt, andererseits sind sie jedoch auch der größten Willkür in bezug

---

8 W: »ist ärmer, nur«

auf die Verehrung unterworfen. Die Neger machen sich das erste beste Tier zu ihrem Zauber, verwerfen es, wenn es unwirksam ist, und nehmen ein anderes.

Dies ist das Wesen des Tierdienstes; er ist, insofern der Mensch und das Geistige sich noch nicht in seiner wahrhaften Wesenheit gefaßt hat; die Lebendigkeit des Menschen ist so nur freie Selbständigkeit.

In diesem Kreis der Begierde des einzelnen Selbstbewußtseins, welches weder in sich noch außer sich freie, allgemeine, objektive Geistigkeit anerkennt, wird dem Lebendigen, das verehrt wird, noch nicht die Bedeutung gegeben, die es später in der Vorstellung der *Seelenwanderung* erhält. Diese Vorstellung begründet sich darauf, daß der Geist des Menschen ein *Dauerndes* überhaupt ist, daß er aber zu seiner Existenz in der Dauer einer Leiblichkeit bedarf und, insofern diese nun nicht Mensch ist, er einer anderen bedarf, und diese nächstverwandte ist dann das Tier. Bei dem Tierdienst, der mit der Seelenwanderung verbunden ist, ist dies ein wichtiges und wesentliches Moment, daß mit dieser Lebendigkeit sich die Idee von einem *innewohnenden Geistigen* verbindet, so daß dies eigentlich verehrt wird. Hier in diesem Kreise, wo das unmittelbare Selbstbewußtsein die Grundbestimmung ist, ist es aber nur *die Lebendigkeit überhaupt*, die verehrt wird; daher ist denn diese Verehrung zufällig und betrifft bald dies Tier, bald ein anderes; fast jeder unerfüllte Wunsch bringt einen Wechsel hervor. Es ist hiermit denn auch jedes andere Ding hinreichend, ein selbstgemachtes Idol, ein Berg, Baum usf. So gut die Kinder den Trieb haben, zu spielen, und die Menschen den, sich zu putzen, so ist auch hier der Trieb vorhanden, etwas gegenständlich zu haben als ein Selbständiges und Mächtiges, und das Bewußtsein einer willkürlichen Verbindung, die ebensoleicht wieder aufgehoben wird, als die nähere Bestimmtheit des Gegenstandes zunächst als gleichgültig erscheint.

Es entsteht so der *Fetischdienst*. Fetisch ist ein verdorbenes portugiesisches Wort und gleichbedeutend mit Idol. Fetisch ist etwas überhaupt, ein Schnitzwerk, Holz, Tier, Fluß, Baum usf., und so gibt es Fetische für ganze Völker und solche für irgendein Individuum.

Die Neger haben eine Menge von Götzenbildern, natürlichen Gegenständen, die sie zu ihren Fetischen machen. Der nächste beste Stein, Heuschrecke: das ist ihr Lar, von dem sie erwarten, daß er ihnen Glück bringe. Das ist so eine unbekannte, unbestimmte Macht, die sie unmittelbar selbst kreiert haben; stößt ihnen daher Unangenehmes zu und finden sie den Fetisch nicht dienstfertig, so schaffen sie ihn ab und wählen sich einen anderen. Ein Baum, Fluß, Löwe, Tiger sind allgemeine Landesfetische. Wenn Unglück eintritt, Überschwemmung oder ein Krieg, so verändern sie ihren Gott. Der Fetisch ist veränderlich und sinkt zum *Mittel* herab, dem Individuum etwas zu verschaffen. Der Nil der Ägypter ist dagegen ganz etwas anderes; er ist ihnen ein allgemein Göttliches, ihre substantielle, unveränderliche Macht, worin sich ihre ganze Existenz befindet.

Das Letzte, worin selbständige Geistigkeit angeschaut wird, ist wesentlich der *Mensch* selbst, ein Lebendiges, Selbständiges, das *geistig* ist. Die Verehrung hat hier ihren wesentlichen Gegenstand, und in Rücksicht der Objektivität tritt die Bestimmung ein, daß nicht jedes einzelne zufällige Bewußtsein es ist, welches mächtig ist über die Natur, sondern es sind *einzelne wenige Mächtige,* die als Geistigkeit angeschaut und verehrt werden. Im existierenden Selbstbewußtsein, das noch Macht hat, ist wesentlich der *Wille,* das *Wissen* im Vergleich und im realen Verhältnis mit anderen das Gebietende, was als wesentlich notwendig erscheint gegen das Andere und ein Zentrum ist unter vielen. Hier tritt also eine geistige Macht ein, die als objektiv angeschaut werden soll, und so tritt die Bestimmung hervor, daß es Eines oder Einiges sein soll, ausschließend gegen das Andere. So sind denn ein Mensch oder einige Menschen die Zauberer; sie werden angesehen als die höchste Macht, die vorhanden ist. Gewöhnlich sind es die Fürsten, und so ist der Kaiser von China das gewalthabende

Individuum über die Menschen und zugleich über die Natur und die natürlichen Dinge. Indem es so ein Selbstbewußtsein ist, was verehrt wird, so tut sich denn gleich ein Unterschied hervor in dem, was solch ein Individuum an und für sich ist und nach seiner äußeren Existenz. Hiernach ist er Mensch wie andere; das wesentliche Moment ist aber die *Geistigkeit* überhaupt, dies, *für sich selbst* zu sein gegen die äußere zufällige Weise der Existenz.

Es beginnt hier ein Unterschied, der höher ist, wie wir später zu sehen haben, und der in den *Lamas* hervortritt; der nächste ist, daß ein Unterschied gemacht wird zwischen den Individuen als solchen und als allgemeinen Mächten. Diese *allgemeine geistige Macht, für sich* vorgestellt, gibt die Vorstellung von *Genius,* einem Gott, der selbst wieder eine sinnliche Weise in der Vorstellung hat, und das wirklich lebende Individuum ist dann der *Priester* eines solchen Idols; auf diesem Standpunkt ist indessen auch oft der Priester und der Gott zusammengehend. Seine Innerlichkeit kann hypostasiert werden; hier sind aber die wesentliche Macht des Geistigen und die unmittelbare Existenz noch nicht voneinander geschieden, und so ist denn die geistige Macht für sich nur eine *oberflächliche Vorstellung*. Der Priester, Zauberer ist die Hauptperson, so daß zwar einmal beides getrennt vorgestellt wird; aber wenn der Gott zur *Äußerung* kommt, kräftig wird, entscheidet usf., so tut er das nur *als dieser wirkliche Mensch*: die Wirklichkeit verleiht dem Gott die Kraft. Diese Priester haben zuweilen auch den wirklichen Regenten über sich; wenn der Priester und Fürst unterschieden sind, so ist einerseits der Mensch als Gott verehrt und andererseits gezwungen, zu tun, was die anderen verlangen. Die Neger, die solche Zauberer haben, die nicht zugleich Regenten sind, binden sie und prügeln sie, bis sie gehorchen, wenn sie nicht zaubern wollen, nicht aufgelegt dazu sind.

Die Bestimmung, daß das Geistige Gegenwart hat im Menschen und das menschliche Selbstbewußtsein wesentlich Gegenwart des Geistes ist, werden wir durch verschiedene Religionen sehen; sie gehört notwendig zu den ältesten Bestimmungen. In der christlichen Religion ist sie auch vorhanden, aber auf höhere Weise und verklärt. Sie er- und verklärt es.

Beim Menschen ist es auf zweierlei Weise, wie er Objektivität erreicht. Die erste ist, daß er *ausschließend gegen Anderes* ist; die zweite ist die natürliche Weise, daß ihm das Zeitliche abgestreift wird, – diese natürliche Weise ist der *Tod*. Der Tod nimmt dem Menschen, was zeitlich, was vergänglich an ihm ist, aber er hat keine Gewalt über das, was er an und für sich ist; daß nun der Mensch in sich eine solche Region habe, da er an und für sich ist, kann auf diesem Standpunkt noch nicht zum Bewußtsein kommen; das Selbstbewußtsein hat hier noch nicht die ewige Bedeutung seines Geistes. Das Abstreifen trifft nur das *sinnliche Dasein*; dem Individuum wird dagegen hier behalten die ganze übrige zufällige Weise seiner Besonderheit, seiner sinnlichen Gegenwart, – es ist in die Vorstellung entrückt und wird darin behalten. Dies hat aber nicht die Form der Wahrheit, sondern was ihm so behalten wird, hat noch die *Form* seines ganz sinnlichen Daseins. Die Verehrung der Toten ist daher noch ganz schwach, von zufälligem Inhalt; sie sind eine Macht, aber eine schwache Macht.

Das Dauernde an ihnen, was noch sinnlich auffällt, das *unsterblich Sinnliche* sind die Knochen. Viele Völker verehren daher die Knochen der Verstorbenen und zaubern vermittels derselben. Man kann hierbei an die Reliquien erinnert werden, und es ist so, daß die Missionare einerseits gegen diese Verehrung eifern und andererseits ihrer Religion eine größere Macht zuschreiben. So erzählt ein Kapuziner[9], die Neger hätten Binden, deren Zubereitung mit Menschenblut zauberhaft ist und denen sie Sicherstellung des Menschen gegen die wilden Tiere zuschreiben; er habe oft gesehen, daß mit solchen Binden versehene Menschen von Tieren zerrissen

---

9 siehe Fn. 10, S. 298

worden seien, wogegen die, denen er Reliquien angehängt, immer verschont geblieben seien.

Die Toten, als diese Macht, verlangen also *Verehrung*, und die besteht dann in weiter nichts, als daß ihnen eine gewisse Sorgfalt geleistet, Speise und Trank gereicht werde. Die meisten alten Völker gaben den Toten Speise ins Grab. Es ist daher die Vorstellung des Wahren, Dauernden, Aushaltenden sehr untergeordnet. Es wird auch vorgestellt, daß die Toten wieder zur Gegenwart kommen oder gedacht werden können teils als Macht, die die Vernachlässigung der Pflege rächen will, teils als hervorgezaubert durch die Macht des Zauberers, des wirklichen Selbstbewußtseins, und so diesem untertan seiend. Einige Beispiele können dies erläutern.

Der Kapuziner Cavazzi (*Historische Beschreibung der drei Königreiche Congo* usw., München 1694[10]), der sich längere Zeit im Kongo aufhielt, erzählt vieles von diesen Zauberern, welche *Singhili* heißen. Sie haben ein großes Ansehen beim Volke und rufen dieses, sooft es ihnen beliebt, zusammen. Sie tun dies immer von Zeit zu Zeit und geben an, von diesem oder jenem Verstorbenen dazu getrieben zu sein. Das Volk muß erscheinen, jeder mit einem Messer versehen. Der Zauberer selbst erscheint getragen in einem Netze, geschmückt mit Edelsteinen, Federn usf.; die Menge empfängt ihn mit Singen, Tanzen und Frohlocken, wobei eine barbarische, betäubende, ungeheure Musik gemacht wird, welche bewirken soll, daß der abgeschiedene Geist in den Singhili fahre, er selbst bittet diesen darum. Ist dies geschehen, so erhebt er sich und gebärdet sich ganz nach Art eines Besessenen, zerreißt seine Kleider, rollt die Augen, beißt und kratzt sich; hierbei spricht er aus, was der Verstorbene verlangt, und beantwortet die Fragen derer, die ihn nach ihren Angelegenheiten befragen. Der sprechende Tote droht Not und Elend, wünscht ihnen Widerwärtigkeiten, schmäht auf

---

10 Giovanni Antonio Cavazzi, *Istorica descrittione de'tre regni Congo, Matamba et Angola,* Bologna 1687

die Undankbarkeit seiner Blutsverwandten, indem sie ihm kein Menschenblut gegeben haben. Cavazzi sagt: Es zeigt sich an ihm die Wirkung der höllischen Furie, und er heult fürchterlich, er fordert sich das Blut ein, das ihm nicht dargebracht ist, ergreift ein Messer, stößt es einem in die Brust, haut Köpfe herunter, schneidet Bäuche auf und trinkt das ausströmende Blut; er zerreißt die Körper und teilt das Fleisch unter die Übrigen, die es unbesehen fressen, obgleich es von ihren nächsten Verwandten sein kann; sie wissen dies Ende voraus, aber gehen doch mit dem größten Frohlocken zur Versammlung.

Die Gaga stellen sich vor, daß die Toten Hunger und Durst haben. Wenn nun jemand krank wird oder vornehmlich, wenn er Erscheinungen, Träume hat, so läßt er einen Singhili kommen und befragt ihn. Der erkundigt sich nach allen Umständen, und das Resultat ist, daß es die Erscheinung von einem seiner verstorbenen Verwandten sei, der hier gegenwärtig, und daß er zu einem andern Singhili gehen müsse, um ihn vertreiben zu lassen; denn jeder Singhili hat sein besonderes Geschäft. Dieser führt ihn nun zu dem Grabe dessen, der ihm erschienen ist oder der der Grund der Krankheit ist; hier wird der Tote beschworen, geschmäht, bedroht, bis er in den Singhili fährt und entdeckt, was er verlange, um versöhnt zu sein. So geschieht es, wenn er schon lange tot ist; ist er erst kürzlich begraben, so wird die Leiche ausgegraben, der Kopf abgeschnitten und aufgeschlagen; die aus demselben fließenden Feuchtigkeiten muß der Kranke teils in Speisen verzehren, teils werden Pflaster daraus gemacht, die ihm aufgelegt werden. Schwieriger ist es, wenn der Tote kein Begräbnis gehabt hat, von Freund, Feind oder Tieren gefressen worden ist. Der Singhili nimmt dann Beschwörungen vor und sagt dann aus, der Geist sei in den Körper eines Affen, Vogels usf. gefahren, und bringt es dahin, daß dieser gefangen wird; das Tier wird getötet, und der Kranke verzehrt es, und damit hat der Geist alles Recht verloren, etwas zu sein.

Es erhellt hieraus, daß, insofern von Fortdauer die Rede ist, dem Geist keine absolute, freie, selbständige Macht eingeräumt wird.

Als tot wird der Mensch dargestellt darin, daß ihm das empirische, äußerliche Dasein abgestreift worden ist; aber ihm bleibt in dieser Sphäre noch seine ganze zufällige Natur, die Objektivierung bezieht sich noch ganz auf die äußere Weise, ist noch ganz formell; es ist noch nicht das Wesentliche, was als Seiendes gilt, und das, was übrigbleibt, ist noch die zufällige Natur. Die Dauer selbst, die den Toten gegeben ist, ist eine oberflächliche Bestimmung, ist nicht seine Verklärung; er bleibt als zufälliges Dasein in der Macht, in der Hand des lebendigen Selbstbewußtseins, des Zauberers, so daß dieser ihn sogar noch einmal, also zweimal sterben lassen kann.

Die Vorstellung von der Unsterblichkeit hängt zusammen mit der Vorstellung von Gott, hängt überhaupt immer von der Stufe ab, auf welcher der metaphysische Begriff von Gott steht. Je mehr die Macht der Geistigkeit nach ihrem Inhalt auf ewige Weise aufgefaßt wird, je würdiger ist die Vorstellung von Gott und die des Geistes des menschlichen Individuums und der Unsterblichkeit des Geistes.

So schwach, so unkräftig die Menschen hier erscheinen, so erscheinen sie auch bei den Griechen und bei Homer. In der Szene des Odysseus am Styx ruft dieser die Toten hervor: er schlachtet einen schwarzen Bock; erst durch das Blut vermögen die Schatten Erinnerung und Sprache zu bekommen. Sie sind begierig nach dem Blut, damit Lebendigkeit in sie komme; Odysseus läßt einige trinken und hält die anderen mit dem Schwert zurück.

So sinnlich die Vorstellung von dem Geiste des Menschen ist, ebenso sinnlich ist die von dem, was die Macht an und für sich ist.

In dem angeführten Beispiel ist auch zugleich enthalten, wie wenig Wert der Mensch *als Individuum* auf diesem Standpunkt hat; diese Verachtung, Geringachtung des Menschen durch andere ist auch unter den Negern als Zustand der Sklaverei bekannt, die ganz allgemein unter ihnen ist. Gefangene sind entweder Sklaven oder werden geschlachtet. Mit der Vorstellung der Unsterblichkeit wächst der Wert des Lebens; man sollte meinen, es sei umgekehrt: dann habe das Leben weniger Wert. Einerseits ist dies auch der Fall, aber andererseits wird damit das Recht des Individuums an das Leben um so größer, und das Recht wird erst groß, wenn der Mensch als frei in sich erkannt ist. Beide Bestimmungen, des subjektiven endlichen Fürsichseins und der absoluten Macht, was späterhin als absoluter Geist hervortreten soll, hängen aufs engste zusammen.

Auch deshalb sollte man meinen, der Mensch, weil er als diese *Macht* so viel gilt, sei hier hoch geehrt und habe das Gefühl seiner *Würde*. Aber im Gegenteil, vollkommenen Unwert hat hier der Mensch – denn Würde hat der Mensch nicht dadurch, was er als *unmittelbarer Wille* ist, sondern nur indem er von einem *Anundfürsichseienden*, einem Substantiellen weiß und diesem seinen natürlichen Willen unterwirft und gemäß macht. Erst durch das Aufheben der natürlichen Unbändigkeit und durch das Wissen, daß ein Allgemeines, Anundfürsichseiendes das Wahre sei, erhält er eine Würde, und dann ist erst das Leben selbst auch etwas wert.

3. Der Kultus in der Religion der Zauberei

In der Sphäre der Zauberei, wo die Geistigkeit nur gewußt wird als im *einzelnen* Selbstbewußtsein, kann von Kultus als freier Verehrung eines Geistigen und an und für sich Objektiven nicht die Rede sein. Dies Verhältnis ist hier vielmehr die Ausübung der *Herrschaft* über die Natur, die Herrschaft von einigen Selbstbewußten über die anderen, der Zauberer über die Nichtwissenden. Der Zustand dieser Herrschaft ist *sinnliche Betäubung*, wo der besondere Wille vergessen, ausgelöscht und das abstrakt sinnliche Bewußtsein aufs höchste gesteigert wird. Die Mittel, diese Betäubung hervorzubringen, sind Tanz, Musik, Geschrei, Fressen, selbst Mischung der Geschlechter, und diese sind das, was auf einem höheren Standpunkt Kultus wird.

Der Weg von dieser ersten Form der Religion aus ist, daß der Geist von der Äußerlichkeit, der sinnlichen Unmittelbarkeit gereinigt wird und zur Vorstellung des Geistes als Geist in der Vorstellung, im Gedanken kommt.

Das Interesse des Fortgangs ist überhaupt die *Objektivierung des Geistes,* d. h. daß der Geist rein gegenständlich wird und die Bedeutung des *allgemeinen Geistes* erhält.

II. Die Entzweiung des Bewusstseins in sich

Der nächste Fortschritt ist der, daß das Bewußtsein einer substantiellen Macht und der Ohnmächtigkeit des unmittelbaren Willens eintritt. Indem Gott nun als die *absolute Macht* gewußt wird, so ist dies noch nicht die Religion der Freiheit. Denn der Mensch erhebt sich zwar, indem jenes Bewußtsein eintritt, über sich, und die *wesentliche Unterscheidung des Geistes* wird vollzogen; aber indem dies Hohe als *Macht* gewußt wird und noch nicht weiter *bestimmt* ist, so ist das Besondere ein nur *Akzidentelles,* ein bloß Negatives, Nichtiges. Durch diese Macht besteht alles, oder sie ist selbst *das Bestehen* von allem, so daß die Freiheit des Fürsichbestehens noch nicht anerkannt ist. Das ist der *Pantheismus.*

Diese Macht, die etwas Gedachtes ist, wird noch *nicht gewußt als Gedachtes,* als geistig in sich. Da sie nun eine geistige Existenz haben muß, aber dies, für sich frei zu sein, noch nicht in sich selbst hat, so hat sie das *Moment der Geistigkeit* auch nur wieder *an einem Menschen, der als diese Macht gewußt wird.*

In der Erhebung des Geistes, mit der wir es hier zu tun haben, wird vom Endlichen, Zufälligen ausgegangen, dieses als das Negative bestimmt und das allgemeine, an sich seiende Wesen als das, in dem und durch welches dies Endliche ein Negatives, ein Gesetztes ist. Die Substanz hingegen ist das Nichtgesetzte, Ansichseiende, die Macht in Beziehung auf das Endliche.

Das Bewußtsein nun, das sich erhebt, erhebt sich als *Denken*, aber ohne ein Bewußtsein über diesen allgemeinen Gedanken zu haben, ohne es in Form des Gedankens auszusprechen. Die Erhebung ist aber zunächst nur ein *Hinauf*. Das andere ist die *Umkehrung*, daß dies Notwendige gekehrt ist zu dem Endlichen. Im Ersten vergißt sich das Endliche. Das Zweite ist *das Verhältnis der Substanz zum Endlichen*. Indem hier Gott nur die Bestimmtheit hat, die Substanz und Macht des Endlichen zu sein, ist er selbst noch *unbestimmt*. Er ist noch nicht gewußt, als in sich selbst für sich bestimmt zu sein, ist noch nicht als Geist gewußt.

Auf dieser allgemeinen Grundlage gestalten sich *mehrere Formen*, welche fortschreitende Versuche sind, die Substanz als sich selbst bestimmend zu fassen.

1. Zunächst (in der *chinesischen* Religion) wird die Substanz als *einfache Grundlage* gewußt, und so ist sie unmittelbar gegenwärtig im Endlichen, Zufälligen.

Der Fortschritt des Bewußtseins kommt dadurch herein, daß der *Geist*, wenn auch die Substanz noch nicht als Geist gefaßt wird, dennoch die Wahrheit ist, die allen Erscheinungen des Bewußtseins an sich *zugrunde liegt*, daß also auch auf dieser Stufe nichts von dem fehlen darf, was zum Begriff des Geistes gehört. So wird sich auch hier die Substanz zum Subjekt bestimmen, aber es kommt darauf an, wie sie es tut. Hier nun treten die Bestimmungen des Geistes, die an sich vorhanden sind, auf *äußerliche Weise hinzu*. Die vollkommene Bestimmtheit, der letzte Punkt der Gestalt, dieser letzte Punkt des Eins, des Fürsichseins ist nun auf äußerliche Weise gesetzt, daß ein *präsenter* Mensch als die allgemeine Macht gewußt wird.

Dies Bewußtsein erscheint schon in der chinesischen Religion, wo der Kaiser wenigstens das *Betätigende* der Macht ist.

2. In der *indischen* Religion ist die Substanz als *abstrakte Einheit*, nicht mehr als bloße Grundlage gewußt, und diese abstrakte Einheit ist dem Geiste auch verwandter, da er als Ich selbst diese abstrakte Einheit ist. Hier erhebt sich nun der Mensch, indem er sich selbst zu seiner inneren abstrakten Einheit erhebt, zur Einheit der Substanz, *identifiziert* sich mit ihr und *gibt ihr so Existenz*. Einige sind von Natur die Existenz dieser Einheit, andere können sich dazu erheben.
Die Einheit, welche hier das Herrschende ist, macht zwar auch den Versuch, sich zu *entfalten*. Die wahre Entfaltung und die Negativität des Zusammenfassens der Unterschiede wäre der Geist, der sich in sich bestimmt und in seiner Subjektivität sich selbst erscheint. Diese Subjektivität des Geistes gäbe ihm einen Inhalt, der seiner würdig und auch selbst geistiger Natur wäre. Hier bleibt aber die Bestimmung der *Natürlichkeit*, insofern *nur* zum Unterscheiden und Entfalten fortgegangen wird und die Momente *vereinzelt nebeneinander* sind. Die Entfaltung, notwendig im Begriff des Geistes, ist hier somit selbst *geistlos*. Man wird daher in der Naturreligion zuweilen in der Verlegenheit sein, den Geist entfaltet zu finden (so die Vorstellung von der Inkarnation, die Dreiheit in der indischen Religion), man wird Momente finden, die dem Geist angehören; aber sie sind so ausgelegt, daß sie ihm zugleich nicht angehören. Die Bestimmungen sind vereinzelt und treten auseinanderfallend hervor. Die Dreiheit in der indischen Religion wird so nicht zur Dreieinigkeit, denn nur der absolute Geist ist die Macht über seine Momente.
Die Vorstellung der Naturreligion hat in dieser Rücksicht große Schwierigkeiten; sie ist allenthalben *inkonsequent* und der Widerspruch in sich selbst. So ist einerseits das *Geistige* gesetzt, was wesentlich frei ist, und andererseits ist dann dies in *natürlicher Bestimmtheit*, in einer Einzelheit vorgestellt, mit einem Inhalte, der feste Besonderheit hat, der also dem Geiste ganz unangemessen ist, da dieser nur als der freie wahrhaft ist.

3. In der letzten Form, die zu dieser Stufe der Entzweiung des Bewußtseins gehört, ist und lebt die *Konkretion* und Gegenwart der Substanz in *einem* Individuum und ist die haltungslose Entfaltung der Einheit, welche der vorhergehenden Form eigen war, insofern wenigstens aufgehoben, als sie *vernichtet* und verflüchtigt ist. Das ist der *Lamaismus* oder *Buddhismus*.

Ehe wir nun die geschichtliche Existenz dieser Religionen näher betrachten, haben wir die allgemeine Bestimmtheit dieser ganzen Stufe und ihren metaphysischen Begriff. Es ist hier näher der Begriff der Erhebung und das Verhältnis der Substanz zum Endlichen zu bestimmen.

Der metaphysische Begriff

Zunächst müssen wir von dem Begriff des metaphysischen Begriffs sprechen und erklären, was darunter zu verstehen ist. – Wir haben hier einen ganz *konkreten Inhalt,* und der metaphysisch-logische Begriff scheint daher hinter uns zu liegen, eben weil wir uns im Felde des absolut Konkreten befinden. Der Inhalt ist der Geist, und eine Entwicklung, was der Geist ist, ist der Inhalt der ganzen Religionsphilosophie. Die Stufe, auf der wir den Geist finden, gibt die verschiedenen Religionen; diese *Unterschiedenheit der Bestimmtheit* ist nun so, indem sie die verschiedenen Stufen ausmacht, erscheinend als *äußerliche Form,* die den Geist zur *Grundlage* hat, dessen Unterschiede in ihr in einer *bestimmten Form* gesetzt sind, und diese Form ist allerdings *allgemeine logische Form.* Die Form ist daher das *Abstrakte.* Zugleich aber ist diese Bestimmtheit nicht nur dies Äußerliche, sondern als das Logische das *Innerlichste* des bestimmenden Geistes. Sie vereinigt beides in sich, das Innerste zu sein und zugleich äußere Form; es ist dies die Natur des Begriffs, das Wesenhafte zu sein und das Wesen des Erscheinens, des Unterschieds der Form. Diese *logische* Bestimmtheit ist einerseits konkret als Geist, und dies Ganze ist die *einfache Substantialität des*

Geistes, aber auch andererseits wieder die *äußerliche* Form an ihm, durch welche er unterschieden ist *gegen anderes.* Jene innerlichste Bestimmtheit, der Inhalt jeder Stufe seiner substantiellen Natur nach, ist so zugleich die äußerliche Form. Es kann scheinen, daß, wenn ein anderer, natürlicher Gegenstand betrachtet wird, er das Logische zum Inneren hat; bei so einer konkreten Gestalt wie dem endlichen Geist ist dies denn auch der Fall. In der Naturphilosophie und Philosophie des Geistes ist diese logische Form nicht besonders herauszuheben; in solchem Inhalt, wie Natur und Geist, ist sie in *endlicher* Weise, und die Exposition des Logischen in solchem Felde kann dargestellt werden als ein System von Schlüssen, von Vermittlungen. Ohne diese weitläufige, allein dem Zweck gemäße Auseinandersetzung bliebe die Angabe und Betrachtung der einfachen Begriffsbestimmtheit ungenügend. Weil aber die logischen Bestimmungen, als substantielle Grundlage, in diesen Sphären verhüllt und nicht in ihrer einfachen, *gedankenmäßigen* Existenz sind, so ist sie für sich herauszuheben nicht so nötig, während in der Religion der Geist das Logische näher hervortreten läßt. Hier ist es eben dieses, welches sich wieder in seine *einfache Gestalt* zurückgenommen hat, das also hier leichter betrachtet werden kann; dies entschuldigt, wenn es auffällt, daß es besonders Gegenstand der Betrachtung werden soll.

In der einen Rücksicht könnten wir es also voraussetzen, in der andern aber seiner Einfachheit wegen abhandeln, weil es Interesse hat, nach dem es früher in der natürlichen Theologie behandelt wurde und überhaupt in der Theologie vorkommt, als der Wissenschaft von Gott. Seit der Kantischen Philosophie ist es als niedriges, schlechtes, unbeachtbares verworfen worden, und es bedarf deshalb einer Rechtfertigung.

Begriffsbestimmung, Begriff überhaupt, ist für sich nicht ein Ruhendes, sondern ein Sichbewegendes, wesentlich Tätigkeit; eben darum ist es Vermittlung, wie das Denken eine Tätigkeit, Vermittlung in sich ist, und so enthält auch der bestimmte Gedanke die Vermittlung in sich. Die Beweise Gottes sind ebenso Vermittlung; der Begriff soll mit einer Vermittlung dargestellt werden. In beiden ist so dasselbe. Bei den Beweisen Gottes hat aber die Vermittlung die Gestalt, als ob sie angestellt wird zum Behuf des Erkennens, daß für dasselbe eine feste Einsicht erwachse, es soll mir bewiesen werden, – dies ist nun das Interesse meines Erkennens. Nachdem, was über die Natur des Begriffs gesagt worden ist, erhellt, daß wir die Vermittlung nicht so fassen müssen, nicht so subjektiv; sondern das Wahrhafte ist ein *objektives Verhalten Gottes in sich selbst,* seines Logischen in sich selbst, und erst sofern die Vermittlung so gefaßt wird, ist sie notwendiges Moment. Die Beweise vom Dasein Gottes müssen sich zeigen als notwendiges Moment des Begriffs selbst, als ein Fortgang, als eine Tätigkeit des Begriffs selbst.

Die nächste Form derselben ist dadurch bestimmt, daß wir uns hier noch ganz auf der ersten Stufe befinden, die wir als die *unmittelbare* bestimmt haben, Stufe der unmittelbaren Einheit. Aus dieser Bestimmung der Unmittelbarkeit folgt, daß wir es hier mit ganz abstrakten Bestimmungen zu tun haben, denn unmittelbar und abstrakt sind gleich. Das Unmittelbare ist das Sein; im Denken ist ebenso das Unmittelbare das Abstrakte, das sich noch nicht vertieft hat in sich und sich dadurch noch nicht durch weiteres Reflektieren erfüllt, konkret gemacht hat. Wenn wir so den Geist als Gegenstand überhaupt und die Natürlichkeit, die Weise seiner Realität, diese beiden Seiten entkleiden von dem Konkreten des Inhalts und nur die einfache Denkbestimmtheit festhalten, so haben wir eine abstrakte Bestimmung von Gott und vom Endlichen. Diese beiden Seiten stehen nun einander gegenüber als *Unendliches* und *Endliches,* das eine als Sein, das andere als Dasein, als Substantielles und Akzidentelles, als Allgemeines und als Einzelnes. Zwar sind diese Bestimmungen unter sich in etwas verschieden – so ist das Allgemeine allerdings *an sich* viel konkreter als die Substanz –, wir können sie hier aber unentwickelt aufnehmen, und es ist dann gleichgültig, welche Form wir nehmen, um sie näher zu betrachten; das Verhältnis derselben zu dem Gegenüberstehenden ist das Wesentliche.

Dies *Verhältnis*, in das sie miteinander gesetzt sind, ist in ihrer Natur ebensosehr als in der Religion vorhanden und nach dieser Seite zunächst aufzunehmen. Der Mensch verhält sich vom Endlichen aus zum Unendlichen. Indem er die Welt vor sich hat, so fühlt er darin das Unzureichende (das Fühlen fühlt auch das Gedachte oder das zu Denkende). Es genügt ihm nicht als ein Letztes, und er findet die Welt als ein Aggregat von endlichen Dingen. Ebenso weiß sich der Mensch als ein Zufälliges, Vergängliches, und in diesem Gefühl geht er über das Einzelne hinaus und erhebt er sich zu dem Allgemeinen, zu dem Einen, das an und für sich ist, einem Wesen, dem diese Zufälligkeit und Bedingtheit nicht zukommt, das vielmehr schlechthin die Substanz gegen dies Akzidentelle und die Macht ist, daß dieses Zufällige *ist* und *nicht ist*. Religion ist nun eben dies, daß der Mensch den Grund seiner Unselbständigkeit sucht; er findet erst seine Beruhigung, indem er das Unendliche vor sich hat. Wenn wir von der Religion so abstrakt sprechen, so haben wir schon hier das Verhältnis, den Übergang vom Endlichen zum Unendlichen. Dieser Übergang ist ein solcher, der in der Natur dieser Bestimmungen, d. h. in dem Begriff liegt, und wir können hier bemerken, daß wir bei dieser Bestimmung des Überganges stehenbleiben können. Näher gefaßt, so kann er auf zweierlei Weise gefaßt werden: erstens vom Endlichen zum Unendlichen als *jenseitiges*, ein mehr modernes Verhältnis; zweitens so, daß die *Einheit* beider festgehalten wird, das Endliche sich erhält im Unendlichen. In der Naturreligion ist dies so bestimmt, daß in ihr irgendeine *einzelne*, unmittelbare Existenz, eine natürliche oder geistige, ein Endliches über diesen seinen Umfang unendlich erweitert wird und in der beschränkten Anschauung solches Gegenstandes zugleich unendliches Wesen, freie Substantialität gewußt wird. Was überhaupt darin vorhanden, ist, daß in dem endlichen Dinge, der Sonne oder dem Tier usf. zugleich Unendlichkeit, in der äußerlichen Mannigfaltigkeit derselben zugleich die innere unendliche Einheit, göttliche Substantialität angeschaut wird. Dem Bewußtsein wird in der endlichen Existenz hier selbst das Unendliche, in dieser einzelnen Existenz ihm der Gott so gegenwärtig, daß sie nicht verschieden, sondern vielmehr die Weise ist, in der Gott ist, so daß die natürliche Existenz erhalten ist in unmittelbarer Einheit mit der Substanz.

Dieser Fortgang vom Endlichen zum Unendlichen ist nicht nur ein Faktum, eine Geschichte in der Religion, sondern er ist durch den Begriff notwendig, er liegt in der Natur solcher Bestimmung selbst. Dieser Übergang ist das Denken selbst; dies heißt nichts anderes, als im Endlichen das Unendliche, im Einzelnen das Allgemeine zu wissen. Das Bewußtsein des Allgemeinen, des Unendlichen ist *Denken,* als welches Vermitteln in sich selbst ist, Hinausgehen, überhaupt Aufheben des Äußerlichen, Einzelnen. Dies ist die Natur des Denkens überhaupt. Wir denken einen Gegenstand; damit bekommen wir sein Gesetz, sein Wesen, sein Allgemeines vor uns. Der denkende Mensch ganz allein ist der, der Religion hat; das Tier hat keine, weil es nicht denkt. Wir hätten nun von solcher Bestimmung des Endlichen, Einzelnen, Akzidentellen anzuzeigen, daß es das Endliche usf. ist, was sich übersetzt ins Unendliche usf., als Endliches nicht bleiben kann, sich macht zum Unendlichen, seiner Substanz nach zurückkehren muß ins Unendliche. Diese Bestimmung ist ganz der logischen Betrachtung angehörig.

Die Erhebung braucht nicht nur von der *Zufälligkeit* der Welt ihren Ausgangspunkt zu nehmen, um bei der *Notwendigkeit* des an und für sich seienden Wesens anzukommen, sondern wir können die Welt noch anders bestimmen. Die Notwendigkeit ist das Letzte vom Sein und Wesen; es gehen also viele Kategorien vorher. Die Welt kann sein ein *Vieles,* Mannigfaltiges; die Wahrheit desselben ist dann das *Eins.* So wie vom Vielen zum Eins, vom Endlichen zum Unendlichen, so kann auch vom *Sein* überhaupt zum *Wesen* übergegangen werden.

Der Übergang vom Endlichen zum Unendlichen, vom Akzidentellen zum Substantiellen usf. gehört der Wirksamkeit des *Denkens im Bewußtsein* an und ist die eigene Natur dieser Bestimmungen selbst, dasjenige, was sie in Wahrheit sind. Das Endliche ist nicht das Absolute, sondern es ist nur dies, zu vergehen und zum Unendlichen zu werden; das Einzelne ist nur dies, ins Allgemeine, das Akzidentelle nur dies, in die Substanz zurückzugehen. Dieser Übergang ist insofern Vermittlung, als er die Bewegung von der anfangenden, unmittelbaren Bestimmtheit in ihr Anderes, in das Unendliche, Allgemeine, und die Substanz schlechthin nicht ein Unmittelbares, sondern ein durch dieses Übergehen Werdendes, Sichsetzendes ist. Daß dies die wahrhafte Natur dieser Bestimmungen selbst ist, wird in der Logik erwiesen, und es ist wesentlich, dies in seinem eigentlichen Sinn festzuhalten, daß nämlich nicht *wir,* in bloß äußerer Reflexion, es sind, welche von einer solchen Bestimmung zu der ihr anderen übergehen, vielmehr so, daß sie es an ihnen selbst sind, so überzugehen. Dies Dialektische an der Bestimmung, um die es sich handelt, an dem Endlichen, will ich noch mit wenigen Worten darstellen.

Wir sagen: es *ist*. Dies Sein ist zugleich endlich; das, was es ist, ist es durch sein Ende, seine Negation, durch seine Grenze, durch das Anfangen eines Anderen in ihm, das nicht es selbst ist. Endlich ist eine qualitative Bestimmung, eine Qualität überhaupt; das Endliche ist so, daß Qualität nur schlechthin *Bestimmtheit* ist, die unmittelbar identisch ist mit dem Sein, so daß, wenn die Qualität vergeht, auch das Etwas vergeht. Wir sagen, etwas sei rot; hier ist rot die Qualität; hört diese auf, so ist es nicht mehr dies, und wäre es nicht eine Substanz, die dies vertragen kann, so wäre das Etwas verloren. Im Geist ist dies ebenso; es gibt Menschen von einem ganz bestimmten Charakter: geht dieser verloren, so hören sie auf zu sein. Catos Grundqualität war die römische Republik; sobald diese aufhörte, starb er. Diese Qualität ist so mit ihm verbunden, daß er nicht ohne dieselbe bestehen kann. Diese Qualität ist endlich, ist wesentlich eine Grenze, eine Negation. Die Grenze des Cato ist der römische Republikaner; sein Geist, seine Idee hat keinen größeren Umfang als dieser. Da Qualität so die Grenze des Etwas ausmacht, heißen wir so eines ein Endliches; es ist wesentlich in seiner Grenze, in seiner Negation, und die Besonderheit der Negation und des Etwas ist damit wesentlich in *Beziehung auf sein Anderes*. Dies Andere ist nicht ein anderes Endliches, sondern das *Unendliche*. Das Endliche ist durch seine Wesenheit dies, daß es sie hat in seiner Negation; entwickelt ist dies ein Anderes und hier das Unendliche.

Der Hauptgedanke ist dieser, daß das Endliche ein solches ist, das bestimmt ist, sein Sein nicht in ihm selbst zu haben, sondern das, was es ist, in einem Anderen hat, und dies Andere ist das Unendliche. Das Endliche ist eben dies, zu seiner Wahrheit das Unendliche zu haben; das, was es ist, ist nicht es selbst, sondern es ist sein Gegenteil, das Unendliche.

Dieser Fortgang ist notwendig, ist im Begriff gesetzt. Das Endliche ist endlich in sich; dies ist seine Natur. Die Erhebung zu Gott ist nun eben das, was wir gesehen haben; dies endliche Selbstbewußtsein bleibt beim Endlichen nicht stehen, verläßt es, gibt es auf und stellt sich das Unendliche vor; dies geschieht in der Erhebung zu Gott und ist das Vernünftige darin. Dieser Fortgang ist das Innerste, rein Logische, drückt jedoch so gefaßt nur eine Seite des Ganzen aus. Das Endliche *verschwindet* im Unendlichen; es ist seine Natur, dieses als seine Wahrheit zu setzen. Das Unendliche, was so geworden ist, ist aber selbst nur erst das *abstrakt Unendliche*, nur negativ als das Nicht-Endliche bestimmt. Das Unendliche ist seinerseits wesentlich auch, als dieses nur negativ Bestimmte sich aufzuheben und sich zu *bestimmen* überhaupt, seine Negation aufzuheben und sich als Affirmation zu setzen einerseits und andererseits ebenso seine Abstraktion aufzuheben und sich zu besondern und das Moment der Endlichkeit in sich zu setzen. Das Endliche verschwindet im Unendlichen zunächst, es ist nicht; sein Sein ist nur Schein; wir haben dann das Unendliche nur als abstraktes vor uns innerhalb seiner Sphäre, und seine Bestimmung ist, diese Abstraktion aufzuheben. Dies geht aus dem Begriff des Unendlichen hervor: es ist die Negation der Negation, die sich auf sich beziehende Negation, und dies ist absolute Affirmation, zugleich Sein, einfache Beziehung auf sich, – dies ist Sein. Damit ist auch das Zweite, das Unendliche, nicht allgemein Gesetztes, sondern auch Affirmation, und so ist es dies, sich in sich zu bestimmen, das Moment der Endlichkeit in sich zu bewahren, aber ideell; es ist Negation der Negation, enthält so den Unterschied einer Negation von der andern Negation; so ist darin die Grenze und mithin das Endliche. Wenn wir die Negation näher bestimmen, so ist die eine das Unendliche und die andere das Endliche, und die wahrhafte Unendlichkeit ist die *Einheit* beider.

Erst diese beiden Momente zusammen machen die Natur des Unendlichen und dessen wahrhafte Identität aus; dies Ganze ist erst der Begriff des Unendlichen. Es ist dies Unendliche von dem früher genannten zu unterscheiden, dem Unendlichen im unmittelbaren Wissen oder als Ding an sich, welches das negative, bestimmungslose Unendliche ist, das Nicht-Endliche nur in der Kantischen Philosophie. Es ist nun kein jenseitiges mehr, hat Bestimmtheit in sich.

Schon die Naturreligion, so unvollkommen die Einheit des Endlichen und Unendlichen ist nach der Bestimmung derselben, enthält dies Bewußtsein des Göttlichen als des *Substantiellen*, welches zugleich *bestimmt* sei und so die Form einer natürlichen Existenz hat. Was in ihr als Gott angeschaut wird, ist diese göttliche Substanz in natürlicher Form. Hier ist also der Inhalt konkreter, mithin besser, enthält mehr Wahrheit als der im unmittelbaren Wissen, welches Gott nicht erkennen will, weil er unbestimmt sei. Die natürliche Religion steht schon höher als diese Ansicht der Neueren, die dabei noch an offenbare Religion glauben wollen.

Betrachten wir nun den angegebenen Übergang, wie er in den Beweisen vom Dasein Gottes vorhanden ist, so ist er, in Form eines Schlusses ausgesprochen, der *kosmologische*. Dieser Beweis hat in der Metaphysik den Inhalt, daß ausgegangen wird vom zufälligen Sein, von der Zufälligkeit der weltlichen Dinge, und die andere Bestimmung ist dann nicht die der Unendlichkeit, sondern die eines an und für sich Notwendigen. Dies ist zwar eine viel konkretere Bestimmung als die des Unendlichen, allein nach dem Inhalt des Beweises ist hier von ihm nicht die Rede, sondern nur die logische Natur des *Übergangs* kommt in Betracht.

Wenn wir so den Übergang in die Form eines Schlusses bringen, so sagen wir: das Endliche setzt Unendliches voraus; nun ist Endliches, *folglich* ist Unendliches. Was nun die Beurteilung eines solchen Schlusses betrifft, so läßt er uns kalt; man verlangt etwas anderes und mehr in der Religion. Einerseits ist dies recht, andererseits aber liegt in dem Verwerfen die Geringschätzung des Gedankens, als ob man Gefühl gebrauchte und die Vorstellung anzusprechen habe, um Überzeugung hervorzubringen. Der wahre Nerv ist der wahrhafte Gedanke; nur wenn *er* wahr ist, ist das Gefühl auch wahrhafter Art.

Was auffallend ist, ist, daß ein endliches Sein angenommen wird und dies so erscheint als das, wodurch das unendliche Sein begründet wird. Ein endliches Sein erscheint so als *Grund*. Die Vermittlung ist so gestellt, daß aus dem Endlichen das Bewußtsein des Unendlichen hervorgeht. Näher ist dies so, daß das Endliche ausgedrückt wird nur mit *positiver Beziehung* zwischen beiden. Der Satz heißt so: »das Sein des Endlichen ist das Sein des Unendlichen«; dies erscheint sogleich einander unangemessen. Das Endliche ist das *Setzende*, bleibt das Affirmative, die Beziehung ist eine positive, und das Sein des Endlichen ist das Erste, der Grund, von dem ausgegangen wird, und das Bleibende. Ferner ist zu bemerken, wenn wir sagen: »das Sein des Endlichen ist das Sein des Unendlichen«, so ist das Sein des Endlichen, welches selbst das Sein des Unendlichen ist, der Obersatz des Schlusses, und es ist die Vermittlung nicht aufgezeigt zwischen dem Sein des Endlichen und dem des Unendlichen; es ist ein Satz *ohne Vermittlung,* und das ist gerade das Gegenteil von dem Geforderten.

Diese Vermittlung enthält noch eine weitere Bestimmung. Das Sein des Endlichen ist nicht *sein eigenes,* sondern *das des Anderen,* das des Unendlichen; nicht durch das Sein des Endlichen geht das Unendliche hervor, sondern aus dem Nichtsein des Endlichen: dies ist das Sein des Unendlichen. Die Vermittlung ist so, daß das Endliche vor uns steht als Affirmation. Näher betrachtet, so ist das Endliche das, was es ist, als Negation; so ist es nicht das Sein, sondern das Nichtsein des Endlichen; die Vermittlung zwischen beiden ist vielmehr die negative Natur in dem Endlichen, – das wahrhafte Moment der Vermittlung ist so nicht ausgedrückt in diesem Satze. Es ist der Mangel in der Form des Schlusses, daß dieser wahrhafte Inhalt, das dem Begriff Angehörige, nicht in der Form *eines* Schlusses ausgedrückt werden kann. Das Sein des Unendlichen ist die Negation des Endlichen; das Endliche ist nur dies: überzugehen ins Unendliche. So lassen sich die anderen Sätze, die zu einem Schlusse gehören, nicht hinzufügen. Der Mangel ist, daß das Endliche als affirmativ und seine Beziehung auf das Unendliche ausgesprochen ist als positiv, da sie doch wesentlich negativ ist, und dies Dialektische entgeht der Form des Verstandesschlusses.

Wenn das Endliche das Unendliche voraussetzt, so ist darin noch folgendes enthalten, obgleich nicht ausgesprochen. Das Endliche ist setzend, aber *voraussetzend,* so daß das Unendliche das *Erste* und *Wesentliche* ist; die Voraussetzung näher entwickelt, so liegt darin das negative Moment des Endlichen und seine Beziehung zum Unendlichen. Gemeint ist es in der Religion nicht so, daß die affirmative Natur des Endlichen, seine Unmittelbarkeit es ist, um welcher willen das Unendliche ist; das Unendliche ist vielmehr das

Sichaufheben des Endlichen. Der Beweis, die Form der Beziehung des Endlichen auf das Unendliche, der Gedanke wird schief durch die Form des Schlusses. Die Religion enthält aber dies Denken, diesen Übergang vom Endlichen zum Unendlichen, welcher nicht zufällig, sondern notwendig ist und welchen der Begriff der Natur des Unendlichen selbst mit sich bringt. Dies Denken, welches die Substanz der Religion mit sich bringt, ist nur nicht richtig in der Form eines Schlusses aufgefaßt.

Der Mangel an der Vermittlung dieses Beweises ist der, daß das Unbedingte ausgesprochen wird als bedingt durch ein anderes Sein. Die einfache Bestimmung der Negation ist fortgelassen. In der wahrhaften Vermittlung wird auch von dem Vielen zu dem Einen übergegangen und auch so, daß das Eine als vermittelt ausgesprochen wird. Aber dieser Mangel wird in der wahrhaften Erhebung des Geistes verbessert und zwar dadurch, daß gesagt wird, nicht das Viele sei, sondern das Eine. Durch diese Negation wird die Vermittlung und Bedingung aufgehoben, und das an und für sich Notwendige ist nun vermittelt durch Negation der Vermittlung. Gott erschafft: da ist das Verhältnis von Zweien und Vermittlung. Das ist aber ein Urteil: Gott ist nicht mehr das dunkle, in sich verdumpfte Wesen, er manifestiert sich, öffnet sich, setzt einen Unterschied und ist für ein Anderes. Dieser Unterschied ist in seinem höchsten Ausdruck der Sohn. Der Sohn ist vermittels des Vaters, und umgekehrt: Gott ist nur in ihm offenbar. Aber Gott ist in diesem Anderen bei sich selbst, bezieht sich auf sich, und indem dies nicht mehr ein Verhalten zu Anderem ist, ist die Vermittlung aufgehoben.

Gott ist also das *an und für sich Notwendige*, diese Bestimmung ist schlechthin die Grundlage. Gott muß, wenn das auch noch nicht genug ist, als die *Substanz* gefaßt werden.

Das *Andere* ist nun das Umgekehrte, das *Verhältnis der Substanz zum Endlichen*. In der Erhebung vom Endlichen zur Substanz ist eine Vermittlung, die im Resultate aufgehoben, als nichtig gesetzt war. Im Herumwenden der Substanz gegen das Viele, Endliche usw. ist diese aufgehobene Vermittlung *wieder aufzunehmen*, aber so, daß sie in der Bewegung des Resultats als *nichtig* gesetzt wird; d. h. nicht bloß das Resultat muß aufgefaßt werden, sondern in diesem das *Ganze* und *der Prozeß desselben*. Wird nun in dieser Weise das Ganze aufgefaßt, so wird gesagt: die Substanz hat Akzidenzen, die unendliche Mannigfaltigkeit, die an dieser Substanz als ein Seiende ist, das vorübergeht. Was *ist*, das *vergeht*. Der Tod ist aber ebensosehr wieder der Anfang des Lebens; das Vergehen ist der *Anfang des Entstehens*, und es ist nur Umschlagen vom Sein in das Nichtsein, und umgekehrt. Das ist der Wechsel der Akzidentalität, und die Substanz ist nun die *Einheit dieses Wechsels selbst*. Was perennierend ist, ist dieser Wechsel, und dieser als Einheit ist das Substantielle, die Notwendigkeit, welche das Übersetzende ist des Entstehens in das Vergehen und umgekehrt. Die Substanz ist die absolute Macht des Seins. Ihr kommt das Sein zu; aber sie ist ebenso die Einheit des Umschlagens, daß das Sein umschlägt in das Nichtsein; aber sie ist wieder die Macht des Vergehens, so daß das Vergehen vergeht.

Der Mangel an dieser orientalischen Substanz wie an der Spinozistischen liegt in den Kategorien des Entstehens und Vergehens. Die Substanz ist nicht gefaßt als das *Tätige in sich selbst*, als Subjekt und als zweckmäßige *Tätigkeit*, nicht als Weisheit, sondern nur als Macht. Sie ist ein Inhaltsloses; das Bestimmte, der Zweck ist nicht darin enthalten; das Bestimmte, das sich in diesem Entstehen und Vergehen hervorbringt, ist nicht gefaßt. Es ist nur die taumelnde, in sich *zwecklose, leere Macht*. Dies System ist das, was man *Pantheismus* nennt. Gott ist da die absolute Macht, das Sein in allem Dasein, die Reinigung seiner selbst von der Bestimmtheit und Negation. Daß die Dinge *sind*, ist die Substanz; daß sie *nicht sind*, ist ebenfalls die Macht der Substanz, und diese Macht ist den Dingen *unmittelbar immanent*.

Dieser Pantheismus ist z. B. auch in dem Ausdruck *Jacobis*

enthalten: »Gott ist *Sein in allem Dasein*«, und es kommt da bei ihm allerdings auch zu geistreichen Bestimmungen von Gott. Dies Dasein enthält unmittelbarerweise das Sein in sich, und dies Sein im Dasein ist Gott, der so das Allgemeine ist im Dasein. Sein ist die dürftigste Bestimmung von Gott, und wenn er Geist sein soll, so genügt sie am wenigsten; so gebraucht als Sein des Daseins im endlichen Realen, ist dies Pantheismus. Jacobi war weit entfernt vom Pantheismus; aber in jenem Ausdruck liegt er, und so ist es in der Wissenschaft nicht darum zu tun, was einer meint in seinem Kopfe, sondern das Ausgesprochene gilt.

Parmenides sagt: *das Sein ist Alles*. Dies scheint dasselbe zu sein und so auch Pantheismus; aber dieser Gedanke ist reiner als der von Jacobi und ist nicht Pantheismus. Denn er sagt ausdrücklich: es *ist* nur das Sein, und in das *Nichtsein* fällt alle Schranke, alle Realität, alle Weise der Existenz; dies *ist* denn gar nicht, sondern es *hat* nur das Sein. Bei Parmenides ist so das gar nicht mehr vorhanden, was *Dasein* heißt. Hingegen bei *Jacobi* gilt das Dasein als affirmativ, obwohl es endlich ist, und so ist es *Affirmation in endlicher Existenz*.

Spinoza sagt: was ist, ist die absolute Substanz; das andere sind nur Modi, denen er keine Affirmation, keine Realität zuschreibt. So kann man selbst von der Substanz des Spinoza vielleicht nicht sagen, daß sie so genau pantheistisch sei als jener Ausdruck, denn die einzelnen Dinge bleiben bei ihm sowenig noch ein Affirmatives als das Dasein bei Parmenides, welches bei ihm unterschieden vom Sein nur Nichtsein ist und so ist, daß dies Nichtsein gar nicht ist.

Wenn man das Endliche als Gedanken nimmt, so ist damit alles Endliche verstanden, und so ist es Pantheismus; aber zu unterscheiden ist, ob vom Endlichen nur zu sprechen ist als von diesem oder jenem Einzelnen oder von *allen*. Dies ist schon ein Fortgang der Reflexion, die nicht mehr beim Einzelnen stehenbleibt; *alles Endliche* gehört der *Reflexion* an. Dieser Pantheismus ist ein moderner, und wenn man spricht: Gott ist Sein in allem Dasein, so ist dies ein Pantheismus neuerer Mohammedaner, insbesondere des *Dschelal ed-din Rumi*. Da ist dies Alles, *wie es ist*, ein Ganzes, und ist Gott, und das Endliche ist in diesem Dasein als allgemeine Endlichkeit. Dieser Pantheismus ist das Erzeugnis der denkenden Reflexion, welche die natürlichen Dinge zu *allem* und *jedem* erweitert und hiermit die Existenz Gottes sich nicht als *wahrhafte Allgemeinheit* des Gedankens, sondern als eine *Allheit*, d. i. in allen einzelnen natürlichen Existenzen vorstellt.

Beiläufig kann noch bemerkt werden: auch die Bestimmung der neueren Philosophie, daß der *Geist* die Einheit mit sich selbst ist und die Welt als Ideelles in sich faßt, nennt man Pantheismus oder näher Pantheismus des *Spiritualismus*. Aber da faßt man nur einseitig die Bestimmung der *Einheit* auf und setzt ihr gegenüber die Bestimmung der *Schöpfung*, wo Gott Ursache und die Trennung so vorhanden ist, daß die Schöpfung gegen ihn selbständig ist. Aber dies ist gerade die *Grundbestimmung des Geistes*, daß er dies *Unterscheiden* und Setzen des Unterschiedes ist: das ist die Schöpfung, die sie immer haben wollen. Das Weitere ist dann freilich, daß die *Trennung nicht bleibt*, sondern aufgehoben wird, denn sonst stehen wir im Dualismus und Manichäismus.

Wir kehren nun zu der Bestimmung zurück, daß die Substanz als allgemeine Macht vom Gedanken für sich herausgehoben ist.

Diese Erhebung, dieses Wissen ist aber noch nicht *Religion*; dazu fehlt nämlich noch das Moment, das in der Religion als der vollendeten Idee nicht fehlen darf – das Moment des *Geistes*. Die Stellung dieses Moments ergibt sich daraus, daß die Substanz in ihr selbst noch nicht als Geist, der Geist noch nicht als Substanz bestimmt ist. So ist der Geist *außerhalb* der Substanz, und zwar als *verschieden* von ihr.

Wir haben nun die Grundbestimmung des Pantheismus, wie er sich als Religion bestimmt hat, in ihren näheren Formen zu betrachten.

1. Die chinesische Religion oder die Religion des Maßes

a. Die allgemeine Bestimmtheit derselben

Zunächst wird die Substanz noch in derjenigen Bestimmung des *Seins* gedacht, die zwar dem Wesen am nächsten steht, aber doch noch der *Unmittelbarkeit des Seins* angehört, und der Geist, der von ihr verschieden ist, ist ein besonderer, endlicher Geist, der *Mensch*. Dieser Geist ist einerseits der *Gewalthabende*, der Ausführer jener Macht, andererseits, als jener Macht unterworfen, das *Akzidentelle*. Wird der Mensch als diese Macht vorgestellt, so daß sie in ihm als wirkend angesehen wird oder daß er durch den Kultus dazu komme, sich mit ihr identisch zu setzen, so hat die Macht die Gestalt des Geistes, aber des endlichen, menschlichen Geistes, und da tritt die Trennung von anderen ein, über die er mächtig ist.

b. Die geschichtliche Existenz dieser Religion

Aus jener unmittelbaren Religion, welche der Standpunkt der *Zauberei* war, sind wir zwar herausgetreten, da der besondere Geist sich jetzt von der Substanz unterscheidet und zu ihr in Verhältnis steht, daß er sie als die allgemeine Macht betrachtet. In der *chinesischen* Religion, welche die nächste geschichtliche Existenz dieses substantiellen Verhältnisses ist, wird die Substanz als *der Umfang des wesentlichen Seins*, als das *Maß* gewußt; das Maß gilt als das Anundfürsichseiende, Unveränderliche, und *Tien*, der Himmel, ist die objektive Anschauung dieses Anundfürsichseienden. Dennoch zieht sich auch die Bestimmung der *Zauberei* noch in diese Sphäre herein, insofern *in der Wirklichkeit* der *einzelne* Mensch, der Wille und das empirische Bewußtsein desselben das Höchste ist. Der Standpunkt der Zauberei hat sich hier sogar zu einer organisierten Monarchie, deren Anschauung etwas Großartiges und Majestätisches hat, ausgebreitet.

Tien ist das Höchste, aber nicht nur im geistigen, moralischen Sinn. Es bezeichnet vielmehr die ganz unbestimmte, *abstrakte Allgemeinheit*, ist der ganz unbestimmte Inbegriff physischen und moralischen *Zusammenhangs* überhaupt. Daneben ist aber der *Kaiser* Regent auf Erden, nicht der Himmel; nicht dieser hat Gesetze gegeben oder gibt sie, welche die Menschen respektieren, göttliche Gesetze, Gesetze der Religion, Sittlichkeit. Nicht *Tien* regiert die Natur, sondern der Kaiser regiert alles, und *er* nur ist im Zusammenhang mit diesem *Tien*. Er nur bringt dem *Tien* Opfer an den vier Hauptfesten des Jahres; es ist nur der Kaiser, der sich unterredet mit *Tien*, seine Gebete richtet an ihn, er steht allein in Konnexion mit ihm und regiert alles auf Erden. Der Kaiser hat auch die Herrschaft über die natürlichen Dinge und ihre Veränderungen in seinen Händen und regiert die Mächte derselben.

Wir unterscheiden Welt, weltliche Erscheinung so, daß außer dieser Welt auch Gott regiert; hier aber ist nur der Kaiser das Herrschende. Der Himmel der Chinesen, der *Tien*, ist etwas ganz Leeres; die Seelen der Verstorbenen existieren zwar in ihm, überleben die Abscheidung vom Körper, aber sie gehören auch zur Welt, da sie als *Herren der Naturkreise* gedacht werden, und der Kaiser regiert auch über diese, setzt sie in ihre Ämter ein und ab. Wenn die Toten als Vorsteher der natürlichen Reiche vorgestellt werden, so könnte man sagen: sie sind damit erhoben; in der Tat aber werden sie heruntergesetzt zu Genien des Natürlichen, und da ist es recht, daß der selbstbewußte Wille diese Genien bestimmt.

Der Himmel der Chinesen ist daher nicht eine Welt, die *über* der Erde ein *selbständiges Reich* bildet und für sich das Reich des Idealen ist, wie wir uns den Himmel mit Engeln und den Seelen der Verstorbenen vorstellen oder wie der griechische Olymp vom Leben auf der Erde unterschieden ist, sondern alles ist *auf Erden*, und alles, was Macht hat, ist dem Kaiser unterworfen, und es ist dies einzelne Selbstbewußtsein, das auf bewußte Weise diese vollkommene Regentschaft führt.

Was das *Maß* betrifft, so sind es feste Bestimmungen, die Vernunft (*Tao*) heißen. Die Gesetze des Tao oder die Maße sind Bestimmungen, Figurationen, nicht das abstrakte Sein oder abstrakte Substanz, sondern Figurationen der Substanz, die *abstrakter* aufgefaßt werden können, aber auch *die Bestimmungen für die Natur und für den Geist des Menschen*, Gesetze seines Willens und seiner Vernunft sind. – Die ausführliche Angabe und Entwicklung dieser Maße begriffe die ganze Philosophie und Wissenschaft der Chinesen. Hier sind nur die Hauptpunkte hervorzuheben.

Die Maße in der abstrakten Allgemeinheit sind ganz einfache *Kategorien*: Sein und Nichtsein, das Eins und Zwei, welches denn das Viele überhaupt ist. Diese allgemeinen Kategorien sind von den Chinesen mit Strichen bezeichnet worden: der Grundstrich ist die *Linie*; ein einfacher Strich (—) bedeutet das Eins und die Affirmation: ja; der gebrochene (— —) Zwei, die Entzweiung und die Negation: nein. Diese Zeichen heißen *Kua* (die Chinesen erzählen, sie seien ihnen auf der Schale der Schildkröte erschienen). Es gibt vielfache Verbindungen derselben, die dann konkretere Bedeutungen von jenen ursprünglichen Bestimmungen haben. Unter diesen konkreteren Bedeutungen sind besonders die vier Weltgegenden und die Mitte, vier Berge, die diesen Weltgegenden entsprechen, und einer in der Mitte, fünf Elemente: Erde, Feuer, Wasser, Holz und Metall. Ebenso gibt es fünf Grundfarben, wovon jede einem Element angehört. Jede chinesische regierende Dynastie hat eine besondere Farbe, Element usw.; so gibt es auch fünf Grundtöne in der Musik; fünf Grundbestimmungen für das Tun des Menschen in seinem Verhalten zu anderen. Die erste und höchste ist das Verhalten der Kinder zu den Eltern, die zweite die Verehrung der verstorbenen Voreltern und der Toten, die dritte der Gehorsam gegen den Kaiser, die vierte das Verhalten der Geschwister zueinander, die fünfte das Verhalten gegen andere Menschen.

Diese Maßbestimmungen machen die Grundlage, die Vernunft aus. Die Menschen haben sich denselben gemäß zu halten; was die Naturelemente betrifft, so sind die Genien derselben vom Menschen zu verehren.

Es gibt Menschen, die sich dem Studium dieser Vernunft ausschließend widmen, sich von allem praktischen Leben fernhalten und in der Einsamkeit leben; doch ist es immer die Hauptsache, daß diese Gesetze im praktischen Leben gehandhabt werden. Wenn sie aufrechtgehalten sind, wenn die Pflichten von den Menschen beobachtet werden, so ist alles in Ordnung, in der Natur wie im Reiche; es geht dem Reiche und den Individuen wohl. Dies ist ein *moralischer Zusammenhang* zwischen dem Tun des Menschen und dem, was in der Natur geschieht. Betrifft das Reich Unglück, sei es durch Überschwemmung oder durch Erdbeben, Feuersbrünste, trockene Witterung usw., so kommt dies allein daher, daß der Mensch nicht die Vernunftgesetze befolgt hat, daß die Maßbestimmungen im Reiche nicht gut aufrechterhalten worden sind. Dadurch wird das allgemeine Maß zerstört, und es bricht solches Unglück herein. – Das Maß wird hier also als das Anundfürsichseiende gewußt. Dies ist die allgemeine Grundlage.

Das Weitere betrifft nur die *Betätigung des Maßes*. Die Aufrechterhaltung der Gesetze kommt dem *Kaiser* zu, dem Kaiser als dem *Sohne des Himmels*, welcher das Ganze, die Totalität der Maße ist. Der Himmel als das sichtbare Himmelsgewölbe ist zugleich die Macht der Maße. Der Kaiser ist unmittelbar der Sohn des Himmels (Tien-tse), er hat das Gesetz zu ehren und demselben Anerkennung zu verschaffen. In einer sorgfältigen Erziehung wird der Thronfolger mit allen Wissenschaften und den Gesetzen bekannt gemacht. Der Kaiser erzeigt allein dem Gesetze die Ehre; seine Untertanen haben ihm nur die Ehre zu erweisen, die er dem Gesetz erweist. Der Kaiser bringt Opfer. Dies ist nichts anderes, als daß der Kaiser sich niederwirft und das Gesetz verehrt. Ein Hauptfest unter den wenigen chinesischen Festen ist das des *Ackerbaues*. Der Kaiser steht demselben vor; an dem Festtage pflügt er selbst den Acker; das Korn, welches auf diesem Felde wächst, wird zum Opfer gebraucht. Die Kaiserin hat den *Seidenbau* unter sich, der den Stoff zur Bekleidung hergibt, wie der Ackerbau die Quelle aller Nahrung ist. – Wenn Überschwemmungen, Seuchen und dgl. das Land verwüsten und plagen, so geht das allein den Kaiser an; er bekennt als Ursache des Unglücks seine Beamten und vorzüglich sich selbst: wenn er und seine Magistratspersonen das Gesetz ordentlich aufrechterhalten hätten, so wäre das Unglück nicht eingetreten. Der Kaiser empfiehlt daher den Beamten, in sich zu gehen und zu sehen, worin sie gefehlt hätten, so wie er selbst der Meditation und Buße sich hingibt, weil er nicht recht gehandelt habe. – Von der Pflichterfüllung hängt also die Wohlfahrt des Reiches und der Individuen ab. Auf diese Weise reduziert sich der ganze Gottesdienst für die Untertanen auf ein moralisches Leben; die chinesische Religion ist so eine *moralische* Religion zu nennen (in diesem Sinne hat man den Chinesen Atheismus zuschreiben können). – Diese Maßbestimmungen und Angaben der Pflichten rühren meistenteils von *Konfuzius* her: seine Werke sind überwiegend solchen moralischen Inhalts.

Diese Macht der Gesetze und der Maßbestimmungen ist ein Aggregat von vielen *besonderen Bestimmungen* und Gesetzen. Diese besonderen Bestimmungen müssen nun auch als *Tätigkeiten* gewußt werden; als Besonderes sind sie der allgemeinen Tätigkeit unterworfen, nämlich dem *Kaiser*, welcher *die Macht der gesamten Tätigkeiten* ist. Diese besonderen Mächte werden nun auch als Menschen vorgestellt, besonders sind es die *abgeschiedenen Voreltern* der existierenden Menschen; denn der Mensch wird besonders als Macht gewußt, wenn er abgeschieden, d. h. nicht mehr in das Interesse des täglichen Lebens verwickelt ist. Derjenige kann aber auch als abgeschieden betrachtet werden, der sich selbst von der Welt ausscheidet, indem er sich in sich vertieft, seine Tätigkeit bloß auf das *Allgemeine,* auf die Erkenntnis dieser Mächte richtet, dem Zusammenhange des täglichen Lebens entsagt und sich von allen Genüssen fernhält; dadurch ist der Mensch auch dem konkreten menschlichen Leben abgeschieden, und er wird daher auch als besondere Macht gewußt. – Außerdem gibt es auch noch *Geschöpfe der Phantasie*, welche diese Macht innehaben: dies ist ein sehr weit ausgebildetes Reich von solchen besonderen Mächten. Sie stehen sämtlich unter der allgemeinen Macht, unter der des Kaisers, der sie einsetzt und ihnen Befehle erteilt. – Dieses weite Reich der Vorstellung lernt man am besten aus einem Abschnitt der chinesischen Geschichte kennen, wie er sich in den Berichten der Jesuiten, in dem gelehrten Werke *Mémoires concernant les Chinois* [Paris 1776 ff.] findet. An die Einsetzung einer neuen Dynastie knüpft sich unter anderem die Beschreibung von dem Folgenden.

Ums Jahr 1122 v. Chr., eine Zeit, die in der chinesischen Geschichte noch ziemlich bestimmt ist, kam die Dynastie der Tschou zur Regierung. *Wu-wang* war aus dieser der erste Kaiser; der letzte der vorhergehenden Dynastie *Tschou-sin* hatte wie seine Vorgänger schlecht regiert, so daß die Chinesen sich vorstellten, der böse Genius, der sich ihm einverleibt, habe regiert. Mit einer neuen Dynastie muß sich alles erneuen auf Erden und am Himmel; dies wurde vom neuen Kaiser mit Hilfe des Generalissimus seiner Armee vollbracht. Es wurden nun neue Gesetze, Musik, Tänze, Beamte usf. eingeführt, und so mußten auch die Lebenden und die Toten vom Kaiser neue Vorsteher erhalten.

Ein Hauptpunkt war die Zerstörung der Gräber der vorhergehenden Dynastie, d. h. die Zerstörung des Kultus gegen die Ahnherrn, die bisher Mächte über die Familien und über die Natur gewesen waren. Da nun aber in dem neuen Reiche Familien vorhanden sind, die der alten Dynastie anhänglich waren, deren Verwandte höhere Ämter, besonders Kriegsämter hatten, welche zu verletzen jedoch unpolitisch wäre, so mußte ein Mittel gefunden werden, ihren verstorbenen

Verwandten die Ehre zu lassen. Wu-wang führte dies auf folgende Weise aus. Nachdem in der Hauptstadt, Peking war es noch nicht, die Flammen gelöscht waren, Flammen, die der letzte Fürst hatte anzünden lassen, um den kaiserlichen Palast mit allen Schätzen, Weibern usf. zu vernichten, so war das Reich, die Herrschaft dem Wu-wang unterworfen und der Moment gekommen, daß er als Kaiser in die Kaiserstadt einziehen, sich dem Volke darstellen und Gesetze geben sollte. Er machte jedoch bekannt, daß er dies nicht eher könne, als bis zwischen ihm und dem Himmel alles auf angemessene Weise in Ordnung gebracht sei. Von dieser Reichskonstitution zwischen ihm und dem Himmel wurde gesagt, sie sei in zwei Büchern enthalten, die auf einem Berge bei einem alten Meister niedergelegt seien. Das eine enthalte die neuen Gesetze und das zweite die Namen und die Ämter der Genien, *Schen* genannt, welche die neuen Vorsteher des Reichs in der natürlichen Welt sind, so wie die Mandarine in der bewußten Welt. Diese Bücher abzuholen wurde der General des Wu-wang abgeschickt; dieser war selbst schon ein Schen, ein gegenwärtiger Genius, wozu er es bei seinem Leben schon durch mehr als vierzigjährige Studien und Übungen gebracht hatte. Die Bücher wurden gebracht. Der Kaiser reinigte sich, fastete drei Tage; am vierten Tage mit Aufgang der Sonne trat er in Kaiserkleidung hervor mit dem Buch der neuen Gesetze. Dies wurde auf dem Altar niedergelegt, Opfer dargebracht und dem Himmel dafür gedankt. Hierauf wurden die Gesetze bekannt gemacht, und zur größten Überraschung und Satisfaktion des Volkes fand es sich, daß sie ganz so waren wie die vorigen. Überhaupt bleiben bei einem Dynastienwechsel mit wenigen Abänderungen die alten Gesetze. Das zweite Buch wurde nicht geöffnet, sondern der General damit auf einen Berg geschickt, um es den Schen bekanntzumachen und ihnen zu eröffnen, was der Kaiser gebiete. Es war darin ihre Ein- und Absetzung enthalten. Es wird nun weiter erzählt, auf dem Berge habe der General die Schen zusammenberufen; dieser

Berg lag in dem Gebiete, aus dem das Haus der neuen Dynastie stammte. Die Abgeschiedenen hätten sich am Berge versammelt, höher oder niedriger nach dem Range, der General habe auf einem Thron in der Mitte gesessen, der zu diesem Behuf errichtet und herrlich geschmückt gewesen sei; er sei geziert gewesen mit den acht Kua, vor demselben habe die Reichsstandarte und das Zepter, der Kommandostab über die Schen, auf einem Altar gelegen, ebenso das Diplom des alten Meisters, der dadurch den General bevollmächtigte, den Schen die neuen Befehle bekanntzumachen. Der General las das Diplom; die Schen, die unter der vorigen Dynastie geherrscht hatten, wurden wegen ihrer Nachlässigkeit, welche Ursache des eingebrochenen Unglücks sei, für unwürdig erklärt, weiter zu herrschen, und ihres Amtes entlassen. Es wurde ihnen gesagt, sie könnten hingehen, wohin sie wollten, sogar ins menschliche Leben wieder eintreten, um auf diese Weise von neuem Belohnungen zu verdienen. Nun ernannte der abgeordnete Generalissimus die neuen Schen und befahl einem der Anwesenden, das Register zu nehmen und es vorzulesen. Dieser gehorchte und fand seinen Namen zuerst genannt. Der Generalissimus gratulierte ihm, daß seine Tugenden diese Anerkennung erhalten hätten. Es war ein alter General. Sodann wurden die anderen aufgerufen, teils solche, die im Interesse der neuen Dynastie umgekommen waren, teils solche, die im Interesse der früheren Dynastie gefochten und sich aufgeopfert hatten. Unter ihnen besonders ein Prinz, Generalissimus der Armee der früheren Dynastie. Er war im Kriege ein tüchtiger und großer General, im Frieden ein treuer und pünktlicher Minister gewesen und hatte der neuen Dynastie die meisten Hindernisse in den Weg gelegt, bis er endlich im Kriege umgekommen war. Sein Name war der fünfte, nachdem nämlich die Vorsteher über die vier Berge, welche die vier Weltteile und die vier Jahreszeiten vorstellten, ernannt waren. Als sein Amt sollte er die Inspektion über alle Schen, die mit dem Regen, Wind, Donner und den Wolken beauftragt waren, erhalten. Sein

Name mußte aber zweimal gerufen und ihm erst der Kommandostab gezeigt werden, ehe er nähertrat; er kam mit einer verächtlichen Miene und blieb stolz stehen. Der General redete ihn an: »Du bist nicht mehr, was du unter den Menschen warst, bist nichts als ein gemeiner Schen, der noch kein Amt hat; ich soll dir vom Meister eins übertragen, ehre diesen Befehl.« Hierauf fiel der Schen nieder, und es wurde ihm eine lange Rede gehalten und er zum Chef jener Schen ernannt, welche das Geschäft haben, den Regen und Donner zu besorgen. So wurde nun sein Geschäft, Regen zur rechten Zeit zu machen, die Wolken zu zerteilen, wenn sie eine Überschwemmung verursachen könnten, den Wind nicht zum Sturm werden zu lassen und den Donner nur walten zu lassen, um die Bösen zu erschrecken und sie zu veranlassen, in sich zurückzukehren. Er erhielt vierundzwanzig Adjutanten, deren jeder seine besondere Inspektion bekam, welche alle vierzehn Tage wechselte; unter diesen erhielten andere andere Departements. Die Chinesen haben fünf Elemente, – auch diese bekamen Chefs. Ein Schen bekam die Aufsicht über das Feuer in Rücksicht auf Feuersbrünste, sechs Schen wurden über die Epidemien gesetzt und erhielten den Auftrag, zur Erleichterung der menschlichen Gesellschaft sie zuweilen vom Überfluß an Menschen zu reinigen. Nachdem alle Ämter verteilt waren, wurde das Buch dem Kaiser wieder übergeben, und es macht noch den astrologischen Teil des Kalenders aus. Es erscheinen in China jährlich zwei Adreßkalender, der eine über die Mandarine, der andere über die unsichtbaren Beamten, die Schen. Bei Mißwachs, Feuersbrünsten, Überschwemmungen usf. werden die betreffenden Schen abgeschafft, ihre Bilder gestürzt und neue ernannt. Hier ist also die Herrschaft des Kaisers über die Natur eine vollkommen organisierte Monarchie.

Es gab unter den Chinesen auch schon eine Klasse von Menschen, die sich *innerlich* beschäftigten, die nicht nur zur allgemeinen Staatsreligion des Tien gehörten, sondern eine Sekte [bildeten], die sich dem Denken ergab, in sich zum

Bewußtsein zu bringen suchte, was das Wahre sei. Die nächste Stufe aus dieser ersten Gestaltung der natürlichen Religion, welche eben war, daß das unmittelbare Selbstbewußtsein sich als das Höchste, als das Regierende weiß nach dieser Unmittelbarkeit, ist die *Rückkehr des Bewußtseins in sich selbst,* die Forderung, daß das Bewußtsein in sich selbst meditierend ist; und das ist die Sekte des *Tao.* – Damit ist verbunden, daß diese Menschen, die in den Gedanken, das Innere zurückgehen, auf die Abstraktion des Gedankens sich legen, zugleich die Absicht hatten, *unsterbliche,* für sich reine Wesen zu werden teils indem sie erst eingeweiht waren, teils indem sie die Meisterschaft, das Ziel erlangt [hatten], sich selbst für höhere Wesen, auch der Existenz, der Wirklichkeit nach, hielten.

Diese Richtung zum Innern, dem abstrahierenden reinen Denken, finden wir also schon im Altertum bei den Chinesen. Eine Erneuerung, Verbesserung der Lehre des Tao fällt in spätere Zeit, und diese wird vornehmlich dem *Lao-tse* zugeschrieben, einem Weisen, etwas älter, aber gleichzeitig mit *Konfuzius* und *Pythagoras. Konfuzius* ist durchaus moralisch, kein spekulativer Philosoph. Der *Tien,* diese allgemeine Naturmacht, welche Wirklichkeit durch die Gewalt des Kaisers ist, ist verbunden mit moralischem Zusammenhang, und diese moralische Seite hat *Konfuzius* vornehmlich ausgebildet.

Bei der Sekte des *Tao* ist der Anfang, in den Gedanken, das reine Element überzugehen. Merkwürdig ist in dieser Beziehung, daß in dem Tao, der Totalität, die Bestimmung der *Dreiheit* vorkommt. Das Eins hat das Zwei hervorgebracht, das Zwei das Drei, dieses das Universum. Sobald sich also der Mensch denkend verhielt, ergab sich auch sogleich die Bestimmung der Dreiheit. Das Eins ist das Bestimmungslose und leere Abstraktion. Soll es das Prinzip der Lebendigkeit und Geistigkeit haben, so muß zur Bestimmung fortgegangen werden. Einheit ist nur wirklich, insofern sie zwei in sich enthält, und damit ist die Dreiheit gegeben. Mit diesem

Fortschritt zum Gedanken hat sich aber noch keine höhere geistige Religion begründet: die Bestimmungen des Tao bleiben vollkommene Abstraktionen, und die Lebendigkeit, das Bewußtsein, das Geistige fällt sozusagen nicht in den Tao selbst, sondern durchaus noch in den unmittelbaren Menschen. Für uns ist Gott das Allgemeine, aber in sich bestimmt; Gott ist Geist, seine Existenz ist die Geistigkeit. Hier ist die Wirklichkeit, Lebendigkeit des Tao noch das *wirkliche, unmittelbare Bewußtsein*, daß er zwar ein Totes ist wie Lao-tse, sich aber transformiert in andere Gestalten, in seinen Priestern lebendig und wirklich vorhanden ist.

Wie Tien, dieses Eine, das Herrschende, aber nur diese abstrakte Grundlage, [und] der Kaiser die Wirklichkeit dieser Grundlage, das eigentlich Herrschende ist, so ist dasselbe der Fall bei der Vorstellung der Vernunft. Diese ist ebenso die abstrakte Grundlage, die erst im existierenden Menschen ihre Wirklichkeit hat.

c. Der Kultus

Kultus ist in der Religion des Maßes eigentlich *ihre ganze Existenz*, da die Macht der Substanz sich in ihr selbst noch nicht zu fester Objektivität gestaltet hat und selbst das Reich der Vorstellung, soweit es sich in dem Reiche der Schen entwickelt hat, der Macht des Kaisers unterworfen ist, welcher selbst nur die wirkliche Betätigung des Substantiellen ist. Fragen wir daher nach dem Kultus im engeren Sinne, so ist nur noch *das Verhältnis der allgemeinen Bestimmtheit dieser Religion zur Innerlichkeit und zum Selbstbewußtsein* zu untersuchen.

Da das Allgemeine nur die *abstrakte Grundlage* ist, so bleibt der Mensch darin ohne eigentlich immanentes, *erfülltes Inneres*, er hat keinen Halt in sich. Halt hat er erst in sich, wenn die Freiheit, Vernünftigkeit eintritt, indem er das Bewußtsein ist, frei zu sein, und diese Freiheit als Vernunft sich ausbildet. Diese ausgebildete Vernunft gibt absolute Grundsätze, Pflichten, und der Mensch, der sich dieser absoluten Bestimmungen in seiner Freiheit, seinem Gewissen bewußt ist, wenn sie in ihm immanente Bestimmungen sind, hat erst in sich, seinem Gewissen einen Halt. Erst insofern der Mensch von Gott weiß als Geist und von den Bestimmungen des Geistes, sind diese göttlichen Bestimmungen wesentliche, *absolute Bestimmungen der Vernünftigkeit*, überhaupt dessen, was Pflicht in ihm und ihm seinerseits immanent ist.

Wo das Allgemeine nur diese abstrakte Grundlage überhaupt ist, hat der Mensch in sich keine immanente, bestimmte Innerlichkeit: darum ist *alles Äußerliche* für ihn ein *Innerliches*; alles Äußerliche hat *Bedeutung* für ihn, Beziehung auf ihn, und zwar *praktische Beziehung*. Im allgemeinen Verhältnis ist dies die *Staatsverfassung*, das Regiertwerden von außen.

Mit dieser Religion ist keine eigentliche *Moralität*, keine immanente Vernünftigkeit verbunden, wodurch der Mensch Wert, Würde in sich und Schutz gegen das Äußerliche hätte. Alles, was eine Beziehung auf ihn hat, ist eine *Macht* für ihn, weil er in seiner Vernünftigkeit, Sittlichkeit keine Macht hat. Daraus folgt diese unbestimmbare Abhängigkeit von allem Äußerlichen, dieser höchste, zufälligste Aberglaube.

Diese äußere Abhängigkeit ist überhaupt darin begründet, daß alles Besondere mit dem Allgemeinen, das nur abstrakt bleibt, nicht in inneres Verhältnis gesetzt werden kann. Die Interessen der *Individuen* liegen *außerhalb* der *allgemeinen* Bestimmungen, die der Kaiser in Ausübung bringt. In Rücksicht auf die besonderen Interessen wird vielmehr eine Macht vorgestellt, die für sich vorhanden ist. Das ist nicht die allgemeine Macht der Vorsehung, die sich auch über die besonderen Schicksale erstreckt, das Besondere ist vielmehr einer *besonderen Macht* unterworfen. Das sind die Schen, und es tritt damit ein großes Reich des Aberglaubens ein.

So sind die Chinesen in ewiger Furcht und Angst vor allem, weil alles Äußerliche eine Bedeutung, Macht für sie ist, das Gewalt gegen sie brauchen, sie affizieren kann. Besonders die Wahrsagerei ist dort zu Hause: in jedem Ort sind eine Menge Menschen, die sich mit Prophezeien abgeben. Die rechte Stelle zu finden für ihr Grab, die Lokalität, das Verhältnis im Raum – damit haben sie es ihr ganzes Leben zu tun. Wenn beim Bau eines Hauses ein anderes das ihrige flankiert, die Front einen Winkel gegen dasselbe hat, so werden alle möglichen Zeremonien vorgenommen und die besonderen Mächte durch Geschenke günstig gemacht. Das Individuum ist ohne alle eigene Entscheidung und ohne subjektive Freiheit.

2. Die Religion der Phantasie

a. Der Begriff derselben

Die zweite Hauptform des Pantheismus, wie er als Religion zur Erscheinung gekommen ist, steht noch innerhalb desselben Prinzips der *einen* substantiellen Macht, in der das Vorhandene, auch die Freiheit des Menschen, nur ein Negatives, Akzidentelles ist. In der ersten Form der substantiellen Macht sahen wir, daß sie als die Menge und als der Umfang der wesentlichen Bestimmungen und nicht an ihr selber als geistig gewußt wird. Es ist nun sogleich die Frage: wie ist diese Macht *an ihr selber bestimmt,* und was ist ihr *Inhalt?* Das Selbstbewußtsein in der Religion kann nicht wie der abstrakt denkende Verstand bei der Vorstellung jener Macht stehenbleiben, die nur als ein Aggregat von Bestimmungen gewußt wird, welche nur *sind.* So wird die Macht noch nicht gewußt als reelle, für sich seiende Einheit, noch nicht als *Prinzip.* Das Entgegengesetzte dieser Bestimmung ist nun die Rücknahme des vielen Bestimmtseins in *die Einheit des Sichselbstbestimmens.* Diese Konzentration des Sichselbstbestimmens enthält den Anfang der Geistigkeit.

α) Das Allgemeine als sich selbst bestimmend, nicht nur als eine Menge von Regeln, ist das *Denken,* existiert als Denken. Die Natur, die Macht, die alles gebiert, existiert als das

Allgemeine, als dies eine Wesen, als diese eine Macht, für sich nur in unserem Denken. Was wir in der Natur vor uns haben, ist dies Allgemeine, aber nicht *als* Allgemeines. Das Wahre der Natur ist als Idee oder abstrakter als Allgemeines in unserem Denken für sich herausgehoben. Die Allgemeinheit ist aber *an ihr selbst* Denken und als sich selbst bestimmend die Quelle alles Bestimmens. Aber auf der Stufe, wo wir jetzt stehen und wo das Allgemeine zuerst als das Bestimmende, als Prinzip hervortritt, ist es noch nicht der Geist, sondern *abstrakte Allgemeinheit* überhaupt. Indem das Allgemeine so gewußt wird als Denken, bleibt es als solches in sich eingeschlossen. Es ist die Quelle aller Macht, die aber nicht selbst sich *als solche* äußert.

β) Zum Geiste gehört nun das *Unterscheiden* und die Ausbildung des Unterschiedes. In das System dieser Ausbildung gehört die konkrete Entwicklung des Denkens für sich selbst und diejenige Entwicklung, welche als Erscheinung die Natur und die geistige Welt ist. Da nun aber das Prinzip, das auf dieser Stufe auftritt, noch nicht so weit gediehen ist, daß diese Entwicklung *in ihm selbst* geschehen könnte, da es vielmehr nur in der einfachen, abstrakten Konzentration festgehalten wird, so fällt die Entwicklung, der Reichtum der wirklichen Idee *außerhalb des Prinzips,* und damit ist die Unterscheidung und die Mannigfaltigkeit in die wildeste Äußerlichkeit der Phantasie ausgelassen. Die Besonderung des Allgemeinen erscheint in einer Vielheit *selbständiger* Mächte.

γ) Dieses Viele, das wild Auseinandergelassene, wird wieder zurückgenommen in die erste Einheit. Diese *Zurücknahme,* diese Konzentration des Denkens würde der Idee nach das Moment der Geistigkeit vollenden, wenn das erste, allgemeine Denken sich in sich selbst zum Unterschiede erschlösse und wenn es *in sich* als das Zurücknehmen gewußt würde. Auf der Grundlage des abstrakten Denkens bleibt aber die Zurücknahme selbst eine *geistlose.* Es fehlt hier nichts von den Momenten der Idee des Geistes, es ist in diesem Fortgang die Idee der Vernünftigkeit vorhanden; aber doch machen diese Momente den Geist nicht aus, die Entwicklung vollendet sich nicht zum Geist, weil die Bestimmungen nur allgemein bleiben. Es wird immer nur zurückgekehrt zu jener *Allgemeinheit,* die selbsttätig ist, aber in der *Abstraktion des Selbstbestimmens* festgehalten wird. Wir haben also das abstrakte Eine und die Wildheit der ausgelassenen Phantasie, welche zwar wieder gewußt wird als identisch bleibend mit dem Ersten, aber nicht zur konkreten Einheit des Geistigen erweitert wird. Die Einheit des intelligiblen Reiches kommt zum besonderen Bestehen, aber dieses wird nicht absolut frei, sondern bleibt in der allgemeinen Substanz gehalten.

Eben damit aber, daß die Entwicklung noch nicht wahrhaft in den Begriff zurückkehrt, noch nicht innerlich vom Begriff zurückgenommen wird, behält sie bei aller Rückkehr in die Substanz noch ihre *Unmittelbarkeit,* ist sie noch der Naturreligion angehörig, und die Momente fallen daher auseinander und werden als selbständig gegeneinander getrennt gehalten. Das ist der Fluch der Natur. Wir werden so überall Anklänge des Begriffs, des Wahrhaften finden, die aber im ganzen um so greuelhafter werden, weil sie in der Bestimmung des Außereinander bleiben und die Momente *selbständig* und gegenständlich in ihrer Besonderheit theoretisch angeschaut werden.

Die Frage ist nun noch: Welches sind die Formen, *die Gestalten dieser Selbständigkeit*? Wir sind auch in solch einer Welt, das Bewußtsein ist in solch einer außereinander seienden Welt, in einer sinnlichen Welt, und es hat so mit einer Welt von bunter Mannigfaltigkeit zu tun. Im ganzen sind es so *diese,* dies ist Grundbestimmung; *diese* heißen wir Dinge, und es ist dies die nähere Bestimmung des Objektiven, die wir ihm geben, wodurch wir es vom Geist unterscheiden. Ebenso haben wir es innerlich mit vielfachen Gewalten, geistigen Unterschieden, Empfindungen zu tun, die der Verstand ebenso *isoliert,* – da ist diese Neigung, jene Leidenschaft, diese Kraft des Gedächtnisses, jene des Urteils usf. Auch beim Denken haben wir solche Bestimmungen, von denen jede *für sich* ist: positiv, negativ, sein, nicht sein; dies ist Selbständigkeit für unser sinnlich nehmendes Bewußtsein, für unseren Verstand. Wir haben auf diese Weise eine Weltansicht, Anschauung, die *prosaisch* ist, weil die Selbständigkeit die Form der Dingheit, der Kräfte, der Seelenkräfte usf., mithin abstrakte Form hat. Der Gedanke ist hier nicht Vernunft, sondern Verstand und in dieser Form vorhanden. Daß wir aber die Welt so betrachten, ist Reflexion des Verstandes und ein viel Späteres, das hier noch nicht stattfinden kann. Erst wenn die Prosa, das Denken alle Verhältnisse durchdrungen hat, daß der Mensch überall abstrakt denkend sich verhält, spricht er von äußerlichen Dingen. Hier hingegen ist das Denken nur diese Substanz, nur dieses Beisichsein, es ist noch nicht angewendet und hat noch nicht den ganzen Menschen durchdrungen. Die besonderen Mächte, welche teils Gegenstände, Sonne, Berge, Flüsse, oder abstraktere sind wie Entstehen, Vergehen, die Veränderung, das Gestalten usw., sind noch nicht in den Geist aufgenommen, noch nicht wahrhaft als ideell gesetzt, aber auch noch nicht verständig vom Geist unterschieden, und das reine Sein ist noch konzentriert in jenes Insichsein der noch nicht geistigen Substanz.

Wir sagen nun nicht nur: die Dinge *sind,* sondern zweitens sagen wir auch: sie stehen in *mannigfacher Beziehung zueinander,* haben Kausalzusammenhang, sind abhängig voneinander; dies zweite Moment der Verständigkeit kann hier auch nicht vorhanden sein. Erst der Verstand als reine Sichselbstgleichheit faßt die Gegenstände in diesen Kategorien auf. Weil das eine ist, so ist das andere, sagt er und führt diese Kette des Zusammenhanges rückkehrlos in die schlechte Unendlichkeit hinaus. Also diese Form hat diese Selbständigkeit nicht. Die Form der Selbständigkeit, die nun hier ist, ist keine andere als die Form dessen, was die *Form des konkreten Selbstbewußtseins* selbst ist, und diese erste Weise ist daher *menschliche* oder *tierische Weise.* Auf diesem Standpunkt ist Erfüllung; das Konkrete tritt ein als seiend, angeschaut, nicht mehr als Macht, – in dieser ist es nur als Negatives, der Macht Unterworfenes gesetzt. Das Praktische ist in der Macht nur objektiv, nicht das Theoretische; hier hingegen ist das Theoretische freigelassen.

Der Geist, indem er *theoretisch* ist, ist *zweiseitig,* er verhält, als in sich, sich *zu sich selbst* und verhält sich *zu den Dingen,* welche die allgemeine Selbständigkeit für ihn sind; und so brechen sich ihm die *Dinge selbst* entzwei, in ihre *unmittelbare* äußerliche, bunte Weise und in ihr für sich seiendes, *freies Wesen.* Indem dies noch nicht ein *Ding,* noch überhaupt die Kategorien des Verstandes sind, nicht die *gedachte,* abstrakte Selbständigkeit, so ist sie die vorgestellte, freie Selbständigkeit, und diese ist die Vorstellung des *Menschen* oder wenigstens des *Lebendigen,* welche somit überhaupt die *Objektivität der Phantasie* genannt werden kann. Sich die Sonne, den Himmel, den Baum als seiend, selbständig vorzustellen, dazu bedarf es für uns nur entweder dessen *sinnliche Anschauung* oder dessen Bild, zu dem nichts heterogen Scheinendes hinzuzutreten habe, um es uns als selbständig vorzustellen. Dieser Schein ist aber eine Täuschung; das Bild, wenn es als *selbständig,* als *seiend* vorgestellt ist, uns als solches gilt, so hat es für uns eben die Bestimmung des Seins, einer *Kraft,* einer *Ursächlichkeit, Wirksamkeit,* einer *Seele*; es hat seine Selbständigkeit in diesen Kategorien. Aber insofern die Selbständigkeit noch nicht zur Prosa des Verstandes fortgegangen ist, für welchen die Kategorie der Kraft, Ursache, überhaupt die Bestimmung der Objektivität ist, so ist Fassen und Aussprechen jener Selbständigkeit diese Poesie, welche die Vorstellung der menschlichen Natur und Gestalt – etwa der tierischen noch, oder der menschlichen in einer Verbindung mit der tierischen – zum Träger und Wesen der äußerlichen Welt macht. Diese Poesie ist das in der Tat Vernünftige der Phantasie, denn dies ist festzuhalten: wenn das Bewußtsein, wie gesagt, noch nicht zur Kategorie fortgegangen ist, so ist das Selbständige aus der vorhandenen Welt, und zwar eben im Gegensatze des Unselbständigen, des als äußerlich Vorgestellten zu nehmen, und hier ist allein das tierische und menschliche Wesen die Gestalt, Weise und Natur des Freien unter den Dingen. Sonne, Meer, Baum usw. sind in der Tat unselbständig gegen das Lebendige, Freie, und diese Formen des Selbständigen sind es, die in diesem Element der Selbständigkeit die Träger der Kategorie für irgendeinen Inhalt ausmachen. Dem Stoff wird so eine *subjektive Seele* gegeben, die aber nicht eine *Kategorie* ist, sondern *konkrete Geistigkeit und Lebendigkeit*.

Die nächste Folge ist, daß, sowie die Gegenstände überhaupt und die allgemeinen Gedankenbestimmungen solche freie Selbständigkeit haben, der *verständige Zusammenhang* der Welt aufgelöst ist; – diesen Zusammenhang bilden die Kategorien der Verhältnisse des Notwendigen, oder die Abhängigkeit der Dinge voneinander nach ihrer Qualität, ihrer wesentlichen Bestimmtheit bildet diesen Zusammenhang; alle diese Kategorien sind aber nicht vorhanden, und so taumelt die Natur *haltungslos* vor der Vorstellung. Irgendeine Einbildung, irgendein Interesse des Geschehens und Erfolgens, die Bewegung eines Verhältnisses ist durch nichts gebunden und beschränkt; alle Pracht der Natur und der Einbildung steht zu Gebot, den Inhalt damit zu schmücken, und die Willkür der Einbildung hat völlig ungebundenen Weg, sich dahin oder dorthin, hierdurch oder dortdurch gehen zu lassen.

Die ungebildete Begierde hat wenig Interesse, und das, für welches sie Interesse hat, negiert sie; gegen alles Interesselose hingegen ist sie unaufmerksam. Auf diesem Standpunkt der Einbildung aber werden *alle Unterschiede besonders beachtet* und festgehalten, und alles, was Interesse hat für die Einbildung, wird frei, selbständig und zum Grundgedanken erhoben.

Durch diese *eingebildete Selbständigkeit* selbst ist es aber ebenso, daß umgekehrt die Haltung des Inhalts und der

Gestaltungen verschwindet; denn da sie bestimmten, endlichen Inhalts sind, so hätten sie ihren objektiven Halt, ihre Wiederkehr und bleibende Erneuerung allein in dem verständigen Zusammenhange, der verschwunden ist, wodurch ihre Selbständigkeit, statt eine Wirklichkeit zu sein, vielmehr zu einer *vollkommenen Zufälligkeit* wird. Die erscheinende Welt ist daher in den *Dienst der Einbildung* gesetzt. Die göttliche Welt ist ein Reich der Einbildung, die um so mehr unendlich und mannigfaltig wird, als sie dem Lokal einer üppigen Natur angehört und dieses Prinzip begierdelosen Einbildens der auf dem *theoretischen* Boden gestellten Phantasie eben einen Reichtum des Gemüts und seiner Gefühle erzeugt hat – Gefühle, die in dieser ruhig brütenden Wärme besonders von dem Tone wollüstiger, süßer Lieblichkeit, aber auch schwächlicher Weichheit durchdrungen sind.

Der gegenständliche Inhalt wird hier auch nicht in der Weise der *Schönheit* aufgefaßt; diese Mächte, allgemeine Naturgegenstände oder die Mächte des Gemüts, z. B. die Liebe, sind noch nicht als schöne Gestalten. Zur Schönheit der Gestalt gehört *freie Subjektivität*, die im Sinnlichen, im Dasein zugleich frei ist und sich frei weiß. Denn das Schöne ist wesentlich das Geistige, das sich sinnlich äußert, sich im sinnlichen Dasein darstellt, aber so, daß das sinnliche Dasein vom Geistigen ganz und gar durchdrungen, daß das Sinnliche nicht für sich ist, sondern nur durchaus Bedeutung hat im Geistigen, durch das Geistige, – nicht sich, sondern das Geistige zeigt. Das ist die wahrhafte Schönheit. Am lebendigen Menschen sind viele äußerliche Einwirkungen, die die reine Idealisierung, diese Subsumtion des Leiblichen, Sinnlichen unter das Geistige hemmen.

Hier ist dieses Verhältnis noch nicht, und darum nicht, weil das Geistige nur erst noch in dieser abstrakten Bestimmung der *Substantialität* vorhanden ist, also wohl entwickelt zu diesen Besonderungen, besonderen Mächten; aber die Substantialität ist noch *für sich,* hat noch nicht durchdrungen und überwunden diese ihre Besonderheiten und das sinnliche

Dasein. Die Substanz ist sozusagen ein allgemeiner Raum, der das, womit er erfüllt ist, die Besonderung, die aus ihm hervorging, noch nicht organisiert, *idealisiert* und sich unterworfen hat. Auch deshalb kann die Form der Schönheit hier noch nicht geschaffen werden, weil der Inhalt, diese Besonderungen der Substanz, noch nicht der *wahrhafte Inhalt des Geistes* ist.

Indem nun der beschränkte Inhalt die Grundlage ist und als geistiger gewußt wird, dadurch wird das Subjekt, dies Geistige, eine leere Form. In der Religion der Schönheit macht das Geistige als solches die Grundlage aus, so daß auch der Inhalt der geistige ist. Die Bilder als sinnlicher Stoff sind da nur Ausdruck des Geistigen. Hier aber ist der Inhalt nicht geistiger Art.

So ist die Kunst die *symbolische,* die zwar Bestimmungen ausdrückt, aber nicht Bestimmungen des Geistigen. Daher kommt das Unschöne, Verrückte, *Phantastische* der Kunst, die hier eintritt. Das Symbol ist nicht das reine Schöne, weil da noch ein *anderer* Inhalt zugrunde liegt als die geistige Individualität. Die freie Subjektivität ist nicht das Durchdringende und nicht wesentlich ausgedrückt durch die Gestalt. In dieser Phantasie ist nichts Festes, nichts gestaltet sich zur Schönheit, die erst das Bewußtsein der Freiheit gibt. Überhaupt ist hier vorhanden die völlige *Auflösung der Gestalt*, das Hin- und Hergehen und *Aufspreizen* des Einzelnen. Das Innere geht haltungslos über in die äußerlichste Existenz, und die Auslegung des Absoluten, die in dieser Welt der Einbildung vor sich geht, ist nur eine unendliche Auflösung des Einen in das Viele und ein haltungsloser Taumel alles Inhalts.

Den durchgreifenden Halt bringt in diese Willkür, Verwirrung und Schwächlichkeit, in diese maßlose Pracht und Weichheit allein das durch den Begriff an und für sich bestimmte System der allgemeinen Grundbestimmungen als der *absoluten Mächte,* auf welche alles zurückgeht und die durch alles hindurchdringen; und dieses System ist es, welches zu betrachten das wesentlichste Interesse ist: sie einerseits durch die verkehrte sinnliche Weise des willkürlichen, äußerlich bestimmten Gestaltens hindurch zu erkennen und *ihrer zugrunde liegenden Wesenheit Gerechtigkeit widerfahren zu lassen*, andererseits die *Degradation* zu bemerken, welche sie durch die Weise teils der Gleichgültigkeit derselben gegeneinander, teils willkürlicher menschlicher und äußerlicher lokaler Sinnlichkeit erfahren, wodurch sie in den Kreis des Alltäglichsten versetzt sind; alle Leidenschaften, lokale Züge, Züge individueller Erinnerung sind daran geheftet; es ist kein *Urteil,* keine Scham, nichts von höherer Angemessenheit der *Form* und des *Inhalts*; das alltägliche Dasein als solches ist nicht verschwunden, zur Schönheit fortgebildet. Die Unangemessenheit von Form und Inhalt ist näher die, daß die Grundbestimmungen herabgewürdigt werden, indem sie den Schein erhalten, dem Auseinandersein gleich zu sein, und daß durch ihre Form wiederum die äußerlich sinnliche Gestalt verdorben wird.

Es wird aus dem Bisherigen schon erhellen, daß diese Bestimmungen des göttlichen Wesens in der *indischen Religion* ihre Existenz haben. Von ihrer weitschichtigen, ihrer Natur nach endlosen Mythologie und mythologischen Formen haben wir hier zu abstrahieren, um uns nur an die Hauptgrundbestimmungen zu halten, welche einerseits barock, wild und greuliche, widerliche, ekelhafte Verzerrungen sind, zugleich aber sich erweisen, zur inneren Quelle den Begriff zu haben, und um der *Entwicklung* willen, die er in diesem theoretischen Boden gewinnt, an das Höchste der Idee erinnern, aber auch zugleich die bestimmte Verkümmerung ausdrücken, welche die Idee erleidet, wenn diese Grundbestimmungen nicht wiederum zur geistigen Natur zurückgebracht sind. – Die Entwicklung, das Auseinanderlegen der Form macht das Hauptinteresse aus, gegen eine abstrakt monotheistische Religion ebenso als gegen die griechische – gegen eine nämlich, welche geistige Individualität zum Prinzip hat.

b. Vorstellung des objektiven Inhalts dieser Stufe

Das Erste in dem Begriff, das Wahrhafte, das allgemein Substantielle ist die ewige Ruhe des Insichseins, dies in sich selbst seiende Wesen, was die allgemeine Substanz ist. Diese einfache Substanz, welche die Inder *Brahman* nennen, ist, als das Allgemeine, die an sich seiende *Macht*, die nicht gegen Anderes gekehrt ist wie die Begierde, sondern die still, unscheinbar, reflektiert in sich ist, die aber damit als Macht bestimmt ist. Diese in sich verschlossen bleibende Macht in der Form der Allgemeinheit muß *unterschieden* werden von ihrem Wirken, dem durch sie Gesetzten, und *von ihren eigenen Momenten*. Macht ist das Ideelle, das Negative, wofür alles andere nur als aufgehoben, negiert ist; aber die Macht als in sich seiende, allgemeine Macht unterscheidet sich von ihren Momenten selbst, und diese erscheinen deshalb als *selbständige Wesenheiten* einerseits und andererseits als solche, die auch *vergehen* in dem Einen. Sie gehören ihm an, sind nur Momente desselben; aber als unterschiedene Momente treten sie in der Selbständigkeit auf und erscheinen als selbständige Personen, Personen der Gottheit, die *Gott*, das Ganze selbst sind, so daß *jenes Erste verschwindet* in dieser besonderen Gestalt; aber andererseits *verschwinden sie* wieder in der einen Macht. Die Abwechslungen – einmal das Eine, das andere Mal der Unterschied als ganze Totalität – sind die den konsequenten Verstand verwirrende Inkonsequenz dieser Sphäre, aber zugleich die begriffsmäßige Konsequenz der Vernunft gegen die des abstrakt mit sich identischen Verstandes.

Die Subjektivität ist Macht in sich als die Beziehung der unendlichen Negativität auf sich; aber sie ist nicht nur Macht *an sich*, sondern mit der Subjektivität ist Gott erst als Macht *gesetzt*. Diese Bestimmungen sind wohl voneinander zu unterscheiden und sind in Beziehung sowohl auf die folgenden Begriffe von Gott als auch auf die Verständigung über die vorhergehenden vornehmlich wichtig und darum näher in Betracht zu ziehen.

Nämlich die *Macht* überhaupt ist sogleich in der Religion überhaupt, und in der ganz unmittelbaren, der rohesten Naturreligion [ist sie] die Grundbestimmung, als die Unendlichkeit, welche das Endliche als aufgehobenes in sich setzt, und insofern dieses als außer demselben, als existierend überhaupt vorgestellt wird, so wird es doch nur als ein aus jenem als *seinem Grunde Hervorgegangenes* gesetzt. Die Bestimmung, auf welche es nun hierbei ankommt, ist, daß diese Macht zunächst eben nur als *Grund* der besonderen Gestaltungen oder Existenzen gesetzt ist und das Verhältnis des in sich seienden Wesens zu denselben das *Substantialitätsverhältnis* ist. So ist sie nur Macht *an sich*, Macht als das *Innere* der Existenzen, und als in sich seiendes Wesen oder als Substanz ist sie nur als das Einfache und Abstrakte gesetzt, so daß die Bestimmungen oder Unterschiede als eigens vorhandene Gestaltungen *außer ihr* vorgestellt werden. Dies in sich seiende Wesen mag wohl auch als *für sich* seiend vorgestellt werden, wie *Brahman* das Sichdenken ist; – *Brahman* ist die allgemeine Seele, als schaffend geht er selbst als ein Hauch aus sich hervor, er betrachtet sich und ist nunmehr für sich selbst. Aber dadurch verschwindet nicht zugleich seine abstrakte Einfachheit, denn die Momente, die Allgemeinheit des *Brahman* als solche und das Ich, für welches sie ist, beide sind gegeneinander nicht bestimmt, und ihre Beziehung ist daher selbst einfach. Brahman ist so als abstrakt *für sich selbst* seiend zwar die Macht und der Grund der Existenzen, und alle sind aus ihm hervorgegangen, so wie sie – im Zu-sich-selbst-Sprechen: »Ich bin Brahman« – alle in ihn zurückgegangen, in ihm verschwunden sind: entweder *außerhalb seiner*, als selbständig existierende, oder *in ihm*, verschwundene; nur Verhältnis dieser zwei Extreme. – Aber *als unterschiedene* Bestimmungen gesetzt, erscheinen sie als Selbständigkeiten außer ihm, weil er erst abstrakt, nicht konkret in ihm selbst ist.

Die Macht, auf diese Weise nur *an sich* gesetzt, wirkt *innerlich*, ohne als Wirksamkeit zu erscheinen. Ich *erscheine* als

Macht, insofern ich Ursache, und bestimmter, insofern ich Subjekt bin – indem ich einen Stein werfe usf. Aber die *an sich* seiende Macht wirkt auf eine *allgemeine* Weise, ohne daß diese Allgemeinheit für sich selbst Subjekt ist. – Diese allgemeine Wirkungsweise, in ihrer wahrhaften Bestimmung aufgefaßt, sind z. B. die *Naturgesetze*.

Brahman nun als die eine, einfache, absolute Substanz ist das Neutrum, die Gottheit, wie wir sagen; *Brahma* drückt dies allgemeine Wesen mehr als Person, Subjekt aus. Aber es ist ein Unterschied, der nicht konstant angewendet wird, und schon in den verschiedenen *casibus* verwischt sich dieser Unterschied von selbst, da *masculinum* und *neutrum* viele gleiche *casus* haben, und es ist auch in dieser Rücksicht kein großer Akzent auf diesen Unterschied zu legen, weil *Brahma* als personifiziert nur oberflächlich personifiziert wird, so daß der Inhalt doch bleibt diese einfache Substanz.

An dieser einfachen Substanz treten nun die Unterschiede hervor, und es ist merkwürdig, daß diese Unterschiede so vorkommen, daß sie nach dem Instinkt des Begriffs bestimmt sind. Das Erste ist die *Totalität* überhaupt als *eine*, ganz abstrakt genommen; das Zweite die *Bestimmtheit*, der *Unterschied* überhaupt, und das Dritte, der wahrhaften Bestimmung nach, ist, daß die Unterschiede in die Einheit zurückgeführt werden, die konkrete Einheit. Diese Dreiheit des Absoluten, nach seiner abstrakten Form gefaßt, wenn es formlos ist, ist es bloß *Brahman*, das leere Wesen; nach seiner Bestimmtheit ist es eine Drei, aber nur in einer Einheit, so daß diese Trias nur eine Einheit ist.

Bestimmen wir das näher und sprechen wir in anderer Form davon, so ist das Zweite dies, daß Unterschiede, unterschiedene Mächte sind; der Unterschied hat aber gegen die eine Substanz, die absolute Einheit kein Recht, und insofern er kein Recht hat, so kann dies die *ewige Güte* genannt werden, daß auch das Bestimmte existiert, – diese Manifestation des Göttlichen, daß auch das Unterschiedene dazu kommt, daß es *ist*. Es ist dies die Güte, durch welche das durch die

Macht als Schein Gesetzte momentanes Sein erhält. In der Macht ist es absorbiert; doch die Güte läßt es bestehen.

Zu diesem Zweiten kommt das Dritte, die *Gerechtigkeit* hervor, daß das Seiende, Bestimmte nicht ist, das Endliche sein Ende, Schicksal, Recht erlangt, dies: *verändert* zu werden, überhaupt zu werden zu einer anderen Bestimmtheit; das ist die Gerechtigkeit überhaupt. Dazu gehört abstrakterweise das *Werden*, das Vergehen, Entstehen: denn auch das Nichtsein hat kein Recht, ist abstrakte Bestimmung gegen das Sein und ist selbst das Übergehen in die Einheit.

Diese Totalität, die Einheit ist, ein Ganzes, ist, was bei den Indern *Trimurti* heißt – *Murti* = *Gestalt* (wie alle Emanationen des Absoluten *Murti* genannt werden) –, dieses Höchste, unterschieden in sich, so daß es diese drei Bestimmungen in ihm hat.

Das Auffallendste und Größte in der indischen Mythologie ist unstreitig diese Dreieinigkeit. Wir können sie nicht *Personen* nennen, denn es fehlt ihnen die geistige Subjektivität als Grundbestimmung. Aber es hat die Europäer aufs höchste verwundern müssen, dieses hohe Prinzip der christlichen Religion hier anzutreffen; wir werden dasselbe später in seiner Wahrheit kennenlernen und sehen, daß der Geist als konkreter notwendig als dreieiniger gefaßt werden muß.

Das Erste nun, das Eine, die *eine* Substanz ist, was *Brahma* heißt. Es kommt auch vor: *Parabrahma*, was über dem *Brahma* ist; das geht kraus durcheinander. Von Brahma, insofern er Subjekt ist, werden allerhand Geschichten erzählt. Über eine solche Bestimmung wie *Brahma*, indem so ein Bestimmtes als *eines von diesen Dreien* gefaßt wird, geht der Gedanke, die Reflexion sogleich wieder hinaus und macht sich ein *Höheres*, das sich in dem Unterschiede bestimmt. Insofern das, was schlechthin die Substanz ist, wieder erscheint nur als eines neben anderen, so ist das Bedürfnis des Gedankens, noch ein Höheres zu haben, *Parabrahma*, und man kann nicht sagen, in welchem bestimmten Verhältnis dergleichen Formen stehen.

Brahma ist also, was als diese Substanz gefaßt ist, aus der alles hervorgegangen, erzeugt ist, diese Macht, die alles erschaffen. Indem aber so die eine Substanz, das Eine die abstrakte Macht ist, erscheint es auch gleich als das Träge, die formlose, träge Materie; da haben wir die formierende Tätigkeit, wie wir es ausdrücken würden, besonders. Die eine Substanz, weil es nur die Eine ist, ist das *Formlose*; so ist auch dies eine Weise, wie es zum Vorschein kommt, daß die Substantialität nicht befriedigt, nämlich weil die Form nicht vorhanden ist.

So erscheint *Brahman*, das eine, sich selbst gleiche Wesen als das Träge, zwar das Erzeugende, aber zugleich passiv sich Verhaltende, gleichsam als Weib. *Krischna* sagt darum von Brahman: »Brahman ist mein Uterus, das bloß Empfangende, in den ich meinen Samen lege und daraus alles erzeuge.« Auch in der Bestimmung »Gott ist das Wesen« ist nicht das Prinzip des Bewegens, Hervorbringens, keine Tätigkeit. Aus Brahman geht alles hervor, Götter, Welt, Menschen; aber es kommt zugleich zum Vorschein, daß dieses Eine untätig ist. In den verschiedenen Kosmogonien, Darstellungen der Schöpfung der Welt, tritt dies, was soeben angegeben ist, auch hervor.

In den *Wedas* kommt so eine Beschreibung der Erschaffung der Welt vor, wo *Brahma* so allein in der Einsamkeit ganz für sich seiend vorgestellt wird und wo ein Wesen, das vorgestellt ist als ein höheres, dann zu ihm sagt, er solle sich ausdehnen und sich selbst erzeugen. Aber *Brahma*, heißt es dann, sei in tausend Jahren nicht imstande gewesen, seine Ausdehnung zu fassen; da sei er wieder in sich zurückgegangen. Da ist Brahma vorgestellt als Welt erschaffend, aber, weil er das Eine ist, als untätig, als ein solches, das aufgerufen wird von einem anderen Höheren und formlos ist. Also Bedürfnis eines Anderen ist gleich da. Im allgemeinen ist Brahman diese eine, absolute Substanz.

Die Macht als diese einfache Tätigkeit ist das *Denken*. In der indischen Religion steht diese Bestimmung an der Spitze, sie ist die absolute Grundlage und das Eine, *Brahman*. – Diese Form ist der logischen Entwicklung gemäß: das erste war die Vielheit der Bestimmungen, der Fortschritt besteht in der Resumtion des Bestimmens zur Einheit. Dies ist die Grundlage. Was weiter noch zu geben ist, ist teils bloß historisch, teils aber die notwendige Entwicklung aus jenem Prinzip.

Die einfache Macht, als das Tätige, hat die *Welt erschaffen*; dieses Schaffen ist wesentlich ein *Verhalten des Denkens zu sich selbst*, eine sich auf sich beziehende Tätigkeit, keine endliche Tätigkeit. Dies ist auch in den indischen Vorstellungen ausgesprochen. Die Inder haben eine Menge *Kosmogonien*, die alle mehr oder weniger wild sind und aus denen sich nichts Festes herausfinden läßt; es ist nicht *eine* Vorstellung von der Erschaffung der Welt wie in der jüdischen und christlichen Religion. Im Gesetzbuch des *Manu*, in den *Wedas* und *Puranas* sind die Kosmogonien immer verschieden aufgefaßt und dargestellt; jedoch ein Zug ist immer wesentlich darin, daß dies bei sich selbst seiende Denken *Erzeugen seiner selbst* ist.

Dieser unendlich tiefe und wahre Zug kehrt in den verschiedenen Weltschöpfungsdarstellungen immer wieder. Das Gesetzbuch *Manus* fängt so an: das Ewige hat mit *einem* Gedanken das Wasser erschaffen usw. Es kommt auch vor, daß diese reine Tätigkeit das *Wort* genannt wird, wie Gott im Neuen Testament. Bei den späteren Juden, *Philo,* ist die σοφία das Ersterschaffene, das aus dem Einen hervorgeht. Das Wort wird bei den Indern sehr hochgehalten; es ist Bild der reinen Tätigkeit, ein äußerlich physikalisch Daseiendes, das aber nicht bleibt, sondern das nur ideell ist, unmittelbar in seiner Äußerlichkeit verschwunden ist. Das Ewige schuf das Wasser, heißt es also, und legte fruchtbringenden Samen darein; der wurde ein glänzendes Ei, und darin wurde es selbst wiedergeboren als *Brahma*. Brahma ist der Ahnherr aller Geister, von dem Existierenden und nicht Existierenden. In diesem Ei, heißt es, saß die große Macht untätig ein Jahr; am Ende desselben teilte sie das Ei durch den Gedanken und schuf den einen Teil männlich, den anderen weiblich: die männliche Kraft ist selbst gezeugt und wird wieder zeugend und wirksam nur, wenn sie sich in strenger Andacht geübt hat, d. h. wenn sie zur Konzentration der Abstraktion gelangt ist. Der Gedanke ist also das Hervorbringende, und was hervorgebracht wird, ist das Hervorbringende selbst, nämlich *die Einheit des Denkens mit sich.* – Die Rückkehr des Denkens zu sich selbst ist ebenso in anderen Darstellungen. In einem der *Wedas* (woraus zuerst von *Colebrooke*[11] Bruchstücke übersetzt worden sind) findet sich eine ähnliche Beschreibung des ersten Schöpferaktes: Es war weder Sein noch Nichts, weder Oben noch Unten, weder Tod noch Unsterblichkeit, sondern nur das Eine eingehüllt und dunkel; außer diesem Einen existierte nichts, und dieses brütete einsam mit sich selbst. Durch die Kraft der Kontemplation brachte es aus sich eine Welt hervor; in dem Denken bildete sich zuerst das Verlangen, der Trieb, und dies war der ursprüngliche Samen aller Dinge.

Hier wird ebenso das Denken in seiner auf sich eingeschlossenen Tätigkeit dargestellt. – Das Denken wird aber weiter auch gewußt als Denken im selbstbewußten Wesen, im *Menschen*, der dessen Existenz ist. Man könnte den Einwurf machen, die Inder hätten dem Einen eine zufällige Existenz zugeschrieben, da es dem Zufall überlassen bleibe, ob das Individuum sich zu dem abstrakt Allgemeinen, zu dem *abstrakten Selbstbewußtsein* erhebe. Allein die Kaste der Brahmanen ist unmittelbar das Vorhandensein *Brahmans*; ihre Pflicht ist es, die *Wedas zu lesen*, sich in sich zurückzuziehen. Das Lesen der Wedas ist das Göttliche, ja Gott selbst, ebenso das Gebet. Die Wedas können auch sinnlos, in vollkommener Verdumpfung gelesen werden; diese Verdumpfung selbst ist die abstrakte Einheit des Denkens; das

---

[11] Henry Thomas Colebrooke, 1765–1837, Hauptbegründer der Indologie

Ich, das reine Anschauen desselben ist das vollkommen Leere. Die Brahmanen sind es also, in denen Brahman existiert, durch das Lesen der Wedas ist Brahman, und *das menschliche Selbstbewußtsein in der Abstraktion ist Brahman selbst.*

Die angegebenen Bestimmungen des Brahman scheinen mit dem Gott anderer Religionen, mit dem wahren Gott selbst so viele Übereinstimmung zu haben, daß es nicht unwichtig scheint, einerseits den Unterschied, der stattfindet, bemerklich zu machen, andererseits anzugeben, warum die dem indischen reinen Wesen konsequente Bestimmung der subjektiven Existenz im Selbstbewußtsein bei diesen anderen Vorstellungen nicht statthat. Der jüdische Gott nämlich ist dieselbe eine, unsinnliche Substantialität und Macht, welche nur für das Denken ist; er ist selbst das objektive Denken, gleichfalls noch nicht der in sich konkrete Eine, wie er als Geist ist. Der indische höchste Gott ist aber viel mehr nur *das* Eine als *der* Eine, er ist nur an sich, nicht für sich seiend, – er ist *Brahman,* das Neutrum oder die allgemeine Bestimmung; *Brahma als Subjekt* ist dagegen sogleich einer unter den drei Personen, wenn man sie so nennen könnte, was in Wahrheit nicht möglich ist, da ihnen die geistige Subjektivität als wesentliche Grundbestimmung fehlt. Es ist nicht genug, daß aus jenem ersten Einen die Trimurti *hervorgeht* und in ihn dieselbe auch zurückgeht; er ist damit doch nur als Substanz, nicht als Subjekt vorgestellt. Der jüdische Gott hingegen ist der Eine *ausschließend,* der keine anderen Götter *neben* ihm hat; hierdurch ist es, daß er nicht nur als das Ansich-, sondern auch als das Fürsichseiende, schlechthin Verzehrende bestimmt ist, als ein Subjekt mit zwar noch abstrakter, unentwickelt gesetzter, jedoch wahrhafter Unendlichkeit in sich. Seine Güte und seine Gerechtigkeit bleiben insofern auch nur *Eigenschaften* oder, wie die Hebräer sich mehr ausdrücken, *Namen* desselben, die nicht besondere Gestaltungen werden, – obgleich sie auch noch nicht zu dem Inhalt werden, wodurch die christliche Einheit Gottes allein die geistige ist. Der jüdische Gott kann deswegen die Bestimmung einer *subjektiven Existenz im Selbstbewußtsein* nicht erhalten, weil er vielmehr *an ihm selbst Subjekt* ist, für die Subjektivität daher nicht *eines Anderen* bedarf, in welchem er erst diese Bestimmung erhielte, aber damit, weil sie in einem Anderen wäre, auch *nur* eine subjektive Existenz hätte.

Dagegen muß dies, was der *Hindu* in und zu sich selbst sagt: »Ich bin *Brahman*«, seiner wesentlichen Bestimmung nach mit der modernen, subjektiven und objektiven *Eitelkeit*, mit dem als identisch erkannt werden, zu was das Ich durch die oft erwähnte Behauptung, daß wir von Gott nicht wissen, gemacht wird. Denn damit, daß Ich keine affirmative Beziehung zu Gott hat, derselbe *für* Ich ein Jenseits, ein inhaltsloses Nichts ist, so ist für Ich nur Ich für sich das Affirmative. Es hilft nichts zu sagen: »Ich anerkenne Gott als *über mir, außer mir*«, – Gott ist eine inhaltslose Vorstellung, deren einzige Bestimmung, alles, was von ihr erkannt, gewußt werden, alles, was sie für mich sein soll, ganz allein darauf beschränkt ist, daß dies schlechthin Unbestimmte *ist* und daß es das Negative meiner sei. Im indischen »Ich bin Brahman« ist es freilich nicht als *Negatives* meiner gesetzt, im Gegenteil. Aber jene scheinbar affirmative Bestimmung Gottes, daß er *sei*, ist teils für sich nur die vollkommen leere Abstraktion des *Seins* und daher nur eine subjektive Bestimmung – eine solche, die allein in meinem Selbstbewußtsein Existenz hat, die darum auch dem *Brahman* zukommt –, teils, insofern sie eine objektive Bedeutung noch haben sollte, so wäre sie schon, nicht nur in konkreteren Bestimmungen wie, daß Gott ein Subjekt an und für sich selbst sei, etwas, *was* von Gott gewußt würde, eine *Kategorie* desselben und selbst schon zuviel. Das Sein reduziert sich somit von selbst auf das bloße *Außer mir*, und es soll auch ausdrücklich nur das *Negative meiner* bedeuten, in welcher Negation in der Tat mir nichts übrigbleibt als Ich selbst, – es heißt leeres Stroh dreschen, jenes Negative meiner, das Außer oder Über mir, für eine behauptete oder wenigstens geglaubte, anerkannte Objektivität ausgeben zu wollen, denn es ist damit nur ein *Negatives* ausgesprochen, und zwar ausdrücklich durch mich. Weder diese abstrakte Negation aber, noch die Qualität, daß sie durch mich gesetzt ist und ich diese Negation und sie nur als Negation weiß, ist eine Objektivität; auch ist es nicht etwa wenigstens der Form nach, wenn auch nicht dem Inhalt, eine Objektivität, – denn vielmehr ist eben die inhaltslose Form der Objektivität, [da] ohne Inhalt, eine leere Form, ein bloß *subjektiv Gemeintes*. Vormals hat man in der christlichen Welt das, was bloß die Bestimmung des Negativen hatte, den *Teufel* genannt. – Affirmatives bleibt somit nichts als nur dies subjektiv meinende Ich. Es hat skeptisch mit einseitiger Dialektik sich allen Inhalt sinnlicher und übersinnlicher Welt verflüchtigt und ihm die Bestimmung eines für dasselbe Negativen gegeben; indem ihm alle Objektivität eitel geworden, ist das, was vorhanden, diese positive Eitelkeit selbst, das objektive Ich, welches allein die Macht und das Wesen ist, in welchem alles verschwunden, aller Inhalt überhaupt als endlich versenkt ist, so daß das Ich das Allgemeine, der Meister aller Bestimmungen und der ausschließende, affirmative Punkt ist.

Das Indische »Ich bin Brahman« und die sogenannte Religion, das Ich des modernen Reflexionsglaubens, sind nur in dem äußeren Verhältnisse voneinander unterschieden, daß jenes das erste, unbefangene Erfassen ausdrückt, in welchem für das Selbstbewußtsein die reine Substantialität seines Denkens wird, so daß es *daneben* noch allen anderen Inhalt überhaupt gelten läßt und als objektive Wahrheit anerkennt. Wogegen der alle Objektivität der Wahrheit leugnende Reflexionsglaube jene Einsamkeit der Subjektivität allein festhält und nur sie allein anerkennt. In dieser ausgebildeten Reflexion ist die göttliche Welt wie aller Inhalt nur ein durch mich Gesetztes.

Dies erste Verhältnis des Hindu zum *Brahman* ist nur im

einzelnen Gebete gesetzt, und indem es selbst die Existenz des Brahman ist, erscheint das *Momentane dieser Existenz* sogleich dem Inhalt unangemessen, und es tritt somit die Forderung ein, diese Existenz selbst zur allgemeinen, wie ihr Inhalt ist, zur *dauernden* zu machen; denn nur das *Momentane der Zeit* ist das, was als der nächste Mangel jener Existenz erscheint, denn es ist allein das, was mit jener abstrakten Allgemeinheit in der Beziehung steht, sich daran vergleicht und als ihm nicht angemessen erscheint; denn sonst ist die subjektive Existenz desselben, das abstrakte Ich ihm gleich. Jenen noch *einzelnen Blick* aber zu einem *fortdauernden Sehen erheben* heißt nichts anderes, als den Übergang aus dem Momente solcher stillen Einsamkeit in die erfüllte Gegenwart des Lebens, seiner Bedürfnisse, Interessen und Beschäftigungen abzuschneiden und sich fortwährend in jenem *bewegungslosen, abstrakten Selbstbewußtsein* zu erhalten. Dies ist es denn auch, was viele Inder, welche nicht Brahmanen sind – wovon nachher – an sich vollführen. Sie geben sich mit der ausdauerndsten Verhärtung dem Einerlei jahrelanger, vornehmlich zehnjähriger Tatlosigkeit hin, in welcher sie allem Interesse und Beschäftigung des gewöhnlichen Lebens entsagen und den Zwang irgendeiner widernatürlichen Haltung oder Stellung des Leibes damit verbinden, – immerfort zu sitzen, mit über dem Kopf zusammengelegten Händen zu gehen oder zu stehen, niemals, auch zum Schlaf nicht, zu liegen usf.

Das Zweite ist dann *Krischna* oder *Wischnu*, d. i. das Inkarnieren des *Brahman* überhaupt. Dieser Inkarnationen werden viele verschiedene von den Indern aufgezählt; es ist überhaupt dies, daß Brahman da als Mensch erscheint. Man kann da aber wieder auch nicht sagen, daß es Brahman ist, der als Mensch erscheint: denn diese Menschwerdung ist nicht gesetzt als bloße Form des Brahman.

In dies Gebiet fallen diese ungeheuren Dichtungen herein; *Krischna* ist auch *Brahma*, *Wischnu*. Diese Vorstellungen von Inkarnationen scheinen zum Teil Anklänge von Geschichtlichem zu enthalten, daß große Eroberer, die dem Zustand eine neue Gestalt gegeben, die Götter sind, so beschrieben werden als Götter. Die Taten *Krischnas* sind Eroberungen, wo es ungöttlich genug zugeht; Eroberung und Liebschaften sind überhaupt die zwei Seiten, Haupttaten der Inkarnationen.

Das Dritte ist *Schiwa, Mahadewa*, der große Gott, oder *Rudra:* dies müßte die *Rückkehr in sich* sein; das Erste nämlich, Brahman, ist die entfernte, in sich verschlossene Einheit; das Zweite, *Wischnu*, die Manifestation (die Momente des Geistes sind insoweit nicht zu verkennen), das Leben in menschlicher Gestalt. Das Dritte müßte die Rückkehr zum Ersten sein, damit die Einheit gesetzt wäre als in sich zurückkehrende: aber gerade dies ist das Geistlose; es ist die Bestimmung *des Werdens überhaupt* oder des Entstehens und Vergehens. Es ist gesagt: die Veränderung überhaupt ist das Dritte; so ist die Grundbestimmung Schiwas einerseits die ungeheure Lebenskraft, andererseits das Verderbende, Verwüstende, die wilde Naturlebenskraft überhaupt. Sein Hauptsymbol ist darum der Ochs wegen seiner Stärke, die allgemeinste Vorstellung aber das Lingam, was bei den Griechen als φάλλος verehrt worden, dieses Zeichen, das die meisten Tempel haben. Das innerste Heiligtum enthält diese Vorstellung.

Dies sind die drei Grundbestimmungen. Das Ganze wird in einer Figur mit drei Köpfen dargestellt, wiederum symbolisch und unschön. – Die wahrhafte Drei im tieferen Begriff ist der Geist, die Rückkehr des Einen zu sich selbst, sein Zusichkommen, nicht nur die Veränderung, sondern die Veränderung, in der der Unterschied zur Versöhnung gebracht wird mit dem Ersten, die Zweiheit aufgehoben ist.

In dieser Religion aber, die der Natur noch angehört, ist dies Werden aufgefaßt als bloßes Werden, als bloße Veränderung, nicht als Veränderung des Unterschieds, wodurch sich die Einheit hervorbringt, als Aufheben des Unterschieds zur Einheit. Bewußtsein, Geist ist auch Veränderung des Ersten, der unmittelbaren Einheit. Das andere ist das Urteil, ein Anderes sich gegenüber Haben; ich bin wissend – aber so, daß, indem das Andere für mich ist, ich in diesem Anderen zu mir, in mich zurückgekehrt bin. Das Dritte, statt das Versöhnende zu sein, ist hier nur diese Wildheit des Erzeugens und Zerstörens. Die Entwicklung geht also nur aus in ein wildes Herumwerfen in dem Außersichsein. Dieser Unterschied ist wesentlich und auf den ganzen Standpunkt gegründet, nämlich auf den Standpunkt der Naturreligion.

Diese Unterschiede werden nun als Einheit, als *Trimurti* gefaßt und dieses wieder als das Höchste. Aber wie dies als Trimurti gefaßt wird, so wird *jede Person* auch wieder *für sich*, allein genommen, daß sie selbst die *Totalität,* der ganze Gott ist.

In dem älteren Teil der Wedas ist nicht von Wischnu, noch weniger von Schiwa die Rede; da ist *Brahman*, das Eine, Gott überhaupt allein.

Außer dieser Hauptgrundlage und Grundbestimmung in der indischen Mythologie wird dann *alles andere* durch die Phantasie oberflächlich personifiziert. Große Naturgegenstände, wie der Ganges, die Sonne, der Himalaja (welcher besonders der Aufenthalt des Schiwa ist), werden mit Brahman selbst identifiziert: die Liebe, der Betrug, der Diebstahl, die List, sowie die sinnlichen Naturkräfte in Pflanzen und Tieren, so daß die Substanz die Form der Tiere habe usw., – alles dies wird von der Phantasie aufgefaßt als frei für sich vorgestellt, und so entsteht eine unendliche *Götterwelt der besonderen Mächte und Erscheinungen*, welche jedoch als untergeordnete gewußt wird: an der Spitze derselben steht *Indra*, der Gott des sichtbaren Himmels. Diese Götter sind veränderlich und vergänglich und dem höchsten Einen unterworfen; die *Abstraktion absorbiert* sie: die Macht, welche der Mensch durch diese erhält, setzt sie in Schrecken, ja *Wischwamitra* schafft selbst einen anderen Indra und andere Götter.

So sind diese besonderen, geistigen und natürlichen Mächte,

die als Götter gelten, das eine Mal selbständig, das andere Mal als verschwindende, die dies sind, in der absoluten Einheit, der Substanz unterzugehen und wieder daraus zu entstehen. So sagen die Inder: es waren schon viele tausend Indra und werden noch sein; ebenso sind die Inkarnationen als Vorübergehendes gesetzt. Indem die besonderen Mächte in die substantielle Einheit zurückgehen, wird diese *nicht konkret,* sondern bleibt abstrakte Einheit, und sie wird auch nicht konkret, indem diese Bestimmtheiten aus ihr heraustreten; sondern es sind Erscheinungen mit der Bestimmung der Selbständigkeit gesetzt außer ihr.

Von einer Anzahl und Schätzung dieser Gottheiten kann gar nicht die Rede sein; da ist nichts, was zu einem Festen gestaltet wäre, indem dieser Phantasie überhaupt alle Bestimmtheit mangelt. Jene Gestaltungen verschwinden wieder auf dieselbe Weise, wie sie erzeugt sind: die Phantasie geht über von einer gemeinen äußerlichen Existenz zur Gottheit; diese aber kehrt dann ebenso wieder zu dem, was ihr zugrunde lag, zurück. Von Wundern kann man gar nicht sprechen, denn alles ist ein Wunder, alles ist verrückt und nichts durch einen vernünftigen Zusammenhang der Denkkategorien bestimmt. Allerdings ist sehr vieles symbolisch.

Die Inder sind ferner in viele Sekten geteilt; unter vielen anderen Unterschieden ist vornehmlich dieser: die einen verehren den Wischnu, die anderen den Schiwa. Darüber werden oft blutige Kriege geführt; besonders bei Festen und Jahrmärkten entstehen Streitigkeiten, die Tausenden das Leben kosten. – Diese Unterschiede sind nun überhaupt so zu verstehen, daß das, was *Wischnu* heißt, selbst wieder von sich sagt, er sei alles, Brahman sei der Mutterleib, in dem er alles erzeuge, er die absolute Formtätigkeit, ja, er sei *Brahman;* da ist *dieser Unterschied aufgehoben.* – Wenn *Schiwa* redend eingeführt wird, so ist er die absolute Totalität, das Feuer der Edelsteine, die Kraft im Manne, die Vernunft in der Seele, er ist auch wieder Brahman. Da lösen sich in einer Person, in *einem* von diesen Unterschieden alle, auch die beiden anderen auf, wie die anderen Mächte, Naturgötter, Genien.

Die Grundbestimmung des theoretischen Bewußtseins ist daher die Bestimmung der Einheit, die Bestimmung dessen, was *Brahman, Brahma* und dergleichen heißt. Diese Einheit verfällt in diese Zweideutigkeit, daß Brahma einmal das Allgemeine, alles ist, und das andere Mal eine Besonderheit gegen die Besonderheit; so erscheint Brahma als Schöpfer und wird dann wieder untergeordnet, spricht selbst von etwas Höherem, als er ist, von einer allgemeinen Seele. Diese Verworrenheit, die diese Sphäre hat, hat ihren Grund in der notwendigen Dialektik derselben. Der Geist ist nicht vorhanden, der alles ordnet; daher treten die Bestimmungen einmal[12] in dieser Form auf, dann müssen sie wieder aufgehoben werden als einseitig, dann tritt eine andere Form herein. Es erscheint nur die *Notwendigkeit des Begriffs als Abweichung, Verwirrung*, als etwas, das in sich keinen Halt hat, und die Natur des Begriffs ist es, die in diese Verwirrung einen Grund bringt.

Das Eine erscheint für sich fixiert, als das mit sich ewig Einige; aber weil dies Eine zur Besonderung fortgehen muß, die aber hier geistlos bleibt, so heißen und sind alle Unterschiedenen wieder *Brahman*, sind dies Eine in sich und nehmen also auch das Epitheton des Einen an sich: die besonderen Götter sind so alle auch Brahman. Ein Engländer, der auf das sorgfältigste aus den verschiedenen Darstellungen untersucht hat, was mit Brahman gemeint sei, glaubt, Brahman sei ein Epitheton des Preises, weil er nicht selbst für sich als dieser Eine behalten wird, sondern alles von sich sagt, es sei Brahman. Es ist dies *Mill*[13] in seiner *Geschichte von Indien*. Er beweist aus vielen indischen Schriften, daß es ein Epitheton des Preises ist, welches von verschiedenen Göttern gebraucht wird und nicht den Begriff von Vollkommenheit, Einheit vorstellt, den wir damit verbinden. Dies ist Täu-

---

12 W: »nicht einmal«
13 James Mill, *The History of British India*, 3 Bde., London 1817

schung: denn Brahman ist einerseits das Eine, Wandellose, das aber, weil es an ihm selbst den Wandel hat, von der Gestaltenfülle, die dann die seinige ist, ebenso ausgesagt wird. Wischnu wird auch genannt der höchste Brahman. Das Wasser und die Sonne ist Brahman. In den Wedas ist besonders die Sonne hervorgehoben, und wenn man die an sie gerichteten Gebete einzeln nimmt, so kann man glauben, daß den alten Indern nur in der Sonne Brahman gewesen ist und daß sie so eine andere Religion hatten als ihre Nachkommen. Auch die Luft, die Bewegung der Atmosphäre, der Atem, der Verstand, die Glückseligkeit wird Brahman genannt. *Mahadewa* nennt sich Brahman, und Schiwa spricht von sich: »Ich bin, was ist und was nicht ist, ich bin alles gewesen, bin immer und werde immer sein, ich bin Brahma und ebenso Brahman, ich bin die ursachende Ursache, ich bin die Wahrheit, der Ochse und alle lebendigen Dinge, ich bin älter als alles, ich bin das Vergangene, Gegenwärtige und Zukünftige, ich bin Rudra, bin alle Welten« usf.

So ist Brahman das Eine und auch jedes selbständig, was als Gott vorgestellt wird. Unter anderem kommt ein Gebet an die Sprache vor, worin sie von sich sagt: Ich bin Brahman, die allgemeine höchste Seele. Brahman ist so dies Eine, was aber nicht als dies Eine ausschließend festgehalten wird, er ist nicht so, wie wir von *einem* Gott sprechen; dieser Eine ist allgemeine Einheit. Hier sagt alles, was selbständig, identisch mit sich ist: ich bin Brahman.

Zum Schluß mag noch eine Darstellung folgen, in welcher alle Momente vereinigt ausgedrückt sind, die wir bisher in ihrer Entzweiung und Dialektik betrachtet haben.

Der Oberst *Dowe*[14] hat eine Geschichte von Indien aus dem Persischen übersetzt; in einer dabei befindlichen Dissertation gibt er eine Übersetzung aus den Wedas und hierin eine Vorstellung der Erschaffung der Welt.

Brima existierte von aller Ewigkeit an in der Form uner-

---

14 Dowe, *The History of Hindostan* (aus dem Persischen des Tarikh-i-Furischta), 3 Bde., London 1770/72

meßlicher Ausdehnung. Als es ihm gefiel, die Welt zu schaffen, sagte er: »Steh auf, o Brima!« Das Verlangen, der *appetitus* ist so das Erste gewesen; er sagt dies zu sich selbst. Unmittelbar darauf ging ein Geist von Feuerflammen aus seinem Nabel, der vier Köpfe und vier Hände hatte. Brima schaute um sich und sah nichts als sein unermeßliches Bild; er reiste tausend Jahre, um seine Ausdehnung zu erfahren, zu verstehen. Dies Feuer ist wieder er selbst, und er hat nur sich zum Gegenstand als unermeßlich. Brima hat nun nach der tausendjährigen Reise ebensowenig seine Ausdehnung gewußt als vorher; in Verwunderung versenkt, habe er sein Reisen aufgegeben und betrachtet, was er gesehen. Der Allmächtige, etwas Verschiedenes von Brima, habe nun gesagt: »Geh, Brima, und erschaffe die Welt; du kannst dich nicht begreifen, mache etwas Begreifliches.« Brima habe gefragt: »Wie soll ich eine Welt schaffen?« Der Allmächtige habe geantwortet: »Frage mich, und es soll dir Gewalt gegeben werden.« Nun sei Feuer aus Brima gegangen, und er habe die Idee aller Dinge gesehen, die vor seinen Augen schwebten, er habe gesagt: »Laß alles, was ich sehe, real werden; aber wie soll ich die Dinge erhalten, daß sie nicht zugrunde gehen?« Es sei darauf ein Geist von blauer Farbe aus seinem Munde gegangen; dies ist wieder er selbst, *Wischnu, Krischna,* das erhaltende Prinzip. Diesem habe er befohlen, alles Lebendige und zur Erhaltung desselben das Vegetabilische zu schaffen. Menschen hätten noch gefehlt. Brima habe hierauf Wischnu befohlen, Menschen zu machen. Er habe dies getan; aber die Menschen, welche Wischnu machte, waren Idioten mit großen Bäuchen, ohne Wissen, wie die Tiere auf dem Felde, ohne Leidenschaften und Willen, nur mit sinnlicher Begierde; darüber sei Brima erzürnt und habe sie zerstört. Er habe nun selber vier Personen aus seinem eigenen Atem geschaffen und ihnen den Befehl erteilt, über die Kreatur zu herrschen; allein sie weigerten sich, etwas anderes zu tun, als Gott zu preisen, weil sie nichts von der veränderlichen, zerstörbaren Qualität in sich hatten, nichts von dem zeitlichen

Wesen. Brima wurde nun verdrießlich: dies war ein brauner Geist, der zwischen den Augen hervorkam; dieser setzte sich vor ihm nieder mit untergeschlagenen Beinen und gekreuzten Armen und weinte. Er fragte: »Wer bin ich, und was soll mein Aufenthalt sein?« Brima sagte: »Du sollst *Rudra* sein und alle Natur dein Aufenthalt; geh und mache Menschen.« Er tat es. Diese Menschen waren wilder als die Tiger, da sie nichts in sich hatten als die zerstörende Qualität; sie zerstörten sich, denn nur Zorn war ihre Leidenschaft. – Wir sehen so die drei Götter abgesondert voneinander wirken; ihr Hervorgebrachtes ist nur einseitig, ohne Wahrheit. Endlich haben Brima, Wischnu und Rudra ihre Gewalt vereinigt und so Menschen geschaffen, und zwar zehn.

c. Der Kultus

Dem Charakter der göttlichen Welt entspricht die subjektive Religion, das Sichselbsterfassen des Selbstbewußtseins im Verhältnis zu seiner göttlichen Welt.

Wie in dieser die Idee sich zum Hervortreten ihrer Grundbestimmungen entwickelt hat, aber diese sich einander äußerlich bleiben, und ebenso die empirische Welt gegen sie und gegen sich äußerlich und unverständig und daher der Willkür der Einbildung überlassen bleibt, – so kommt auch das nach allen Richtungen ausgebildete Bewußtsein nicht dazu, sich zur wahrhaften Subjektivität zu fassen. Obenan steht in dieser Sphäre die *reine Gleichheit des Denkens,* welche zugleich als *in sich* seiende, schöpferische Macht bestimmt ist. Diese Grundlage ist aber rein *theoretisch*; sie ist noch die Substantialität, aus welcher wohl *an sich* alles hervorgeht und darin gehalten ist, aber *außer* welcher aller Inhalt selbständig getreten und nicht nach seiner *bestimmten* Existenz und Verhalten durch jene Einheit zu einem objektiven und allgemeinen gemacht ist. Das nur theoretische, formelle Denken erhält den *Inhalt,* wie er als zufällig bestimmt erscheint; es kann wohl von ihm abstrahieren, aber ihn nicht zum Zusammenhang eines Systems und somit zu einem gesetzmäßigen Zusammensein erheben. Das Denken erhält daher hier überhaupt nicht *praktische* Bedeutung, d. h. die Wirksamkeit und der Wille gibt seinen Bestimmungen nicht die allgemeine Bestimmung, und die Form entwickelt sich zwar *an sich* nach der Natur des Begriffs, aber tritt nicht in der Bestimmung hervor, durch ihn gesetzt, in *seiner Einheit gehalten zu sein*. Die Wirksamkeit des Willens kommt daher nicht zur Willensfreiheit – nicht zu einem Inhalt, der durch die Einheit des Begriffs bestimmt, eben damit vernünftiger, objektiver, rechtmäßiger wäre. Sondern diese Einheit bleibt die der Existenz nach abgeschiedene, nur an sich seiende, substantielle Macht – der Brahma –, der die Wirklichkeit als Zufälligkeit entlassen hat und sie nun wild und willkürlich für sich gewähren läßt.

Der *Kultus* ist *zuerst* ein Verhältnis des Selbstbewußtseins zum *Brahma*, dann aber zu der *übrigen*, außer ihm seienden, *göttlichen Welt*.

α) Was das erste Verhältnis, das zu *Brahma* betrifft, so ist dasselbe für sich ebenso ausgezeichnet und eigentümlich als insofern, daß es sich isoliert von der übrigen konkreten, religiösen und zeitlichen Lebenserfüllung hält.

αα) *Brahman* ist Denken, der Mensch ist denkend; Brahman hat also im menschlichen Selbstbewußtsein wesentlich eine Existenz. Der Mensch aber ist überhaupt hier als denkend bestimmt, oder das Denken hat als solches, und zunächst als reine Theorie, hier allgemeine Existenz, weil das Denken selbst als solches, als Macht *in sich,* bestimmt ist, hiermit die Form überhaupt, nämlich abstrakt, oder die Bestimmung des Daseins überhaupt an ihm hat.

Der Mensch überhaupt ist nicht nur denkend, sondern er ist hier *für sich* Denken, er wird seiner als reines Denken bewußt; denn es ist soeben gesagt worden, daß das Denken hier als solches zur Existenz kommt, der Mensch hier die *Vorstellung* desselben in sich hat. Oder er ist *für sich* Denken, denn das Denken ist *an sich die Macht*; aber eben die Macht ist diese unendliche, die sich auf sich beziehende

Negativität, welche *Fürsichsein* ist. Das Fürsichsein aber in die Allgemeinheit des Denkens überhaupt gehüllt, in ihr zur freien Gleichheit mit sich erhoben, ist Seele nur eines Lebendigen, nicht das mächtige, in der Einzelheit der Begierde befangene Selbstbewußtsein, sondern das *sich in seiner Allgemeinheit wissende Selbst des Bewußtseins*, welches so als sich denkend, in sich vorstellend, sich als Brahman weiß.

Oder gehen wir von der Bestimmung aus, daß Brahman das Wesen ist als abstrakte Einheit, Vertiefen in sich, so hat er auch als diese *Vertiefung in sich* seine Existenz am endlichen Subjekt, am besonderen Geist. Zur Idee des Wahren gehört das Allgemeine, die substantielle Einheit und Gleichheit mit sich, aber so, daß sie nicht nur das Unbestimmte, nicht nur substantielle Einheit, sondern in sich bestimmt ist. Brahman aber hat die Bestimmtheit außer ihm. So kann die höchste Bestimmtheit des Brahman, nämlich das Bewußtsein, das Wissen seiner realen Existenz, diese Subjektivität der Einheit, nur das subjektive Bewußtsein als solches sein.

Dies Verhältnis ist nicht ein Kultus zu nennen, denn es ist keine *Beziehung* auf die denkende Substantialität als auf ein *Gegenständliches*, sondern es wird unmittelbar mit der Bestimmung meiner Subjektivität, als *Ich selbst*, gewußt. In der Tat bin Ich dies reine Denken, und Ich selbst ist sogar der Ausdruck desselben, denn Ich als solches ist diese abstrakte, bestimmungslose Identität meiner in mir, – Ich als Ich bin nur das Denken als das mit der Bestimmung der subjektiven, in sich reflektierten Existenz Gesetzte – das *Denkende*. Gleichfalls ist daher das Umgekehrte zuzugeben, daß das Denken als dieses abstrakte Denken eben diese Subjektivität, welche Ich zugleich ausdrückt, zu seiner Existenz hat; denn das wahrhafte Denken, welches *Gott* ist, ist nicht dies abstrakte Denken oder diese einfache Substantialität und Allgemeinheit, sondern das Denken nur als die konkrete, absolut erfüllte Idee. Das Denken, welches nur das *Ansich* der Idee ist, ist eben das abstrakte Denken, welches nur diese endliche Existenz, nämlich im subjektiven Selbstbewußtsein, und gegen dieses nicht die Objektivität des konkreten Anundfürsichseins hat, daher mit Recht von diesem nicht verehrt wird.

Jeder Inder ist momentan selbst Brahman; Brahman ist dies Eine, die Abstraktion des Denkens; insofern der Mensch sich dahin versetzt, sich in sich zu sammeln, so ist er Brahman. Brahman selbst wird nicht verehrt; der *eine* Gott hat keinen Tempel, keinen Dienst, keine Gebete. Ein Engländer[15], Verfasser einer Abhandlung über den Götzendienst der Inder, stellt darüber viele Reflexionen an und sagt: »Wenn wir einen Hindu fragen, ob er Idole verehre, so wird er ohne das geringste Bedenken antworten: ›Ja, ich verehre Idole.‹ Man frage dagegen einen Hindu, einen gelehrten oder ungelehrten, gleichviel: ›Verehrt ihr das höchste Wesen, Parameschwara? betet ihr zu ihm, bringt ihr ihm Opfer dar?‹, so wird er sagen: ›niemals‹. Wenn wir weiter fragen: ›Was ist diese stille Andacht, diese schweigende Meditation, die euch anbefohlen ist und so geübt wird?‹, so wird er erwidern: ›Wenn ich das Gebet verrichte, mich setze, die Beine übereinander verschränke, die Hände falte und gen Himmel blicke und meinen Geist und meine Gedanken sammle, ohne zu sprechen, so sage ich in mir selbst, ich bin Brahman, das höchste Wesen.‹«

ββ) Da mit diesem ersten Verhältnis nur *ein Moment des einzelnen Gebets*, der Andacht gesetzt ist, so daß Brahman in seiner Existenz nur momentan ist, und indem so diese Existenz solchem Inhalt und seiner Allgemeinheit unangemessen ist, so tritt die Forderung ein, daß diese Existenz zu einer *allgemeinen* gemacht werde, wie der Inhalt ist. Das Ich abstrakt als solches ist das Allgemeine, nur daß dies selbst nur ein Moment in der Existenz der Abstraktion ist; die nächste Forderung ist also, daß dies Abstraktum, dies Ich dem Inhalt angemessen gemacht werde. Dies Erheben heißt nichts anderes, als den *Übergang abbrechen aus dem*

---

[15] vermutlich Kapitän Francis Wilfort, der von 1781–1822 in Ostindien lebte

Moment stiller Einsamkeit in das Leben, in die konkrete Gegenwart, in das konkrete Selbstbewußtsein. Es soll damit Verzicht getan werden auf alle Lebendigkeit, auf alle Verhältnisse des konkreten wirklichen Lebens zu dem Einen. Alle lebendige Gegenwart, sei es die des Naturlebens oder des geistigen, der Familie, des Staats, der Kunst, der Religion, ist in die reine Negativität abstrakter Selbstlosigkeit aufgelöst.

Das Höchste, was so im Kultus erreicht wird, ist diese Vereinigung mit Gott, welche in der Vernichtung und Verdumpfung des Selbstbewußtseins besteht. Es ist das nicht die affirmative Befreiung und Versöhnung, sondern vielmehr nur die ganz negative, die vollkommene Abstraktion. Es ist diese vollkommene Ausleerung, welche auf alles Bewußtsein, Wollen, Leidenschaften, Bedürfnisse Verzicht tut. Der Mensch, solange er in seinem eigenen Bewußtsein verbleibt, ist nach indischer Vorstellung das Ungöttliche. Die Freiheit des Menschen aber besteht gerade darin, nicht im Leeren, sondern im Wollen, Wissen, Handeln bei sich zu sein. Dem Inder ist dagegen die vollkommene Versenkung und Verdumpfung des Bewußtseins das Höchste, und wer sich in dieser Abstraktion hält und der Welt abgestorben ist, heißt ein Yogi.

Dies kommt bei den Indern zur Existenz, indem viele Hindu, welche nicht Brahmanen sind, es unternehmen und vollführen, sich zu dem vollkommen abstrakt sich verhaltenden Ich zu machen. Sie entsagen aller Bewegung, allem Interesse, allen Neigungen, indem sie sich einer stillen Abstraktion hingeben, sie werden von anderen verehrt und genährt, sie verharren sprachlos in stierer Dumpfheit, die Augen in die Sonne gerichtet oder mit geschlossenen Augen. Einige bleiben so das ganze Leben, andere zwanzig, dreißig Jahre. Es wird von einem dieser Hindu erzählt, er habe zehn Jahre gereist, ohne je zu liegen, indem er stehend geschlafen habe; die nächsten zehn Jahre habe er die Hände über dem Kopf gehalten, und dann habe er noch vorgehabt, sich an einem Fuße aufgehängt $3^{3}/_{4}$ Stunden über einem Feuer schwingen zu lassen und sich endlich $3^{3}/_{4}$ Stunden eingraben zu lassen.

Dann hat er das Höchste erreicht, und hierdurch ist in der Meinung der Inder der Vollbringer solcher Bewegungslosigkeit, solcher Lebenslosigkeit ins Innere versenkt und fortdauernd als Brahman existierend.

Im Ramajana ist eine Episode, die uns ganz auf diesen Standpunkt versetzt. Es wird die Lebensgeschichte des *Wischwamitra*, des Begleiters des *Rama* (eine Inkarnation des Wischnu) erzählt. Er sei ein mächtiger König gewesen und habe als solcher von dem Brahmanen Wasischtha eine Kuh (welche in Indien als die zeugende Kraft der Erde verehrt wird) verlangt, nachdem er die wunderbare Kraft derselben erkannt hatte; Wasischtha verweigert sie, darauf nimmt sie der König mit Gewalt, aber die Kuh entflieht wieder zum Wasischtha, macht ihm Vorwürfe, daß er sie sich habe nehmen lassen, da die Macht eines Kschatrijas (wie der König war) nicht größer sei als die eines Brahmanen. Wasischtha gibt dann der Kuh auf, ihm eine Macht gegen den König aufzustellen; dieser stellt dagegen wiederum sein ganzes Heer: die Heere von beiden Seiten werden wiederholt geschlagen. Wischwamitra erliegt aber doch endlich, nachdem auch seine hundert Söhne durch einen Wind, den Wasischtha aus seinem Nabel hatte fahren lassen, umgekommen waren; er überläßt voll Verzweiflung die Regierung seinem einzigen noch übrigen Sohne und begibt sich mit seiner Gemahlin ins Himalajagebirge, um die Gunst des Mahadewa (Schiwa) zu erlangen. Durch seine strengen Übungen bewogen, läßt sich Mahadewa bereitfinden, seine Wünsche zu erfüllen; Wischwamitra bittet um die Wissenschaft des Bogens in seiner ganzen Ausdehnung, was ihm auch gewährt wird. Damit ausgerüstet will Wischwamitra den Wasischtha bezwingen; durch seine Pfeile zerstört er den Wald des Wasischtha, dieser aber greift zu seinem Stabe, der Brahmawaffe, und erhebt sie. Da werden alle Götter mit Bangigkeit erfüllt, denn diese Gewalt drohte der ganzen Welt den Untergang; sie bitten den Brahmanen, abzulassen, Wischwamitra erkennt die Macht desselben an und beschließt nun selbst, sich den härtesten Übungen zu unterwerfen, um zu dieser Macht zu gelangen; er begibt sich in die Einsamkeit und lebt da tausend Jahre in der Abstraktion allein mit seiner Gemahlin. Brahma kommt zu ihm und redet ihn an: »Ich erkenne dich nun als den *ersten königlichen Weisen.*« Wischwamitra, damit nicht zufrieden, fängt seine Büßungen von neuem an. Unterdes hatte sich ein indischer König an den Wasischtha gewendet mit dem Begehr, er möge ihn in seiner Körpergestalt in den Himmel erheben, es war ihm aber als einem Kschatrijas abgeschlagen worden; da er aber trotzig darauf bestand, wurde er vom Wasischtha zur Klasse der Tschandala herabgesetzt. Darauf begibt sich derselbe zum Wischwamitra mit demselben Verlangen; dieser richtet ein Opfer zu, wozu er die Götter einlädt; diese schlagen es jedoch aus, zu einem Opfer zu kommen, das für einen Tschandala gebracht würde. Wischwamitra, vermittels seiner Kraft, erhebt aber den König in den Himmel; aufs Gebot des Indra fällt er jedoch herab. Wischwamitra aber erhält ihn dann zwischen Himmel und Erde und erschafft darauf einen anderen Himmel, andere Plejaden, einen anderen Indra und einen anderen Kreis von Göttern. Die Götter wurden mit Erstaunen erfüllt, sie wendeten sich demütig zum Wischwamitra und vereinigten sich mit ihm über eine Stelle, die sie jenem Könige im Himmel anwiesen. Wischwamitra wurde nach Verlauf von tausend Jahren belohnt, und Brahma nannte ihn das Haupt der Weisen, aber erklärte ihn noch nicht für einen Brahmanen. Da beginnt Wischwamitra seine Büßungen von neuem; den Göttern im Himmel wurde es bange, Indra versucht es, seine Leidenschaften zu erregen (zum vollendeten Weisen und Brahmanen gehört, daß er seine Leidenschaften unterworfen habe): er schickt ihm ein sehr schönes Mädchen, mit welchem Wischwamitra 25 Jahre lebt; dann aber entfernt sich Wischwamitra von ihr, indem er seine Liebe überwindet; vergeblich suchen die Götter ihn auch noch zum Zorn zu reizen. Es muß ihm zuletzt die Brahmakraft zugestanden werden.

Zu bemerken ist, daß dies keine *Buße* für Verbrechen ist, es wird nichts dadurch gutgemacht. Diese Entsagung hat nicht das Bewußtsein der Sünde zur Voraussetzung. Dies ist hier nicht der Fall, sondern es sind Strengigkeiten (*austerettés*), um den Zustand des Brahman zu erreichen. Es ist nicht Büßung in der Absicht angestellt, daß dadurch irgendein Verbrechen, Versündigung oder Beleidigung der Götter versöhnt werden soll; diese setzt ein Verhältnis voraus zwischen dem Werk des Menschen, seines *konkreten* Seins und seiner Handlungen, und dem einen Gott – eine inhaltsvolle Idee, an welcher der Mensch den Maßstab und das Gesetz seines Charakters und Verhaltens habe und der er sich in seinem Willen und Leben angemessen machen soll. Allein das Verhältnis zum Brahman enthält noch nichts Konkretes, weil er selbst nur die Abstraktion der substantiellen Seele ist; alle weitere Bestimmung und Inhalt fällt außer ihm; ein Kultus als ein erfülltes, den konkreten Menschen betätigendes und dirigierendes Verhältnis findet daher nicht in der Beziehung zum Brahman statt, sondern wenn ein solches überhaupt vorhanden wäre, so würde es in der Verehrung der anderen Götter zu suchen sein. Wie Brahman aber als das einsame, in sich verschlossene Wesen vorgestellt wird, so ist auch die Erhebung des einzelnen Selbstbewußtseins, das durch die angeführten Strengigkeiten sich seiner eigenen Abstraktion zu einem Perennierenden zu machen strebt, vielmehr eine *Flucht* aus der konkreten Wirklichkeit des Gemüts und lebendiger Wirksamkeit; es verschwinden in dem Bewußtsein »Ich bin Brahman« alle Tugenden und Laster, alle Götter und endlich die Trimurti selbst. Das konkrete Bewußtsein seiner selbst und des objektiven Inhalts, das in der christlichen Vorstellung der Buße und Bekehrung des *allgemeinen* sinnlichen Lebens hierin aufgegeben wird, ist nicht als ein *Sündliches,* Negatives bestimmt – wie in dem Büßungsleben von Christen und christlichen Mönchen und in der Idee der Bekehrung –, sondern es umfaßt teils, wie soeben angegeben, den sonst für heilig geachteten Inhalt selbst, teils ist eben dies der Charakter des religiösen Standpunkts, den wir betrachten, daß alle Momente auseinanderfallen und jene höchste Einheit keinen Reflex in die Erfüllung des Gemüts und Lebens wirft.

Wenn das Absolute als das Geistig-Freie, Konkrete in sich gefaßt ist, so ist das Selbstbewußtsein nur als Wesentliches im religiösen Bewußtsein, insofern es in sich *konkrete Bewegung*, inhaltsvolle Vorstellung und Empfindung erhält. Ist aber das Absolute das Abstraktum des Jenseits oder des höchsten Wesens, so ist auch das Selbstbewußtsein, weil es *Denkendes von Natur ist, von Natur gut*, – das, was es sein soll.

Der Mensch, der sich so zum fortdauernden Brahman gemacht hat, gilt nun als das, was wir früher im Zauberer sahen, daß er die *absolute Macht über die Natur* erworben habe und sei. Es wird vorgestellt, daß der *Indra*, Gott des Himmels und der Erde, Angst und Bangnis bekomme vor solch einem Menschen. In *Bopps*[16] Chrestomathie ist in einer Episode so die Geschichte zweier Riesen erwähnt, die dem Allmächtigen die Bitte um Unsterblichkeit vortragen; da sie aber jene Übungen nur vorgenommen haben, um zu solcher Macht zu kommen, so bewilligt er ihnen dieselbe nur insofern, daß sie nur durch sich selber umkommen. Sie üben nun alle Gewalt über die Natur aus, Indra bekommt Angst vor ihnen und benutzt das gewöhnliche Mittel, um jemand von solcher Übung abzuziehen: er läßt ein schönes Weib werden; jeder der Riesen will sie zur Frau haben, im Streit darüber bringen sie einander um, und dadurch ist dann der Natur geholfen.

γγ) Eine ganz eigentümliche Bestimmung ist noch, daß *jeder Brahmane*, jedes Mitglied dieser Kaste für Brahma gilt; er ist auch jedem anderen Hindu der Gott. Diese besondere Weise hängt aber mit den bisherigen Bestimmungen zusammen. Nämlich die zwei Formen, die wir gesehen haben, sind gleichsam nur ein abstraktes abgeschiedenes Verhältnis des Selbstbewußtseins zu Brahman, – ein nur *mo-*

---

16 Franz Bopp, 1791–1867, Begründer der vergleichenden Sprachforschung

mentanes das erste, das zweite nur die *Flucht aus dem Leben,* das dauernde Leben im Brahman, der dauernde Tod aller Individualität. Die dritte Forderung ist daher, daß dies Verhältnis nicht bloß Flucht, Entsagung der Lebendigkeit sei, sondern daß es auch auf *affirmative Weise* gesetzt sei. Die Frage ist: wie muß die affirmative Weise dieses Verhältnisses beschaffen sein? Es kann kein anderes sein als die Form *unmittelbarer Existenz.* Es ist dies ein schwerer Übergang. Was nur innerlich, nur abstrakt ist, ist nur äußerlich; dies *nur Abstrakte* ist nun also unmittelbar das *Sinnliche,* sinnliche Äußerlichkeit. Indem das Verhältnis hier das ganz abstrakte zur ganz abstrakten Substanz ist, so ist das affirmative Verhältnis ebenso ein ganz abstraktes, mithin unmittelbares. Hiermit ist die konkrete Erscheinung gesetzt, daß das Verhältnis zum Brahman, des Selbstbewußtseins zu ihm, ein unmittelbares, natürliches ist, also ein *angeborenes,* durch die Geburt gesetztes Verhältnis.

Der Mensch ist denkend, und dies von Natur; es ist eine natürliche Qualität des Menschen; aber daß er denkend *überhaupt* ist, das ist verschieden von der Bestimmung, von der hier die Rede ist, von dem *Bewußtsein* des Denkens überhaupt als dem absolut Seienden. Wir haben in dieser Form überhaupt *das Bewußtsein des Denkens,* und dies ist denn als das Absolute gesetzt. Dies Bewußtsein des absoluten Seins ist es, was hier auf natürliche Weise existierend gesetzt ist oder als angeboren behauptet und gemeint wird, und daß es in diese Form herabgesetzt wird, beruht auf dem ganzen Verhältnis; denn obwohl Wissen, soll dies Bewußtsein doch auf *unmittelbare* Weise sein.

Indem nun der Mensch denkend ist und hiervon unterschieden wird das Bewußtsein des Denkens als des Allgemeinen, an sich Seienden, und beides ein Angeborenes ist, so folgt daraus, daß es zwei Klassen von Menschen gibt: die einen als denkende Menschen, als Menschen überhaupt, die anderen als die, welche das Bewußtsein des Menschen sind, als absolutes Sein. Dies sind die *Brahmanen,* die Wiedergeborenen, durch die Geburt zweimal Geborenen: einmal natürlich, das andere Mal denkend geboren. Dies ist tief. Das Denken des Menschen ist hier angesehen als Quelle seiner zweiten Existenz, Wurzel seiner wahrhaften Existenz, die er sich durch Freiheit gibt.

Die Brahmanen sind von Hause aus zweimal geboren, und ihnen widerfährt die ungeheure Verehrung; wogegen alle anderen Menschen keinen Wert haben. Das ganze Leben der Brahmanen drückt die Existenz Brahmans aus, ihr Tun besteht darin, Brahman hervorzubringen; ja, sie haben durch die Geburt das Vorrecht, die Existenz Brahmans zu sein. Wenn jemand aus einer niederen Kaste einen Brahmanen berührt, so hat er den Tod verwirkt. In *Manus* Gesetzen finden sich viele Bestrafungen bei Verbrechen gegen die Brahmanen. Wenn z. B. ein *Schudra* eine beschimpfende Rede gegen einen Brahmanen ausstößt, so wird ihm ein eiserner, zehn Zoll langer Stab glühend in den Mund gestoßen, und wenn er sich untersteht, einen Brahmanen belehren zu wollen, so wird ihm heißes Öl in den Mund und in die Ohren gegossen. Den Brahmanen wird eine geheimnisvolle Macht beigeschrieben; es heißt im *Manu*: »Kein König ärgere einen Brahmanen; denn aufgebracht kann er sein Reich mit allen seinen festen Orten, seine Heere, Elefanten usf. zerstören.«

Die höchste Spitze bleibt das abgesonderte Denken als *Brahman* ganz für sich, die zur Existenz kommt in diesem Vertiefen in Nichts, in diesem ganz leeren Bewußtsein, Anschauen. Dieser Brahman, dies höchste Bewußtsein des Denkens ist aber für sich, abgeschnitten, nicht als konkreter, wirklicher Geist; es ist darum auch nicht vorhanden im Subjekt ein lebendiger Zusammenhang mit dieser Einheit, sondern das Konkrete des Selbstbewußtseins ist geschieden von dieser Region, der *Zusammenhang ist unterbrochen.* Dies ist der Hauptpunkt dieser Sphäre, die zwar die Entwicklung der Momente hat, aber so, daß sie außereinander bleiben. Indem das Selbstbewußtsein so abgeschnitten ist, ist die

Region desselben geistlos, d. h. auf natürliche Weise, als etwas Angeborenes, und insofern dies angeborene Selbstbewußtsein verschieden ist von dem allgemeinen, so ist es der Vorzug einiger. Der einzelne Dieser ist unmittelbar das Allgemeine, Göttliche; *so existiert* der Geist, aber der *nur seiende* ist der geistlose. Dadurch fällt auch das Leben des Diesen als *Diesen* und sein Leben *in der Allgemeinheit* vermittlungslos auseinander. In den Religionen, wo dies nicht der Fall ist, wo nämlich das Bewußtsein des Allgemeinen, der Wesenheit ins Besondere scheint, darin wirksam ist, entsteht Freiheit des Geistes, und es hängt damit, daß das Besondere durch das Allgemeine determiniert ist, Rechtlichkeit, Sittlichkeit zusammen. Im Privatrecht z. B. ist Freiheit des Individuums in Anwendung auf den Besitz der Sache: ich in dieser Besonderheit der Existenz bin frei; die Sache gilt als meine, eines freien Subjekts, und so ist die besondere Existenz determiniert durch das Allgemeine; meine besondere Existenz hängt zusammen mit dieser Allgemeinheit. Bei den Familienverhältnissen ist es ebenso. Sittlichkeit ist nur, indem die Einheit das Determinierende des Besonderen ist, alle Besonderheit ist determiniert durch die substantielle Einheit. Insofern dies nicht gesetzt ist, ist das Bewußtsein des Allgemeinen wesentlich ein abgeschnittenes, unwirksames, geistloses. Es ist also durch dies Isolieren das Höchste zu einem Unfreien, nur natürlich Geborenen gemacht.

β) Der eigentliche Kultus ist das Verhältnis des Selbstbewußtseins zu dem Wesenhaften, zu dem, was an und für sich ist, Bewußtsein des Einen in diesem Wesen, Bewußtsein seiner Einheit mit ihm; das *Zweite* ist dann das Verhältnis des Bewußtseins zu den selbst mannigfaltigen Gegenständen, – dies sind dann die *vielen Gottheiten*.

Brahman hat keinen Gottesdienst, keine Tempel und Altäre, die Einheit des Brahman wird nicht in Beziehung gesetzt auf das *Reale,* auf das *wirksame Selbstbewußtsein.* Aus dem Gesagten, daß das Bewußtsein des Einen isoliert ist, folgt, daß hier in dem Verhältnis zum Göttlichen nichts durch

Vernunft bestimmt ist, denn dies heißt, daß die besonderen Handlungen, Symbole usf. determiniert sind durch die Einheit; hier ist aber die Region des Besonderen nicht durch diese Einheit bestimmt, hat so den Charakter der Unvernünftigkeit, Unfreiheit. Es gibt nur ein Verhalten zu besonderen Gottheiten, die losgebundene Natürlichkeit sind; es sind zwar die abstraktesten Momente durch den Begriff an sich bestimmt, aber nicht in die Einheit zurückgenommen, so daß die *Trimurti* der Geist würde; ihre Bedeutung ist deshalb nur eine Weise eines besonderen Stoffes. Die Hauptbestimmung ist die Lebenskraft, das Erzeugende und Untergehende und das Lebendigwerden und Sichverändern; hieran schließen sich dann als Gegenstände der Verehrung Naturgegenstände, Tiere usf. Der Kultus ist also hier ein Verhältnis zu diesen Besonderen, die einseitig abgeschnitten sind, also ein Verhältnis *zu unwesentlichen Dingen in natürlicher Form*. Das religiöse Tun ist ein wesentliches Tun; eine allgemeine Weise des Lebens wird damit vorgestellt, vollbracht, wird somit gewußt, verwirklicht. Hier aber ist[17] das religiöse Tun ein Inhalt, der unwesentlich, ohne Vernunft ist.

Weil diese Stoffe überhaupt teils objektiv die Anschauung des Gottes sind, teils subjektiv das, was wesentlich zu tun ist, weil die Hauptsache unwesentlich wird, so ist der Kultus von *unendlichem Umfang,* alles kommt hinein; es ist gar nicht um den Inhalt zu tun, er hat keine Grenze in sich. Die religiösen Handlungen sind so vernunftlos in sich, sind auf ganz äußere Weise bestimmt. Was wesentlich sein soll, ist feststehend, in seiner Form der subjektiven Meinung, Willkür entnommen. Hier ist aber der Gehalt diese *sinnliche Zufälligkeit* und das Tun ein bloß seiendes Tun, Gewohnheiten, die nicht verstanden werden können, weil kein Verstand darin ist; es ist im Gegenteil darin eine Ungebundenheit nach allen Seiten gesetzt. Insofern darüber hinausgegangen

---

17 W: »Das religiöse Tun, d. h. ein wesentliches Tun, eine allgemeine Weise des Lebens wird damit vorgestellt, vollbracht, wird so hier gewußt, verwirklicht, und hier ist ...« Verändert in Anlehnung an Lasson.

wird und in den religiösen Handlungen auch Befriedigung sein muß, so ist dies nur durch sinnliche Betäubung. Das eine Extrem ist die *Flucht* der Abstraktion, die Mitte ist die Sklaverei sinnlosen Seins und Tuns, das andere Extrem ist die willkürliche Ausschweifung, die traurigste Religion. Insofern in diesem Kultus die Flucht gesetzt ist, so ist das gegenwärtige Tun bloß rein äußerliche Handlung, die vollbracht wird, *bloße Werktätigkeit,* und dazu kommt die *wildeste Betäubung,* Orgien der schrecklichsten Art. Dies ist der notwendige Charakter dieses Kultus, den er dadurch erhält, daß das Bewußtsein des Einen so getrennt ist, indem der Zusammenhang mit dem übrigen Konkreten unterbrochen ist und alles auseinander fällt. In der Einbildung ist die Wildheit und Freiheit gesetzt, in ihr hat die Phantasie ihr Feld. Wir finden so die schönste Poesie bei den Indern, aber immer mit der verrücktesten Grundlage; wir werden angezogen von der Lieblichkeit und abgestoßen von der Verworrenheit und dem Unsinn.

Die Weichheit und Lieblichkeit der *zartesten Gefühle* und die *unendliche Hingebung der Persönlichkeit* muß notwendig unter solchen Verhältnissen, wie sie diesem Standpunkte eigen sind, die höchste Schönheit haben, weil *nur* dieses Gefühl auf einer so vernunftlosen Grundlage ausschließend zur Schönheit ausgebildet ist. Aber weil dieses Gefühl der Hingebung *ohne Rechtlichkeit* ist, so stellt es eben deswegen eine Abwechslung mit der allergrößten *Härte* dar, und das Moment des Fürsichseins der Persönlichkeit geht so in Wildheit, in Vergessenheit aller festen Bande und in Zertretung der Liebe selbst über.

Aller Inhalt des Geistes und der Natur überhaupt ist wild auseinander gelassen. Jene Einheit, die obenan steht, ist wohl die Macht, aus der alles hervor-, in die alles zurückgeht; aber sie wird nicht konkret, nicht zum Band der mannigfachen Mächte der Natur, ebenso nicht konkret im Geist, nicht zum Band der vielerlei Geistestätigkeiten, Empfindungen.

Im ersten Fall, wenn die Einheit zum *Bande der natürlichen Dinge* wird, heißen wir sie *Notwendigkeit*; diese ist das Band der natürlichen Kräfte, Erscheinungen. So betrachten wir die natürlichen Eigenschaften, Dinge, daß sie in ihrer Selbständigkeit wesentlich aneinandergeknüpft sind; Gesetze, Verstand ist in der Natur, daß die Erscheinungen so zusammenhängen. – Aber jene Einheit bleibt einsam und leer für sich; daher ist jene Erfüllung eine wilde, ausgelassene Unordnung. Ebenso wird im Geistigen das Allgemeine, das Denken nicht ein konkretes, *sich in sich bestimmendes*. Daß das Denken sich in sich bestimmt und das Bestimmte in dieser Allgemeinheit aufgehoben ist, das reine Denken als konkret, ist Vernunft.

Pflicht, Recht ist nur im Denken: diese Bestimmungen, in Form der Allgemeinheit gesetzt, sind vernünftig in Ansehung der bewußten Wahrheit, Einheit und ebenso in Ansehung des Willens. Solche konkrete Einheit, Vernunft, Vernünftigkeit wird jenes Eine, jene einsame Einheit auch nicht. Es ist deswegen hier auch kein *Recht*, keine *Pflicht* vorhanden; denn die Freiheit des Willens, des Geistes ist eben, in der Bestimmtheit bei sich zu sein; aber dieses Beisichsein, diese Einheit ist hier abstrakt, bestimmungslos. Das ist die Quelle einerseits für diese phantastische Vielgötterei der Inder.

Es ist bemerkt, daß es hier nicht die Kategorie des Seins gibt; für das, was wir Selbständigkeit nennen an den Dingen oder daß wir sagen: »sie sind«, »es gibt«, dafür haben die Inder keine Kategorie, sondern als Selbständiges weiß der Mensch zunächst nur sich; ein Selbständiges der Natur stellt er sich daher vor als mit seiner Selbständigkeit, in der Weise der Selbständigkeit, die er an ihm hat, in seinem Sein, in seiner menschlichen Gestalt, Bewußtsein.

Die Phantasie macht hier alles zu Gott; es ist dies, was wir in seiner Weise auch bei den Griechen sehen, daß alle Bäume, Quellen zu Dryaden, Nymphen gemacht sind. Wir sagen: die schöne Phantasie des Menschen beseelt, belebt alles, stellt sich alles vor als begeistet, daß der Mensch unter

seinesgleichen wandle, alles anthropomorphisiere, durch seine schöne Sympathie allem die schöne Weise erteile, die er selbst habe, und so alles als beseelt an seinen Busen drückt.
Daß aber die Inder in dieser wilden Ausgelassenheit so freigebig sind, ihre Weise des Seins mitzuteilen, diese Freigebigkeit hat in einer *schlechten Vorstellung von sich*, darin ihren Grund, daß der Mensch noch nicht in sich hat den Inhalt der Freiheit des Ewigen, wahrhaft an und für sich Seienden, daß er seinen Inhalt, seine Bestimmung noch nicht höher weiß als den Inhalt einer Quelle, eines Baumes. Es ist alles an die Einbildung verschwendet und für das Leben nichts übrigbehalten. Bei den Griechen ist das mehr ein Spiel der Phantasie; bei den Indern ist kein höheres Selbstgefühl von ihnen selbst vorhanden: die Vorstellung, die sie vom Sein haben, ist nur die, die sie von sich haben; mit allen Gebilden der Natur setzen sie sich auf gleiche Stufe. Dies ist, weil das Denken so ganz in diese Abstraktion verfällt.
Diese Naturmächte nun, deren Sein so vorgestellt wird als anthropomorphisch und als bewußt, sind über dem konkreten Menschen, der als Physikalisches abhängig ist von ihnen und seine Freiheit noch nicht unterscheidet gegen diese seine natürliche Seite.
Damit hängt zusammen, daß das Leben des Menschen keinen höheren Wert hat als das Sein von Naturgegenständen, *das Leben eines Natürlichen*. Das Leben des Menschen hat nur Wert, wenn es selbst höher in sich selbst ist; das menschliche Leben bei den Indern aber ist ein Verachtetes, Geringgeschätztes: Wert kann der Mensch hier sich nicht geben auf affirmative, sondern auf negative Weise. Das Leben erhält bloß Wert durch die *Negation* seiner selbst. Alles Konkrete ist nur negativ gegen die Abstraktion, die hier das Herrschende ist. Daraus folgt diese Seite des indischen Kultus, daß Menschen sich, Eltern ihre Kinder opfern; hierher gehört auch das Verbrennen der Weiber nach dem Tode des Mannes. Diese Opfer haben einen höheren Wert, wenn sie ausdrücklich mit Rücksicht auf Brahman oder irgendeinen

Gott geschehen, denn dieser ist auch Brahman. – Das gilt für ein hohes Opfer, wenn sie zu den Schneefelsen des Himalaja hinaufsteigen, wo die Quellen des Ganges sind, und sich in diese Quellen stürzen. Das sind keine Büßungen wegen Verbrechen, keine Opferungen, um etwas Böses gutzumachen, sondern Opfer, bloß um sich Wert zu geben; dieser Wert kann nur erlangt werden auf negative Weise.
Mit der Stellung, die hier dem Menschen gegeben wird, hängt auch der *Tierdienst* der Inder zusammen. Das Tier ist nicht ein bewußter Geist, aber der Mensch ist eben in der *Konzentration der Bewußtlosigkeit* auch nicht weit vom Tiere entfernt. Das Wirken ist bei den Indern nicht vorgestellt als bestimmte Tätigkeit, sondern als einfache, durchwirkende Kraft. Die besondere Tätigkeit wird gering geachtet; nur die Verdumpfung gilt, bei der dann allerdings bloß die *Lebendigkeit des Tieres* übrigbleibt. Und ist keine Freiheit, keine Moralität, Sittlichkeit vorhanden, so ist die Macht nur als innerliche, dumpfe Macht gewußt, die auch dem Tiere und diesem in der vollendetsten Dumpfheit zukommt.
Indem der Mensch auf diese Weise ohne Freiheit ist, keinen Wert in sich hat, so ist damit verbunden in konkreter Ausdehnung dieser unsägliche, *unendlich viele Aberglaube*, diese enormen Fesseln und Beschränkungen. Das Verhältnis zu äußerlichen, natürlichen Dingen, das dem Europäer unbedeutend ist, diese Abhängigkeit wird zu einem Festen, Bleibenden gemacht. Denn der Aberglaube hat eben seinen Grund darin, daß der Mensch nicht gleichgültig ist gegen die äußerlichen Dinge, und er ist dies nicht, wenn er in sich keine Freiheit, nicht die wahrhafte Selbständigkeit des Geistes hat. Alles Gleichgültige ist fest, während alles Nichtgleichgültige, das Rechtliche und Sittliche losgelassen und der Willkür preisgegeben ist.
Hierher gehören die Vorschriften der Brahmanen, die sie zu beobachten haben; zu vergleichen ist die Erzählung von Nala im Mahabharata. Ebenso wie der Aberglaube wegen dieses Mangels an Freiheit unabsehbar ist, folgt auch daraus,

daß keine Sittlichkeit, keine Bestimmung der Freiheit, keine Rechte, keine Pflichten stattfinden, daß das indische Volk in die höchste Unsittlichkeit versunken ist. Da keine vernünftige Bestimmung sich bis zur Solidität hat ausbilden können, so konnte auch der gesamte Zustand dieses Volkes nie ein rechtlicher und in sich *berechtigter* werden und war er nur ein *vergönnter*, zufälliger und verwirrter.

3. Die Religion des Insichseins

a. Der Begriff derselben

Die allgemeine Grundlage ist noch dieselbe mit derjenigen, die der indischen Religion eigen ist; der Fortschritt ist nur derjenige, welcher in der Notwendigkeit liegt, daß die Bestimmungen der indischen Religion aus ihrem wilden, ungebändigten Auseinanderfallen und aus ihrer natürlichen Zerfahrenheit *zusammengebracht*, in ihr *inneres Verhältnis* versetzt werden und ihr haltungsloser Taumel *beruhigt* wird. Diese Religion des Insichseins ist die Sammlung und Beschwichtigung des Geistes, der aus der wüsten Unordnung der indischen Religion *in sich* und in die wesentliche Einheit zurückkehrt.

Die wesentliche Einheit und die Unterschiede fielen bisher noch so sehr auseinander, daß die letzteren für sich *selbständig* waren und nur in der Einheit verschwanden, um sogleich wieder in aller Selbständigkeit hervorzutreten. Das Verhältnis der Einheit und der Unterschiede war ein *unendlicher Progreß*, ein beständiger Wechsel des Verschwindens der Unterschiede in der Einheit und in ihrer für sich seienden Selbständigkeit. Dieser Wechsel wird jetzt *abgeschnitten*, indem dasjenige, was in ihm an sich enthalten ist, wirklich gesetzt wird: *das Zusammenfallen der Unterschiede in die Kategorie der Einheit.*

Als dieses *Insichsein*, für welches *die Beziehung auf Anderes* nun abgeschnitten ist, ist das Wesen *in sich seiende Wesentlichkeit*, Reflexion der Negativität in sich und so das in sich *Ruhende* und Beharrende.

So mangelhaft diese Bestimmung auch sein mag – denn das Insichsein ist noch nicht konkret, ist nur das *Verschwinden* der selbständigen Unterschiede –, so ist hier doch fester Boden, wahrhafte Bestimmung Gottes, die die Grundlage ausmacht.

Wenn wir diese Vorstellung mit dem Vorurteil vergleichen, nichts von Gott zu wissen, so steht, so schlecht und niedrig sie auch aussieht, diese Religion doch höher als diejenige, welche sagt: Gott ist nicht zu erkennen; denn hier kann gar keine Verehrung stattfinden, indem man nur verehren kann, was man weiß, erkennt. *Is colit Deum, qui eum novit,* pflegt ein Exempel in der lateinischen Grammatik zu sein. Das Selbstbewußtsein hat hier doch wenigstens ein affirmatives Verhältnis zu diesem Gegenstand, denn eben die Wesenheit des Insichseins ist *das Denken selbst*, und dies ist das eigentlich *Wesentliche des Selbstbewußtseins*, also ist nichts Unbekanntes, Jenseitiges in demselben. Es hat sein eigenes Wesen affirmativ vor sich, indem es diese Wesenheit zugleich als seine Wesentlichkeit weiß; aber es stellt es sich auch vor als *Gegenstand*, so daß es unterscheidet dies Insichsein, diese reine Freiheit von sich, *diesem* Selbstbewußtsein, denn dies ist zufälliges, empirisches, mannigfaltig bestimmtes Fürsichsein. Dies ist die Grundbestimmung.

Die Substanz ist *allgemeine Gegenwärtigkeit*; aber als *in sich* seiende Wesentlichkeit muß sie auch konkret in einer *individuellen Konzentration* gewußt werden. Diese Gestalt und Bestimmtheit ist gemäß dem Standpunkt der Naturreligion noch die unmittelbare Gestalt des Geistigen und hat die Form eines *Diesen*, Selbstbewußten. Im Vergleich mit der vorhergehenden Stufe ist also fortgegangen von der phantastisch in zahllose Mengen zerfallenden Personifikation zu einer solchen, die bestimmt umschlossen und gegenwärtig ist. Ein Mensch wird verehrt, und er ist als solcher der Gott, der individuelle Gestalt annimmt und sich darin zur Verehrung hingibt. Die Substanz in dieser individuellen Existenz ist die Macht, Herrschaft, das Schaffen und die

Erhaltung der Welt, der Natur und aller Dinge, – die absolute Macht.

b. Die geschichtliche Existenz dieser Religion

Geschichtlich ist diese Religion vorhanden als die des *Fo*; sie ist die Religion der Mongolen, Tibetaner im Norden und im Westen Chinas, ferner der Birmanen und Ceylonesen, wo jedoch das, was sonst Fo heißt, *Buddha* genannt wird. Es ist überhaupt die Religion, die wir unter dem Namen der *Lamaischen* kennen. Sie ist die ausgebreitetste und hat die meisten Anhänger; ihre Verehrer sind zahlreicher als die des Mohammedanismus, welcher wieder mehr Anhänger zählt als die christliche Religion. Es ist damit wie in der mohammedanischen Religion: ein einfach Ewiges macht die Grundanschauung und die Bestimmung des Innern aus, und diese *Einfachheit des Prinzips* ist durch sich selbst fähig, verschiedene Nationalitäten sich zu unterwerfen.

Es ist geschichtlich, daß diese Religion etwas Späteres ist als die Form, wo die absolute Macht das Herrschende ist. Die französischen Missionare haben ein Edikt des Kaisers Hiaking[18] übersetzt, der dadurch viele Klöster aufhob, da die darin Lebenden die Erde nicht bauten und keine Abgaben zahlten; hier sagt der Kaiser im Anfange des Edikts: »Unter unseren drei berühmten Dynastien hörte man nicht von der Sekte des Fo sprechen. Erst seit der Dynastie der Han ist sie aufgekommen.«

Die Vorstellung dieser Religion in ihren bestimmteren Zügen ist nun folgende.

α) Die absolute Grundlage ist die Stille des *Insichseins*, in welchem *alle Unterschiede aufhören*, alle Bestimmungen der Natürlichkeit des Geistes, alle besonderen Mächte verschwunden sind. So ist das Absolute als das Insichsein das Unbestimmte, das Vernichtetsein alles Besonderen, so daß alle besonderen Existenzen, Wirklichkeiten nur etwas Akzidentelles, nur gleichgültige Form sind.

---

[18] gemeint ist Kaiser Wu-tsung und dessen Edikt von 844

β) Da die *Reflexion in sich* als das Unbestimmte (auch wieder dem Standpunkte der Naturreligion gemäß) nur die *unmittelbare* ist, so ist sie in dieser Form als Prinzip ausgesprochen; *das Nichts* und das Nichtsein ist das Letzte und Höchste. Nur das Nichts hat wahrhafte Selbständigkeit, alle andere Wirklichkeit, alles Besondere hat keine. Aus Nichts ist alles hervorgegangen, in Nichts geht alles zurück. Das Nichts ist das Eine, der Anfang und das Ende von allem. So verschiedenartig die Menschen und Dinge sind, so ist nur das eine Prinzip, das Nichts, woraus sie hervorgehen, und nur die Form macht die Qualität, die Verschiedenheit aus.

Auf den ersten Anblick muß es auffallen, daß der Mensch Gott denke als Nichts, dies muß als die größte Sonderbarkeit erscheinen; aber näher betrachtet heißt diese Bestimmung: Gott ist schlechthin *nichts Bestimmtes*, das Unbestimmte; es ist keine Bestimmtheit irgendeiner Art, die Gott zukommt, er ist das Unendliche; das ist soviel als: Gott ist die Negation von allem Besonderen.

Wenn wir die Formen, die wir heutzutage hören, die gang und gäbe sind, betrachten: »Gott ist das Unendliche, das Wesen, das reine, einfache Wesen, das Wesen der Wesen und nur das Wesen«, so ist das entweder ganz oder ziemlich gleichbedeutend mit dem, daß Gott das Nichts ist. Ebenso wenn man sagt, man könne Gott nicht erkennen, so ist Gott für uns das Leere, Unbestimmte.

Jene moderne Weise ist also nur ein milderer Ausdruck dafür: Gott ist das Nichts. Das ist aber eine bestimmte, notwendige Stufe: Gott ist das Unbestimmte, die Unbestimmtheit, in welcher aufgehoben und verschwunden ist das unmittelbare Sein und dessen scheinbare Selbständigkeit.

γ) Gott, obzwar als Nichts, als Wesen überhaupt gefaßt, ist doch gewußt als *dieser unmittelbare Mensch*, als *Fo, Buddha, Dalai-Lama*. Diese Vereinbarung kann uns am widerwärtigsten, empörendsten, unglaublichsten erscheinen, daß ein Mensch mit allen sinnlichen Bedürfnissen als Gott angesehen wird, als der, welcher die Welt ewig erschaffe, erhalte, hervorbringe.

Wenn in der christlichen Religion Gott in Gestalt des Menschen verehrt wird, so ist das unendlich unterschieden; denn das göttliche Wesen wird da angeschaut in dem Menschen, der gelitten hat, *gestorben*, auferstanden und gen Himmel gefahren ist. Das ist nicht der Mensch im sinnlichen, *unmittelbaren Dasein*, sondern der, der die *Gestalt des Geistes* an sich trägt. Aber als der ungeheuerste Kontrast erscheint es, wenn in der unmittelbaren Endlichkeit des Menschen das Absolute verehrt werden soll; diese ist eine noch sprödere Vereinzelung, als das Tier ist. Die menschliche Gestalt hat ferner in sich selbst die *Forderung der Erhebung*, und darum scheint es widrig, wenn diese Forderung zum Beharren bei gemeiner Endlichkeit niedergeschlagen wird.

Diese Vorstellung ist aber verstehen zu lernen, und indem wir sie verstehen, rechtfertigen wir sie; wir zeigen, wie sie ihren Grund hat, ihr Vernünftiges, eine Stelle in der Vernunft. Aber es gehört auch dazu, daß wir ihren Mangel einsehen. Wir müssen einsehen bei den Religionen, daß es nicht bloß Sinnloses ist, Unvernünftiges. Das Wichtigere ist aber, das Wahre zu erkennen, wie es mit der Vernunft zusammenhängt, und das ist schwerer, als etwas für sinnlos zu erklären.

Das Insichsein ist die wesentliche Stufe, daß von der unmittelbaren, empirischen Einzelheit fortgegangen wird zur Bestimmung des Wesens, der Wesenhaftigkeit, zum Bewußtsein von der Substanz, einer *substantiellen Macht*, die die Welt regiert, alles entstehen, werden läßt nach vernünftigem Zusammenhang. Insofern sie substantiell, in sich seiend ist, ist sie ein *bewußtlos Wirkendes*; eben damit ist sie ungeteilte Wirksamkeit, hat Bestimmung der Allgemeinheit in ihr, ist die *allgemeine Macht*. Es ist hier zu erinnern, um uns dies deutlich zu machen, an Naturwirksamkeit, an Naturgeist, Naturseele: da meinen wir nicht, daß Naturgeist bewußter Geist ist, darunter denken wir uns nichts Bewußtes. Die Naturgesetze der Pflanzen, Tiere, ihrer

Organisation und die Tätigkeit derselben sind ein Bewußtloses; diese Gesetze sind das Substantielle, ihre Natur, ihr Begriff; das sind sie an sich, die ihnen immanente Vernunft, aber bewußtlos.

Der Mensch ist Geist, und sein Geist bestimmt sich als Seele, als diese Einheit des Lebendigen. Diese seine Lebendigkeit, die in der Explikation seiner Organisation nur *eine* ist, alles durchdringend, erhaltend, – diese *Wirksamkeit* ist im Menschen vorhanden, solange er lebt, *ohne daß er davon weiß oder dies will*, und doch ist seine lebendige Seele die Ursache, die ursprüngliche Sache, die Substanz, welche das wirkt. Der Mensch, eben diese lebendige Seele, weiß davon nichts, will diesen Blutumlauf nicht, schreibt's ihm nicht vor; doch tut er's, es ist *sein Tun*; der Mensch ist tuende, wirkende Macht von diesem, was in seiner Organisation vorgeht. Diese bewußtlos wirkende Vernünftigkeit oder bewußtlos vernünftige Wirksamkeit ist, daß der νοῦς die Welt regiert, bei den Alten der νοῦς des *Anaxagoras*. Dieser ist nicht bewußte Vernunft. Man hat diese vernünftige Wirksamkeit in der neueren Philosophie auch das *Anschauen* genannt, besonders *Schelling*: Gott als anschauende Intelligenz. Gott, die Intelligenz, die Vernunft als anschauend, ist das ewige Erschaffen der Natur, dies, was Erhalten der Natur heißt; denn Erschaffen und Erhalten ist nicht zu trennen. In dem Anschauen sind wir in die Gegenstände *versenkt*, sie erfüllen uns. Dies ist die niedrigere Stufe des Bewußtseins, dies Versenktsein in die Gegenstände; darüber reflektieren, zu Vorstellungen kommen, aus sich Gesichtspunkte hervorbringen, diese Bestimmungen an diese Gegenstände halten, urteilen – das ist nicht mehr Anschauen als solches.

Das ist also dieser Standpunkt der *Substantialität* oder des *Anschauens*. Dieser Standpunkt ist, was unter dem Standpunkt des Pantheismus zu verstehen ist in seinem richtigen Sinne, – dies orientalische Wissen, Bewußtsein, Denken von dieser absoluten Einheit, von der absoluten Substanz und der Wirksamkeit dieser Substanz in sich, einer Wirksamkeit, worin alles Besondere, Einzelne nur ein Vorübergehendes, Verschwindendes ist, nicht wahrhafte Selbständigkeit. – Dies orientalische Vorstellen ist entgegengesetzt dem okzidentalischen, wo der Mensch in sich niedergeht, wie die Sonne, in seine Subjektivität; da ist die Einzelheit Hauptbestimmung, daß das Einzelne das Selbständige ist. Wie im orientalischen, daß das Allgemeine das wahrhaft Selbständige ist, so steht in diesem Bewußtsein die Einzelheit der Dinge, der Menschen uns obenan; ja, die okzidentalische Vorstellung kann so weit gehen, zu behaupten: die endlichen Dinge sind selbständig, d. h. absolut.

Der Ausdruck Pantheismus hat das Zweideutige, welches die *Allgemeinheit* überhaupt hat. Ἕν καὶ πᾶν heißt das *eine All*, das All, welches schlechthin eines bleibt, aber πᾶν heißt auch »alles«, und so ist es, daß es in die gedankenlose, schlechte, unphilosophische Vorstellung übergeht. So versteht man unter Pantheismus die Allesgötterei, – nicht Allgötterei; denn in der Allgötterei, wenn Gott das All wäre, ist nur *ein* Gott; im All sind absorbiert die einzelnen Dinge und sind nur Schatten, Schemen: sie kommen und gehen, ihr Sein ist eben dies, daß es verschwindet. In jenem ersten Sinn aber mutet man der Philosophie zu, daß sie Pantheismus sei. So sprechen besonders die Theologen. Das ist eben die Zweideutigkeit der Allgemeinheit: nimmt man es im Sinne der *Reflexionsallgemeinheit*, so ist es die Allheit; diese stellt man sich zunächst [so] vor, daß die Einzelheit selbständig bleibt. Aber die *Allgemeinheit des Denkens*, die substantielle Allgemeinheit ist Einheit mit sich, worin alles Einzelne, Besondere nur ein Ideelles ist, kein wahrhaftes Sein hat.

Diese Substantialität ist die Grundbestimmung, aber auch nur die Grundbestimmung – der Grund ist noch nicht das Wahrhafte – auch *unseres* Wissens von Gott. Gott ist die absolute Macht, das müssen wir sagen, – *allein* die Macht; alles, was sich herausnimmt, zu sagen von sich, es sei, habe Wirklichkeit, ist aufgehoben, ist nur ein Moment des absoluten Gottes, der absoluten Macht; nur Gott ist, nur Gott ist die eine wahrhafte Wirklichkeit.

Das liegt auch in unserer Religion der Vorstellung Gottes zugrunde. Die Allgegenwart Gottes, wenn sie kein leeres Wort ist, so ist die Substantialität damit ausgedrückt, sie liegt dabei zugrunde. Diese tiefen Ausdrücke der Religion werden aber vom Stumpfsinn nur im Gedächtnis fortgeschwatzt; damit ist es gar nicht Ernst. Sowie man dem Endlichen wahrhaftes Sein zuschreibt, sowie die Dinge selbständig sind, Gott von ihnen ausgeschlossen, so ist Gott gar nicht allgegenwärtig; denn wenn Gott allgegenwärtig ist, so wird man zugleich sagen, *er* sei wirklich, nicht die Dinge. – Er ist also nicht neben den Dingen, in den Poren, wie der Gott *Epikurs*, sondern in den Dingen wirklich: und dann sind die Dinge nicht wirklich, und seine Gegenwart in ihnen ist die Idealität der Dinge; aber die Dinge sind unüberwindlich erhalten, eine unüberwindliche Wirklichkeit in diesem schwachen Denken. Die Allgegenwart muß für den Geist, das Gemüt, den Gedanken eine Wahrheit, er muß Interesse daran haben. Gott ist das Bestehen aller Dinge.

Pantheismus ist ein schlechter Ausdruck, weil dies Mißverständnis darin möglich ist, daß πᾶν genommen wird als Allheit, nicht als Allgemeinheit. Philosophie der Substantialität, nicht des Pantheismus ist die Spinozische gewesen.

Gott ist in allen höheren Religionen, besonders aber in der christlichen, die absolute, eine Substanz; zugleich ist er aber auch Subjekt, und das ist das Weitere. Wie der Mensch Persönlichkeit hat, tritt in Gott die Bestimmung der Subjektivität, Persönlichkeit, Geist ein, absoluter Geist. Das ist eine höhere Bestimmung, aber der Geist bleibt dennoch Substanz, dessenungeachtet die eine Substanz. Diese abstrakte Substanz, die das Letzte der Spinozischen Philosophie ist, diese *gedachte* Substanz, die *nur für das Denken* ist, kann nicht Inhalt einer *Volksreligion* sein, kann nicht sein der Glaube eines konkreten Geistes. Der Geist ist *konkret*; es ist nur das abstrakte Denken, das in solch einseitiger Bestimmtheit der Substanz bleibt.

Der konkrete Geist *suppliert* den Mangel, und dieser Mangel ist, daß die Subjektivität fehlt, d. i. die Geistigkeit. Aber hier auf der Stufe der Naturreligion ist diese Geistigkeit noch nicht als solche, noch nicht gedachte, *allgemeine Geistigkeit*, sondern sinnliche, *unmittelbare*; da ist es ein Mensch, als sinnliche, äußerliche, unmittelbare Geistigkeit: also in der Gestalt[19] eines *diesen* Menschen, eines empirischen, einzelnen Bewußtseins. Wenn nun dieser Mensch uns im Kontrast bleibt von dieser Substanz, dieser allgemeinen Substanz in sich, so muß man sich erinnern, daß der Mensch als lebendige Substantialität überhaupt diese *substantielle Wirklichkeit in sich* ist, die durch seine Körperlichkeit bestimmt ist; es muß gedacht werden können, daß diese Lebendigkeit auf substantielle Weise wirksames Leben in ihm ist. Dieser Standpunkt enthält die allgemeine Substantialität in wirklicher Gestalt.

Da ist die Vorstellung, daß ein Mensch in seiner Meditation, Selbstbeschäftigung mit sich, seinem Vertiefen in sich, nicht bloß in seiner Lebendigkeit die allgemeine Substanz sei, sondern in seinem Vertiefen in sich, im Zentrum des νοῦς, der νοῦς als Zentrum gesetzt, so aber, daß in ihm der νοῦς nicht in seiner Bestimmung, Entwicklung sich bewußt wird. Diese Substantialität des νοῦς, diese Vertiefung vorgestellt in einem Individuum, ist nicht die Meditation eines Königs, der in seinem Bewußtsein die Administration seines Reiches vor sich hat, sondern daß dieses Vertiefen in sich als abstraktes Denken *an sich* die wirksame Substantialität ist, die Erschaffung und Erhaltung der Welt.

Die subjektive Gestalt ist hier noch nicht *ausschließend*; erst in der Durchdringung der Geistigkeit, der Subjektivität und Substanz ist Gott wesentlich Einer. So ist die Substanz wohl *eine*, aber die Subjektivität, diese Gestaltungen sind

---

19 W: »Geistigkeit«. Verändert nach Lasson.

mehrere, und es liegt unmittelbar in ihnen, daß sie mehrere sind, denn diese Gestaltung ist selbst im *Verhältnis zur Substantialität* zwar als ein Wesentliches, doch auch zugleich als ein *Akzidentelles* vorgestellt. Denn *Gegensatz*, Widerspruch kommt erst im *Bewußtsein, Willen*, in der *besonderen Einsicht*; darum können nicht mehrere weltliche Regenten in einem Lande sein. Aber diese geistige Wirksamkeit, obgleich sie zu ihrem Dasein Gestalt, geistige Form hat, ist doch nur Wirksamkeit der Substanz, nicht als bewußte Wirksamkeit, als bewußter Wille. So gibt es denn mehrere, nämlich drei Haupt-Lamas: der erste, Dalai-Lama, befindet sich in Lhasa, nördlich vom Himalaja. Ferner ist ein anderer Lama in Klein-Tibet in Taschi-Lumpo, in der Gegend von Nepal. In der Mongolei endlich ist noch ein dritter Lama.

Der Geist kann zwar nur *eine* Gestalt haben, und dies ist der Mensch, die sinnliche Erscheinung des Geistes; aber sobald das Innere nicht als Geist bestimmt ist, so ist die Gestalt zufällig, gleichgültig. Das ewige Leben des Christen ist der Geist Gottes selbst und der Geist Gottes eben dieses, Selbstbewußtsein seiner als des göttlichen Geistes zu sein. Auf dieser Stufe hingegen ist das Insichsein noch bestimmungslos, noch nicht Geist. Es ist unmittelbares Insichsein; das Ewige als dieses Insichsein hat noch keinen Inhalt, so daß also nicht die Rede davon sein kann, daß die Gestalt der inneren Bestimmtheit entspreche. Die *Gleichgültigkeit der Gestalt* erstreckt sich also hier auch auf das objektiv Ewige. Auch der Tod ist keine Unterbrechung in Rücksicht des substantiellen Wesens; sobald ein Lama stirbt, ist auch sogleich ein anderer da, so daß das Wesen in beiden dasselbe ist, und er kann alsbald aufgesucht werden, da er an gewissen Zeichen kenntlich ist. So haben wir eine Beschreibung vom englischen Gesandten *Turner*[20] von dem Lama in Klein-Tibet; es war derselbe ein Kind von zwei bis drei Jahren, dessen Vorgänger auf einer Reise nach Peking, wohin er vom

---

20 Samuel Turner, An Interview with the young Lama (März 1784), *Asiatic Researches* I, S. 197

chinesischen Kaiser berufen worden, gestorben war. Die Stelle dieses Kindes vertrat in Regierungsangelegenheiten ein Regent, der Minister des vorigen Dalai-Lama, welcher der Träger seines Bechers genannt ist.

Es ist ein Unterschied zwischen Buddhismus und Lamaismus. Sie haben dies Gemeinsame, welches angegeben worden, und die den Fo und Buddha verehren, verehren auch den Dalai-Lama. Es ist jedoch jener mehr unter der Form eines Verstorbenen, der aber auch unter seinen Nachfolgern gegenwärtig ist. So wird auch von Fo erzählt, er habe sich 8000mal inkarniert, sei vorhanden gewesen in wirklicher Existenz eines Menschen.

Das sind die Grundbestimmungen, die aus dem, was hier die göttliche Natur ist, folgen und allein daraus folgen, da diese selbst noch ganz bei der unentwickelten Abstraktion des ruhigen, bestimmungslosen Insichseins stehenbleibt. Deswegen ist alle weitere Gestaltung und Vorstellung teils empirisch-geschichtlicher, teils eingebildeter *Zufälligkeit* preisgegeben; das Detail davon gehört einer Beschreibung der zahllosen, verworrenen Einbildungen über Begebenheiten, Schicksale jener Gottheiten, ihrer Freunde und Schüler an und gibt eine Materie, die ihrem Gehalt nach nicht viel Interesse noch Wert und überhaupt aus dem angegebenen Grunde nicht das Interesse des Begriffes hat.

Auch in betreff des Kultus haben wir es hier nicht mit den äußeren Zeremonien und Gewohnheiten zu tun, sondern nur das Wesentliche ist hier zu beschreiben, wie nämlich das Insichsein, das Prinzip dieser Stufe, im *wirklichen Selbstbewußtsein* erscheint.

c. Der Kultus

Auf den Charakter der Völker, die ihr angehören, hat diese Religion der Substantialität besonders insofern gewirkt, als sie die Erhebung über das unmittelbare, einzelne Bewußtsein zur durchgehenden Forderung machte.

α) Da das Eine als das Substantielle gefaßt wird, so liegt

darin unmittelbar die *Erhebung über die Begierde,* den einzelnen Willen, die Wildheit, – das Versenken in diese Innerlichkeit, Einheit. Das Bild des Buddha ist in dieser denkenden Stellung, Füße und Arme übereinandergelegt, so daß ein Zehe in den Mund geht, – dies Zurückgehen in sich, dies An-sich-selbst-Saugen. Der Charakter der Völker dieser Religion ist der der Stille, Sanftmut, des Gehorsams, der über der Wildheit, der Begierde steht.
Vor allem aber ist der Dalai-Lama die *Erscheinung des vollendeten und befriedigten Insichseins.* Sein Hauptcharakter ist Ruhe und Sanftmut, womit er Einsicht und ein durchaus edles Wesen verbindet. Die Völker verehren ihn, indem sie ihn in dem schönen Licht betrachten, daß er in der reinen Betrachtung lebe und das absolut Ewige in ihm gegenwärtig sei. Wenn der Lama auf äußerliche Dinge seine Aufmerksamkeit richten muß, so ist er allein mit dem wohltätigen Amt beschäftigt, *Trost* und *Hilfe* zu spenden; sein erstes Attribut ist *Vergessen* und *Erbarmen.* Jenes Kind, das in Klein-Tibet Lama war, als die oben erwähnten englischen Gesandten dort ankamen, wurde zwar noch gesäugt, war aber ein lebhaftes, geistreiches Kind, betrug sich mit aller möglichen Würde und Anständigkeit und schien bereits ein Bewußtsein seiner höheren Würde zu haben. Und von dem Regenten konnten die Gesandten nicht genug rühmen, welchen Adel, welche *leidenschaftslose Ruhe* er gehabt habe. Auch der vorige Lama war ein einsichtsvoller, würdiger, edler Mann gewesen. Daß aber ein Individuum, in dem sich die Substanz konzentriert hat, sich diese würdige, edle äußere Darstellung gibt, hängt innerlich zusammen.
Insofern die Stille des Insichseins das Vernichtetsein alles Besonderen, das Nichts ist, so ist für den Menschen ebenso dieser *Zustand der Vernichtung* der höchste, und seine Bestimmung ist, sich zu vertiefen in dieses Nichts, die ewige Ruhe, das Nichts überhaupt, in das Substantielle, wo alle Bestimmungen aufhören, kein Wille, keine Intelligenz ist. Durch fortwährendes Vertiefen und Sinnen in sich soll

der Mensch diesem Prinzip gleich werden, er soll ohne Leidenschaft sein, ohne Neigung, ohne Handlung und zu diesem Zustand kommen, nichts zu wollen und nichts zu tun.

Da ist von Tugend, Laster, Versöhnung, Unsterblichkeit keine Rede; die Heiligkeit des Menschen ist, daß er in dieser Vernichtung, in diesem Schweigen sich vereint mit Gott, dem Nichts, dem Absoluten. Im Aufhören aller Regung des Körpers, aller Bewegung der Seele besteht das Höchste. Wenn diese Stufe erlangt ist, so ist keine Abstufung, kein Wechsel mehr und hat der Mensch keine Wanderungen nach dem Tode zu befürchten, – da ist er identisch mit Gott. Hier ist also das *theoretische* Moment ausgesprochen, daß der Mensch ein Substantielles, für sich ist. Das *praktische* ist, daß er will; wenn er will, so ist das, was ist, Gegenstand für ihn, den er verändert, dem er seine Form aufdrückt. Der praktische Wert der religiösen Empfindung bestimmt sich nach dem Inhalt dessen, was als das Wahre gilt. In dieser Religion ist aber erst noch dieses *Theoretische* vorhanden, daß diese Einheit, Reinheit, das Nichts absolut selbständig gegen das Bewußtsein ist, daß seine Bestimmung ist, nicht gegen das Gegenständliche zu handeln, es nicht zu bilden, sondern es *gewähren zu lassen*, so daß diese Stille in ihm hervorgebracht werde. Dieses ist das Absolute; der Mensch hat aus sich Nichts zu machen. Des Menschen Wert besteht darin, daß sein Selbstbewußtsein ein *affirmatives* Verhältnis zu jener theoretischen Substantialität hat, – das Gegenteil desjenigen Verhältnisses, welches, da der Gegenstand keine Bestimmung für dasselbe hat, nur *negativer* Natur ist, eben deswegen *nur* affirmativ ist als Beziehung des Subjekts zu seiner eigenen Innerlichkeit, welche die Macht ist, alle Objektivität in ein Negatives zu verwandeln, – d. h. affirmativ nur in seiner *Eitelkeit*. – Jener stille, sanfte Sinn hat im Kultus zunächst momentan das Bewußtsein solcher ewigen Ruhe als des wesentlichen, göttlichen Seins, und für das übrige Leben gibt diese Bestimmtheit den Ton und Charakter; aber es steht dem Selbstbewußtsein auch frei, sein ganzes Leben zu einem *fortdauernden Zustande* jener Stille und existenzlosen Betrachtung zu machen, und diese wirkliche Zurückgezogenheit aus der Äußerlichkeit der Bedürfnisse und Wirksamkeit des Lebens in das stille Innere und so die Einigung mit dieser theoretischen Substantialität muß für die höchste Vollendung gelten. So entstehen unter diesen Völkern große religiöse Assoziationen, die in Gemeinsamkeit in Ruhe des Geistes und in stiller Beschauung des Ewigen leben, ohne an weltlichen Interessen und Geschäften teilzunehmen.

Wenn der Mensch in seinem Sinn sich auf diese negative Weise verhält, sich nur wehrt, nicht gegen das Äußerliche, sondern gegen sich selbst, und sich mit dem Nichts vereint, sich alles Bewußtseins, aller Leidenschaft entschlägt, dann ist er in den Zustand erhoben, der bei den Buddhisten Nirwana heißt. Da ist der Mensch nicht schwer, nicht mehr dem Gewicht, der Krankheit, dem Alter unterworfen, dem Tod; er ist anzusehen als Gott selbst, ist Buddha geworden.

β) Wenn der Mensch dadurch, daß er sich in diese Abstraktion, vollkommene Einsamkeit, diese Entsagung, das Nichts versetzt, dies erlangt, daß er ununterscheidbar von Gott, ewig, identisch mit Gott ist, so tritt hier die Vorstellung von der *Unsterblichkeit* und *Seelenwanderung* in die Lehre des Fo, Buddha wesentlich ein. Dieser Standpunkt ist eigentlich höher als der, auf welchem die Anhänger des Tao sich zu Schen, unsterblich machen sollen.

Indem dies als höchste Bestimmung des Menschen angegeben wird, durch Meditation, *Zurückgehen in sich*, sich unsterblich zu machen, so ist damit nicht ausgesprochen, daß die Seele *an sich*, als solche verharrend, wesenhaft, daß der Geist unsterblich ist, sondern nur, daß der Mensch sich erst durch diese *Abstraktion*, Erhebung unsterblich mache, *machen solle*. Der Gedanke der Unsterblichkeit liegt darin, daß der Mensch *denkend* ist, in seiner Freiheit bei sich selbst; so ist er schlechthin unabhängig, ein Anderes kann nicht in seine

Freiheit einbrechen; er bezieht sich nur auf sich selbst, ein Anderes kann sich nicht in ihm geltend machen.

Diese Gleichheit mit mir selbst, Ich, dieses bei sich selbst Seiende, wahrhaft Unendliche, dieses, heißt es dann auf diesem Standpunkte, ist unsterblich, ist keiner Veränderung unterworfen, es ist selbst das Unveränderliche, das nur in sich Seiende, nur in sich sich Bewegende. Ich ist nicht tote Ruhe, sondern Bewegung, aber Bewegung, die nicht Veränderung heißt, sondern die ewige Ruhe, ewige Klarheit in sich selbst ist.

Indem Gott als das Wesenhafte gewußt, in seiner Wesenhaftigkeit gedacht wird, das Insichsein, Beisichsein wahrhafte Bestimmung ist, so ist in Beziehung auf das Subjekt dies Insichsein, diese Wesenhaftigkeit gewußt als Natur des Subjekts, das geistig ist in sich. Diese Wesenhaftigkeit kommt auch dem Subjekt der Seele zu; es wird gewußt, daß sie unsterblich ist, dies, rein zu existieren, aber im eigentlichen Sinne noch nicht zu existieren als diese Reinheit, d. h. noch nicht *als Geistigkeit*; sondern mit dieser Wesenhaftigkeit ist noch verbunden, daß die Weise der Existenz noch *sinnliche Unmittelbarkeit* ist, die aber nur akzidentell ist.

Unsterblichkeit ist also, daß die bei sich seiende Seele als wesenhaft zugleich existierend ist. Wesen ohne Existenz ist eine bloße Abstraktion; die Wesenhaftigkeit, der Begriff muß existierend gedacht werden: es gehört also die Realisation auch zur Wesenhaftigkeit, aber die Form der Realisation ist noch die sinnliche Existenz, die sinnliche Unmittelbarkeit. Die *Seelenwanderung* ist nun, daß die Seele noch *beharrt* nach dem Tode, aber in einer anderen, sinnlichen Weise. Weil die Seele noch abstrakt gefaßt wird als Insichsein, so ist diese Gestaltung *gleichgültig*; der Geist wird nicht als Konkretes gewußt, ist nur abstrakte Wesenheit, und so ist das Dasein, die Erscheinung nur die unmittelbare, sinnliche Gestalt, welche zufällig, menschliche oder tierische Gestalt ist. Mensch, Tier, die ganze Welt der Lebendigkeit wird zum bunten Kleide der farblosen Individualität. Das Insichsein, das Ewige hat noch keinen Inhalt, also auch keinen Maßstab für die Gestalt.

Daß der Mensch in solche Gestalten übergeht, wird nun mit der *Moralität*, mit dem Verdienst zusammengebracht. Nämlich bei dem Verhältnis des Menschen zu dem Prinzip, dem Nichts gilt, daß er, um glücklich zu sein, durch fortwährende Spekulation, Meditation, Sinnen über sich, sich bemühen muß, diesem Prinzip gleich zu werden, und die Heiligkeit des Menschen ist, in diesem Schweigen sich zu vereinigen mit dem Gott. Die lauten Stimmen weltlichen Lebens müssen verstummen; das Schweigen des Grabes ist das Element der Ewigkeit und Heiligkeit. In dem Aufhören aller Bewegung, Regung des Körpers, aller Bewegung der Seele, in dieser Vernichtung seiner selbst, darin besteht das Glück, und wenn der Mensch zu dieser Stufe der Vollkommenheit gekommen ist, so ist keine Abwechslung mehr, seine Seele hat keine Wanderung mehr zu befürchten, denn er ist identisch mit dem Gott Fo. Die Seele ist in die Region des Nichts erhoben und so aus dem Gebundensein an die äußerliche, sinnliche Gestaltung erlöst.

Insofern der Mensch aber in seinem Leben nicht durch Entsagung, Versenkung in sich zu diesem Glück gekommen ist, so ist dies Glück wohl in ihm, indem sein Geist ist dies *Ansichsein*, aber er bedarf noch der Dauer, dazu des Leiblichen, und so entsteht die Vorstellung der Seelenwanderung.

γ) Hier ist es nun, daß mit dieser Vorstellung sich wieder die Seite der Macht und der *Zauberei* verbindet und die Religion des Insichseins in den wildesten Aberglauben ausläuft. Das theoretische Verhältnis, weil es in sich eigentlich leer ist, schlägt in das *praktische* der Zauberei um. Es tritt die Vermittlung der Priester ein, die zugleich das Höhere sind und die Macht über die Gestaltungen, die der Mensch annimmt. Die Anhänger der Religion des Fo sind in dieser Rücksicht höchst abergläubisch. Sie glauben, daß der Mensch in alle möglichen Gestalten übergehe, und die Priester sind die im Übersinnlichen lebenden *Beherrscher* der Gestalt, welche die Seele annehmen soll, und vermögen sie daher auch von unglücksvollen Gestalten freizuhalten. Ein Missionar erzählt eine Geschichte von einem sterbenden Chinesen, der ihn habe rufen lassen und geklagt habe, ein Bonze (dies sind die Priester, die Wissenden; ihnen ist bekannt, was in der anderen Welt vorgeht) habe ihm gesagt, so wie er sich jetzt im Dienste des Kaisers befinde, so würde er auch nach seinem Tode darin bleiben: seine Seele würde in ein kaiserliches Postpferd übergehen; er solle dann seinen Dienst treulich tun, nicht schlagen, nicht beißen, nicht stolpern und sich mit wenig Futter begnügen.

Das Dogma der Seelenwanderung ist auch der Punkt, wo der einfache Kultus des Insichseins in die mannigfachste *Idololatrie* umschlägt. In diesem Dogma liegt der Grund und Ursprung der unendlichen Menge von Idolen, Bildern, die überall verehrt werden, wo Fo herrscht. Vierfüßige Tiere, Vögel, kriechende Tiere, mit einem Worte: die niedrigsten Tiergestaltungen haben Tempel und werden verehrt, weil der Gott in seinen Wiedergeburten jedes bewohnt und jeder tierische Körper von der Seele des Menschen bewohnt sein kann.

III. Die Naturreligion im Übergang zur Religion der Freiheit

Dieser Übergang ist seiner Notwendigkeit nach darin begründet, daß die Wahrheit, die in den vorhergehenden Stufen an sich, als Grundlage, da ist, wirklich hervorgezogen und gesetzt wird. In der Religion der Phantasie und des Insichseins ist dieses Subjekt, dieses subjektive Selbstbewußtsein identisch, aber in unmittelbarer Weise, mit jener substantiellen Einheit, die Brahman heißt oder das bestimmungslose Nichts ist; dies *Eine* wird jetzt gefaßt als *in ihm selbst bestimmte Einheit*, als subjektive Einheit an ihm selbst und damit diese Einheit *als Totalität an ihr selbst*. Wenn die Einheit an ihr selbst subjektiv bestimmt ist, so enthält sie das Prinzip der Geistigkeit an ihr selbst, und dies Prinzip ist es, das sich in den Religionen, die auf diesem Übergang stehen, entwickelt.

Ferner, in der indischen Religion standen das Eine, die Einheit des Brahman, und die Bestimmtheit, die vielen Mächte des Besonderen, dieses Hervortreten der Unterschiede in dem Verhältnis, daß die Unterschiede das eine Mal als selbständig galten, das andere Mal in der Einheit verschwunden und untergegangen sind. Das Herrschende und Allgemeine war der Wechsel des Entstehens und Vergehens, der Wechsel des Aufgehobenseins der besonderen Mächte in der Einheit und des Herausgehens aus ihr. In der Religion des Insichseins war nun zwar dieser Wechsel beruhigt, insofern die besonderen Unterschiede in die Einheit des Nichts zurückfielen, aber diese Einheit war *leer* und abstrakt, und die Wahrheit ist vielmehr *die in sich konkrete Einheit* und Totalität, so daß selbst jene abstrakte Einheit mit der Unterschiedenheit in die wahrhafte Einheit tritt, in welcher die Unterschiede aufgehoben, ideell, negativ gesetzt sind als unselbständige, aber ebenso aufbewahrt.

Das Entfalten der Momente der Idee, das Sichunterscheiden des Denkens der absoluten Substanz war also bisher mangelhaft, insofern die Gestalten einerseits sich in harte Festigkeit verloren, andererseits es nur die Flucht war, die zur Einheit kam, oder die Einheit nur das Verschwinden der Unterschiede war. Jetzt aber tritt die Reflexion der Mannigfaltigkeit in sich ein, daß das Denken selbst Bestimmung in sich erhält, so daß es *Sichbestimmen* ist und das Bestimmen nur Wert und Gehalt hat, insofern es in diese Einheit reflektiert ist. Hiermit ist der Begriff der *Freiheit, Objektivität* gesetzt, und der göttliche Begriff wird so Einheit des Endlichen und Unendlichen. Das nur in sich seiende Denken, die reine Substanz ist das Unendliche, und das Endliche sind der Gedankenbestimmung nach die vielen Götter, und die Einheit ist die negative Einheit, die Abstraktion, die die Vielen versenkt in dies Eine; aber dieses hat dadurch nichts gewonnen, ist unbestimmt wie vorher, und affirmativ ist das Endliche nur außer dem Unendlichen, nicht in diesem, und es ist daher, so wie es affirmativ ist, *vernunftlose Endlichkeit*. Hier ist aber nun das Endliche, das Bestimmte überhaupt, *in die Unendlichkeit aufgenommen*, die Form ist der Substanz angemessen, die unendliche Form ist identisch mit der Substanz, die sich in sich bestimmt, nicht bloß abstrakte Macht ist.

Die andere, ebenso wesentliche Bestimmung ist, daß hiermit erst die Trennung des empirischen Selbstbewußtseins vom Absoluten, vom Inhalt des Höchsten geschieht, daß hier erst Gott eigentliche Objektivität gewinnt. In den vorigen Stufen ist es das in sich vertiefte empirische Selbstbewußtsein, das Brahman ist, diese Abstraktion in sich; oder das Höchste ist als Mensch vorhanden. So ist die substantielle Einheit noch untrennbar vom Subjekt, und insofern sie noch das Unvollständige, noch nicht an ihr selbst subjektive Einheit ist, hat sie das Subjekt noch außer ihr. Die Objektivität des Absoluten, das Bewußtsein seiner Selbständigkeit für sich ist nicht vorhanden. Erst hier ist dieser *Bruch zwischen Subjektivität und Objektivität*, und die Objektivität verdient hier eigentlich erst den Namen Gott; und diese Objektivität Gottes haben wir hier, weil dieser Inhalt sich an ihm selbst bestimmt hat, konkrete Totalität an sich zu sein. Dies ist, daß Gott ein Geist, daß Gott in allen Religionen der Geist ist.

Wenn man heutzutage vornehmlich von der Religion spricht, daß das subjektive Bewußtsein dazu gehöre, so ist das eine richtige Vorstellung. Da ist der Instinkt, daß die Subjektivität dazu gehöre. Aber man hat die Vorstellung, das Geistige könne sein als empirisches Subjekt, welches dann als empirisches Bewußtsein zu seinem Gott ein Naturding habe, so daß die Geistigkeit nur ins Bewußtsein fallen, Gott auch als Naturwesen Gegenstand dieses Bewußtseins sein könne.

So ist auf der einen Seite Gott als Naturwesen; aber wesentlich ist Gott der Geist, und dies ist die absolute Bestimmung der Religion überhaupt und darum Grundbestimmung, substantielle Grundlage in jeder Form der Religion. Das Naturding wird vorgestellt auf menschliche Weise, auch als Persönlichkeit, als Geist, Bewußtsein; aber die Götter der Inder sind noch oberflächliche Personifikationen: die Personifikation macht noch gar nicht aus, daß der Gegenstand, Gott, als Geist gewußt wird. Es sind diese besonderen Gegenstände, die Sonne, der Baum, die personifiziert werden, auch die Inkarnationen der Gottheiten fallen hierher; aber die besonderen Gegenstände haben keine Selbständigkeit, weil sie besondere und Naturgegenstände sind, die Selbständigkeit ist nur eine angedichtete.

Das Höchste ist aber der Geist, und diese geistige Bestimmung und Selbständigkeit kommt zunächst vom empirischen, subjektiven Geist her, entweder insofern sie angebildet ist oder Brahman seine Existenz hat in und durch Vertiefung des Subjekts in sich. Nun aber ist dies nicht mehr der Fall, daß der Mensch Gott oder Gott Mensch ist, daß Gott *nur in empirisch-menschlicher Weise* ist, sondern der Gott ist wahrhaft objektiv an sich selbst, ist *an ihm selbst* die Totalität, konkret bestimmt in sich, d. h. an ihm selbst subjektiv gewußt, und so erst ist er wesentlich Objekt und dem Menschen überhaupt gegenüber. Die Rückkehr dazu, daß auch Gott als Mensch, als Gottmensch erscheint, werden wir später finden. Diese Objektivität Gottes aber beginnt von hier an.

Wenn nun das Allgemeine als Sich-in-sich-selbst-Bestimmen gefaßt wird, so tritt es in *Gegensatz gegen Anderes* und ist ein Kampf mit dem Anderen seiner. In der Religion der Macht ist kein Gegensatz, kein Kampf, denn das Akzidentelle hat keinen Wert für die Substanz. Die Macht jetzt an ihr selbst sich bestimmend hat zwar diese Bestimmungen nicht als ein Endliches, sondern das Bestimmte ist in seiner an und für sich seienden Wahrheit. Hierdurch ist Gott bestimmt als das *Gute*; es ist hier *gut* nicht gesetzt als Prädikat, sondern er ist das Gute. In dem Bestimmungslosen ist kein Gutes noch Böses. Hingegen das Gute ist hier das All-

gemeine, aber mit einem Zweck, einer *Bestimmtheit*, die angemessen ist der *Allgemeinheit*, in der sie ist.
Zunächst aber ist auf dieser Stufe des Übergangs das Sichselbstbestimmen *ausschließend*. So tritt das Gute in Beziehung auf *Anderes*, das Böse, und diese Beziehung ist der *Kampf*: Dualismus. Die Versöhnung (hier nur ein Werden oder Sollen) ist noch nicht gedacht in und an diesem Guten selbst.
Hiermit ist als notwendige Konsequenz gesetzt, daß der Kampf als *Bestimmung der Substanz* selbst gewußt wird. Das Negative ist im Geist selbst gesetzt, und dies *verglichen mit seiner Affirmation*, so daß diese Vergleichung in der Empfindung da ist, macht den *Schmerz* aus, den *Tod*. Der Kampf, der sich auflöst, ist hier endlich *das Ringen des Geistes*, zu sich selbst, zur Freiheit zu kommen.
Aus diesen Grundbestimmungen ergibt sich folgende *Einteilung* dieser Übergangsstufe:
1. Die erste Bestimmung ist die der *persischen* Religion; hier ist das Fürsichsein des Guten noch ein oberflächliches; daher hat es natürliche Gestalt, aber eine *gestaltlose Natürlichkeit* – das Licht.
2. Die Form, wo der Kampf, Schmerz, Tod selbst *in das Wesen* gesetzt wird, – die *syrische* Religion.
3. Das *Sichherausringen* aus dem Kampf, das Fortgehen zur eigentlichen Bestimmung freier Geistigkeit, das Überwinden des Bösen, vollendeter Übergang zur Religion freier Geistigkeit, – die *ägyptische* Religion.
Überhaupt aber ist das Gemeinsame dieser drei Religionsformen die *Resumtion* der wilden, ausgelassenen Totalität in konkrete Einheit. Dieser Taumel, wo die Bestimmungen der Einheit in die Äußerlichkeit und Zufälligkeit stürzen, wo aus der Einheit, wie aus Brahman, diese wilde, begrifflose Welt von Göttern hervorgeht und die Entwicklung, weil sie der Einheit nicht angemessen ist, auseinanderfällt, – *diese Haltungslosigkeit hat jetzt aufgehört*.
Diese Resumtion in die substantielle Einheit, die an ihr

selbst subjektiv ist, hat aber *zwei* Formen. Die erste Resumtion ist die im Parsismus, die in reiner, einfacher Weise geschieht. Die andere ist die gärende in der syrischen und ägyptischen Religion, wo die Gärung der Totalität zur Einheit sich vermittelt und die Einheit im Kampf ihrer Elemente wird.

1. Die Religion des Guten oder des Lichts

a. Der Begriff derselben

α) Die Resumtion ist noch die reine, einfache, darum aber auch abstrakte. Gott wird gewußt als das Anundfürsichseiende, das in sich bestimmt ist. Da ist die Bestimmtheit nicht eine empirische, mannigfache, sondern selbst das Reine, Allgemeine, Sichselbstgleiche, ein Bestimmen der Substanz, wodurch sie aufhört, Substanz zu sein, und anfängt, Subjekt zu sein. Diese Einheit als sich bestimmend hat einen Inhalt, und daß dieser Inhalt das von ihr Bestimmte ist und dieser ihr gemäß, der *allgemeine Inhalt* ist, ist das, was Gutes heißt oder das Wahre; denn das sind nur Formen, die den weiteren Unterschieden angehören von Wissen und Wollen, die in der höchsten Subjektivität nur *eine* Wahrheit, Besonderungen dieser einen Wahrheit sind.

Daß dieses Allgemeine ist durch Selbstbestimmen des Geistes, von dem Geist bestimmt ist und für den Geist, ist die Seite, nach der es Wahrheit ist. Insofern es durch ihn gesetzt, ein Selbstbestimmen gemäß seiner Einheit ist, sein Selbstbestimmen ist, wodurch er in seiner Allgemeinheit sich getreu bleibt, nicht andere Bestimmungen hervorkommen als jene Einheit selbst, – danach ist es das Gute. Es ist also der wahrhafte Inhalt, der Objektivität hat, das Gute, das dasselbe ist wie das Wahre. Dieses Gute ist zugleich Selbstbestimmen des Einen, der absoluten Substanz, bleibt damit unmittelbar die absolute Macht – das Gute als absolute Macht: das ist die Bestimmung des Inhalts.

β) Eben in diesem Bestimmen des Absoluten, weil es Sichbestimmen und das Gute ist, worin auch das konkrete Leben seine affirmative Wurzel anschauen und sich darin seiner selbst auf wahrhafte Weise bewußt werden kann, liegt der *Zusammenhang mit dem Konkreten*, mit der Welt, mit dem konkret empirischen Leben überhaupt; aus dieser Macht gehen hervor alle Dinge. Dieses Bestimmen des Absoluten hatten wir in den vorhergehenden Formen so, daß diese Weise der Selbstbestimmung als Weise der Bestimmung abstrakte Bedeutung[21] erhält, nicht Selbstbestimmen, in sich zurückgegangenes, identisch bleibendes, im Allgemeinen Wahres und Gutes, sondern Bestimmen überhaupt ist. Die Macht als solche ist weder gut noch weise, sie hat keinen Zweck, sondern ist nur bestimmt als Sein und Nichtsein; es ist darin die Wildheit, das Außersichkommen des Tuns überhaupt; darum ist die Macht an ihr selbst das Bestimmungslose.

Dieses Moment der Macht ist auch vorhanden, aber als *untergeordnet*. Es ist also konkretes Leben, die Welt in mannigfachem Dasein; aber das, worauf es ankommt, ist, daß im Guten, als dem Selbstbestimmen, diese absolute Bestimmung liegt, der Zusammenhang des Guten mit der konkreten Welt.

Die Subjektivität, Besonderheit überhaupt ist in dieser Substanz, im Einen selbst, welches absolutes Subjekt ist. Dieses Element, das dem besonderen Leben zukommt, diese Bestimmtheit ist zugleich im Absoluten selbst gesetzt, damit ein affirmativer Zusammenhang des Absoluten, des Guten und Wahren, des Unendlichen mit dem, was das Endliche heißt. – Der affirmative Zusammenhang in den früheren Formen der Religion ist teils nur in dieser reinen Vertiefung, worin das Subjekt sagt: »Ich bin Brahman«, aber ein absolut abstrakter Zusammenhang, der nur ist durch dieses Verdumpfen, dieses Aufgeben aller konkreten Wirk-

---

21 W: »Bestimmung«. Verändert nach Lasson.

lichkeit des Geistes, durch die Negation. Dieser affirmative Zusammenhang ist nur gleichsam ein reiner Faden; sonst ist er der abstrakt negative, diese Aufopferungen, Selbsttötungen; d. h. statt des Zusammenhanges ist nur die *Flucht* aus dem Konkreten.

Mit diesem affirmativen Zusammenhang aber, wo die Bestimmtheit in die Allgemeinheit aufgenommen ist, ist gesagt, daß die Dinge überhaupt gut sind; dadurch sind die Steine, Tiere, Menschen überhaupt gut; das Gute ist in ihnen *präsente Substanz*, und das, was gut ist, ist ihr Leben, ihr affirmatives Sein. Sofern sie gut bleiben, gehören sie diesem Reich des Guten an, sie sind von Haus aus zu Gnaden angenommen; nicht, daß nur ein Teil diese zweimal Geborenen sind wie in Indien, sondern das Endliche ist vom Guten geschaffen und ist gut. Und zwar ist das Gute im eigentlichen Sinne genommen, nicht nach einem äußeren Zweck, einer äußeren Vergleichung. Zweckmäßig ist, was zu etwas gut ist, so daß der Zweck außerhalb des Gegenstandes liegt. Hier hingegen ist *gut* so zu nehmen, daß es *das in sich bestimmte Allgemeine* ist. Das Gute ist so bestimmt in sich; die besonderen Dinge sind gut, sind sich selbst zweckmäßig, *ihnen selbst* angemessen, nicht einem Anderen nur. Das Gute ist ihnen nicht ein Jenseits wie Brahman.

γ) Dieses Gute, ob es zwar in sich subjektiv, in sich selbst bestimmt ist als Gutes, der substantiellen Einheit, dem Allgemeinen selbst gemäß, so ist diese Bestimmung doch selbst noch abstrakt. Das Gute ist konkret in sich, und doch ist diese Bestimmtheit des Konkretseins selbst noch abstrakt. Dazu, daß das Gute nicht abstrakt sei, gehört die *Entwicklung* der Form, das *Gesetztsein* der Momente des Begriffs. Um als *vernünftige Idee* zu sein, um als Geist gewußt zu werden, müssen seine Bestimmungen, das Negative, *die Unterschiede* als seine Mächte durch den Gedanken in ihm *gesetzt*, gewußt werden.

Das Gute kann so oder so angewendet werden, oder der

Mensch hat gute Absichten; da ist die Frage: was ist gut? Da wird noch weitere Bestimmung, Entwicklung des Guten gefordert. Hier haben wir das Gute noch als *abstrakt*, als *Einseitiges*, damit als *absoluten Gegensatz zu einem Anderen*, und dieses Andere ist das *Böse*. Das Negative ist in dieser Einfachheit noch nicht in seinem Recht enthalten.

Wir haben so zwei Prinzipien, diesen orientalischen *Dualismus*: das Reich des Guten und Bösen. Dieser große Gegensatz ist es, der hier zu dieser allgemeinen Abstraktion gekommen ist. In der Mannigfaltigkeit der vorigen Götter ist allerdings Mannigfaltigkeit, Unterschied; aber ein anderes ist, daß diese Zweiheit zum allgemeinen *Prinzip* geworden ist, der Unterschied als dieser Dualismus sich gegenübersteht. Es ist wohl das Gute das Wahrhafte, das Mächtige, aber im Kampf mit dem Bösen, so daß das Böse als absolutes Prinzip gegenübersteht und gegenüberstehen bleibt; es soll zwar das Böse überwunden, ausgeglichen werden, aber was soll, *ist* nicht. Sollen ist eine Kraft, die sich nicht ausführen kann, dies Schwache, Ohnmächtige.

Dieser *Dualismus*, als der Unterschied in seiner ganzen Allgemeinheit aufgefaßt, ist Interesse der Religion und Philosophie; in der Weise des Gedankens erhält dieser Gegensatz eben seine Allgemeinheit. Heutzutage ist der Dualismus auch eine Form; aber spricht man von Dualismus, so sind das schwache, schmächtige Formen. Der Gegensatz des Endlichen und Unendlichen ist derselbe [wie der von] *Ahriman* und *Ormuzd*, d. i. derselbe *Manichäismus*.

Sowie man das Endliche als selbständig nimmt, daß das Unendliche und Endliche einander gegenüberstehen, daß das Unendliche keinen Teil habe mit dem Endlichen und das Endliche nicht hinüberkönne zum Unendlichen, so ist das dasselbe; nur daß man nicht den Gedanken, das Herz hat, diese Gegensätze sich wirklich ihrem ganzen Inhalt nach vorzustellen.

Das Endliche, in seiner weiteren Bestimmung, sich als endlich behauptend dem Unendlichen, Allgemeinen gegenüber und damit zuwider, ist das Böse. Nun bleibt man bei dieser Gedankenlosigkeit stehen, in der man gelten läßt das Endliche und Unendliche. Gott ist nur *ein* Prinzip, *eine* Macht, und das Endliche, eben damit das Böse, hat damit nicht wahrhafte Selbständigkeit.

Aber weiter hat das Gute um seiner *Allgemeinheit* willen zugleich eine *natürliche Weise des Daseins*, Seins für Anderes – das *Licht*, die reine Manifestation. Wie das Gute das Sichselbstgleiche, die Subjektivität in ihrer reinen Gleichheit mit sich selbst im Geistigen ist, so ist das Licht diese *abstrakte Subjektivität im Sinnlichen*; Raum und Zeit sind diese ersten Abstraktionen des Außereinanderseins; das konkrete Physikalische in seiner Allgemeinheit ist aber das Licht. Wenn daher das in sich Gute um seiner Abstraktion willen in die Form der Unmittelbarkeit und damit der Natürlichkeit fällt (denn Unmittelbarkeit ist das Natürliche), so ist dieses unmittelbar Gute, das sich noch nicht gereinigt und zur Form absoluter Geistigkeit erhoben hat, das *Licht*. Denn das Licht ist im Natürlichen die reine Manifestation, das Sichselbstbestimmen, aber auf ganz einfache, allgemeine Weise.

Wenn Brahman vorgestellt werden sollte auf sinnliche Weise, würde er nur als abstrakter Raum vorgestellt werden können; aber Brahman hat noch nicht die Kraft in sich, selbständig vorgestellt zu werden, sondern hat zu seiner Realität das empirische Selbstbewußtsein des Menschen.

Dies hat etwa eine Schwierigkeit, daß das Gute, zu dem wir gekommen sind, auch noch wesentlich an ihm haben soll die Seite der Natürlichkeit, obzwar sie die reine Natürlichkeit des Lichts ist. Aber die Natur kann vom Geist überhaupt nicht weggelassen werden, gehört zum Geist. Auch Gott als in sich Konkretes, als reiner Geist, ist zugleich wesentlich Schöpfer und Herr der Natur. Also die Idee in ihrem Begriff, Gott in seiner Wesenheit in sich muß diese Realität, diese Äußerlichkeit, die wir Natur heißen, setzen. Das Moment der Natürlichkeit kann also nicht fehlen, nur ist es hier noch auf abstrakte Weise, in dieser unmittelbaren Einheit mit dem Geistigen, dem Guten, weil eben das Gute noch dies Abstrakte ist.

Das Gute enthält in sich die Bestimmtheit, und in der Bestimmtheit ist die Wurzel der Natürlichkeit. Wir sagen: Gott erschafft die Welt. »Erschaffen« ist diese Subjektivität, der die Bestimmtheit überhaupt angehört; in dieser Tätigkeit, Subjektivität liegt die Bestimmung der Natur und freilich in näherem Verhältnis so, daß sie ein Geschaffenes ist. Dies aber hier noch nicht vorhanden, sondern die abstrakte Bestimmtheit. Diese hat wesentlich die Form der Natur überhaupt, des Lichts und der unmittelbaren Einheit mit dem Guten; denn das Unmittelbare ist eben selbst das Abstrakte, weil die Bestimmtheit nur diese allgemeine, unentwickelte ist.

Das Licht hat dann die *Finsternis* sich gegenüber; in der Natur fallen diese Bestimmungen so auseinander. Das ist die Ohnmacht der Natur, daß das Licht und seine Negation nebeneinander sind, obzwar das Licht die Macht ist, die Finsternis zu vertreiben. Diese Bestimmung in Gott ist selbst noch dies Ohnmächtige, um ihrer Abstraktion willen den Gegensatz, Widerspruch noch nicht in sich zu enthalten und ertragen zu können, sondern das Böse neben sich zu haben. Das Licht ist das Gute, und das Gute ist das Licht – diese untrennbare Einheit. Aber es ist das Licht im Kampf mit der Finsternis, dem Bösen, welches es überwinden soll, aber nur soll, denn es kommt nicht dazu.

Das Licht ist eine unendliche Expansion, es ist so schnell als der Gedanke; damit aber seine Manifestation *real* sei, muß sie auf ein *Dunkles* treffen. Durch das reine Licht wird Nichts manifestiert, erst an diesem *Anderen* tritt die *bestimmte Manifestation* ein, und damit tritt das Gute in Gegensatz zum Bösen. Diese Manifestation ist ein Bestimmen, aber noch nicht konkrete Entwicklung des Bestimmens; das Konkrete des Bestimmens ist daher außer ihm, es hat um seiner Abstraktion willen seine Bestimmung am Anderen.

Ohne den Gegensatz ist der Geist nicht, es kommt nur in der Entwicklung darauf an, in welche Stellung dieser Gegensatz zur Vermittlung und zur ursprünglichen Einheit tritt.

Das Gute hat so in seiner Allgemeinheit eine natürliche Gestalt, diese reine Manifestation der Natur: das Licht. Das Gute ist die allgemeine Bestimmtheit der Dinge. Indem es so die abstrakte Subjektivität ist, so ist denn das Moment der *Einzelheit*, das Moment, die Weise, wie es für Anderes ist, selbst noch in sinnlicher Anschauung eine äußere Gegenwart, die dem Inhalt aber angemessen sein kann: denn überhaupt ist die Besonderheit aufgenommen in das Allgemeine; die Besonderheit als diese nähere, wonach sie die Weise des Anschauens, die Weise der Unmittelbarkeit ist, kann so dem Inhalt angemessen erscheinen. Brahman z. B. ist nur das abstrakte Denken, angeschaut auf sinnliche Weise; so würde ihm, wie gesagt, nur die Anschauung des Raums entsprechen, eine sinnliche Allgemeinheit der Anschauung, die selbst nur abstrakt ist. Hier hingegen ist das Substantielle der Form entsprechend, und diese ist denn die physikalische Allgemeinheit, das Licht, was die Finsternis gegenüber hat. Luft, Hauch usf. sind auch Bestimmungen, welche physikalisch sind, aber sie sind nicht so das Ideelle selbst, nicht die allgemeine Individualität, Subjektivität; Licht, das sich selbst manifestiert, – darin liegt das Moment des Sichselbstbestimmens der Individualität, der Subjektivität. Das Licht erscheint als Licht überhaupt, als das allgemeine Licht, und dann als besondere, eigentümliche Natur, in sich reflektierte Natur der besonderen Gegenstände, als die Wesentlichkeit der besonderen Dinge.

Das Licht muß hier nicht verstanden werden als Sonne; man kann sagen: Sonne ist das vorzüglichste Licht, aber sie steht drüben als besonderer Körper, als besonderes Individuum. Das Gute, das Licht, hat hingegen in sich die Wurzel der Subjektivität, aber nur die Wurzel; es ist also nicht als so *individuell* abgeschlossen gesetzt, und so also ist das Licht zu nehmen als Subjektivität, *Seele der Dinge*.

b. Existenz dieser Religion

Diese Religion des Lichts oder des unmittelbar Guten ist die Religion der alten *Parsen*, von *Zoroaster* gestiftet. Noch jetzt gibt es einige Gemeinden, die dieser Religion anhängen, in Bombay uud am Schwarzen Meer in der Gegend von Baku, wo besonders viele Naphthaquellen sich vorfinden, aus welcher zufälligen Lokalität man es sich hat erklären wollen, daß die Parsen das Feuer zum Gegenstand ihrer Verehrung gemacht haben. Durch *Herodot* und andere griechische Schriftsteller haben wir Nachrichten über diese Religion erhalten, doch zur näheren Kenntnis derselben ist man erst in neueren Zeiten gekommen durch die Entdeckung der Haupt- und *Grundbücher* (Zend-Awesta) jenes Volkes durch den Franzosen *Anquetil-Duperron*[22]; diese Bücher sind in der alten Zendsprache geschrieben, einer Schwestersprache des Sanskrit.

Das Licht, welches in dieser Religion verehrt wird, ist nicht etwa Symbol des Guten, ein *Bild*, unter welchem dasselbe vorgestellt wäre, sondern ebensogut könnte man sagen, das Gute sei das Symbol des Lichts; es ist keines die Bedeutung noch das Symbol, sondern sie sind *unmittelbar identisch.*

Hier bei den Parsen tritt *Verehrung* ein; die Substantialität ist hier als Gegenstand für das Subjekt in seiner Besonderheit: der Mensch als *besonderes* Gutes steht dem *allgemeinen* Guten gegenüber, dem Lichte in seiner reinen, noch ungetrübten Manifestation, welche das Gute als natürliches Dasein ist. – Man hat die Parsen auch *Feueranbeter* genannt; dies ist insofern unrichtig, als die Parsen ihre Verehrung nicht an das Feuer als das verzehrende, materielle wenden, sondern nur an das Feuer als Licht, welches als die Wahrheit des Materiellen zur Erscheinung kommt.

Das Gute ist als Gegenstand, als sinnliche Gestalt, die dem

---

[22] Abraham Hyacinthe Anquetil-Duperron, 1731–1805, Begründer des Studiums der Zendreligion; übersetzte das Zend-Awesta.

Inhalt entspricht, der noch abstrakt ist, – das Licht. Es hat wesentlich die Bedeutung des Guten, des Gerechten; es heißt in menschlicher Gestalt *Ormuzd*, aber diese Gestalt ist hier noch eine oberflächliche Personifikation. Personifikation ist nämlich, solange die Form als der Inhalt noch nicht in sich entwickelte Subjektivität ist. *Ormuzd* ist das Allgemeine, was in der äußeren Form Subjektivität erhält; er ist das Licht, und sein Reich ist das Lichtreich überhaupt.

Die Sterne sind einzelne erscheinende Lichter. Indem das Erscheinende ein *Besonderes*, *Natürliches* ist, so entsteht damit der *Unterschied* von dem, was erscheint, und von dem, was an sich ist, und das Ansichseiende ist dann auch ein *Besonderes*, ein *Genius*. Wie das allgemeine Licht personifiziert ist, so werden es auch die besonderen Lichter. So sind die Sterne als *Genien* personifiziert, einmal sind sie Erscheinung, und dann auch personifiziert: sie sind aber nicht unterschieden in das Licht und in das Gute, sondern die gesamte Einheit ist personifiziert: die Sterne sind Geister des Ormuzd, des allgemeinen Lichts und des an und für sich Guten.

Diese Sterne heißen die *Amschadspands*, und Ormuzd, der das allgemeine Licht ist, ist auch einer der Amschadspands. Das Reich des Ormuzd ist das Lichtreich, es gibt darin sieben Amschadspands; man könnte hierbei etwa an die Planeten denken, aber sie werden im Zend-Awesta und in allen, auch sogar an jeden einzelnen gerichteten Gebeten nicht näher charakterisiert. Die Lichter sind die Gefährten des Ormuzd und regieren mit ihm. Auch der persische Staat ist, wie dieses Lichtreich, als das Reich der Gerechtigkeit und des Guten dargestellt: der König war auch mit sieben Großen umgeben, die seinen Rat bildeten und die als Repräsentanten der Amschadspands, wie der König als Stellvertreter des Ormuzd, vorgestellt wurden. Die Amschadspands regieren, jeder einen Tag abwechselnd, im Lichtreich mit Ormuzd; es ist somit hier nur ein oberflächlicher Unterschied der Zeit gesetzt.

Zu dem Guten oder dem Lichtreich gehört alles, was Leben hat; was in allen Wesen gut ist, das ist Ormuzd: er ist das Belebende durch Gedanke, Wort und Tat. Es ist insofern hier auch noch Pantheismus, als das Gute, das Licht die *Substanz in allem* ist; alles Glück, Segen und Seligkeit fließt darin zusammen; was existiert als liebend, glücklich, kräftig usw., das ist Ormuzd: er gibt allen Wesen Lichtschein, dem Baum wie dem edlen Menschen, dem Tiere wie dem Amschadspand.

Die Sonne und die Planeten sind die ersten Hauptgeister, Götter, ein Himmelsvolk, rein und groß, jeden beschützend, wohltuend, segnend, und abwechselnd die Vorsteher der Lichtwelt. Die ganze Welt ist Ormuzd, in allen ihren Stufen und Arten; und in diesem Lichtreich ist alles gut. Dem Licht gehört alles an, alles Lebendige, alles Wesen, alle Geistigkeit, die Tat, das Wachstum der endlichen Dinge; alles ist Licht, ist Ormuzd. Es ist nicht bloß das sinnliche, allgemeine Leben, sondern es ist Kraft, Geist, Seele, Seligkeit darin. Indem der Mensch, der Baum, das Tier lebt, sich des Daseins erfreut, affirmative Natur hat, etwas Edles ist, so ist dies sein Glanz, sein Licht, und dies ist der Inbegriff der substantiellen Natur eines jeden.

Die Lichterscheinung wird verehrt, und dabei kommt den Parsen die Lokalität zustatten. Die Ebenen, auf denen überall Naphthaquellen sich finden, werden benutzt. Auf den Altären wird Licht gebrannt; es ist nicht sowohl Symbol, sondern die Gegenwart des Vortrefflichen, des Guten. Alles Gute in der Welt wird so geehrt, geliebt, angebetet, denn es gilt für den Sohn, für das Erzeugnis des Ormuzd, worin er sich liebt, sich gefällt. Ebenso werden Lobgesänge an alle reinen Geister der Menschen gerichtet; sie heißen *Ferwers* und sind entweder leibliche, noch existierende Wesen oder verstorbene; so wird *Zoroasters* Ferwer gebeten, über sie zu wachen. Ebenso werden Tiere verehrt, weil Leben, Licht in ihnen ist; es werden dabei die Genien, Geister, das Affirmative der lebenden Natur herausgehoben und verehrt als die

Ideale der besonderen Geschlechter der Dinge, als allgemeine Subjektivitäten, die die Gottheit auf endliche Weise vorstellen. Die Tiere werden, wie gesagt, verehrt, aber das Ideal ist der himmlische Stier, wie bei den Indern Symbol der Erzeugung (dem Schiwa zur Seite stehend); unter den Feuern wird vornehmlich die Sonne verehrt; unter den Bergen ist auch ein solches Ideal, *Albordsch*, der Berg der Berge. Es ist so für die Anschauung der Parsen eine Welt des Guten vorhanden, Ideale, die nicht jenseits sind, sondern in der Existenz, in den wirklichen Dingen präsent.

Es wird alles verehrt, was lebendig ist, Sonne, Stern, Baum als Gutes, aber nur das *Gute*, das *Licht in ihm*, nicht seine besondere Gestalt, seine endliche, vergängliche Weise; es ist eine Trennung zwischen dem Substantiellen und dem, was der Vergänglichkeit angehört. Auch im Menschen ist ein *Unterschied* gesetzt, ein Höheres wird unterschieden von der unmittelbaren Leiblichkeit, Natürlichkeit, Zeitlichkeit, Unbedeutendheit seines äußerlichen Seins, Daseins; das sind die Genien, Ferwers. Unter den Bäumen wird einer ausgezeichnet: aus *Hom*, dem Baum, quillt das Wasser der Unsterblichkeit. So ist der Staat Erscheinung des Substantiellen, des Lichtreichs, der Fürst des obersten Lichts, die Beamten sind Repräsentanten der Geister des Ormuzd. Dieser Unterschied des Substantiellen und des Vergänglichen ist aber ein *leichter Unterschied*; der *absolute* ist der Unterschied des Guten und Bösen.

Es kann noch erwähnt werden, daß einer unter den Gehilfen des Ormuzd *Mithra* ist, der μεσίτης, Vermittler. Es ist eigentümlich, daß schon *Herodot* diesen Mithra auszeichnet; doch scheint in der Religion der Parsen die Bestimmung der *Vermittlung*, *Versöhnung* noch nicht überwiegend gewesen zu sein. Erst später ist der Mithradienst allgemeiner ausgebildet worden, wie das Bedürfnis der Versöhnung im Menschengeiste stärker bewußt, lebendiger und bestimmter geworden ist. Der Mithradienst hat bei den Römern zur christlichen Zeit besondere Ausbildung erhalten, und noch im Mittelalter findet sich ein geheimer Mithradienst, angeblich mit dem Tempelherrenorden verbunden. Wie Mithra dem Ochsen das Messer in den Hals stößt, ist ein wesentliches Bild, das zum Mithrakultus gehört; das hat man in Europa häufig gefunden.

c. Der Kultus

Der Kultus dieser Religion folgt unmittelbar aus der Bestimmung dieser Religion. Er hat den Zweck, Ormuzd in seiner Schöpfung zu verherrlichen, und die Verehrung des Guten in allem ist Anfang und Ende. Die Gebete sind einfach, einförmig und ohne eigentümliche Nuancen. Die Hauptbestimmung des Kultus ist, daß der Mensch sich selbst rein halten soll im Inneren und im Äußeren und dieselbe Reinheit überall erhalten und verbreiten. Das ganze Leben des Parsen soll dieser Kultus sein, er ist nicht etwas Isoliertes wie bei den Indern. Überall soll der Parse das Leben fördern, fruchtbar machen, fröhlich erhalten, das Gute ausüben in Wort und Tat, an allen Orten alles Gute fördern unter den Menschen wie die Menschen selbst, Kanäle graben, Bäume pflanzen, Wanderer beherbergen, Wüsten anbauen, Hungrige speisen, die Erde tränken, die selbst Subjekt und Genius andererseits ist.

Das ist diese Einseitigkeit der Abstraktion.

2. *Die syrische Religion oder die Religion des Schmerzes*

Die Bestimmung des Kampfes und des Sieges über das Böse ist von uns soeben betrachtet worden; diesen Kampf als *Schmerz* nun haben wir als nächstes Moment zu betrachten. Der Kampf als Schmerz scheint ein oberflächlicher Ausdruck zu sein; es liegt aber darin, daß der Kampf nicht mehr nur *äußerer Gegensatz*, sondern in *einem Subjekt* und in dessen *Selbstempfindung* ist. Der Kampf ist dann die Objektivierung des Schmerzes. Der Schmerz ist aber überhaupt der Verlauf der Endlichkeit und subjektiv die Zerknirschung des

Gemüts. Dieser Verlauf der Endlichkeit, des Schmerzes, Kampfes, Sieges ist ein Moment in der Natur des Geistes, und es kann nicht fehlen in dieser Sphäre, in welcher sich *die Macht zu geistiger Freiheit* fortbestimmt. Der Verlust seiner selbst, der Widerspruch des Beisichseins mit dem Anderen, der sich zur *unendlichen Einheit* (es kann hier nur von der *wahrhaften* Unendlichkeit die Rede sein) aufhebt, das Aufheben des Gegensatzes, – das sind wesentliche Bestimmungen in der Idee des Geistes, welche jetzt eintreten. *Wir* sind uns nun zwar der Entwicklung der Idee bewußt, ihres Ganges wie ihrer Momente, deren Totalität der Geist konstituiert, aber diese Totalität ist noch nicht *gesetzt*, sondern ausgelassen in Momente, die sich nacheinander in dieser Sphäre darstellen.

Da der Inhalt noch nicht in den freien Geist gesetzt ist, indem die Momente noch nicht in die subjektive Einheit resümiert sind, so ist er in *unmittelbarer* Weise und in die *Form der Natürlichkeit* hinausgeworfen; er wird in einem *natürlichen Verlauf* dargestellt, der aber wesentlich als symbolisch gewußt wird und somit nicht nur Verlauf der äußerlichen Natur, sondern *allgemeiner Verlauf* ist. Gegen den Standpunkt, auf dem wir bisher noch standen und wo nicht der Geist, sondern die abstrakte Macht das Herrschende ist, ist das Nächste in der Idee das Moment des Konflikts. Der Geist ist wesentlich dies, aus seinem Anderssein und aus der Überwindung dieses Andersseins, durch die Negation der Negation zu sich selbst zu kommen; der Geist bringt sich hervor, er macht die Entfremdung seiner selbst durch. Da er aber noch nicht als Geist gesetzt ist, so ist dieser Verlauf der Entfremdung und der Rückkehr noch nicht ideell, als Moment des Geistes gesetzt, sondern unmittelbar und darum in der Form der Natürlichkeit.

Diese Bestimmung, wie wir sie gesehen, hat die Gestaltung erhalten in der *phönizischen* und den *vorderasiatischen Religionen* überhaupt. In diesen Religionen ist der angegebene Prozeß enthalten; das Unterliegen, die Entfremdung

Gottes und das Wiederauferstehen desselben ist vornehmlich in der phönizischen Religion herausgehoben. Die Vorstellung vom *Phönix* ist bekannt: es ist ein Vogel, der sich selbst verbrennt, und aus seiner Asche geht ein junger Phönix in neuer Kräftigkeit hervor.

Diese Entfremdung, dieses Anderssein, als natürliche Negation bestimmt, ist der *Tod*, aber der Tod, der ebenso aufgehoben wird, indem daraus ein verjüngtes Aufleben eintritt. Der Geist ist ewig dies, sich abzusterben, sich endlich zu machen in der Natürlichkeit; aber durch die Vernichtung seiner Natürlichkeit kommt er zu ihm selbst. Der Phönix ist dies bekannte Symbol; es ist nicht der Kampf des Guten mit dem Bösen, sondern ein *göttlicher Verlauf,* welcher der Natur Gottes selbst angehört, und der Verlauf an *einem* Individuum. Die nähere Form, in welcher dieser Verlauf gesetzt ist, ist der *Adonis,* welche Gestalt auch nach Ägypten und Griechenland übergegangen ist; auch in der Bibel wird er unter dem Namen *Thammus* (Hesekiel 8,14) erwähnt: »und siehe, daselbst saßen Weiber, die weinten über den Thammus«. Im Frühling wurde ein Hauptfest des Adonis gefeiert; es war eine Totenfeier, ein Fest der Klage, welches mehrere Tage dauerte. Zwei Tage hindurch wurde Adonis mit Klagen gesucht; der dritte Tag war das Freudenfest, wo der Gott wieder auferstanden war. Das ganze Fest hat den Charakter einer Feier der Natur, die im Winter erstirbt und im Frühling wieder erwacht. Einerseits ist dies also ein Naturverlauf, andererseits aber ist er symbolisch zu nehmen als ein Moment des Gottes, das Absolute überhaupt bezeichnend.

Der Mythus des Adonis ist selbst mit der griechischen Mythologie verbunden. Nach dieser war Aphrodite die Mutter des Adonis, sie hielt ihn als zartes Kind in einem Kästchen verborgen und brachte dieses zur Ais; Persephone wollte dann das Kind, wie es die Mutter verlangte, nicht wieder herausgeben. Zeus entschied den Streit also, daß jede der beiden Göttinnen den Adonis ein Drittel des Jahres behalten durfte; das letzte Drittel war seiner eigenen Wahl überlassen. Er zog es vor, auch diese Zeit bei der allgemeinen Mutter und der seinigen, Aphrodite, zuzubringen. Es bezieht sich zwar dieser Mythus nach seiner nächsten Auslegung auf den Samen unter der Erde, der dann heraufwächst. Der Mythus von Kastor und Pollux, die abwechselnd sich in der Unterwelt und auf der Erde aufhalten, bezieht sich auch darauf. Seine wahre Bedeutung ist aber nicht bloß die Veränderung der Natur, sondern der Übergang überhaupt von der Lebendigkeit, dem affirmativen Sein zum Tode, der Negation und wiederum die Erhebung aus dieser Negation, – die *absolute Vermittlung*, die wesentlich zum Begriff des Geistes gehört.

Dieses Moment des Geistes ist also hier zur *Religion* geworden.

3. Die Religion des Rätsels

Die Form der Vermittlung des Geistes mit sich, in der das Natürliche noch überwiegend ist, die Form des *Übergehens*, wo vom *Anderen als solchem* angefangen wird, das die Natur überhaupt ist, und das Übergehen noch nicht als *Zusichkommen des Geistes* erscheint, diese Form ist es, die den vorderasiatischen Religionen eigen ist. Das Fernere ist nun, daß dieses Übergehen als ein Zusichkommen des Geistes erscheint, aber noch nicht so, daß dieses eine Versöhnung wäre, sondern daß der Kampf, das *Ringen* der Gegenstand ist, aber als Moment des Gottes selbst.

Dieser Übergang zur geistigen Religion enthält zwar die konkrete Subjektivität in sich, ist aber das *Auseinandergelassensein dieser einfachen Subjektivität*, ist die Entwicklung derselben, aber eine solche, die noch zugleich wild und gärend ist, noch nicht zur Beruhigung, zur eigentlich in sich freien Geistigkeit gekommen ist.

Wie im Indischen diese Entwicklung als auseinandergefallen war, so ist hier die Bestimmtheit in ihrer Losgebundenheit, aber so, daß diese elementarischen Mächte des Geistigen und

Natürlichen wesentlich bezogen sind auf die Subjektivität, so daß es *ein* Subjekt ist, das diese Momente durchläuft. Im Indischen hatten wir auch Entstehen und Vergehen, aber nicht die Subjektivität, die Rückkehr in das Eine, nicht Eines, was selbst diese Formen, Unterschiede durchläuft und in und aus ihnen in sich zurückkehrt. Diese höhere Macht der Subjektivität ist es, welche entwickelt ausläßt den Unterschied aus sich, aber in sich geschlossen hält, [o]der vielmehr denselben überwältigt.[23]
Die Einseitigkeit dieser Form ist, daß diese reine Einheit des Guten, das Zurückgekehrtsein, Beisichsein fehlt, diese Freiheit nur *hervorgeht,* nur sich hervortreibt, aber noch nicht sozusagen fertig, *vollendet,* noch nicht ein solcher Anfang ist woran das Ende, das Resultat hervorbräche. Es ist also die Subjektivität in ihrer Realität, aber noch nicht in wahrhaft wirklicher Freiheit, sondern gärend in und aus dieser Realität.
Der Dualismus des Lichts und der Finsternis fängt hier an sich zu *vereinigen,* so daß in die Subjektivität selbst fällt dieses Finstere, Negative, das in seiner Steigerung auch zum Bösen wird. Die Subjektivität ist dies, die entgegengesetzten Prinzipien in sich zu vereinen, die Gewalt zu sein, diesen Widerspruch zu ertragen und in sich aufzulösen. Ormuzd hat den Ahriman immer sich gegenüber; es ist zwar auch die Vorstellung, daß am Ende Ahriman bezwungen werde und Ormuzd allein herrsche, aber das ist nur als ein Zukünftiges ausgesprochen, nicht als etwas Präsentes. Gott, das Wesen, der Geist, das Wahre muß gegenwärtig sein, nicht in der Vorstellung verlegt werden in die Vergangenheit oder Zukunft. Das Gute, das ist die nächste Forderung, muß auch in der Tat als *reale Macht* in sich gesetzt und wie als allgemeine, so als die reale Subjektivität gefaßt werden.
Diese Einheit der Subjektivität und daß durch diese unterschiedenen Momente die Affirmation durch die Negation selbst hindurchgeht und mit der Rückkehr in sich und *Ver-*

---

23 Lasson: »Diese höhere Macht der Subjektivität ist also die, daß sie den Unterschied entwickelt, ihn aus sich ausläßt, ihn aber doch in sich geschlossen hält oder vielmehr ihn überwältigt.«

söhnung endet, ist dieser Standpunkt; aber so, daß das Tun dieser Subjektivität mehr nur dies Gären derselben ist als die Subjektivität, die sich wirklich vollkommen erreicht und schon vollendet hat.

Ein Subjekt ist dieser Unterschied, ein Konkretes in sich, *eine* Entwicklung. So führt sich diese Subjektivität ein in die entwickelten Mächte und vereint sie so, daß sie losgelassen werden, dies Subjekt eine Geschichte hat, die Geschichte des Lebens, Geistes, Bewegung in sich ist, wo es zum Unterschied dieser Mächte auseinandergeht, wo dies Subjekt *sich verkehrt zum Fremdartigen gegen sich selbst*. Das Licht geht nicht unter; aber hier ist es ein Subjekt, das sich selbst entfremdet, festgehalten wird in der Negativität seiner, aber in und aus dieser Entfremdung sich selbst wieder herstellt. Das Resultat ist die Vorstellung des freien Geistes, aber noch nicht als wahrhafte Idealität, zunächst nur das Drängen, den Hervorgang derselben hervorzubringen.

Es ist dies die letzte Bestimmung der Naturreligion in diesem Kreise, und zwar die Stufe, welche den Übergang zu der Religion der freien Subjektivität macht. Wenn wir die Stufe des Parsismus betrachten, so ist sie die Resumtion des Endlichen in die in sich seiende Einheit, in welcher sich das Gute bestimmt. Dies Gute ist aber nur an sich konkret; die Bestimmtheit ist einfach in sich, noch nicht das manifestiert Bestimmte, oder es ist noch die abstrakte Subjektivität, noch nicht die reale Subjektivität. Daher ist das nächste Moment, daß außer dem Reich des Guten das Böse bestimmt worden ist. Diese Bestimmtheit ist als einfach, nicht entwickelt gesetzt, sie gilt nicht als Bestimmtheit, sondern nur als Allgemeinheit, und darum ist die Entwicklung, der Unterschied noch nicht darin als unterschieden vorhanden; es fällt vielmehr einer derselben noch außerhalb des Guten. Die Dinge sind nur gut als gelichtete, nur nach ihrer positiven Seite, nicht aber auch nach der Seite ihrer Besonderheit. Wir treten nun dem Begriff nach dem Reich der realen, wirklichen Subjektivität näher.

a. Bestimmung des Begriffs dieser Stufe

Es fehlt das Material den Bestimmungen nicht, sondern es findet sich bestimmt auch in diesem konkreten Felde ein. Der Unterschied ist nur, ob die Momente der Totalität auf oberflächliche, äußerliche Weise vorhanden sind oder ob sie in dem Innern, Wesenhaften bestehen, d. h. ob sie nur als oberflächliche Form und Gestalt sind oder als *Bestimmung des Gehalts* gesetzt und *so gedacht* werden; dies macht den ungeheuren Unterschied aus. Wir treffen in allen Religionen mehr oder weniger die Weise des Selbstbewußtseins, ferner Prädikate von Gott als Allmacht, Allwissenheit usf. Bei den Indern und Chinesen sehen wir erhabene Darstellungsweisen Gottes, so daß höhere Religionen in dieser Rücksicht nichts voraus haben; es sind sogenannte reine Vorstellungen von Gott (z. B. bei Friedrich von Schlegels *Weisheit der Inder*[24]), die als Überreste der vollkommenen ursprünglichen Religion betrachtet werden. Auch in der Lichtreligion sehen wir das einzelne Böse schon überall aufgehoben. Subjektivität fanden wir schon überall und zugleich in der konkreten Bestimmung des Selbstbewußtseins. Schon die Zauberei war die Macht des Selbstbewußtseins über die Natur. Dies macht denn freilich die besondere Schwierigkeit in der Betrachtung der Religion, daß wir hier nicht mit reinen Gedankenbestimmungen zu tun haben wie in der Logik, noch mit existierenden wie in der Natur, sondern mit solchen, denen, da sie den subjektiven und objektiven Geist bereits durchlaufen haben, das Moment des *Selbstbewußtseins*, überhaupt des endlichen Geistes nicht fehlt; denn die Religion ist selbst das Selbstbewußtsein des Geistes über sich selbst, und er macht sich die verschiedenen, den Geist entwickelnden Stufen des Selbstbewußtseins selbst zum Gegenstand des Bewußtseins. Der Inhalt des Gegenstandes ist Gott, die *absolute Totalität*; die ganze Mannigfaltigkeit des Stoffes fehlt also nie. Man

---

24 *Über die Sprache und Weisheit der Indier*, Heidelberg 1808

hat aber näher nach bestimmten Kategorien zu suchen, die die *Unterschiede* der Religionen bilden. Man sucht ihn besonders in dem *Schaffen* des Wesens – dieses ist überall und auch nicht –, ferner darin, ob es *ein* Gott ist oder nicht; dieser Unterschied ist ebenso unzuverlässig, denn es findet sich sogar *ein* Gott in der indischen Religion, und der Unterschied ist dann nur in der Weise, wie sich die vielen Gestalten zur Einheit verknüpfen. Mehrere Engländer behaupten, daß die alte indische Religion die Einheit Gottes enthalte, als Sonne oder allgemeine Seele. Mit solchen Verstandesprädikaten ist nicht auszukommen.

Wenn man Gott solche *Prädikate* gibt, so ist er mit diesen Bestimmungen nicht erkannt in seiner *Natur*. Es sind sogar Prädikate endlicher Natur; auch diese ist mächtig, weise, wissend: von Gott genommen, werden sie [zwar] über den endlichen Stoff erweitert durch das All, aber so verlieren sie ihre bestimmte Bedeutung und sind, wie die Trimurti im Brahman, verschwindend. Was wesentlich ist, ist in dem Einen, Substantiellen, Immanenten enthalten, es ist *wesentliche Bestimmung*, die als solche gefaßt und gewußt wird; dies sind nicht die Reflexionsprädikate, nicht die äußere Gestalt, sondern *Idee*.

Wir haben so schon die Bestimmung der Subjektivität, der Selbstbestimmung gehabt, aber nur in oberflächlicher Form, noch nicht die Natur Gottes konstruierend. In der Lichtreligion war diese Bestimmung abstrakte, allgemeine Personifikation, weil in der Person die absoluten Momente nicht entwickelt enthalten sind. Subjektivität überhaupt ist abstrakte Identität mit sich, Insichsein, das sich unterscheidet, das aber ebenso Negativität dieses Unterschiedes ist, welches sich im Unterschiede erhält, diesen nicht aus sich entläßt, die Macht desselben bleibt, darin ist, aber darin für sich ist, den Unterschied momentan in sich hat.

α) Wenn wir dies in Beziehung auf die nächste Form betrachten, so ist die Subjektivität diese sich auf sich beziehende Negativität, und das Negative ist nicht mehr außer dem Guten, es muß vielmehr in der affirmativen Beziehung auf sich selbst enthalten, gesetzt sein und ist so freilich nicht mehr das Böse. Das *Negative* also, das Böse, darf jetzt nicht mehr *außer dem Guten* fallen; sondern das Gute ist gerade dies an ihm selbst, das Böse zu sein, wodurch denn freilich das Böse nicht das Böse bleibt, sondern als das auf sich selbst als Böse[s sich] beziehende Böse sein Bösesein aufhebt und sich zum Guten konstituiert. Das Gute ist, die *negative Beziehung auf sich als sein Anderes*, das Böse *zu setzen*, so wie dieses die Bewegung, sein Negativsein *als* das Negative zu setzen, d. h. aufzuheben. Diese gedoppelte Bewegung ist die Subjektivität. Diese ist nicht mehr das, was Brahman ist; im Brahman verschwinden nur diese Unterschiede, oder insofern der Unterschied gesetzt ist, so fällt er als selbständiger Gott außer ihm.

Die erste und wesentlich allgemeine Subjektivität ist nicht die vollkommen freie, rein geistige Subjektivität, sondern wird noch von der Natur affiziert und ist so zwar allgemeine Macht, aber die nur *an sich* seiende Macht, wie wir sie bisher hatten; als Subjektivität ist sie vielmehr die *gesetzte Macht* und wird so gefaßt, wenn sie als *ausschließende Subjektivität* genommen wird.

Es ist dies der Unterschied: die Macht an sich und [die Macht,] insofern sie Subjektivität ist. Diese ist gesetzte Macht, ist als für sich seiende Macht gesetzt. Macht haben wir auch schon früher in allen Gestalten gehabt. Als erste Grundbestimmung ist sie eine rohe Macht über das nur Seiende; dann ist sie nur das Innere, und die Unterschiede erscheinen als selbständige Existenzen außer ihr, hervorgegangen zwar aus ihr, aber außer ihr selbständig, und insofern sie in ihr gefaßt würden, wären sie verschwunden. Wie die Unterschiede in Brahman verschwinden, in dieser Abstraktion, indem das Selbstbewußtsein sagt: »Ich bin Brahman«, und hiermit alles Göttliche, alles Gute darin verschwunden ist, so hat die Abstraktion keinen Inhalt, und insofern er außer ihr ist, ist er selbständig taumelnd. In

Beziehung auf die besonderen Existenzen ist die Macht das Wirkende, der Grund; aber sie bleibt nur das Innerliche und wirkt nur auf allgemeine Weise. Das, was die allgemeine Macht hervorbringt, insofern sie an sich ist, ist auch das Allgemeine, die Naturgesetze; diese gehören der an sich seienden Macht an. Diese Macht wirkt, ist Macht an sich, ihr Wirken ist ebenso an sich; sie wirkt bewußtlos, und die Existenzen – Sonne, Sterne, Meer, Flüsse, Menschen, Tiere usf. – erscheinen als selbständige Existenzen; nur ihr Inneres ist durch die Macht bestimmt. Insofern die Macht in dieser Sphäre erscheint, so kann sie es nur als gegen die Naturgesetze, und hier wäre denn der Ort der Wunder. Bei den Indern gibt es aber noch keine Wunder, denn sie haben keine vernünftige, verständige Natur; diese hat keinen verständigen Zusammenhang, es ist alles wunderbar, daher sind keine Wunder. Sie können erst da sein, wo der Gott als Subjekt bestimmt ist und als für sich seiende Macht in der Weise der Subjektivität wirkt. Insofern die an sich seiende Macht als Subjekt vorgestellt wird, ist es gleichgültig, in welcher Gestalt; daher wird sie in Menschen, Tieren usf. vorgestellt. Daß das Lebendige als unmittelbare Macht wirkt, kann eigentlich nicht widerlegt werden, da sie als an sich seiende Macht unsichtbar, unscheinbar wirkt.

Von dieser Macht muß die *reale* Macht unterschieden werden; dies ist die *Subjektivität*. Hierin sind zwei Hauptbestimmungen zu bemerken.

Die erste ist, daß das Subjekt *identisch mit sich ist* und zugleich bestimmte *unterschiedene Bestimmungen in sich setzt*. *Ein* Subjekt dieser Unterschiede – Momente *eines* Subjekts. Das Gute ist so die allgemeine Selbstbestimmung, die so ganz allgemein ist, daß es den gleichen unterschiedslosen Umfang hat mit dem Wesen; die Bestimmung ist in der Tat nicht *als Bestimmung* gesetzt. Es gehört zur Subjektivität Selbstbestimmung, so daß die Bestimmungen erscheinen als eine Mehrheit von Bestimmungen, daß sie diese *Realität* haben gegen den Begriff, gegen das einfache Insichsein der

Subjektivität in sich. Aber diese Bestimmungen sind zunächst noch in der Subjektivität eingeschlossen, sind innere Bestimmungen.

Das zweite Moment ist, daß das Subjekt *ausschließend* ist, negative Beziehung seiner auf sich selbst, wie die Macht, aber gegen Anderes; dies Andere kann auch selbständig erscheinen, aber es ist gesetzt, [so] daß die Selbständigkeit nur ein Schein ist; oder es ist so, daß seine Existenz, seine Gestaltung nur ein Negatives sei gegen die Macht der Subjektivität, so daß diese das Herrschende sei. Die absolute Macht herrscht nicht; im Herrschen geht das Andere unter, – hier bleibt dieses, aber gehorcht, dient als Mittel.

Die Entwicklung dieser Momente haben wir weiter zu betrachten. Diese ist von der Art, daß sie innerhalb gewisser Grenzen stehenbleiben muß, und besonders deshalb, weil wir uns erst im Übergang zur Subjektivität befinden. Diese tritt noch nicht frei, wahrhaft hervor; es ist hier noch *Vermischung der substantiellen Einheit und der Subjektivität*. Die Subjektivität vereinigt einerseits wohl alles, läßt aber andererseits das Andere noch übrig, weil sie noch unreif ist, und die Vermischung hat daher noch den Mangel dessen, womit sie noch verwickelt ist, der Naturreligion. Was also die Art und Weise der Gestalt betrifft, in welcher der Geist sein Selbstbewußtsein über sich zum Gegenstand seines Bewußtseins hat, so zeigt sich diese Stufe als der Übergang der früheren Gestalten auf die höhere Stufe der Religion. Die Subjektivität ist noch nicht für sich seiende und somit freie, sondern die Mitte zwischen Substanz und freier Subjektivität. Diese Stufe ist also voller Inkonsequenzen, und es ist die *Aufgabe* der Subjektivität, sich zu reinigen, – es ist die Stufe des *Rätsels*.

In dieser Gärung kommen alle Momente vor. Es hat daher diesen Standpunkt zu betrachten ein besonderes Interesse, weil hier beide Stufen, die vorhergehende der Naturreligion und die folgende der freien Subjektivität, in ihren Hauptmomenten vorkommen, beide noch nicht gesondert; so ist denn nur Rätselhaftes und Verwirrung, und nur durch den Begriff hat man den Faden anzugeben, auf welcher Seite so Heterogenes zusammenkommt und welchem von beiden die Hauptmomente angehören.

Der Gott ist hier noch die innere *Natur,* die Macht an sich, und deswegen ist die Gestalt für diese Macht zufällig, eine willkürliche. Dieser nur an sich seienden Macht kann diese oder jene Gestalt eines Menschen, eines Tieres verliehen werden. Die Macht ist bewußtlose, tätige Intelligenz, die nicht geistig ist, nur Idee, aber nicht subjektive Idee, sondern bewußtlose Lebendigkeit, das Leben überhaupt. Dies ist nicht Subjektivität, ist nicht *Selbst* überhaupt; wenn aber das Leben im allgemeinen als Gestalt vorgestellt werden soll, so liegt am nächsten, ein Lebendiges zu nehmen. Innerhalb des Lebens überhaupt liegt eben Lebendiges, – welches Lebendige, welches Tier, welcher Mensch, ist gleichgültig. So ist denn Tierdienst auf diesem Standpunkt vorhanden, und zwar in größter Mannigfaltigkeit; es werden verschiedene Tiere in verschiedenen Lokalitäten verehrt.

Wichtiger dem Begriff nach ist, daß das Subjekt immanent in sich selbst bestimmt ist, in seiner Reflexion in sich ist und diese Bestimmung nicht mehr das allgemeine Gute ist, zwar dasselbe ist und so auch das Böse sich gegenüber hat. Aber das Weitere ist, daß die reale Subjektivität *Unterschiede* in ihre Bestimmung setzt, daß hier verschiedenes Gutes gesetzt ist, ein innerer Inhalt, und dieser von bestimmten Bestimmungen ist, nicht bloß allgemeine Bestimmung hat. Das Subjekt ist erst insofern reales Subjekt, oder die Freiheit beginnt erst damit, daß Verschiedenes für mich sein kann, daß die Möglichkeit zu wählen da ist; das Subjekt steht erst so über dem besonderen Zweck, ist frei von der Besonderheit, wenn diese nicht den Umfang der Subjektivität selbst hat, nicht mehr das allgemeine Gute ist. Ein anderes ist, daß das Gute zugleich bestimmt und zur unendlichen Weisheit erhoben ist; hier ist eine Mehrheit des Guten bestimmt, und so steht die Subjektivität darüber, und es erscheint als seine

Wahl, das eine oder das andere zu wollen; es ist das Subjekt *beschließend* gesetzt, und es erscheint die Bestimmung der Zwecke und des Handelns.

Der Gott als substantielle Einheit ist nicht *handelnd*, er vernichtet, erzeugt, ist der Grund der Dinge, handelt aber nicht; Brahman z. B. ist nicht handelnd: das selbständige Handeln ist entweder nur eingebildet oder gehört den wechselnden Inkarnationen an. Es ist jedoch nur ein beschränkter Zweck, der hier eintreten kann, es ist nur die erste Subjektivität, deren Inhalt noch nicht unendliche Wahrheit sein kann.

Hier ist es nun auch, daß die Gestalt als menschliche bestimmt und so ein Übergang des Gottes aus der tierischen zur menschlichen Gestalt ist. In freier Subjektivität ist unmittelbar die einem solchen Begriff entsprechende Gestalt nur die menschliche; es ist nicht mehr nur Leben, sondern freies Bestimmen nach Zwecken; es tritt also für die Gestalt die menschliche Bestimmung ein, etwa eine besondere Subjektivität, ein Held, ein alter König usf. Nicht so bestimmt wie Ormuzd in unbestimmt menschlicher Gestalt ist hier die menschliche, wo die besonderen Zwecke als in der ersten Subjektivität eintreten; es tritt die Besonderheit der Gestalt hervor, die besondere Zwecke hat und Lokalitätsbestimmungen. Die Hauptmomente fallen damit zusammen. An dem Subjekt muß nämlich näher die entwickelte Bestimmtheit erscheinen; die bestimmten Zwecke des Handelns sind beschränkt, bestimmt, nicht Bestimmtheit in ihrer Totalität. Die Bestimmtheit muß auch in ihrer *Totalität* an dem Subjekt erscheinen, die entwickelte Subjektivität muß an ihm angeschaut werden; aber die *Momente* sind noch nicht die *Totalität der Gestalt,* sondern stellen sich zuerst als ein *Aufeinanderfolgen* dar, als Lebenslauf, als *verschiedene Zustände* des Subjekts. Erst später kommt das Subjekt als absoluter Geist dazu, seine Momente als Totalität an sich zu haben. Hier ist das Subjekt noch formell, seiner Bestimmtheit nach noch beschränkt; obgleich ihm die ganze Form zukommt, so ist doch noch die Beschränktheit, daß die

Momente nur als Zustände, nicht jedes für sich als Totalitäten ausgebildet sind; nicht die ewige Geschichte wird an dem Subjekt angeschaut, so daß sie die Natur desselben ausmachte, sondern nur die Geschichte von Zuständen. Der erste ist das Moment der Affirmation, der zweite seine Negation, der dritte die Rückkehr der Negation in sich.

β) Das zweite Moment ist das, worauf es hier besonders ankommt. Die *Negation* erscheint als Zustand des Subjekts, es ist seine Entäußerung, der Tod überhaupt; das dritte ist die Wiederherstellung, die Rückkehr zur Herrschaft. Der *Tod* ist die nächste Weise, wie die Negation an dem Subjekt, insofern es nur überhaupt natürliche, auch menschlich daseiende Gestalt hat, erscheint. Diese Negation hat ferner die weitere Bestimmung, daß, weil es nicht die ewige Geschichte ist, nicht das Subjekt in seiner *Totalität* ist, dieser Tod gegen das einzelne Dasein als durch Anderes *von außen* an dasselbe kommt, durch das böse Prinzip.

Hier haben wir Gott als Subjektivität überhaupt; Hauptmoment darin ist, daß die Negation nicht außerhalb, sondern schon in das Subjekt selbst fällt und das Subjekt wesentlich Rückkehr in sich, Beisichsein ist. Dies Beisichsein enthält den Unterschied, ein *Anderes seiner selbst* zu setzen, zu haben – Negation –, aber ebenso in sich zurückzukehren, bei sich, identisch mit sich zu sein in dieser Rückkehr.

Es ist *ein* Subjekt; das Moment des Negativen, insofern es als natürlich gesetzt in Bestimmung der Natürlichkeit ist, ist der Tod. Es ist also der Tod des Gottes, welche Bestimmung hier eintritt.

Das Negative, dieser abstrakte Ausdruck, hat sehr viele Bestimmungen, ist Veränderung überhaupt; auch die Veränderung enthält partiellen Tod. Am Natürlichen erscheint diese Negation als Tod; so ist es noch in der Natürlichkeit, noch nicht rein am Geist, am geistigen Subjekt als solchem. Ist es am *Geist*, so erscheint diese Negation im Menschen selbst, im Geist selbst als diese Bestimmung, daß sein natürlicher Wille für ihn ein anderer ist, er sich seinem Wesen, seiner

Geistigkeit nach unterscheidet von seinem *natürlichen Willen*. Dieser natürliche Wille ist hier die Negation, und der Mensch kommt zu sich, ist freier Geist, indem er diese Natürlichkeit überwindet, indem er sein Herz, die natürliche Einzelheit, dieses Andere der Vernünftigkeit, als versöhnt mit dem Vernünftigen hat und so bei sich ist. Dieses Beisichsein, dieses Versöhnen ist nur durch diese Bewegung, diesen Gang vorhanden. Wenn der natürliche Wille als Böses erscheint, so erscheint die Negation als ein *Vorgefundenes*: der Mensch, zu seiner Wahrheit sich erhebend, findet diese natürliche Bestimmung als gegen das Vernünftige vor.

Aber eine höhere Vorstellung ist, daß die Negation das *vom Geist Gesetzte* ist; so ist Gott der Geist, indem er seinen Sohn, das Andere seiner, erzeugt, das Andere seiner selbst setzt; aber in ihm ist er bei sich selbst und schaut er sich an und ist er ewige Liebe; hier ist die Negation ebenso das Verschwindende. Diese Negation in Gott ist also dies bestimmte, wesentliche Moment; hier haben wir aber nur die *Vorstellung* der Subjektivität, die Subjektivität im allgemeinen. So geschieht es, daß das Subjekt selbst diese unterschiedenen Zustände als seine durchgeht, so daß diese Negation ihm immanent ist. Es kommt dann diese Bestimmung, insofern diese Negation als natürlicher Zustand erscheint, als Bestimmung des Todes herein, und der Gott mit der Bestimmung der Subjektivität erscheint hier in seiner ewigen Geschichte und zeigt sich, das absolut Affirmative zu sein, das selbst stirbt – Moment der Negation –, sich entfremdet wird, sich verliert, aber durch diesen Verlust seiner selbst sich wiederfindet, zu sich zurückkommt.

Es ist denn auch in dieser Religion ein und dasselbe Subjekt, das diese unterschiedenen Bestimmungen durchläuft. Das Negative, das wir in Form des Bösen hatten, als Ahriman, so daß die Negation nicht zum Selbst des Ormuzd gehört, gehört hier zum Selbst des Gottes.

Wir haben die Negation *in der Form des Todes* auch schon gehabt: in der indischen Mythologie sind viele Inkarnationen; namentlich Wischnu ist die Geschichte der Welt und jetzt in der elften oder zwölften Inkarnation; ebenso daß der Dalai-Lama stirbt, ebenso Indra, der Gott des Natürlichen, und andere sterben und kommen wieder. Aber dies Sterben ist verschieden von dieser Negativität, von welcher hier die Rede ist, dem Tod, insofern er dem Subjekt angehört. Es kommt bei diesem Unterschied alles auf die logischen Bestimmungen an. Man kann in allen Religionen Analogien finden, die Menschwerdung Gottes und die Inkarnationen; man brachte sogar den Namen *Krischna* und *Christus* zusammen; aber solche Zusammenstellungen sind, obgleich sie ein Gemeinsames, eine gleiche Bestimmung in sich haben, höchst oberflächlich. Das Wesentliche, worauf es ankommt, ist die weitere Bestimmung des Unterschiedes, der übersehen wird. So ist das tausendmalige Sterben des Indra von anderer Art: die Substanz ferner bleibt eine und dieselbe, sie verläßt nur *diesen* individuellen Körper des einen Lama, hat aber unmittelbar sich einen anderen gewählt. Da geht dies Sterben, diese Negation, die Substanz nichts an; die Negation ist nicht im Selbst gesetzt, im Subjekt als solchem, sie ist nicht eigenes, inneres Moment, *immanente Bestimmung der Substanz*, die den Schmerz des Todes nicht in sich selbst hat.

Das Sterben Gottes haben wir also erst hier als in ihm selbst, so daß die Negation immanent in seinem Wesen, in ihm selbst ist, und dadurch ist wesentlich dieser Gott eben als Subjekt charakterisiert. Subjekt ist dies, daß es in ihm dies Anderssein sich gibt und durch Negation seiner zu sich zurückkehrt, sich hervorbringt.

Dieser Tod scheint zunächst etwas Unwürdiges zu sein; wir haben in unserer Vorstellung, daß es das Los des *Endlichen* ist, zu vergehen, und nach dieser Vorstellung wird der Tod, insofern er von Gott gebraucht wird, nur als Bestimmung aus der Sphäre des *ihm unangemessenen* Endlichen auf ihn übertragen; Gott wird so nicht wahrhaft gewußt, vielmehr verschlechtert durch die Bestimmung der Negation. Jener

Behauptung des Todes im Göttlichen gegenüber steht die Forderung, daß Gott gefaßt werden muß als höchstes Wesen, nur mit sich identisch, und diese Vorstellung wird für die höchste und vornehmste gehalten, so daß der Geist erst zuletzt zu dieser Vorstellung kommt. Wenn Gott so als höchstes Wesen gefaßt wird, so ist er ohne Inhalt und dies die ärmste und eine ganz alte Vorstellung; der erste Schritt des objektiven Verhaltens ist der zu dieser Abstraktion, zu Brahman, in welchem keine Negativität enthalten ist. Das Gute, das Licht ist ebenso dies Abstraktum, welches das Negative nur außer sich als Finsternis hat. Von dieser Abstraktion ist hier schon weitergegangen zur konkreten Vorstellung von Gott, und so tritt denn das Moment der Negation ein, auf diese eigentümliche Weise zunächst als Tod, insofern Gott in der menschlichen Gestalt angeschaut wird, und so ist das Moment des Todes hochzuachten als wesentliches Moment Gottes selbst, als immanent dem Wesen. Zur Selbstbestimmung gehört das Moment der *inneren,* nicht äußerlichen Negativität, wie dies schon in dem Worte *Selbstbestimmung* liegt. Der Tod, der hier zur Erscheinung kommt, ist nicht wie der Tod des Lama, des Buddha, des Indra und anderer indischer Götter, denen die Negativität eine äußerliche ist und als äußere Macht nur an sie kommt. Es ist ein Zeichen, daß fortgegangen ist zur bewußten Geistigkeit, zum Wissen der Freiheit, zum Wissen von Gott. Dies Moment der Negation ist absolut wahrhaftes Moment Gottes. Der Tod ist dann eigentümliche, spezielle Form, in welcher die Negation an der Gestalt erscheint. Wegen der göttlichen Totalität muß auch in den höheren Religionen das Moment der unmittelbaren Gestalt an der göttlichen Idee erkannt werden, denn ihr darf nichts fehlen.

Das Moment der Negation ist also hier dem göttlichen Begriff immanent, weil es ihm wesentlich in seiner Erscheinung zukommt. In den anderen Religionen haben wir gesehen, daß das Wesen Gottes nur erst bestimmt ist als abstraktes Insichsein, absolute Substantialität seiner selbst;

hier ist der Tod nicht der Substanz zukommend, sondern er gilt nur als äußere Form, in der der Gott sich zeigt. Ganz anders ist es, wenn es ein Geschehen ist, was dem Gotte selbst widerfährt, nicht bloß dem Individuum, worin er sich präsentiert. Es ist also das Wesen Gottes, was hier in dieser Bestimmung hervortritt.

γ) Damit hängt nun aber weiter zusammen die Bestimmung, daß Gott *sich wiederherstellt,* aufersteht. Der unmittelbare Gott ist nicht Gott. Geist ist nur, was als frei in sich durch sich selbst ist, sich selbst setzt. Dies enthält das Moment der Negation. Die Negation der Negation ist das Zurückkehren in sich, und der Geist ist das ewige In-sich-Zurückgehen. Hier ist dann so auf dieser Stufe die Versöhnung; das Böse, der Tod wird vorgestellt als überwunden. Der Gott ist damit wiederhergestellt, und so ewig in sich wiederkehrend ist er der Geist.

b. Konkrete Vorstellung dieser Stufe

In der Existenz dieser Religion, in der Religion der *Ägypter,* kommen unendlich mannigfaltige Gebilde vor. Allein die Seele des Ganzen ist die Hauptbestimmung, die in der Hauptfigur herausgehoben ist. *Osiris* ist es, der zunächst zwar die Negation als Äußeres, als Anderes, als *Typhon* gegen sich hat; aber es bleibt nicht bei diesem äußerlichen Verhältnis, daß es nur ein Kampf wäre, wie ihn Ormuzd führt, sondern die Negation kehrt in das Subjekt selbst ein.

Das Subjekt wird getötet, Osiris stirbt; aber er wird ewig wiederhergestellt und ist so als eine Vorstellung, ein zum zweiten Mal Geborenes gesetzt, das nicht ein Natürliches ist, sondern als ein vom Natürlichen, Sinnlichen Abgeschiedenes, hiermit gesetzt, bestimmt als dem *Reich des Vorstellens,* dem Boden des Geistigen, das über das Endliche hinaus dauert, angehörig, nicht dem Natürlichen als solchem. Osiris ist der Gott der Vorstellung, der vorgestellte Gott seiner inneren Bestimmung nach. Daß er nun stirbt, aber ebenso wiederhergestellt wird, damit ist ausdrücklich ausgesprochen, daß er in dem Reich der Vorstellung vorhanden ist gegen das bloß natürliche Sein.

Er ist aber nicht nur so vorgestellt, sondern wird auch als solcher gewußt. Es ist das nicht einerlei. So als Vorgestelltes ist Osiris bestimmt als der Herrscher im Reich des *Amenthes*; wie er des Lebendigen Herr ist, so auch der Herr des nicht mehr sinnlich Fortexistierenden, sondern der fortexistierenden Seele, die sich abgetrennt hat vom Leibe, dem Sinnlichen, Vergänglichen. Das Totenreich ist das Reich, wo das natürliche Sein überwunden ist, das Reich der Vorstellung, wo eben das erhalten ist, was nicht natürliche Existenz hat.

Typhon, das Böse, ist überwunden, ebenso der Schmerz, und Osiris ist der Richter nach Recht und Gerechtigkeit: Das Böse ist überwunden, verurteilt; damit tritt erst das *Richten* ein und daß es das *Entscheidende* ist, d. h. daß das Gute die *Gewalt* hat, sich geltend zu machen und das Nichtige, das Böse zu vernichten.

Wenn wir sagen: Osiris ist ein Herrscher der Toten, so sind die Toten eben diese, die nicht im Sinnlichen, Natürlichen gesetzt sind, sondern dauern für sich über dem Sinnlichen, Natürlichen. Hiermit steht in Verbindung, daß das einzelne Subjekt gewußt wird als dauerndes, entnommen dem Vergänglichen, für sich fest, unterschieden vom Sinnlichen ist.

Es ist ein höchst wichtiges Wort, das *Herodot* sagt von der *Unsterblichkeit*, daß die Ägypter zuerst gesagt, die Seele des Menschen sei unsterblich. In Indien, China ist dieses Fortleben, dieses Metamorphosieren; aber dieses, wie die Fortdauer des Individuums, die Unsterblichkeit der Inder, ist selbst nur etwas Untergeordnetes, Unwesentliches: das Höchste ist nicht eine affirmative Fortdauer, sondern *Nirwana*, die Fortdauer im Zustand des Vernichtens des Affirmativen, oder nur ein affirmativ Scheinendes, identisch mit Brahman zu sein. Diese Identität, Vereinigung mit Brahman, ist zugleich das Zerfließen in diese zwar affirmativ scheinende, doch durchaus in sich bestimmungslose, ununterschiedene Einheit. Hier aber ist konsequenterweise dies: das Höchste des Bewußtseins ist die Subjektivität als solche; diese ist Totalität, vermag selbständig in sich zu sein, – es ist die Vorstellung der wahrhaften Selbständigkeit.

Selbständig ist, was nicht im Gegensatz ist, diesen Gegensatz vielmehr überwindet, nicht ein Endliches sich gegenüber behält, sondern diese Gegensätze in ihm selbst hat, aber zugleich in sich selbst überwunden. Diese Bestimmung der Subjektivität, die objektiv ist, dem Objektiven, dem Gott zukommt, ist auch *die Bestimmung des subjektiven Bewußtseins*; dieses weiß sich als Subjekt, als Totalität, wahrhafte Selbständigkeit, damit als unsterblich. Die höhere Bestimmung des Menschen ist damit dem Bewußtsein aufgegangen.

So ist das eine höchst wichtige Bestimmung, diese Negation der Negation, daß der Tod getötet, das böse Prinzip überwunden wird. Bei den Parsen wird es nicht überwunden, sondern das Gute, Ormuzd, steht dem Bösen, dem Ahriman, gegenüber und ist noch nicht zu dieser Reflexion gekommen. Hier erst ist das Überwundensein des bösen Prinzips gesetzt.

Hiermit tritt dann die bereits angegebene Bestimmung ein, die wir bereits erkannt haben, daß dieser Wiedergeborene dann zugleich als abgeschieden vorgestellt ist, er ist Herrscher im Reich des Amenthes, wie Herrscher der Lebendigen, so auch Richter der Toten nach Recht und Gerechtigkeit. Hier tritt erst *Recht* und *Sittlichkeit* ein, in der Bestimmung der subjektiven Freiheit; dagegen fehlt beides in dem Gott der Substantialität. So ist denn hier eine Strafe, und *der Wert des Menschen* tritt hervor, der nach der Sittlichkeit, dem Recht sich bestimmt.

Um dieses Allgemeine spielt nun eine *unendliche Menge von Vorstellungen*, Göttern her. Osiris ist nur eine dieser Vorstellungen und sogar nach *Herodot* eine der späteren; aber vornehmlich im Reiche des Amenthes, als Herrscher der Toten, als *Serapis*, hat er sich über alle anderen Götter erhoben als das, worin man das *höchste Interesse* findet.

Herodot gibt nach den Aussagen der Priester eine Reihenfolge der ägyptischen Götter, und darunter findet sich Osiris unter den späteren. Aber die *Fortbildung des religiösen Bewußtseins* findet auch *innerhalb* einer Religion selbst statt; so schon haben wir in der indischen Religion gesehen, daß der Kultus des Wischnu und Schiwa später ist. In den heiligen Büchern der Parsen ist Mithra unter den anderen Amschadspands aufgeführt und steht mit diesen auf gleicher Stufe. Schon bei Herodot aber wird Mithra hervorgehoben, und zur Zeit der Römer, als alle Religionen nach Rom gebracht wurden, ist der Mithradienst eine der Hauptreligionen, während der Dienst des Ormuzd nicht diese Bedeutung erhielt. So soll auch bei den Ägyptern Osiris eine spätere Gottheit sein; bekanntlich ist zur Zeit der Römer der Serapis, eine besondere Gestaltung des Osiris, die Hauptgottheit der Ägypter; dennoch ist er immer, wenn er auch später dem Geist aufgegangen ist, die Gottheit, in welcher sich die *Totalität des Bewußtseins* aufgeschlossen hat.

Der *Gegensatz* der ägyptischen Anschauung tritt dann auch aus seiner Tiefe heraus und wird ein *oberflächlicher*. Typhon ist das *physikalisch Böse* und Osiris das *belebende Prinzip*: jenem fällt die unfruchtbare Wüste zu, und er wird als Glutwind, sengende Sonnenhitze vorgestellt. Ein anderer Gegensatz ist der natürliche von *Osiris* und *Isis,* der Sonne und der Erde, welche als Prinzip der Zeugung überhaupt angesehen wird; so stirbt auch Osiris, von Typhon überwunden, und Isis sucht überall seine Gebeine: der Gott stirbt, das ist wieder diese Negation. Die Gebeine des Osiris werden dann begraben, er selbst aber ist nun *Herrscher des Totenreiches* geworden. Dies ist der Verlauf der lebendigen Natur, ein notwendiger Kreislauf in sich zurück; derselbe Kreislauf kommt auch der Natur des Geistes zu; den Ausdruck desselben stellt das Schicksal des Osiris dar. Das eine *bedeutet* hier wiederum das andere.

An den Osiris schließen sich die anderen Gottheiten an; er ist aber ihr Vereinigungspunkt, und sie sind nur einzelne

Momente der Totalität, die er vorstellt. So ist *Amun* das Moment der Sonne, welche Bestimmung auch dem Osiris angehört. Außerdem gibt es noch eine Menge Gottheiten, die man *kalendarische* genannt hat, weil sie sich auf die natürlichen Revolutionen des Jahres beziehen; einzelne Abschnitte des Jahres, wie das Frühlings-Äquinoktium, der junge Sommer und dergleichen, sind in den kalendarischen Gottheiten herausgehoben und personifiziert.

Osiris bedeutet aber *Geistiges*, nicht nur Natürliches; er ist Gesetzgeber, er hat die Ehe eingesetzt, den Ackerbau und die Künste gelehrt; es finden sich in diesen Vorstellungen geschichtliche Anspielungen auf alte Könige: Osiris enthält somit auch geschichtliche Züge. So scheinen auch die Inkarnationen des Wischnu, die Eroberung von Ceylon auf die Geschichte Indiens hinzuweisen. Wie Mithra, die Bestimmung, die in ihm liegt, als die interessanteste ist herausgehoben worden und die parsische Religion der Mithradienst geworden ist, so ist hier Osiris, aber nicht in der unmittelbaren, sondern in der *geistigen, intellektuellen* Welt der Mittelpunkt geworden.

In dem Gesagten liegt, daß die Subjektivität hier zunächst in der Form der Vorstellung ist; wir haben es mit einem Subjekt, Geistigen zu tun, das auf menschliche Weise vorgestellt wird; aber es ist nicht ein unmittelbarer Mensch, seine Existenz nicht gesetzt in der *Unmittelbarkeit* des menschlichen Denkens, sondern in der des *Vorstellens*. Es ist ein Inhalt, der Momente, Bewegung in sich hat, wodurch er Subjektivität ist, aber auch in der *Form*, im Boden der Geistigkeit, über das Natürliche erhaben. So ist die Idee in diesem Boden der Vorstellung gesetzt, aber es ist daran dieser Mangel, daß es nur die Vorstellung der Subjektivität ist, der Subjektivität in ihrer *abstrakten Grundlage*. Es ist noch nicht die Tiefe des allgemeinen Gegensatzes darin, die Subjektivität noch nicht in ihrer *absoluten Allgemeinheit* und Geistigkeit gefaßt. So ist es oberflächliche, äußerliche Allgemeinheit.

Der Inhalt, der in der Vorstellung ist, ist nicht an die Zeit gebunden, er ist auf den Boden der Allgemeinheit gesetzt; daß etwas in dieser Zeit ist, in diesem Raum, – diese sinnliche Einzelheit ist weggestreift. Alles hat durch die Vorstellung, indem es auf geistigem Boden ist, Allgemeinheit, wenn auch nur weniges Sinnliche abgestreift ist, wie bei der Vorstellung eines Hauses. Die Allgemeinheit ist so nur die äußerliche Allgemeinheit, Gemeinschaftlichkeit.

Daß nun die äußerliche Allgemeinheit hier noch das Herrschende ist, das hängt damit zusammen, daß die Grundlage, diese Vorstellung der Allgemeinheit, noch nicht absolut in sich vertieft, noch nicht in sich erfüllte Grundlage ist, die alles absorbiert, wodurch die natürlichen Dinge ideell gesetzt werden.

Insofern diese Subjektivität das *Wesen* ist, ist sie die *allgemeine Grundlage*, und die Geschichte, die das Subjekt ist, wird zugleich gewußt als Bewegung, Leben, *Geschichte aller Dinge*, der *unmittelbaren Welt*. So haben wir diesen Unterschied, daß diese allgemeine Subjektivität Grundlage ist auch für das Natürliche, das innere Allgemeine, das, was *die Substanz des Natürlichen* ist.

Da haben wir also zwei, das Natürliche und die innere Substanz, darin haben wir die Bestimmung des *Symbolischen*. Dem natürlichen Sein wird zugeschrieben eine andere Grundlage, das unmittelbare Sinnliche erhält eine andere Substanz; es ist nicht mehr es selbst unmittelbar, sondern stellt vor etwas anderes, das seine Substanz ist – seine *Bedeutung*.

Die Geschichte des Osiris ist in diesem abstrakten Zusammenhange nun die innere, wesentliche Geschichte auch des Natürlichen, der Natur Ägyptens. Zu dieser gehört die Sonne, der Sonnenlauf, Nil, das Befruchtende, Verändernde. Die Geschichte des Osiris ist also Geschichte der Sonne: diese geht bis zu ihrem Kulminationspunkt, dann geht sie zurück, ihre Strahlen, ihre Kraft werden matt, aber danach fängt sie an, sich wieder zu erheben, – sie wird wiedergeboren. Osiris bedeutet so die Sonne und die Sonne Osiris; die Sonne wird so aufgefaßt als dieser Kreislauf, das Jahr wird als das eine Subjekt betrachtet, das an ihm selbst diese verschiedenen Zustände durchläuft. Im Osiris wird das Natürliche gefaßt, daß es Symbol desselben ist. So ist Osiris der Nil, der wächst, alles befruchtet, überschwemmt und durch die Hitze – da spielt das böse Prinzip herein – klein, ohnmächtig wird, dann wieder zur Stärke kommt. Das Jahr, die Sonne, der Nil wird als dieser in sich zurückgehende Kreislauf gefaßt.

Die besonderen Seiten an einem solchen Lauf werden momentan für sich als selbständig, als eine Menge von Göttern vorgestellt, die einzelne Seiten, Momente dieses Kreislaufs bezeichnen. Sagt man nun, der Nil sei das Innere, die Bedeutung des Osiris sei die Sonne, der Nil, andere Götter seien kalendarische Gottheiten, so hat dies seine Richtigkeit. Das eine ist das Innere, das andere das Darstellende, das Zeichen, das Bedeutende, wodurch sich dies Innere äußerlich kundgibt. Aber der Lauf des Nils ist zugleich allgemeine Geschichte, und man kann *gegenseitig* das eine als das Innere und das andere als Form der Darstellung, des Auffassens annehmen. Was in der Tat das Innere ist, ist Osiris, das Subjekt, dieser in sich zurückkehrende Kreislauf.

Das Symbol ist in dieser Weise das Herrschende: ein Inneres für sich, das äußerliche Weise des Daseins hat. Beides ist unterschieden voneinander. Es ist das Innere, das Subjekt, was hier frei, selbständig geworden, so daß das Innere die Substanz sei vom Äußerlichen, nicht im Widerspruch sei mit dem Äußerlichen, nicht ein Dualismus – die Bedeutung, Vorstellung für sich gegen die sinnliche Weise des Daseins, in dem sie den Mittelpunkt ausmacht.

Daß die Subjektivität in dieser Bestimmtheit als Mittelpunkt vorgestellt ist, damit hängt zusammen der Trieb, die Vorstellung zur *Anschaubarkeit* zu bringen. Die Vorstellung als solche muß sich aussprechen, und es ist der Mensch, der diese Bedeutung aus sich zur Anschaubarkeit produzieren muß. Das Unmittelbare ist verschwunden, wenn es zur Anschauung, zur Weise der Unmittelbarkeit gebracht werden soll, und die Vorstellung hat das Bedürfnis, sich auf diese Weise zu vervollständigen; wenn sich die Vorstellung integriert, so muß diese Unmittelbarkeit ein *Vermitteltes, Produkt des Menschen* sein.

Früher hatten wir die Anschaubarkeit, Unmittelbarkeit selbst auf eine natürliche, unvermittelte Weise, daß Brahman im Denken, in dieser Versenkung des Menschen in sich seine Existenz, die Weise seiner Unmittelbarkeit hat; oder das Gute ist das Licht, also in der Form der Unmittelbarkeit, die auf unmittelbare Weise ist.

Indem hier nun aber von der *Vorstellung* ausgegangen wird, so muß diese sich zur Anschauung, Unmittelbarkeit bringen; aber es ist eine vermittelte, weil sie die von dem Menschen gesetzte Unmittelbarkeit ist. Es ist das Innere, was zur Unmittelbarkeit gebracht werden soll; der Nil, der Jahreslauf sind unmittelbare Existenzen, aber sie sind nur Symbol des Innern. Ihre natürliche Geschichte ist in der Vorstellung zusammengefaßt; dieses Zusammengefaßtsein, dieser Verlauf als *ein* Subjekt und das Subjekt selbst ist in sich diese zurückkehrende Bewegung. Dieser Kreislauf ist das Subjekt, was Vorstellung ist und was als Subjekt soll anschaubar gemacht werden.

c. Der Kultus

Der eben beschriebene Trieb kann im allgemeinen als der *Kultus* der Ägypter angesehen werden, dieser unendliche Trieb zu arbeiten, darzustellen, was noch erst innerlich, in der Vorstellung enthalten ist und deswegen sich noch nicht klargeworden. Die Ägypter haben Jahrtausende fortgearbeitet, ihren Boden sich zunächst zurechtgemacht; aber die Arbeit in religiöser Beziehung ist das Staunenswerteste, was je hervorgebracht worden, sowohl über als unter der Erde: Kunstwerke, die nur noch in dürftigen Ruinen vorhanden sind, die aber alle wegen ihrer Schönheit und der

Mühe der Ausarbeitung angestaunt haben. Das ist das Geschäft, die Tat dieses Volkes gewesen, diese Werke hervorzubringen; es ist kein Stillstand in diesem Hervorbringen gewesen – der Geist als arbeitend, [um] seine Vorstellung sich anschaubar zu machen, zur Klarheit, zum Bewußtsein zu bringen, was er innerlich ist. Diese rastlose Arbeitsamkeit eines ganzen Volkes ist begründet unmittelbar in der Bestimmtheit, welche der Gott in dieser Religion hat.

Zunächst können wir uns dessen erinnern, wie im Osiris auch geistige Momente verehrt sind, wie Recht, Sittlichkeit, Einsetzung der Ehe, die Kunst usw. Besonders aber ist Osiris Herr des Totenreiches, Totenrichter. Man findet eine unzählige Menge von Abbildungen, wo Osiris als Richter dargestellt wird und vor ihm ein Schreiber, der ihm die Handlungen der vorgeführten Seele aufzählt. Dieses Totenreich, das Reich des Amenthes, macht einen Hauptpunkt in den religiösen Vorstellungen der Ägypter aus. Wie Osiris, das Belebende, dem Typhon, dem vernichtenden Prinzip, gegenüber war und die Sonne der Erde, so tritt nun hier *der Gegensatz des Lebendigen und des Toten* herein. Das Totenreich ist eine so feste Vorstellung wie das Reich des Lebendigen. Das Totenreich schließt sich auf, wenn das natürliche Sein überwunden ist, es beharrt daselbst das, was nicht mehr natürliche Existenz hat.

Die ungeheuren Werke der Ägypter, die uns noch übriggeblieben, sind fast nur solche, die für die *Toten* bestimmt waren. Das berühmte Labyrinth hatte soviel Gemächer über der Erde als unter der Erde. Die Paläste der Könige und der Priester sind in Schutthaufen verwandelt: die Gräber derselben haben der Zeit Trotz geboten. Tiefe, mehrere Stunden lang sich hindehnende Grotten findet man für die Mumien in Felsen gehauen, und alle Wände derselben sind mit Hieroglyphen bedeckt. Die größte Bewunderung erregen aber besonders die *Pyramiden*, Tempel für die Toten, nicht sowohl zu ihrem Andenken, als um ihnen zum Begräbnisse und zum Gehäuse zu dienen. Herodot sagt, die Ägypter

seien die ersten gewesen, welche gelehrt haben, daß die *Seelen unsterblich* seien. Man kann sich verwundern, daß, obschon die Ägypter an die Unsterblichkeit der Seele geglaubt haben, sie dennoch so große Sorgfalt auf ihre Toten verwendeten; man könnte glauben, daß der Mensch, wenn er die Seele für unsterblich halte, seine Körperlichkeit nicht mehr besonders achte. Allein es sind gerade die Völker, welche nicht an eine Unsterblichkeit glauben, die den Körper geringachten nach seinem Tode und für die Aufbewahrung desselben nicht sorgen. Die Ehre, welche dem Toten erwiesen wird, ist durchaus abhängig von der Vorstellung der Unsterblichkeit. Wenn der Körper in die Gewalt der Naturmacht fällt, die nicht mehr von der Seele gebändigt wird, so will der Mensch doch wenigstens nicht, daß die Natur *als solche* es ist, die ihre Macht und physikalische Notwendigkeit auf den entseelten Körper, dies edle Gefäß der Seele, ausübe, sondern daß der Mensch dies mehr oder weniger vollbringe; sie suchen ihn daher dagegen zu schützen oder geben ihn selbst, gleichsam mit ihrem freien Willen, der Erde wieder oder vernichten ihn durchs Feuer. In der ägyptischen Weise, die Toten zu ehren und den Körper aufzubewahren, ist nicht zu verkennen, daß man den Menschen erhoben wußte über die Naturmacht, seinen Körper daher vor dieser Macht zu erhalten suchte, um auch ihn darüber zu erheben. Das Verfahren der Völker gegen die Toten hängt durchaus mit dem religiösen Prinzip zusammen, und die verschiedenen Gebräuche, die beim Begräbnisse üblich sind, sind nicht ohne bedeutungsvolle Beziehungen.
Sodann, um den eigentümlichen Standpunkt der Kunst auf dieser Stufe zu fassen, haben wir uns daran zu erinnern, daß die Subjektivität hier wohl hervorgeht, aber nur erst ihrer Grundlage nach, und daß ihre Vorstellung noch in die der Substantialität übergeht. Die wesentlichen Unterschiede haben sich demnach noch nicht vermittelt und geistig durchdrungen, sie sind vielmehr noch vermischt. Es können mehrere merkwürdige Züge aufgeführt werden, die diese *Ver-*

mischung und Verbindung des Gegenwärtigen und des Lebendigen mit der Idee des Göttlichen erläutern, so daß entweder das Göttliche zu einem Gegenwärtigen gemacht wird oder auf der andern Seite menschliche, ja selbst tierische Gestalten heraufgehoben werden zum göttlichen und geistigen Moment. Herodot führt den ägyptischen Mythus an, die Ägypter seien von einer Reihe von Königen, welche Götter gewesen, beherrscht worden. Hierin ist schon die Vermischung, daß der Gott als König und der König wiederum als Gott gewußt wird. Ferner sehen wir in unzählig vielen Kunstdarstellungen, welche die Einweihungen von Königen vorstellen, daß der Gott als der weihende erscheint und der König als der Sohn dieses Gottes; der König selbst findet sich denn auch als Amun vorgestellt. Es wird von Alexander dem Großen erzählt, daß ihn das Orakel des Jupiter Ammon für den Sohn dieses Gottes erklärt habe: es ist dies ganz dem ägyptischen Charakter gemäß; von ihren Königen sagten die Ägypter dasselbe. Die Priester gelten auch einmal als Priester des Gottes, dann aber auch als Gott selbst. Noch aus den späteren Zeiten der Ptolemäer haben wir viele Denkmäler und Inschriften, wo der König Ptolemaios immer nur der Sohn des Gottes oder Gott selbst heißt; ebenso die römischen Kaiser.

Auffallend zwar, aber bei der Vermischung der Vorstellung der Substantialität mit der der Subjektivität nicht mehr unerklärlich, ist der *Tierdienst*, der von den Ägyptern mit der größten Härte ausgeübt wurde. Die verschiedenen Distrikte Ägyptens haben besondere Tiere verehrt, wie Katzen, Hunde, Affen usw., und darum sogar Kriege miteinander geführt. Das Leben solchen Tieres war durchaus geheiligt, und der Totschlag desselben wurde hart gerügt. Ferner räumte man diesen Tieren Wohnungen und Besitzungen ein und sammelte ihnen Vorräte; ja es geschah sogar, daß man in einer Hungersnot lieber die Menschen sterben ließ, als daß man jene Vorräte angegriffen hätte. Am meisten wurde der *Apis* verehrt, denn man glaubte, daß dieser

Stier die Seele des Osiris repräsentiere. In den Särgen einiger Pyramiden hat man Apisknochen aufbewahrt gefunden. Alle Formen und Gestaltungen dieser Religion haben sich im Tierdienst vermengt. Gewiß gehört dieser Dienst zum Widrigsten und Gehässigsten. Aber schon oben bei der Religion der Inder haben wir gezeigt, wie der Mensch dazu kommen könne, ein Tier zu verehren. Wenn Gott nicht als Geist, sondern als die Macht überhaupt gewußt wird, so ist solche Macht bewußtloses Wirken, etwa das allgemeine Leben; solche bewußtlose Macht tritt dann heraus in eine Gestaltung, zunächst in die Tiergestaltung; das Tier ist selbst ein Bewußtloses, führt ein dumpfes Stilleben in sich gegenüber der menschlichen Willkür, so daß es scheinen kann, als habe es diese bewußtlose Macht, die im Ganzen wirkt, in sich. – Besonders eigentümlich und charakteristisch ist aber die Gestaltung, daß die Priester oder Schreiber in den plastischen Darstellungen und Malereien häufig mit Tiermasken erscheinen, ebenso die Einbalsamierer der Mumien; dieses Gedoppelte einer äußerlichen Maske, welche unter sich eine andere Gestalt verbirgt, gibt zu erkennen, daß das Bewußtsein nicht bloß in die dumpfe, tierische Lebendigkeit versenkt ist, sondern auch sich getrennt davon weiß und darin eine weitere Bedeutung erkennt.

Auch im *politischen* Zustande Ägyptens findet sich das Ringen des Geistes, der aus der Unmittelbarkeit sich herauszuarbeiten sucht; so spricht die Geschichte oft von Kämpfen der Könige mit der Priesterkaste, und Herodot erwähnt deren auch von den frühesten Zeiten; der König Cheops habe die Tempel der Priester schließen lassen, andere Könige haben die Priesterkaste gänzlich unterworfen und ausgeschlossen. Dieser Gegensatz ist nicht mehr orientalisch; wir sehen hier den menschlich freien Willen sich empören gegen die Religion. Dieses Heraustreten aus der Abhängigkeit ist ein Zug, der wesentlich mit in Anschlag zu bringen ist.

Besonders aber ist dieses Ringen und Hervorgehen des Geistes aus der Natürlichkeit in naiven und sehr anschaulichen

Darstellungen in den *Kunstgestalten* ausgedrückt. Es braucht z. B. nur an das Bild der Sphinx erinnert zu werden. An den ägyptischen Kunstwerken ist überhaupt alles symbolisch, die Bedeutsamkeit geht darin bis ins kleinste; selbst die Anzahl der Säulen und der Stufen ist nicht nach der äußerlichen Zweckmäßigkeit berechnet, sondern sie bedeutet entweder die Monate oder die Fuße, die der Nil steigen muß, um das Land zu überschwemmen u. dgl. Der Geist des ägyptischen Volkes ist überhaupt ein *Rätsel*. In griechischen Kunstwerken ist alles klar, alles heraus; in den ägyptischen wird überall eine Aufgabe gemacht, es ist ein Äußerliches, wodurch hingedeutet wird auf etwas, das noch nicht ausgesprochen ist.

Wenn aber auch der Geist auf diesem Standpunkt noch in der Gärung begriffen und noch in der Unklarheit befangen ist, wenn auch die wesentlichen Momente des religiösen Bewußtseins teils miteinander vermischt, teils in dieser Vermischung oder vielmehr um dieser Vermischung willen miteinander in Kampf liegen, so ist es doch immer die *freie Subjektivität*, die hier hervorgeht, und so ist auch hier der eigentümliche Ort, wo die *Kunst*, näher die *schöne Kunst* in der Religion hervortreten muß und notwendig ist. Die Kunst ist zwar auch Nachahmung, aber nicht allein; sie kann jedoch dabei stehenbleiben: dann ist sie aber weder schöne Kunst noch ein Bedürfnis der Religion. Nur als *schöne Kunst* ist sie dem Begriff Gottes angehörig. Die wahrhafte Kunst ist religiöse Kunst, aber diese ist nicht Bedürfnis, wenn der Gott noch eine *Naturgestalt* hat, z. B. der Sonne, des Flusses; sie ist auch nicht Bedürfnis, insofern die Realität und Anschaubarkeit des Gottes die Gestalt *eines Menschen* oder *eines Tieres* hat, auch nicht, wenn die Weise der Manifestation *das Licht* ist; sie fängt an, wenn die präsente menschliche Gestalt zwar weggefallen ist, wie bei Buddha, aber in der *Einbildung* noch existiert, also bei der Einbildung der göttlichen Gestalt, z. B. in *Bildern* von Buddha, aber hier zugleich auch noch in den *Lehrern*, seinen

Nachfolgern. Die *menschliche Gestalt* ist, nach der Seite, daß sie *Erscheinung der Subjektivität* ist, erst dann notwendig, wenn *Gott als Subjekt* bestimmt ist. Das Bedürfnis ist dann, wenn das Moment der Natürlichkeit, der Unmittelbarkeit überwunden ist, im Begriff subjektiver Selbstbestimmung oder im Begriff der Freiheit, d. h. auf dem Standpunkt, worauf wir uns befinden. Indem die Weise des Daseins durch das Innere selbst bestimmt ist, reicht die natürliche Gestalt nicht mehr zu, auch nicht die Nachahmung derselben. Alle Völker, ausgenommen die Juden und Mohammedaner, haben Götzenbilder; aber diese gehören nicht zur *schönen Kunst*, sondern sind nur Personifikation der Vorstellung, Zeichen der bloß vorgestellten, *eingebildeten* Subjektivität, wo diese noch nicht als immanente Bestimmung des Wesens selbst ist. Die Vorstellung hat in der Religion eine äußerliche Form, und es ist wesentlich, davon zu unterscheiden, was gewußt wird als dem Wesen Gottes angehörig. Gott ist in der indischen Religion Mensch geworden; die Totalität ist es, worin der Geist immer vorhanhanden; aber ob die Momente angesehen werden als dem *Wesen* gehörig oder nicht, das ist der Unterschied.

Es ist also Bedürfnis, Gott durch die schöne Kunst darzustellen, wenn das Moment der Natürlichkeit überwunden ist, wenn er als freie Subjektivität ist und seine Manifestation, seine Erscheinung in seinem Dasein, durch den Geist von innen bestimmt ist, den Charakter geistiger Produktion zeigt. Erst wenn Gott selbst die Bestimmung hat, die Unterschiede, unter denen er erscheint, aus seiner eigenen Innerlichkeit zu setzen, erst dann tritt die Kunst für die Gestalt des Gottes als notwendig ein.

In Ansehung des Hervortretens der Kunst sind besonders zwei Momente zu bemerken: 1. daß Gott in der Kunst vorgestellt wird als ein *sinnlich Anschaubares*; 2. daß der Gott als Kunstwerk ein *durch Menschenhände Produziertes* ist. – Unserer Vorstellung nach sind beides Weisen, die der Idee Gottes nicht entsprechen, sofern nämlich dieses die einzige Weise sein sollte; denn wohl ist uns bekannt, daß Gott auch, aber nur als verschwindendes Moment, Anschaubarkeit gehabt hat. Die Kunst ist auch nicht die letzte Weise unseres Kultus. Aber für die Stufe der noch nicht begeistigten Subjektivität, die also selbst noch unmittelbar ist, ist das unmittelbar anschaubare Dasein angemessen und notwendig. Hier ist dies das Ganze der Weise der Manifestation, wie Gott für das Selbstbewußtsein ist.

Es tritt also hier die Kunst hervor, und damit hängt zusammen, daß Gott als geistige Subjektivität gefaßt ist; die Natur des Geistes ist, sich selbst zu produzieren, so daß die Weise des Daseins eine von dem Subjekt hervorgebrachte ist, eine Entäußerung, die durch sich selbst gesetzt ist. Daß es sich setzt, sich manifestiert, sich bestimmt, daß die Weise des Daseins eine vom Geist gesetzte ist, das ist in der Kunst vorhanden.

Das *sinnliche Dasein*, in welchem der Gott angeschaut wird, ist *seinem Begriff entsprechend*, ist nicht *Zeichen*, sondern drückt in jedem Punkt das aus, von innen heraus produziert zu sein, dem Gedanken, dem inneren Begriff zu entsprechen; der wesentliche Mangel ist nun aber dabei, daß es noch sinnlich anschaubare Weise ist, daß diese Weise, in welcher das Subjekt sich setzt, sinnlich ist. Dieser Mangel kommt daher, daß es noch die *erste* Subjektivität ist, der erste freie Geist; sein Bestimmen ist sein erstes Bestimmen, und so ist in der Freiheit noch natürliche, unmittelbare, erste Bestimmung, d. h. das *Moment der Natürlichkeit*, der Sinnlichkeit.

Das andere ist nun, daß das Kunstwerk *von Menschen produziert* ist. Dies ist ebenso unserer Idee von Gott nicht angemessen. Nämlich die unendliche, wahrhaft geistige, die für sich als solche seiende Subjektivität *produziert sich selbst*, setzt sich als Anderes, als ihre Gestalt, und sie ist erst als durch sich gesetzt und produziert frei. Aber diese ihre Gestaltung, die zunächst noch als das Ich=Ich *in sich reflektiert* ist, muß auch *ausdrücklich* die Bestimmung von *Unterschiedenheit* haben, so daß diese nur bestimmt ist durch

Subjektivität oder daß sie nur erscheint an diesem zuerst noch Äußerlichen. Zu dieser ersten Freiheit kommt hinzu, daß die durch das Subjekt produzierte Gestaltung *zurückgenommen wird in die Subjektivität*. Das Erste ist so die Erschaffung der Welt, das Zweite die Versöhnung, daß sie sich an ihm selbst versöhnt mit dem wahrhaften Ersten. Bei der Subjektivität hingegen, die wir auf dieser Stufe haben, ist *diese Rückkehr noch nicht vorhanden*; wie sie noch die an sich seiende ist, fällt ihr Subjektsein außer ihr in das Für-Anderes-Sein. Die Idee ist noch nicht da; denn zu ihr gehört, daß das Andere an ihm selbst sich reflektiert zur ersten Einheit. Dieser zweite Teil des Prozesses, der zur göttlichen Idee gehört, ist hier noch nicht gesetzt. Wenn wir die Bestimmung als Zweck betrachten, so ist als Zweck das erste Tun der Subjektivität noch ein beschränkter Zweck, *dieses* Volk, *dieser* besondere Zweck; und daß er allgemein werde, wahrhaft absoluter Zweck werde, dazu gehört die Rückkehr, ebenso, daß die Natürlichkeit in Ansehung der Gestalt aufgehoben werde. So ist erst die Idee, wenn dieser zweite Teil des Prozesses hinzukommt, der die Natürlichkeit, die Beschränktheit des Zweckes aufhebt; dadurch wird er erst allgemeiner Zweck. Hier ist der Geist nach seiner Manifestation erst der halbe Weg des Geistes, er ist noch einseitiger, endlicher Geist, d. h. subjektiver Geist, subjektives Selbstbewußtsein; d. h. die Gestalt des Gottes, die Weise seines Seins für Anderes, das Kunstwerk ist nur ein vollbrachtes, gesetztes von dem einseitigen Geist, von dem subjektiven Geist. Deshalb muß das Kunstwerk von Menschen gefertigt werden; dies ist die Notwendigkeit, warum die Manifestation der Götter durch die Kunst eine von Menschen gemachte ist. In der Religion des absoluten Geistes ist die Gestalt Gottes nicht vom menschlichen Geist gemacht.

Gott selbst ist der wahrhaften Idee nach, als an und für sich seiendes Selbstbewußtsein, Geist, produziert sich selbst, stellt sich dar als Sein für Anderes; er ist durch sich selbst der

Sohn; in der Gestaltung als Sohn ist dann der andere Teil des Prozesses vorhanden, daß Gott den Sohn liebt, sich identisch mit ihm setzt, aber auch unterschieden. Die Gestaltung erscheint in der Seite des Daseins als Totalität für sich, aber als eine, die in der Liebe beibehalten ist; dies erst ist der Geist an und für sich. Das Selbstbewußtsein des Sohnes von sich ist zugleich sein Wissen vom Vater; im Vater hat der Sohn Wissen seiner von sich. Auf unserer Stufe hingegen ist das Dasein des Gottes, als Gottes, nicht ein Dasein *durch ihn*, sondern durch *Anderes*. Hier ist der Geist noch auf halbem Wege stehengeblieben. Dieser Mangel der Kunst, daß der Gott von Menschen gemacht ist, wird auch gewußt in den Religionen, wo dies die höchste Manifestation ist, und es wird gesucht, ihm abzuhelfen, aber nicht objektiv, sondern auf subjektive Weise: die Götterbilder müssen geweiht werden; von den Negern bis zu den Griechen werden sie geweiht, d. h. der göttliche Geist wird in sie hineinbeschworen. Dies kommt aus dem Bewußtsein, dem Gefühl des Mangels; das Mittel, ihm abzuhelfen, ist aber eine Weise, die nicht in den Gegenständen selbst enthalten ist, sondern von außen an sie kommt. Selbst bei den Katholiken findet solche Weihe statt, z. B. der Bilder, Reliquien usw.

Dies ist die Notwendigkeit, daß hier die Kunst hervorgeht, und die aufgezeigten Momente sind die, woraus dies, daß der Gott als Kunstwerk ist, resultiert. Hier ist aber die Kunst noch nicht frei und rein, ist noch im *Übergange erst zur schönen Kunst*; sie tritt in dieser Verkehrung noch so auf, daß ebensogut auch Gestaltungen für das Selbstbewußtsein gelten, die der unmittelbaren Natur angehören, die nicht durch den Geist erzeugt sind, Sonne, Tiere usf. Es ist mehr die Kunstgestalt, die aus dem Tiere hervorbricht, die Gestalt der Sphinx, eine Vermischung von Kunstgestalt und Tiergestalt. Ein Menschenantlitz blickt uns hier aus einem Tierleibe an; die Subjektivität ist sich noch nicht selbst klar. Die Kunstgestalt ist daher noch nicht rein schön, sondern mehr oder weniger Nachahmung und Verzerrung. Das Allgemeine in dieser Sphäre ist das Vermischen der Subjektivität und der Substantialität.

Die Arbeitsamkeit dieses ganzen Volkes ist noch nicht an und für sich reine schöne Kunst gewesen, aber der Drang zur schönen Kunst. Die schöne Kunst enthält diese Bestimmung: der Geist muß in sich frei geworden sein, frei von der Begierde, von der Natürlichkeit überhaupt, vom Unterjochtsein durch die innere und äußere Natur, muß das Bedürfnis haben, sich zu wissen als frei, so als Gegenstand seines Bewußtseins zu sein.

Insofern der Geist noch nicht angekommen ist auf der Stufe, sich frei zu denken, muß er sich frei *anschauen*, sich als freien Geist in der Anschauung vor sich haben. Daß er so zum Gegenstand werde für die Anschauung in Weise der Unmittelbarkeit, welche Produkt ist, darin liegt, daß dies sein Dasein, seine Unmittelbarkeit ganz durch den Geist bestimmt ist, durchaus den Charakter hat, daß hier dargestellt ist ein freier Geist. Dieses aber nennen wir eben das Schöne, wo alle Äußerlichkeit durchaus charakteristisch bedeutsam ist, vom Innern als Freiem bestimmt. Es ist ein natürliches Material, so daß die Züge darin nur Zeugen sind des in sich freien Geistes. Das natürliche Moment muß überhaupt überwunden sein, daß es nur diene zur Äußerung, Offenbarung des Geistes.

Indem der Inhalt in der ägyptischen Bestimmung diese Subjektivität ist, so ist der Drang hier vorhanden zur schönen Kunst, der vornehmlich architektonisch gearbeitet und zugleich überzugehen versucht hat zur Schönheit der Gestalt. Insofern er aber nur Drang gewesen, so ist die Schönheit selbst noch nicht als solche hier hervorgegangen.

Daher nun dieser *Kampf der Bedeutung mit dem Material der äußerlichen Gestalt überhaupt*: es ist nur der Versuch, das Streben, der äußeren Gestaltung den inneren Geist einzuprägen. Die Pyramide ist ein Kristall für sich, worin ein Toter haust; im Kunstwerk, das zur Schönheit dringt, wird die innere Seele der Äußerlichkeit der Gestaltung eingebildet. Es ist hier nur der Drang, weil die Bedeutung und Darstellung, die Vorstellung und das Dasein in diesem Unterschied überhaupt gegeneinander sind, und dieser Unterschied ist, weil die Subjektivität nur erst die allgemeine, abstrakte, noch nicht die konkrete, erfüllte Subjektivität ist.

Die ägyptische Religion ist so für uns in den *Kunstwerken* der Ägypter vorhanden, in dem, was dieselben uns sagen, verbunden mit dem Geschichtlichen, was uns alte Geschichtsschreiber aufbehalten haben. – In neueren Zeiten besonders hat man die Ruinen Ägyptens vielfach untersucht und die stumme Sprache der Steingebilde sowie der rätselhaften Hieroglyphen studiert.

Müssen wir den Vorzug eines Volkes anerkennen, das seinen Geist in Werke der Sprache niedergelegt hat, vor solchem, das der Nachwelt nur stumme Kunstwerke zurückgelassen hat, so müssen wir zugleich bedenken, daß hier bei den Ägyptern deshalb noch keine schriftlichen Dokumente vorhanden sind, weil der Geist sich noch nicht abgeklärt hatte, sondern sich im Kampfe abarbeitete, und zwar äußerlich, wie es in den Kunstwerken erscheint. Man ist zwar durch lange Studien endlich in der Entzifferung der Hieroglyphensprache weitergekommen, aber teils ist man noch nicht ganz zum Ziele gelangt, teils bleiben es immer Hieroglyphen. Bei den Mumien hat man viele Papyrusrollen gefunden und glaubte, daran einen rechten Schatz zu haben und wichtige Aufschlüsse zu erhalten; sie sind aber nichts anderes als eine Art von Archiv und enthalten meist Kaufbriefe über Grundstücke oder Gegenstände, die der Verstorbene erworben hat. – Es sind demnach hauptsächlich die vorhandenen Kunstwerke, deren Sprache wir zu entziffern haben und aus denen diese Religion zu erkennen ist.

Betrachten wir nun diese Kunstwerke, so finden wir, daß alles wunderbar und phantastisch ist, aber immer mit einer bestimmten Bedeutung, wie es nicht der Fall war bei den Indern. Wir haben so hier die *Unmittelbarkeit der Äußer-*

lichkeit und die *Bedeutung*, den *Gedanken*. Dies haben wir zusammen in dem ungeheuren Konflikt des Inneren mit dem Äußeren; es ist ein ungeheurer Trieb des Inneren, sich herauszuarbeiten, und das Äußere stellt uns dies Ringen des Geistes dar.

Die Gestalt ist noch nicht zur freien, schönen erhoben, noch nicht zur Klarheit vergeistigt, das Sinnliche, Natürliche noch nicht zum Geistigen vollkommen verklärt, so daß es nur Ausdruck des Geistigen, diese Organisation und die Züge dieser Organisation nur Zeichen wären, nur Bedeutung des Geistigen. Es fehlt dem ägyptischen Prinzip diese Durchsichtigkeit des Natürlichen, des Äußerlichen der Gestaltung; es bleibt nur die Aufgabe, sich klarzuwerden, und das geistige Bewußtsein sucht sich erst als das Innere aus der Natürlichkeit herauszuringen.

Die Hauptdarstellung, welche das Wesen dieses Ringens vollständig anschaulich macht, können wir in dem Bilde der Göttin zu Sais finden, die verschleiert dargestellt war. Es ist darin symbolisiert und in der Überschrift ihres Tempels (»Ich bin, was war, ist und sein wird; meinen Schleier hat noch kein Sterblicher gehoben«) ausdrücklich ausgesprochen, daß die Natur *ein in sich Unterschiedenes sei*, nämlich *ein Anderes gegen ihre unmittelbar sich darbietende Erscheinung*, ein *Rätsel*; sie habe ein Inneres, Verborgenes. Aber, heißt es in jener Inschrift weiter, »die Frucht meines Leibes ist Helios«. Dieses noch verborgene Wesen spricht also die Klarheit, die Sonne, das sich selbst Klarwerden, die geistige Sonne aus als den *Sohn*, der aus ihr geboren werde. Diese Klarheit ist es, die erreicht ist in der griechischen und jüdischen Religion, dort in der Kunst und in der schönen Menschengestalt, hier im objektiven Gedanken. Das *Rätsel* ist gelöst; die ägyptische *Sphinx* ist, nach einem bedeutungsvollen, bewunderungswürdigen Mythus, von einem Griechen getötet und das Rätsel so gelöst worden: der Inhalt sei der *Mensch*, der *freie, sich wissende Geist*.